KB274851

발해의 고분 문화 II

- 길림성 -

중앙문화재연구원 편

진인진

총 괄 · 조상기
기 획 · 권오영, 오재진

책임연구원 · 권오영
공동연구원 · 성정용

연구원
  중앙문화재연구원 · 오재진, 이현우, 오준혁, 김경동
  한신대학교 · 이동규, 심환석, 신화영
  충북대학교 · 박찬호, 김하늘, 김성은

교정 · 교열 권오영, 오재진, 이동규, 박한울

발해의 고분 문화 II - 길림성 -

초판 1쇄 발행 2014년 6월 30일

집필인 · (재)중앙문화재연구원
발행인 · 김영진
발행처 · 진인진
등 록 · 제25100-2005-000003호
표 지 · 정하연
본문 편집 · 배원일
주 소 · 경기도 과천시 별양동 1-14 과천오피스텔 614호
전 화 · 02-507-3077~8
팩 스 · 02-507-3079
홈페이지 · http://www.zininzin.co.kr
이메일 · pub@zininzin.co.kr

ⓒ 진인진 2014
ISBN 978-89-6347-180-8 94900
ISBN 978-89-6347-178-5 94900 (세트)

책을 펴내며

우리 연구원에서는 그동안 연구·학술지원 사업의 일환으로『동아시아의 고분문화』,『한국 신석기문화 개론』,『아시아의 고대 문물교류』,『한국 신석기문화의 양상과 전개』등과 같은 시대 개론서나 한국 고고학의 다양한 주제를 선정하여 학술총서를 간행한 바 있습니다. 또한『마한·백제의 분묘 문화』를 비롯하여『고구려의 고분 문화』와『발해의 고분 문화』를 연차적으로 간행하여 마한·백제의 분묘와 고구려·발해의 고분에 좀 더 쉽게 접근하여 그 문화상을 이해할 수 있도록 하고 있고, 그에 대한 연구도 진행하고 있습니다.

우리나라 역사에서 중요한 위치를 차지하는 고구려·발해에 대한 연구는 그동안 지리적·정치적인 한계로 인해 그에 대한 연구가 다른 분야에 비해 상대적으로 미약하였고, 이러한 여건으로 조금은 등한시한 측면도 적지 않았습니다. 특히 2000년대부터 진행되어온 중국의 동북공정이나 요하문명론으로 인해 국내 연구자의 연구를 방해하는 측면도 많았던 것이 사실입니다.

이러한 상황을 공감한 우리 연구원과 한신대학교는 고구려·발해 고분에 대한 자료를 5년에 걸쳐 집성하고자 계획하였고, 두 기관의 연구자 외에 충북대학교 연구자들을 포함시켜 연구진을 구성하였습니다. 그리고 첫 성과물로 2013년 5월『고구려의 고분 문화Ⅰ-한반도-』를 간행한 바 있습니다.

2013년도에는 중국에 산재하고 있는 발해 고분을 대상으로 정리하였습니다만, 우리에게 다소 생소한 중국 용어들과 발해 고분과 요·금·말갈 고분과의 분류 등 많은 어려움이 있어 다소 일정이 지연되게 되었습니다. 더욱이 방대한 분량을 한 권에 모두 담아내기에 역부족이고 독자의 편의를 위하여 부득이 두 권으로 분권하기로 결정하였습니다. 먼저『발해의 고분 문화Ⅰ-흑룡강성-』편을 간행하였고, 이번에『발해의 고분 문화Ⅱ-길림성-』편을 간행하게 되었습니다. 이번 학술총서에도 중국 흑룡강성과 마찬가지로 길림성의 발해 고분과 유물에 대한 기술 내용을 일목요연하게 표로 처리하였고, 관련 도면과 사진을 최대한 수록하여 연구자들의 이해와 연구에 도움을 주고자 노력하였습니다.

아무쪼록 이 학술총서를 계기로 발해에 대한 관심과 연구가 활성화되고, 발해 고분 문화에 대한 연구자께 많은 도움이 되기를 기대합니다. 이번 학술총서에서 누락되었거나 새롭게 조사되는 유적에 대해서는 보유편에 수록할 것을 약속드립니다. 또한 우리 연구원에서는 앞으로도 다양하고 심도 있는 주제를 선정하여 학술총서를 발간하여 한국고고학의 발전에 이바지하고자 합니다.

끝으로 전체적인 윤곽을 그릴 수 있도록 자문하여 주신 전호태·강현숙·최종택 선생님과 중국에 소재하고 있는 발해 고분 답사를 함께해 주신 연변대학교 정영진·정경일 교수님, 인제대학교 조윤재 교수님, 서울대 양시은 선생님, 이 학술총서가 간행될 수 있도록 책임연구를 맡아 주신 한신대학교 권오영 교수님과 공동연구자인 충북대학교 성정용 교수님께 진심으로 감사드립니다. 또한 어려운 여건에서도 자료 집성에 적극적으로 참여해 주신 한신대학교와 충북대학교, 중앙문화재연구원의 여러 연구자들을 비롯해 이 학술총서의 간행을 맡아주신 김영진 사장님과 진인진 관계자 여러분께 감사드립니다

2014년 6월

중앙문화재연구원장 조 상 기

책을 출간하며

시민대중의 학문적 호기심에 비해, 정작 학계에서의 연구가 미흡한 분야 중의 하나가 발해고고학이다. 중국의 동북공정에 대응하기 위한 논리의 개발, 한국사의 공간적 외연의 확장, 최초의 통일국가와 남북국시대론의 정합성 등 연구의 필요성은 묵직하게 다가오지만 발해의 역사와 문화에 대한 전문적인 연구성과는 매우 부족하다. 비슷한 상황에 놓여있는 고조선이나 고구려에 비해서도 훨씬 열악한 상태에 놓여있다. 그 원인은 대략 두 가지로 정리할 수 있다.

우선 연구자 집단의 문제의식이 희박하다는 점이다. 실물 관찰을 기초로 진행되는 고고학 연구의 특성상 유적, 유물을 접하기 어려운 발해고고학에 대한 관심이 낮은 것은 당연하다. 자신이 몸담고 있는 지역을 주된 연구대상으로 삼는 현재의 연구경향을 고려할 때 앞으로도 발해고고학에 대한 관심이 높아질 가능성은 높지 않다.

그 다음은 자료의 문제이다. 발해와 관련된 고고학적 자료는 모두 국외에 분포하며 일제강점기에 발굴된 약간의 유물이 국내 몇몇 기관에 보관되어 있는 정도에 불과하다. 게다가 외국에서 발간된 발굴보고서와 연구성과를 습득하고 소화하는 것도 쉽지 않다.

사회적인 필요성과 학문적인 중요성에도 불구하고 미진한 발해고고학 연구의 진작을 위하여 『발해의 고분문화』를 출간하기로 결정한 중앙문화재연구원측의 결단에 감사를 표하고 싶다. 조상기 원장님을 비롯한 여러 연구원들의 학술사업에 대한 확고한 원칙이 없었다면 이 연구물은 세상에 나올 수 없었을 것이다.

복잡한 중국어 보고서와 해상도 낮은 도면, 도판을 최대한 정리하여 깔끔한 자료집으로 탈바꿈시킨 이동규, 심환석, 신화영(이상 한신대 박물관), 박찬호, 김하늘, 김성은(이상 충북대 박물관) 등 연구원과 교정을 도와준 박한울(한신대 박물관)의 노고가 가장 컸다. 연구의 초기부터 시종일관 작업을 함께 한 공동연구원 성정용(충북대학교)교수님, 그리고 오재진, 이현우, 오준혁, 김경동(이상 중앙문화재연구원) 등 여러 선생님의 도움이 없었다면 이 책의 출간은 불가능하였을 것이다. 편집의 방향과 구체적인 내용에 대해서 자문해주신 강현숙(동국대), 전호태(울산대), 최종택(고려대) 자문위원님, 필요한 자료와 정보를 제공해주신 송기호(서울대)교수님, 현지답사를 도와주신 정영진, 정경일(이상 연변대) 선생님, 답사에 동행하여 많은 도움을 주신 조윤재(인제대), 양시은(서울대) 선생님에게도 고마움을 표하고 싶다.

마지막으로 표와 도면, 도판을 일일이 손보아야 하는 복잡한 과정을 불만 없이 완수해준 진인진의 담당자들에게도 고마움을 표한다. 이 자료집의 출간을 계기로 우리 학계에서 발해에 대한 연구가 진작되기를 기대해 본다.

2014년 6월 연구진을 대표하여 권오영 올림

일러두기

1. **집성 대상** : 중국의 흑룡강성, 길림성에서 발견된 발해 고분 중 도면, 사진을 확인할 수 있거나 유적의 내용을 조금이라도 알 수 있는 것들은 최대한 수록하였다. 여기에서 누락된 고분은 보유편에서 다룰 예정이다.

2. **도면의 방위** : 각도를 최대한 상세하게 표현하고자 하였으나 여의치 않을 경우에는 대략적인 방위만 한글로 표현하였다.

3. **축척** : 도면의 기본적인 축척은 아래와 같이 하였다.
   1) 유구 : 1/40과 1/60을 기준으로 삼았으나 유구의 규모에 따라 1/30, 1/80, 1/100, 1/120도 병행하였다.
   2) 유물 : 토기류 1/6, 금속기류 1/4. 장신구류 1/2, 구슬류 1/1을 기준으로 삼았으나 경우에 따라 다른 축척이 사용된 경우도 있다.
   3) 원보고서에 축척이 기재되지 않은 경우, 특기사항에 서술하였다.

4. **유적개요표**
   1) 조사연혁 : 지표조사와 발굴조사를 망라하여 조사가 이루어진 시점을 최대한 기재하였다.
   2) 유적위치 : 현재의 중국 지명에 따라 작성하였으며 간자체로 기재하였다.
   3) 유적입지 : 보고서나 각종 문헌의 내용을 분석하여 유적의 입지를 최대한 확인하였으나 통일된 형식을 갖추지 못하였다.
   4) 조사현황 : 조사된 유구의 개체수, 조사 당시의 상황, 현재 상황 등을 최대한 추적하였으나 통일된 형식은 갖추지 못하였다.
   5) 내용·성격 : 각 유적별로 유구의 구조, 연대 등을 요약하였다.
   6) 주요유물 : 유구별로 중요한 유물을 기재하였다.
   7) 참고사항 : 지명과 유구명칭, 호수 등이 변동된 경우 그 내용을 정리하였다.
   8) 참고문헌 : 유적의 내용을 가장 잘 반영하고 있는 것이라면 발굴보고서나 단행본, 논문을 구분하지 않고 모두 기재하였다.

5. **유구제원표** : 기본적으로 석실묘에 적합한 유구제원표를 사용하였고 석관(곽)묘, 토광묘에서는 별도의 유구제원표를 사용하였다.

1) ‘(수치+)’는 잔존길이, ‘(수치)’는 추정길이이다.

2) ‘?’는 유구의 유실 등으로 현상을 정확히 알 수 없는 경우이다.

3) ‘-’는 해당사항이 없는 경우이다.

4) 유구 및 유물의 제원의 수정 : 보고서에 서술된 내용과 도면, 사진의 내용이 일치하지 않을 경우 최대한 조정을 시도하였으나 여의치 않을 경우는 특기사항에 명기하였다.

5) 석재종류는 가공의 정도에 따라 구분하였으며 암질을 알 수 있는 경우는 추가하였다.

6) 횡혈식석실묘의 장단비는 연도가 있는 전벽부터 후벽까지를 길이로 하고 좌·우벽을 너비로 하여 계산하였다. 0.8:1~1.2:1 범위를 방형, 1.2:1~3:1 사이를 장방형, 3:1 이상을 세장방형으로 구분하였지만 약간의 출입은 있다.

7) 횡혈식석실묘의 연도 위치는 연도 밖에서 석실을 바라보는 것을 기준으로 하여, 오른쪽에 있는 경우 우편재, 좌측에 있는 경우 좌편재, 가운데 있는 경우 중앙으로 기재하였다. 현실과 연도가 너비의 차이 없이 그대로 이어지는 경우 일체형이라고 표현하였다.

8) 횡혈식석실묘의 천장형태는 평천장은 평, 삼각고임천장은 삼각고임, 평행고임천장은 평행고임, 궁륭형천장은 궁륭으로 표기하였다. 복수의 천장형태가 결합되어 있을 때에는 아래에서 위를 바라보며 +기호를 사용하여 표현하였다.

9) 고분구조, 출토유물과 관련된 용어는 한국학계에서 일반적으로 사용하는 용어로 최대한 변경하였으나, 발해 고유의 묘제, 유물에 관한 명칭은 보고서의 내용을 존중하였다.

10) 발해고분에서 보이는 특수한 장법인 이차장에 관한 내용은 최대한 상세히 기재하였다. 일차매장이 종료된 후 복수의 인골이 유물, 목탄과 섞인 채 현실 내부에 흙으로 채워진 경우가 많은데 이를 중국학계에서는 “塡土”라 명명하고 있다. 국내학계에서는 적합한 대체어가 없어 그대로 “塡土”라 표현하였다.

목 차

길림성 길림시 모아산 고분군吉林省 吉林市 帽兒山 古墳群

조사연혁	1980. 조사3(吉林市博物馆)
유적위치	길림성 길림시 강남공사(江南公社) 영안대대(永安大队)와 유민대대(裕民大队)의 접경인 모아산(帽儿山) 서쪽 기슭에 위치한다.
유적입지	서쪽으로는 동단산산성(东团山山城)과 약 1.5km, 북쪽으로는 알하하(嘎呀河)와 호가분산(胡家坟山)과 마주하고 있으며, 남쪽으로 귀개산(龟盖山)과 700m 떨어져 있다.
조사현황	모아산 서쪽 기슭에서 발해의 고분으로 확인되는 적석묘가 몇 기 발견되었고, 그 중 1기가 1980년 길림시 박물관에 의해 조사되었다.
내　용	도금장식, 심엽형 금제 장식 등이 출토되었다고 하나 구체적인 내용은 알 수 없다.
주요유물	수습 : 금제 비녀, 마노제 구슬
참고사항	고분군은 이미 완전히 파괴되어 1980년 길림시급중점문물보호단위에서 해제된 상태이다.
참고문헌	吉林省文物志编委会, 1985, 『延吉市文物志』. 김진광, 2012, 『북국 발해 탐험』, 박문사.

길림성 도문시 백룡5대 고분군 吉林省 圖們市 白龍五隊 古墳群

조사연혁	?
유적위치	길림성 도문시 월정향(月晴乡) 백룡5대(白龙五队) 외양간 뒤뜰과 서쪽 작은 산인 봉도령(凤道岭) 남쪽 사면 아래에 위치한다.
유적입지	고분군에서 동쪽으로 100m 떨어진 곳에 백룡교(白龙桥)가 있고, 도로 북쪽 20여리에 도문향(图们乡) 소재지가 위치한다. 고분 남쪽에서 약 500m 동쪽에 도문강(图们江)이 있고, 고분군 위쪽에 과수원이 있다.
조사현황	고분 4기가 노출되어 있다.
내 용	석실분으로 천장은 판석으로 덮었다. 유적은 상당부분 파괴되었고, 부장품은 발견되지 않았다. 많은 개체의 인골이 출토되었다.
주요유물	-
참고사항	백룡촌 북쪽 논에서 발해의 와당, 암키와, 토기편 등 유물이 발견되었다.
참고문헌	吉林省文物志编委会, 1985, 『图们市文物志』, 吉林省文物志编委会.

길림성 도문시 양수과원 고분군 吉林省 圖們市 凉水果園 古墳群

조사연혁	1990. 05. 16. ~ 1990. 05. 26. 정리 및 발굴 (延边博物馆·琿春市文物管理所)
유적위치	길림성 도문시 양수진(凉水鎭) 소재지에서 북으로 1.5km 떨어진 양수촌(凉水村) 과수원 내에 위치한다. 훈춘(琿春)에서 도문(图们)으로 가는 철로 옆에 해당된다.
유적입지	고분군의 북쪽에는 바위산이 있으며, 남쪽으로 500m 거리에 도문강(图们江)의 지류인 석두하(石头河)가 동북에서 서남으로 흐르며 본류인 도문강(图们江)과 3km 떨어져 있다. 동북쪽으로 750m 지점에는 도문에서 훈춘으로 가는 도로가 있다. 고분군은 10°~15°의 경사를 이룬 산기슭에 위치하는데 북고남저형이다.
조사현황	조사 전에 이미 길이 80m, 너비 28m, 깊이 0.2m의 토취 구덩이가 있었으며 고분들은 대부분 토취 구덩이의 중간과 서쪽에 위치하고 있다. 확인된 고분은 모두 17기인데 파괴가 심하여 긴급 정리된 3·4·5·17호묘를 제외하고는 모두 발굴조사가 이루어졌다.
내　용	발굴조사된 13기의 고분들은 석실봉토묘, 석관봉토묘, 석광봉토묘, 석광봉석묘 등 4가지 유형으로 구분된다.
주요유물	-
참고사항	-
참고문헌	吉林省博物館, 1995, 「吉林省图们市凉水果园渤海墓葬清理简报」, 『博物館研究』3.

[전경]

[유적 위치도]

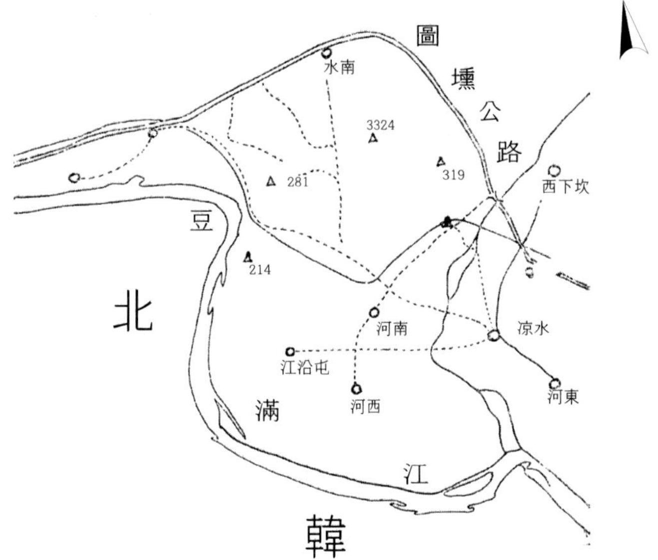
圖
壎
公
路
水南
3324
319
281
西下坎
豆
北
214
河南
凉水
江沿屯
河西
河東
滿
江
韓

[유구 분포도]

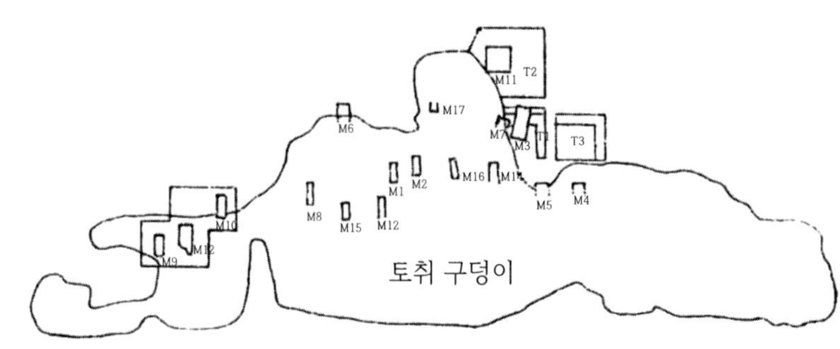
T2
M11
M17
M6
M7 M3 T3
M16 M13
M1 M2
M5 M4
M8 M15 M12
M10
M14
M9
토취 구덩이

[출토유물]

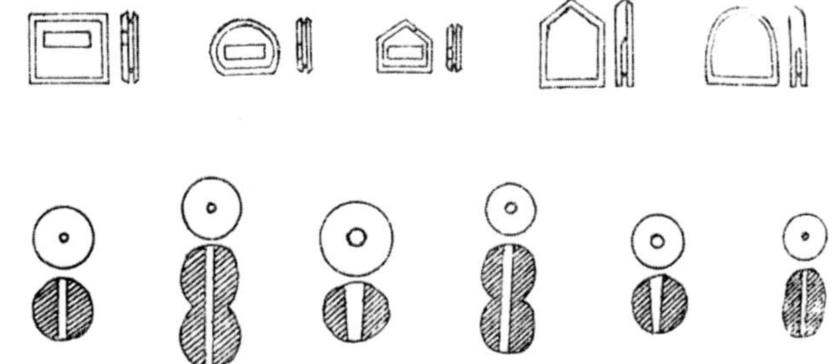

1호묘

(단위 : cm)

봉토	크 기 (길이×너비×높이)	-	연도	크 기 (길이×너비×높이)	-
	평면형태	-		연도위치	-
현실	장축방향	360°		두 향	남향
	규 모 (길이×너비×높이)	150~225×70~78×48		바닥시설	-
	평면형태	장방형		천장형태	평
	시상/관대 (길이×너비×높이)	-		석재종류	할석
유물	토 도 기	-			
	금 속 기	-			
	옥 석 기	-			
	기 타	인골(1)			
	특기사항	축척 없음. 성인 여성 1개체분의 인골이 앙신직지 상태로 발견되었다.			

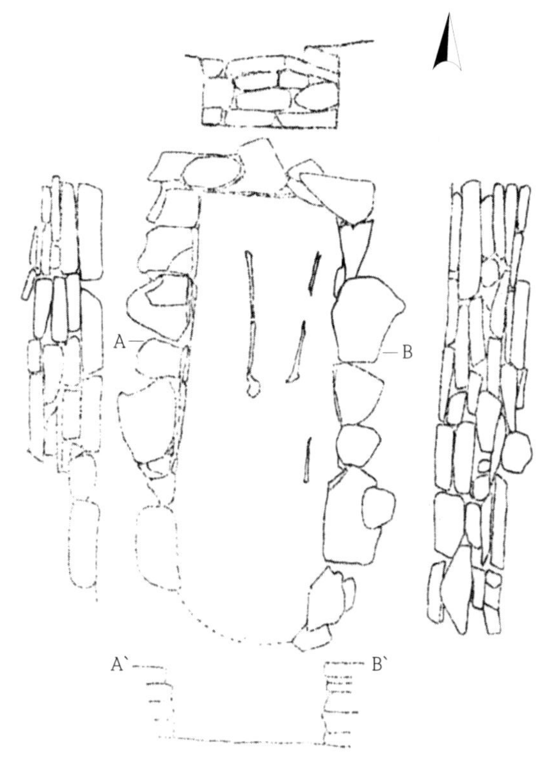

2호묘

(단위 : cm)

봉토	크 기 (길이×너비×높이)	-	연도	크 기 (길이×너비×높이)	-
	평면형태	-		연도위치	-
현실	장축방향	N-0°-E		두 향	남향
	규 모 (길이×너비×높이)	226×72~82×40~68		바닥시설	?
	평면형태	장방형		천장형태	?
	시상/관대 (길이×너비×높이)	-		석재종류	?
유물	토 도 기	-			
	금 속 기	-			
	옥 석 기	-			
	기 타	인골(1)			
	특기사항	유구 도면 없음. 성년 혹은 중년 여성으로 추정되는 인골 1개체분이 발견되었는데 두개골 주위에 사지골이 놓여 있었다.			

3호묘

(단위 : cm)

봉토	크 기 (길이×너비×높이)	-	연도	크 기 (길이×너비×높이)	-
	평면형태	-		연도위치	-
현실	장축방향	?		두 향	?
	규 모 (길이×너비×높이)	(70+)×(35+)×(40+)		바닥시설	?
	평면형태	장방형		천장형태	?
	시상/관대 (길이×너비×높이)	-		석재종류	?
유물	토 도 기	-			
	금 속 기	-			
	옥 석 기	-			
	기 타	-			
	특기사항	유구 도면 없음. 토광봉토묘.			

<h2 style="text-align:center">4호묘</h2>

(단위 : cm)

봉토	크 기 (길이×너비×높이)	-	연도	크 기 (길이×너비×높이)	-
	평면형태	-		연도위치	-
현실	장축방향	?		두 향	?
	규 모 (길이×너비×높이)	(108+)×(21+)×(40+)		바닥시설	?
	평면형태	장방형		천장형태	?
	시상/관대 (길이×너비×높이)	-		석재종류	?
유물	토 도 기	-			
	금 속 기	-			
	옥 석 기	-			
	기 타	-			
	특기사항	유구 도면 없음. 토광봉토묘.			

<h2 style="text-align:center">5호묘</h2>

(단위 : cm)

봉토	크 기 (길이×너비×높이)	-	연도	크 기 (길이×너비×높이)	-
	평면형태	-		연도위치	-
현실	장축방향	?		두 향	?
	규 모 (길이×너비×높이)	(40+)×(20+)×?		바닥시설	?
	평면형태	장방형		천장형태	?
	시상/관대 (길이×너비×높이)	-		석재종류	?
유물	토 도 기	-			
	금 속 기	-			
	옥 석 기	-			
	기 타	-			
	특기사항	유구 도면 없음. 토광봉토묘.			

6호묘

(단위 : cm)

봉토	크 기 (길이×너비×높이)	-	연도	크 기 (길이×너비×높이)	?
	평면형태	-		연도위치	?
현실	장축방향	185°		두 향	?
	규 모 (길이×너비×높이)	(160+)×135~140×45		바닥시설	?
	평면형태	?		천장형태	?
	시상/관대 (길이×너비×높이)	-		석재종류	?
유물	토 도 기	-			
	금 속 기	동제 대금구(1), 철제 관정(1)			
	옥 석 기	-			
	기 타	인골(1)			
	특기사항	유구 도면 없음. 유물의 축척을 알 수 없다. 심하게 파괴되어 대부분이 남아 있지 않고 바닥의 판석만 확인된다. 인골 1개체(노년 남성)분이 발견되었다.			

[출토유물]

7호묘

(단위 : cm)

봉토	크 기 (길이×너비×높이)	-	연도	크 기 (길이×너비×높이)	?
	평면형태	-		연도위치	?
현실	장축방향	185°		두 향	남향
	규 모 (길이×너비×높이)	320~325×140~145×50~66		바닥시설	?
	평면형태	장방형		천장형태	?
	시상/관대 (길이×너비×높이)	-		석재종류	?
유물	토도기	호(1), 심발(2)			
	금속기	은제 귀걸이(1), 동제 대금구(5), 철촉(2), 철제 관정(7)			
	옥석기	-			
	기 타	인골(6)			
	특기사항	유구·유물의 축척을 알 수 없다. 묘주는 중년 남성, 일차장, 두남각북, 앙신직지 상태이며 얼굴은 서향이다. 묘실 동쪽에 위치한다. 묘실 서쪽에 상하 두층으로 여성 인골 2개체가 확인되었다. 하층의 여성 인골은 묘주와 동일 층에서 평행하게 발견되었고 측신굴지장이며 얼굴을 남자를 향해 있다. 상층의 여성 인골은 하층과 20~30cm의 차이를 보이며 흩어진 상태로 보아 이장된 것으로 추측된다. 나머지 3개체도 모두 이장되었는데(2남1녀) 그 중 1남은 묘주 발 아래쪽에서 묘 북벽에 닿고 있으며 두동각서이다.			

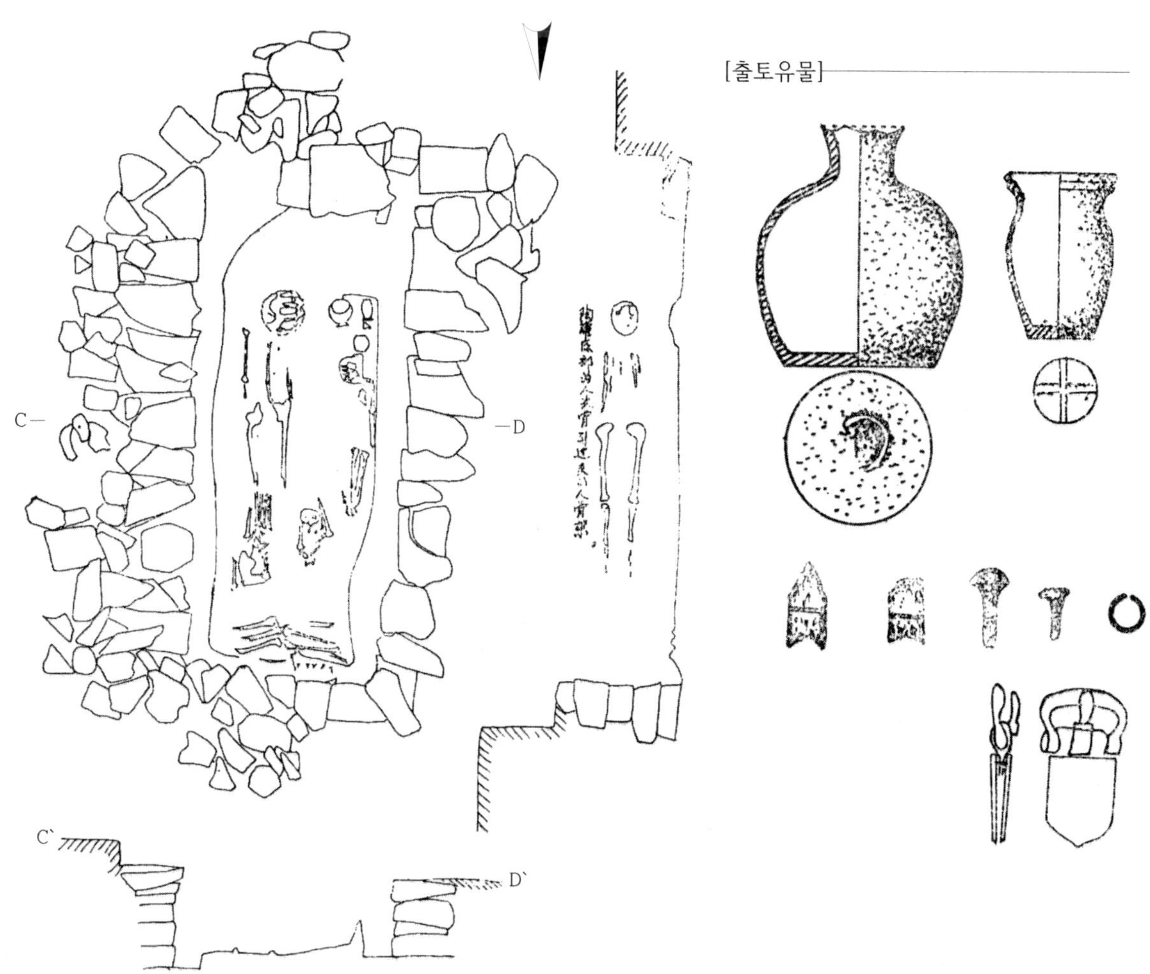

[출토유물]

8호묘

(단위 : cm)

봉토	크 기 (길이×너비×높이)	-	연도	크 기 (길이×너비×높이)	?
	평면형태	-		연도위치	?
현실	장축방향	360°		두 향	북향
	규 모 (길이×너비×높이)	248×40~70×50~60		바닥시설	?
	평면형태	장방형		천장형태	?
	시상/관대 (길이×너비×높이)	-		석재종류	?
유물	토 도 기	-			
	금 속 기	은제 귀걸이(1), 미상철기(1)			
	옥 석 기	-			
	기 타	인골(2)			
특기사항		유구·유물의 축척을 알 수 없다. 인골 2개체(1남1녀)가 발견되었는데 묘주는 중년 여성이다. 여성은 일차장 상태로서 중앙에 위치, 두북각남, 앙신직지 상태이다. 남성은 이차장 상태로서 두골이 가운데에 있고 주변에 사지골이 놓여 있다. 중년기 말에서 노년기에 해당된다. 바닥 및 두골 아래에서 소량의 목탄과 소토가 발견되었으나 화장 흔적은 아닌 것으로 보인다.			

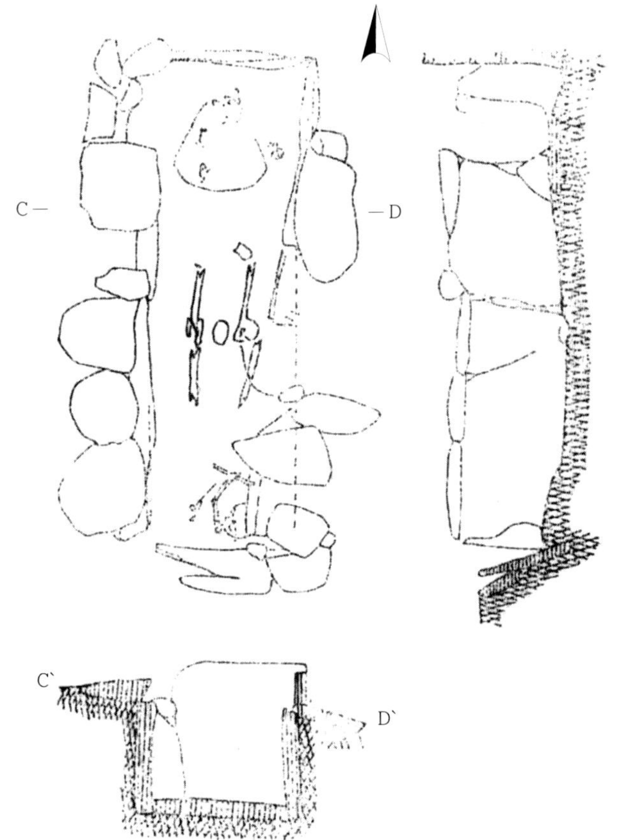

[출토유물]

9호묘

(단위 : cm)

봉토	크 기 (길이×너비×높이)	-	연도	크 기 (길이×너비×높이)	?
	평면형태	-		연도위치	?
현실	장축방향	185°		두 향	남향
	규 모 (길이×너비×높이)	215×90~95×45~56		바닥시설	?
	평면형태	장방형		천장형태	평
	시상/관대 (길이×너비×높이)	-		석재종류	판석·할석
유물	토 도 기	병(1), 심발(1)			
	금 속 기	동제 대금구(7)			
	옥 석 기		-		
	기 타	인골(1)			
	특기사항	유구·유물의 축척을 알 수 없다. 중년 남성 1개체분의 인골이 앙신직지, 얼굴은 서향인 상태로 발견되었다.			

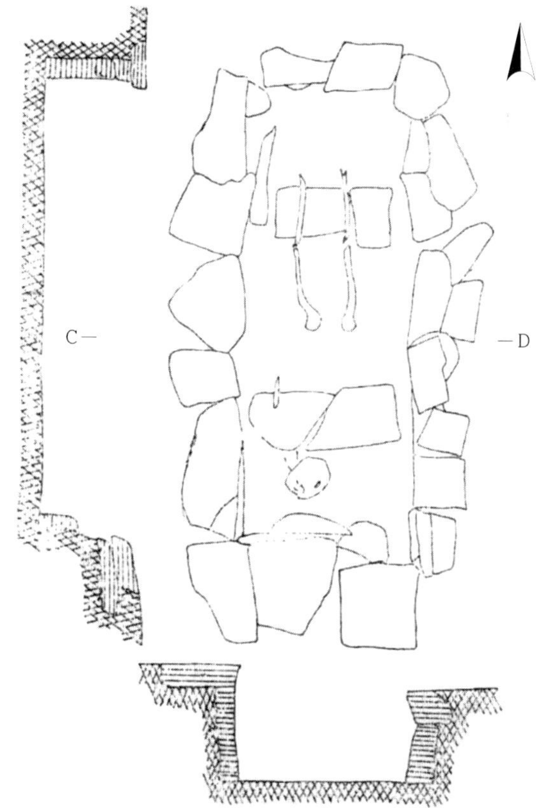

[출토유물]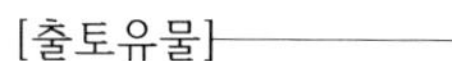

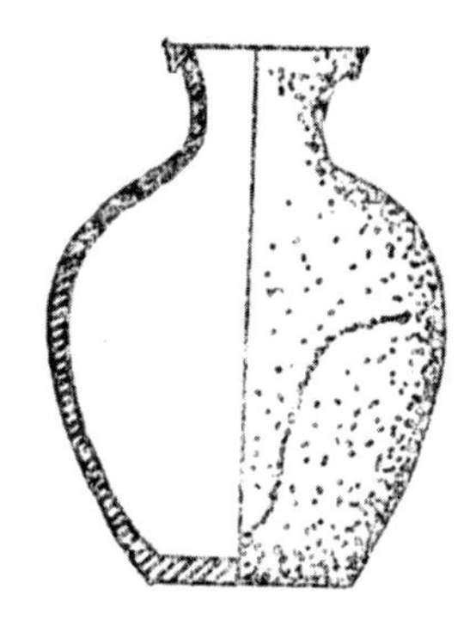

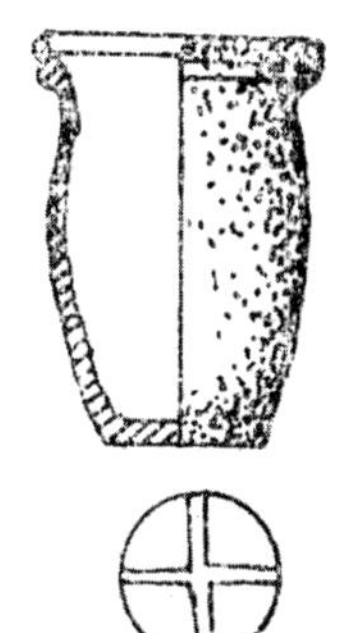

10호묘

(단위 : cm)

봉토	크 기 (길이×너비×높이)	-	연도	크 기 (길이×너비×높이)	?
	평면형태	-		연도위치	?
현실	장축방향	185°		두 향	남향
	규 모 (길이×너비×높이)	상부 : 270×110×90 바닥 : 233×96×80		바닥시설	?
	평면형태	장방형		천장형태	?
	시상/관대 (길이×너비×높이)	-		석재종류	?
유물	토 도 기	-			
	금 속 기	-			
	옥 석 기	-			
	기 타	인골(1)			
특기사항		유구 도면 없음. 인골은 중년 남성 1개체분이며 얼굴은 동향이다.			

11호묘

(단위 : cm)

봉토	크 기 (길이×너비×높이)	?×?×30	연도	크 기 (길이×너비×높이)	120×80-90×?
	평면형태	?		연도위치	남벽 중앙
현실	장축방향	182°	두 향		남향
	규 모 (길이×너비×높이)	300×220~250×38~45	바닥시설		?
	평면형태	장방형	천장형태		말각(삼각고임?)
	시상/관대 (길이×너비×높이)	–	석재종류		판석·할석
유물	토 도 기	–			
	금 속 기	–			
	옥 석 기	–			
	기 타	인골(16)			
	특기사항	유구의 축척을 알 수 없다. 인골 16개체 중 1개체는 비교적 완전한데 노년의 남성이고 현실 가운데에 위치하며 두남각북, 앙신직지이다. 나머지 6개체는 남성이며 7개체는 여성이고, 2개체는 성별 불명이다.			

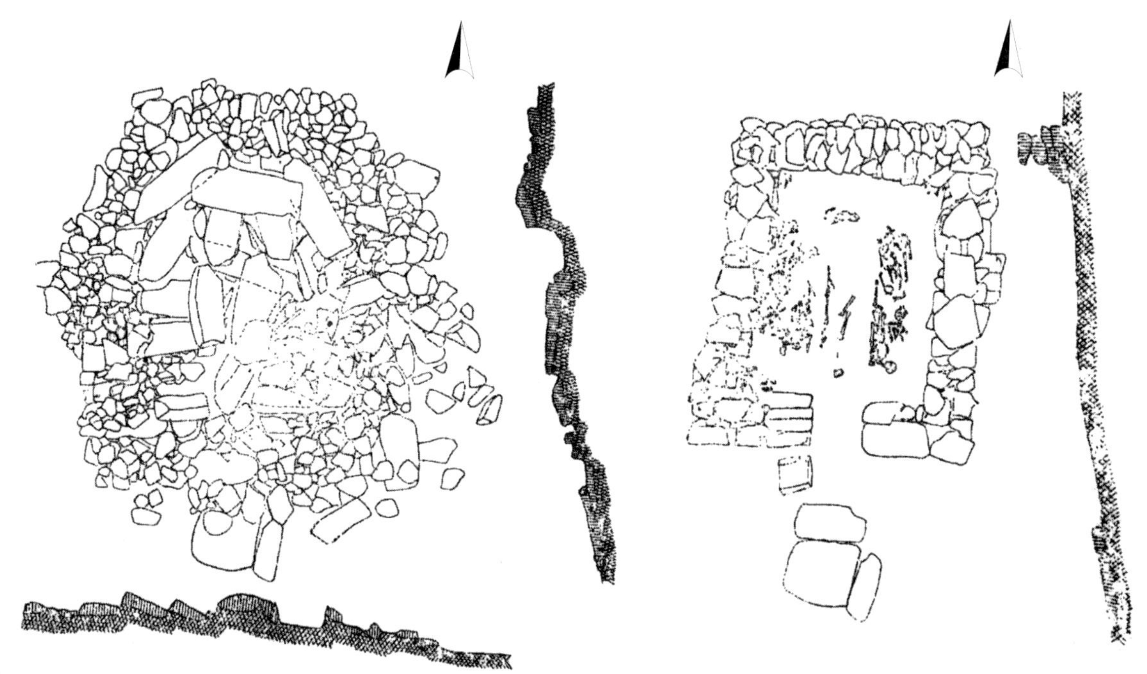

12호묘

(단위 : cm)

봉토	크 기 (길이×너비×높이)	-	연도	크 기 (길이×너비×높이)	?
	평면형태	-		연도위치	?
현실	장축방향	180°		두 향	남향
	규 모 (길이×너비×높이)	(190+)×55×37		바닥시설	?
	평면형태	장방형		천장형태	?
	시상/관대 (길이×너비×높이)			석재종류	?
유물	토 도 기	-			
	금 속 기	동제 대금구(8)			
	옥 석 기	-			
	기 타	인골(1)			
	특기사항	유구·유물의 축척을 알 수 없다. 인골은 중년 남성 1개체분으로서 앙신직지 상태이다. 파괴가 심해 동서 양벽 일부만 존재하나 형태는 명확하다.			

[출토유물]

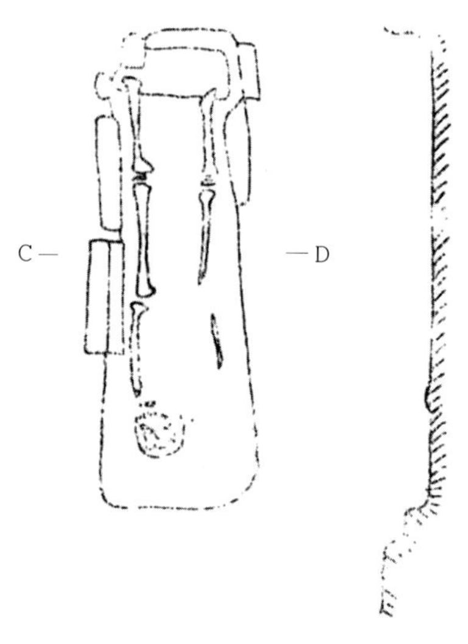

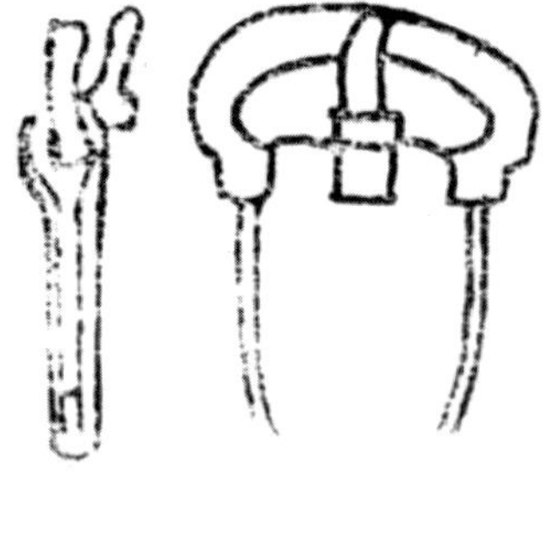

13호묘

(단위 : cm)

봉토	크 기 (길이×너비×높이)	–	연도	크 기 (길이×너비×높이)	?
	평면형태	–		연도위치	?
현실	장축방향	180°		두 향	?
	규 모 (길이×너비×높이)	160×50×(26+)		바닥시설	?
	평면형태	장방형		천장형태	?
	시상/관대 (길이×너비×높이)	–		석재종류	?
유물	토 도 기	–			
	금 속 기	철제 관정(2)			
	옥 석 기	–			
	기 타	인골(1)			
	특기사항	유구 도면 없음. 유물의 축척을 알 수 없다. 인골은 유아 1개체분이다.			

[출토유물] ─────────────

14호묘

(단위 : cm)

봉토	크 기 (길이×너비×높이)	-	연도	크 기 (길이×너비×높이)	?
	평면형태	-		연도위치	?
현실	장축방향	190°	두 향		남향
	규 모 (길이×너비×높이)	(175+)×125×20~60	바닥시설		?
	평면형태	장방형	천장형태		?
	시상/관대 (길이×너비×높이)	-	석재종류		?
유물	토 도 기	심발(2)			
	금 속 기	철제 도(1)			
	옥 석 기	구슬(25)			
	기 타	인골(1)			
	특기사항	유구·유물의 축척을 알 수 없다. 인골은 중년 남성 1개체분인데 심하게 훼손되었다.			

[출토유물]

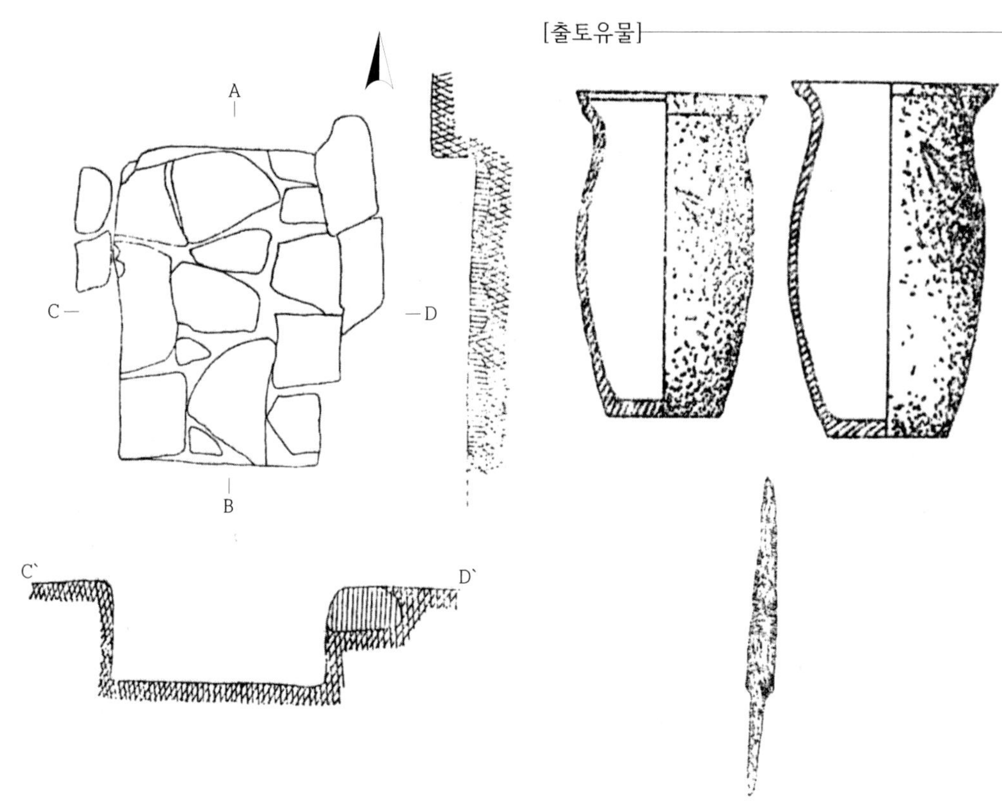

15호묘

(단위 : cm)

봉토	크 기 (길이×너비×높이)	–	연도	크 기 (길이×너비×높이)	85×65×?
	평면형태	–		연도위치	우편재
현실	장축방향	190°		두 향	남향
	규 모 (길이×너비×높이)	210~220×140~155×50~58		바닥시설	?
	평면형태	장방형		천장형태	?
	시상/관대 (길이×너비×높이)	–		석재종류	?
유물	토 도 기	–			
	금 속 기	–			
	옥 석 기	–			
	기 타	인골(3)			
	특기사항	유구의 축척을 알 수 없다. 인골 1개체는 노년의 남성으로서 일차장, 두상은 남쪽이며 앙신직지, 현실의 동쪽에 위치한다. 나머지 2개체는 성별 및 연령을 알 수 없으며 현실의 양측에 위치한다.			

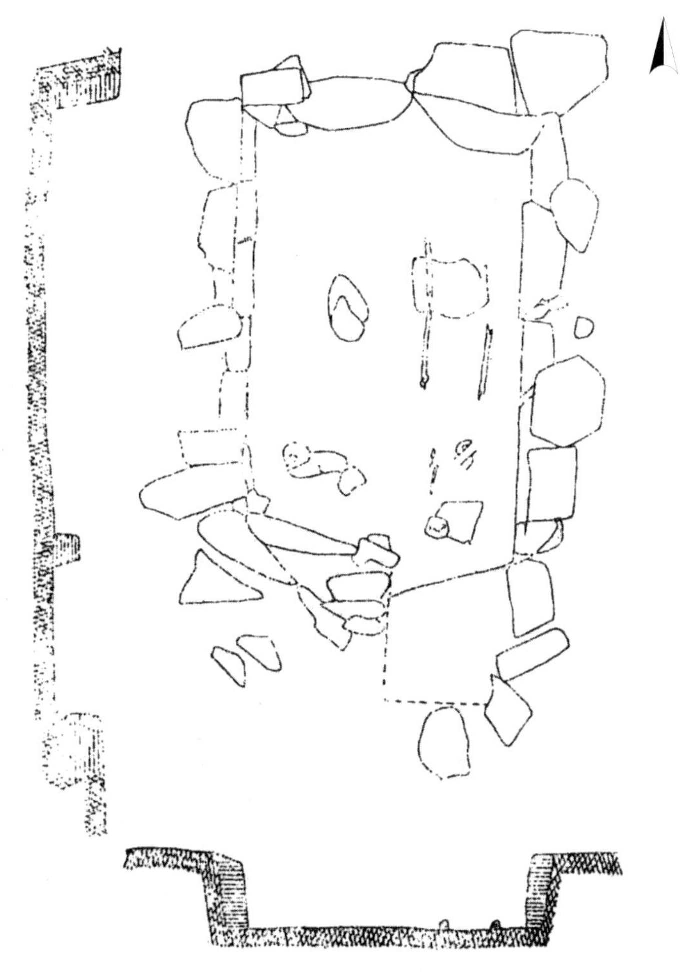

16호묘

(단위 : cm)

봉토	크 기 (길이×너비×높이)	-	연도	크 기 (길이×너비×높이)	-
	평면형태	-		연도위치	-
현실	장축방향	360°		두 향	남향
	규 모 (길이×너비×높이)	226×80×42~53		바닥시설	?
	평면형태	장방형		천장형태	?
	시상/관대 (길이×너비×높이)	-		석재종류	?
유물	토 도 기	-			
	금 속 기	-			
	옥 석 기	-			
	기 타	인골(1)			
	특기사항	석광봉토묘. 유구 도면 없음. 인골 1개체분(남성)이 앙신직지 상태로 발견되었다.			

17호묘

(단위 : cm)

봉토	크 기 (길이×너비×높이)	-	연도	크 기 (길이×너비×높이)	-
	평면형태	-		연도위치	-
현실	장축방향	?		두 향	남향
	규 모 (길이×너비×높이)	?		바닥시설	?
	평면형태	장방형		천장형태	?
	시상/관대 (길이×너비×높이)	-		석재종류	?
유물	토 도 기	-			
	금 속 기	동제 팔찌(1)			
	옥 석 기	-			
	기 타	인골(1)			
	특기사항	유물의 축척을 알 수 없다. 유구 도면 없음. 여성으로 추정되는 인골 1개체분이 확인되었다.			

[출토유물]

길림성 돈화시 육정산 고분군吉林省 敦化市 六頂山 古墳群

조사연혁	1949. 08. ~ 1949. 09. 발굴(启东中学教, 延边大学教) 1953. ~ 1957. 발굴 및 보수(吉林省文物管理委员会, 吉林省博物馆) 1959. 08. 발굴(吉林省文管会, 东北师范大学) 1963. 조사(?) 1964. 05. 15. ~ 1964. 06. 발굴(中朝联合考古队) 2004. ~ 2009. 발굴 및 정리(吉林省文物考古研究所, 敦化市文物管理所)
유적위치	길림성 돈화시 남쪽으로 5km 떨어진 육정산(六頂山)의 주봉 남쪽 기슭에 위치한다.
유적입지	고분군 북쪽은 산으로 이어지고, 남쪽은 목단강(牡丹江) 변의 충적평원과 마주하고 있다. 서남쪽으로 7km 떨어진 곳에는 발해 초기 대조영이 진국을 건국했던 동모산성(東牟山城)으로 인정되는 성산자산성(城山子山城)이 있다. 고분군에서 남쪽으로 3km 떨어진 목단강 우안에는 발해의 영승유적이 입지하고 있다.
조사현황	2009년까지 대부분의 고분이 발굴조사되었고 이후 보존, 정비사업이 진행되었다.
내　용	제1구역에 30여 기, 제2구역에 50여 기의 석실묘, 석관묘가 분포한다. 그 중 가장 중요한 것은 발해 제3대 문왕 대흠무의 둘째딸로서 777년에 사망하여 780년에 묻힌 정혜공주의 무덤이다.
주요유물	정혜공주묘비, 석사자
참고사항	발해 초기 왕실과 귀족의 고분군
참고문헌	사회과학원, 1966, 『중국 동북 지방의 유적 발굴 보고』, 사회과학원출판사. 김진광, 2012, 『북국 발해 탐험』, 박문사. 吉林省文物考古研究所·敦化市文物管理所, 2012, 『六頂山渤海墓葬』, 文物出版社.

[유적 분포도]

제 1고분군

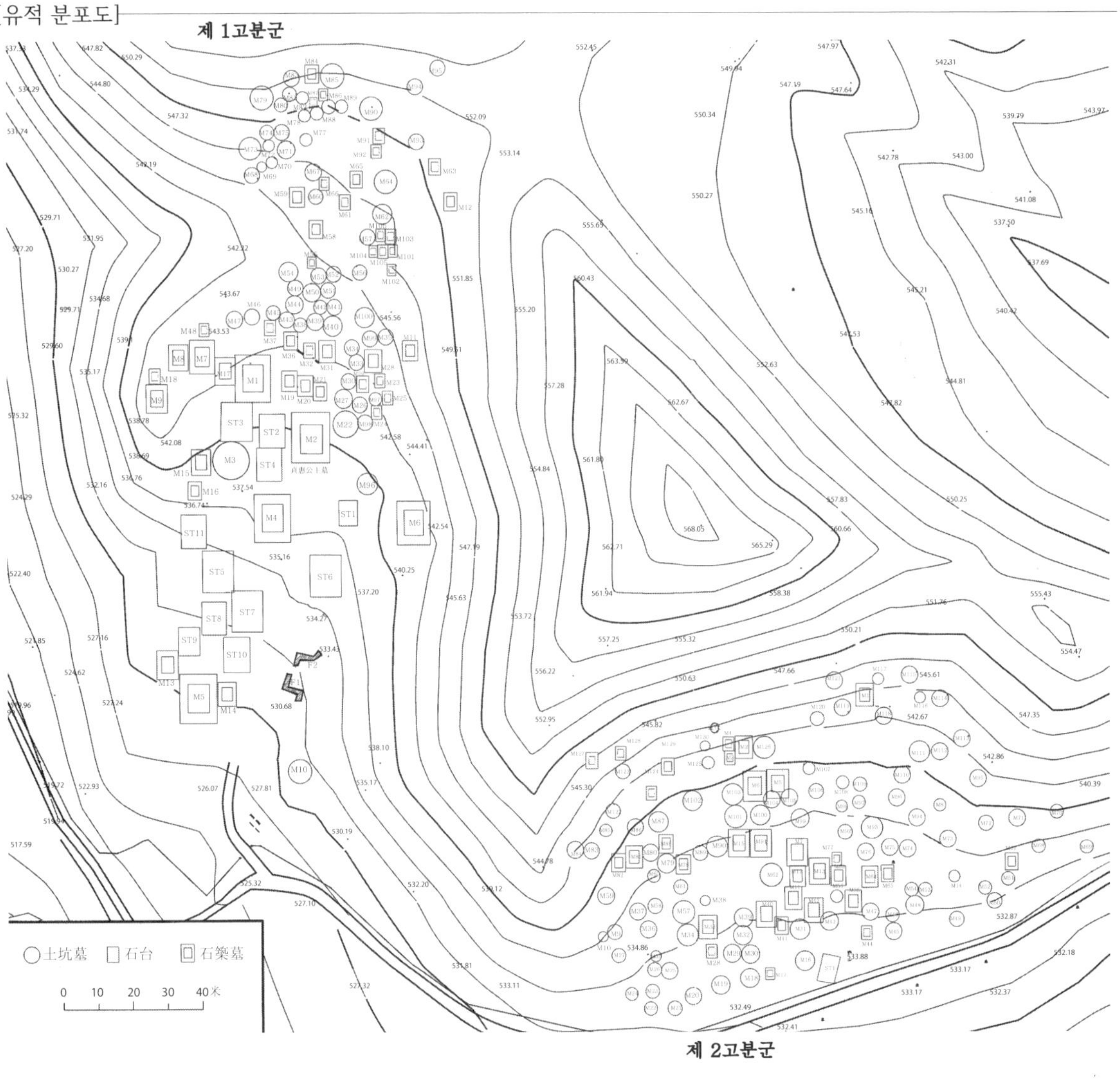

길림성 돈화시 육정산 고분군

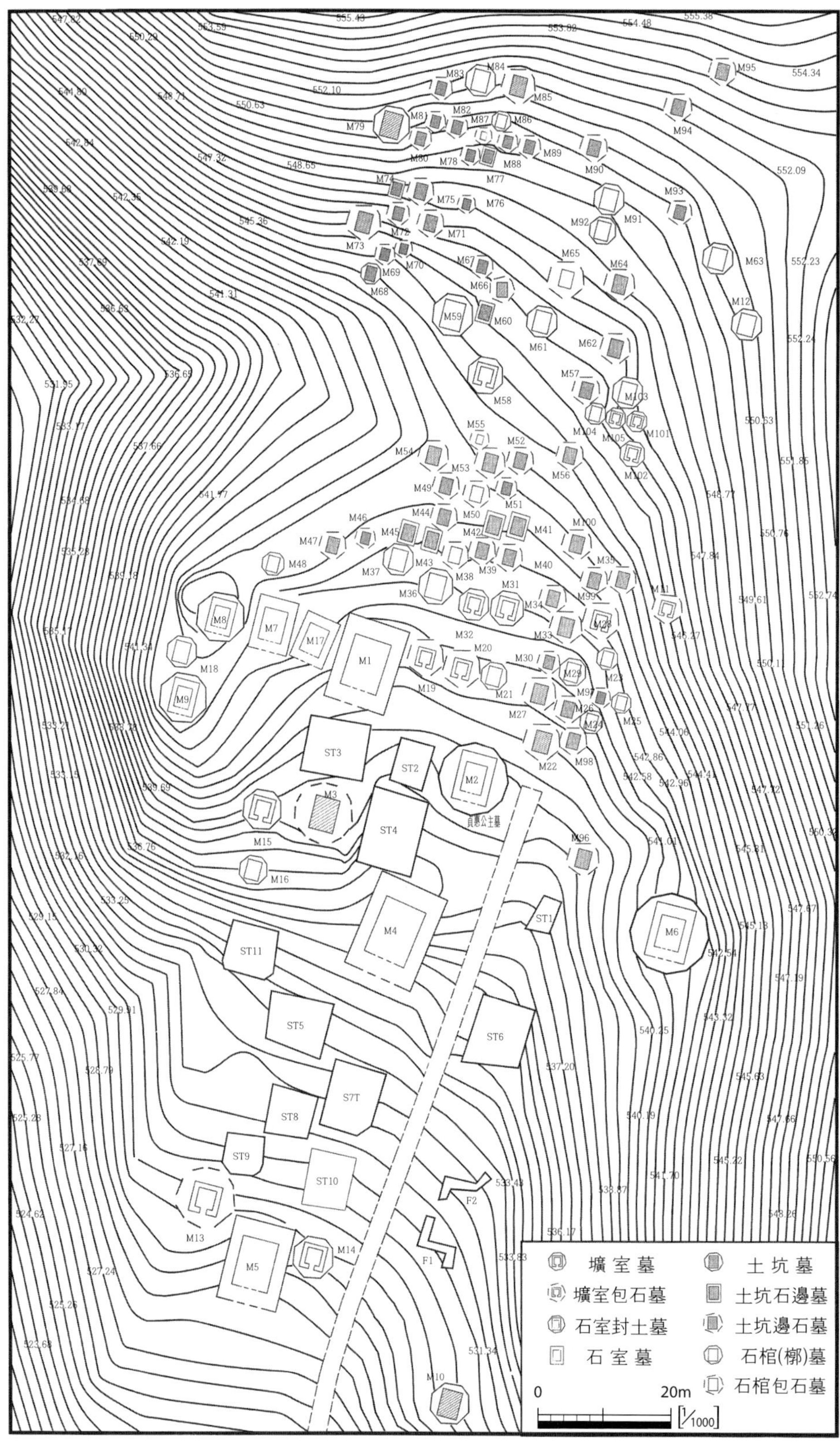

墳室墓
土坑墓
墳室包石墓
土坑石邊墓
石室封土墓
土坑邊石墓
石室墓
石棺(槨)墓
石棺包石墓
0   20m
1/1000

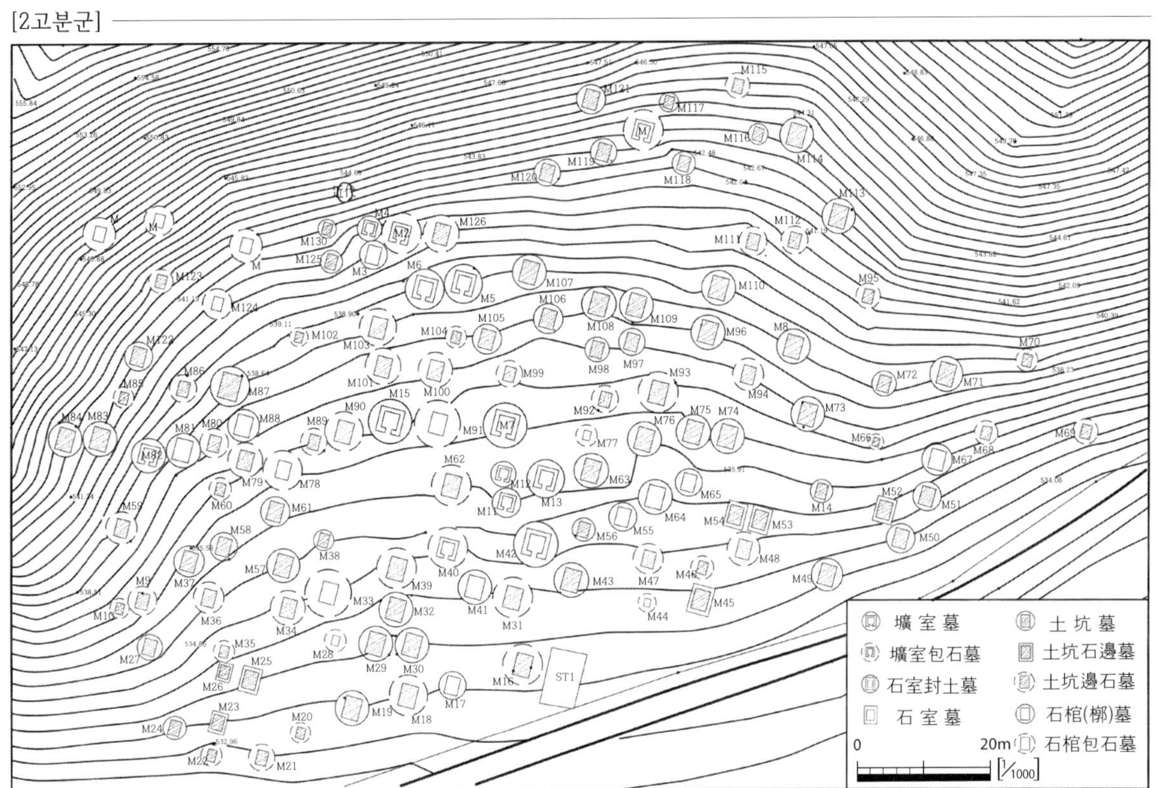

壙室墓
土坑墓
壙室包石墓
土坑石邊墓
石室封土墓
土坑邊石墓
石室墓
石棺(槨)墓
石棺包石墓
0
20m
1/1000
ST1

1고분군 1호묘

(단위 : cm)

봉토	크 기 (길이×너비×높이)	?	연도	크 기 (길이×너비×높이)	170×160×(0.2~0.4+)
	평면형태	?		연도위치	중앙
현실	장축방향	N-25°-E		두 향	?
	규 모 (길이×너비×높이)	290~300×280~290×?		바닥시설	사질토+일부 석회
	평면형태	방형		천장형태	-
	시상/관대 (길이×너비×높이)	?		석재종류	할석
유물	토 도 기	향로(1), 수키와(2), 암키와(3), 와당(4), 전돌(2)			
	금 속 기	은제 이식(1), 철제 관정(1), 철촉(1)			
	옥 석 기	-			
	기 타	-			
	특기사항	담장시설.			

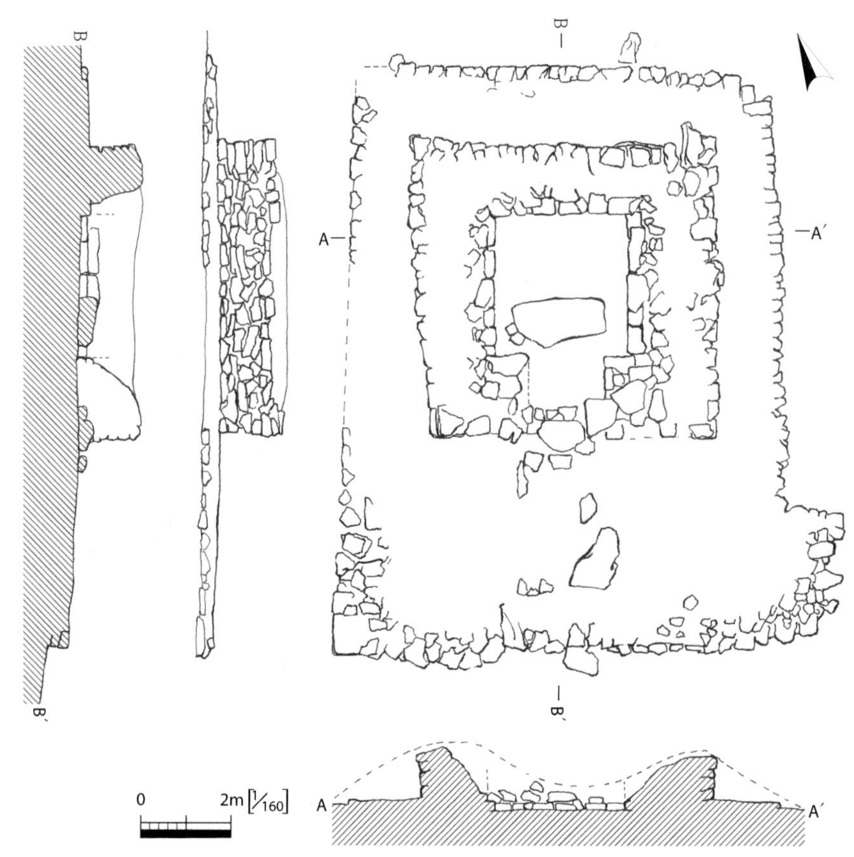

[발굴전]

[전경(남-북)]

[동측(동-서)]

[북측]

[서북측 복토정리중]

[서북측]

[현실 전경]

[탑 개석]

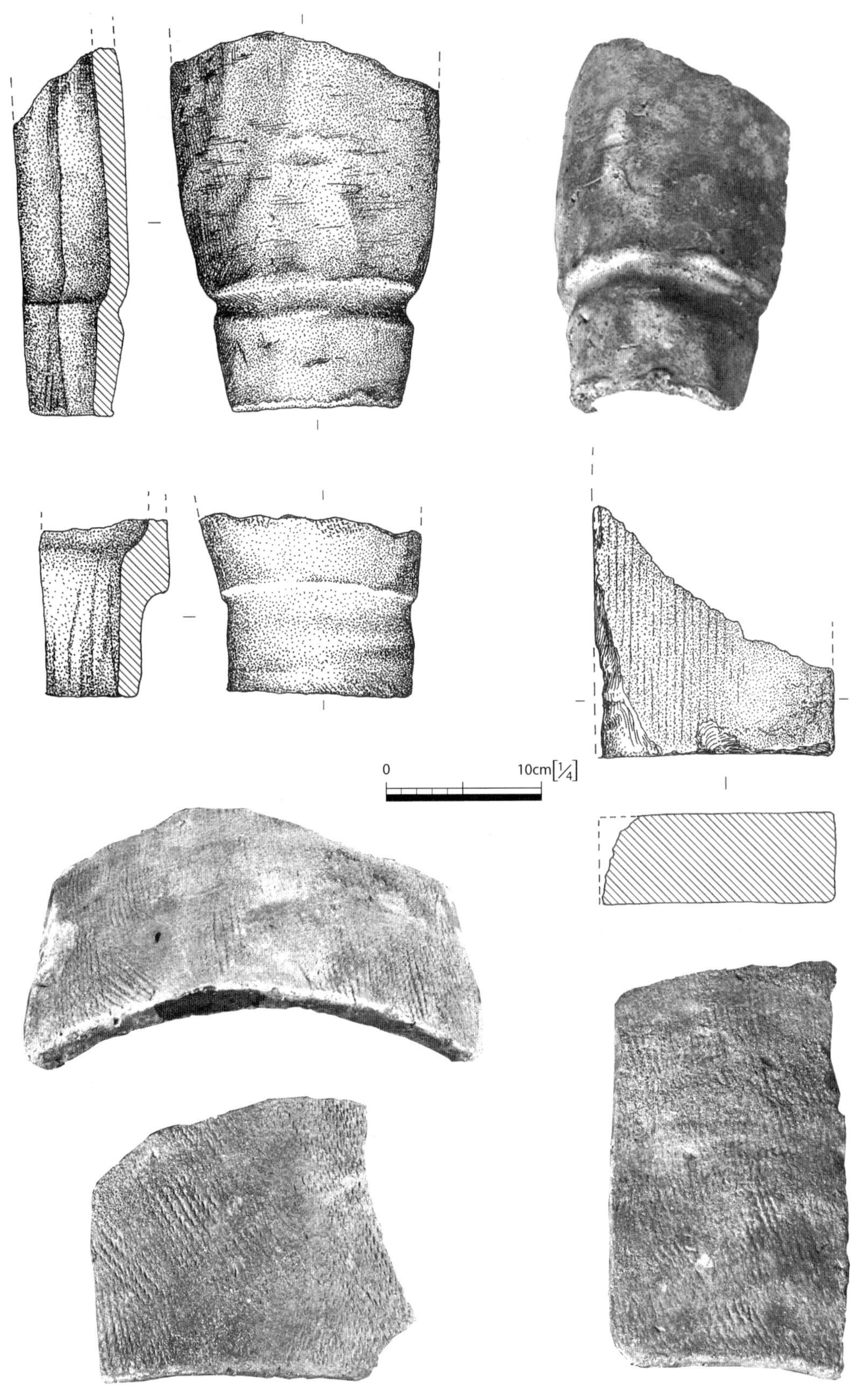

0   10cm[¼]

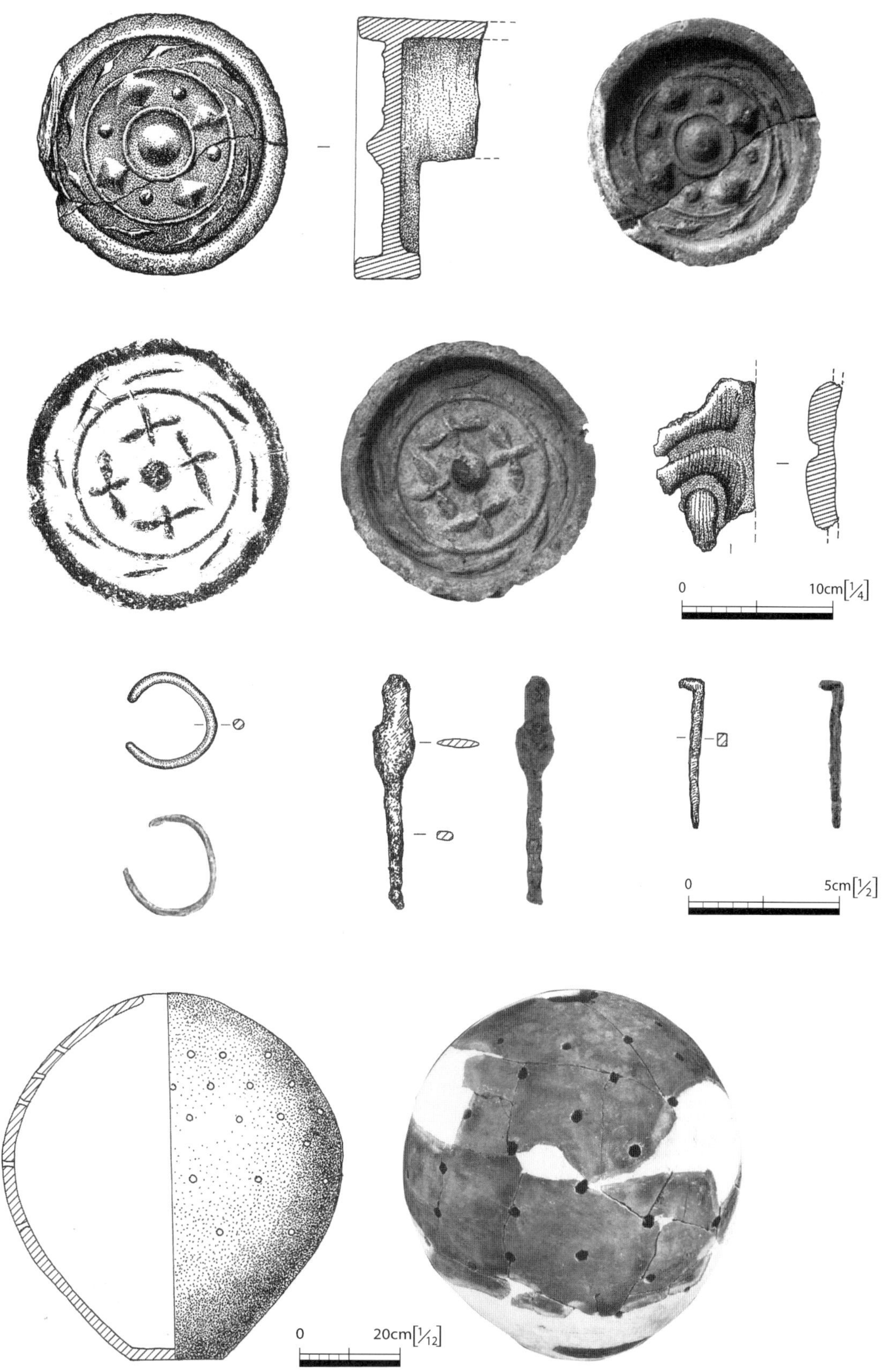

1고분군 2호묘

(단위 : cm)

봉토	크 기 (길이×너비×높이)	?×120000×150~160	연도	크 기 (길이×너비×높이)	?
	평면형태	?		연도위치	중앙
현실	장축방향	N-24°-E		두 향	?
	규 모 (길이×너비×높이)	280~294×266~284×268		바닥시설	흰색 벽돌
	평면형태	방형		천장형태	말각조정
	시상/관대 (길이×너비×높이)	?		석재종류	판석·할석·벽돌
유물	토도기	삼채 용기편(1)			
	금속기	철제 철갑편(6), 철제 관정(1), 철제 원두정(1), 철제 관고리(1)			
	옥석기	마노제 구슬(1), 묘비(1), 돌사자상(1)			
	기 타	인골			
	특기사항	정혜공주묘. 벽 표면에 백토칠. 지면에 목탄, 인골편, 관정 등을 통해 관곽의 흔적을 찾을 수 있음.			

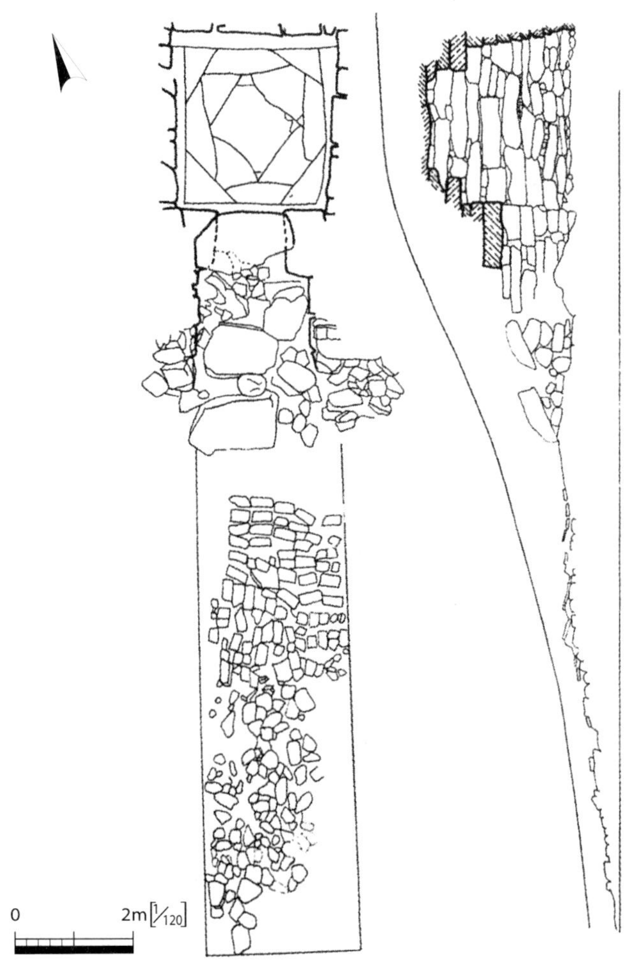

"

[봉토(남측)]
[묘도]
[연도]
[현실 천장]
[출토유물]

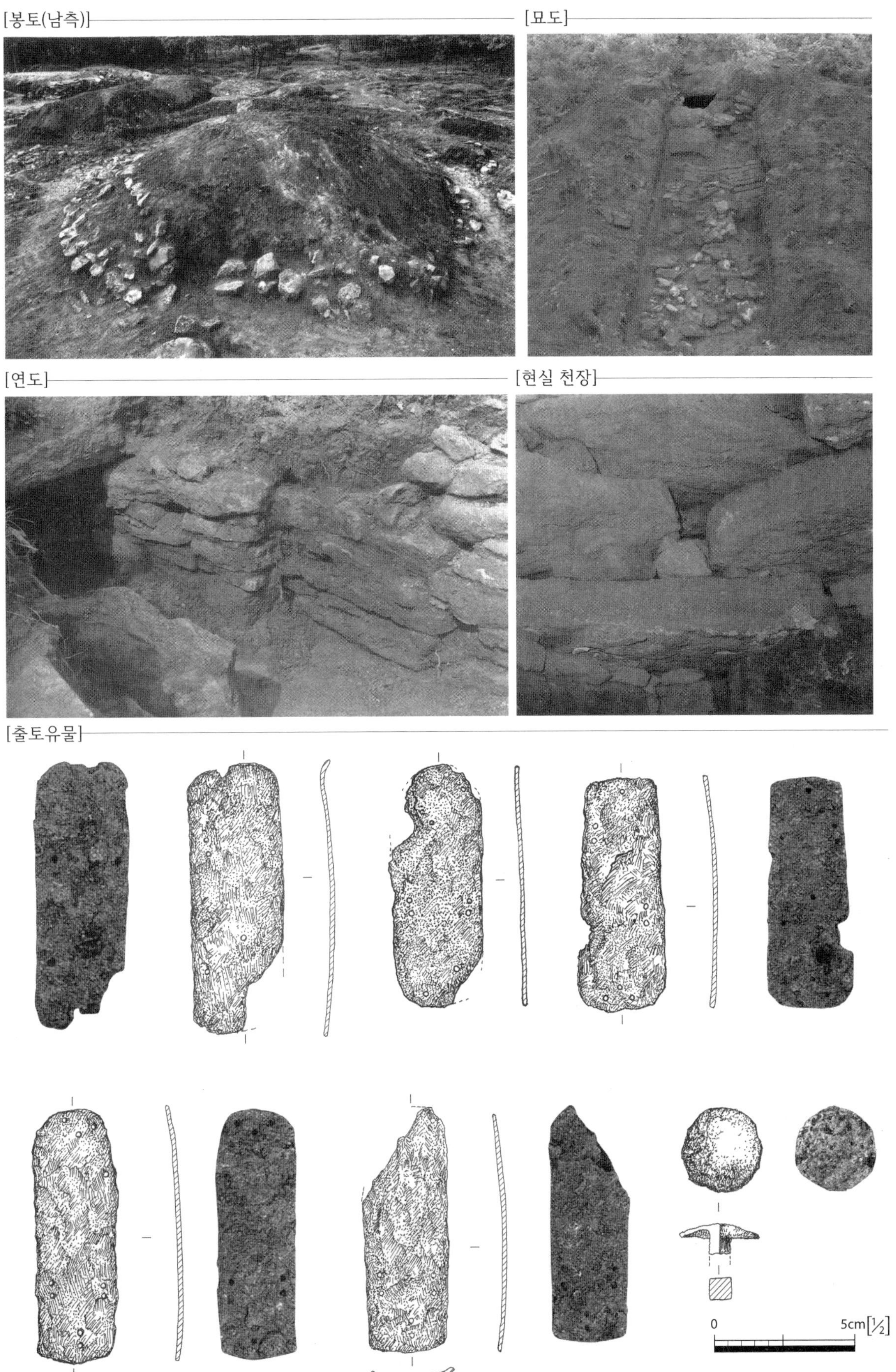

0　　　　　5cm[½]

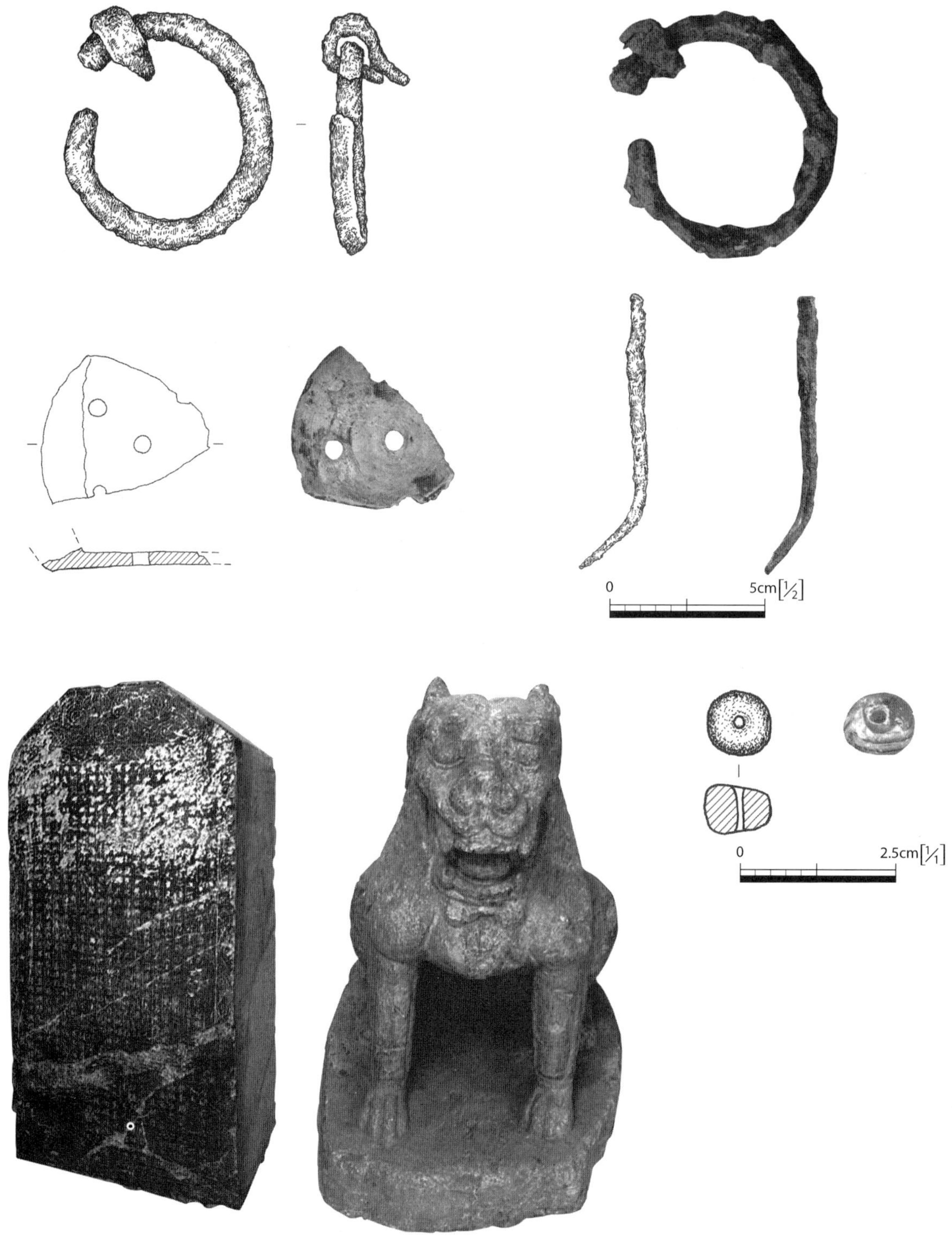

1고분군 3호묘

(단위 : cm)

봉토	크 기 (길이×너비×높이)	1150×1250× ?	연도	크 기 (길이×너비×높이)	?
	평면형태	방형		연도위치	?
주체부	장축방향	북동-남서		두 향	북동향
	매장주체 (길이×너비×깊이)	동:300×90×7~10 중:350×160×15~20 서:325×80×28 북:불명		바닥시설	?
	평면형태 (길이×너비)	방형(1150×1250)		천장형태	?
				석재종류	할석
유물	토 도 기	매장주체부 : 호(3) 외곽 : 호(1), 손잡이(1), 병(1), 와당(23), 수키와(17), 암키와(5), 수면전(11)			
	금 속 기	매장주체부 : 은제 귀걸이(3) 외곽 : 철제 관정(5), 철촉(5), 동기(2)			
	옥 석 기	매장주체부 : 옥기(2), 마노·유리제 구슬(56) 외곽 : 골기(1)			
	기 타	매장주체부 : 인골(6)			
	특기사항	봉토포석묘. 1949년·1959·2004년 정리하고 2005년에 구조 이해. 다인장이며 이차장. 묘상건축과 호석 존재.			

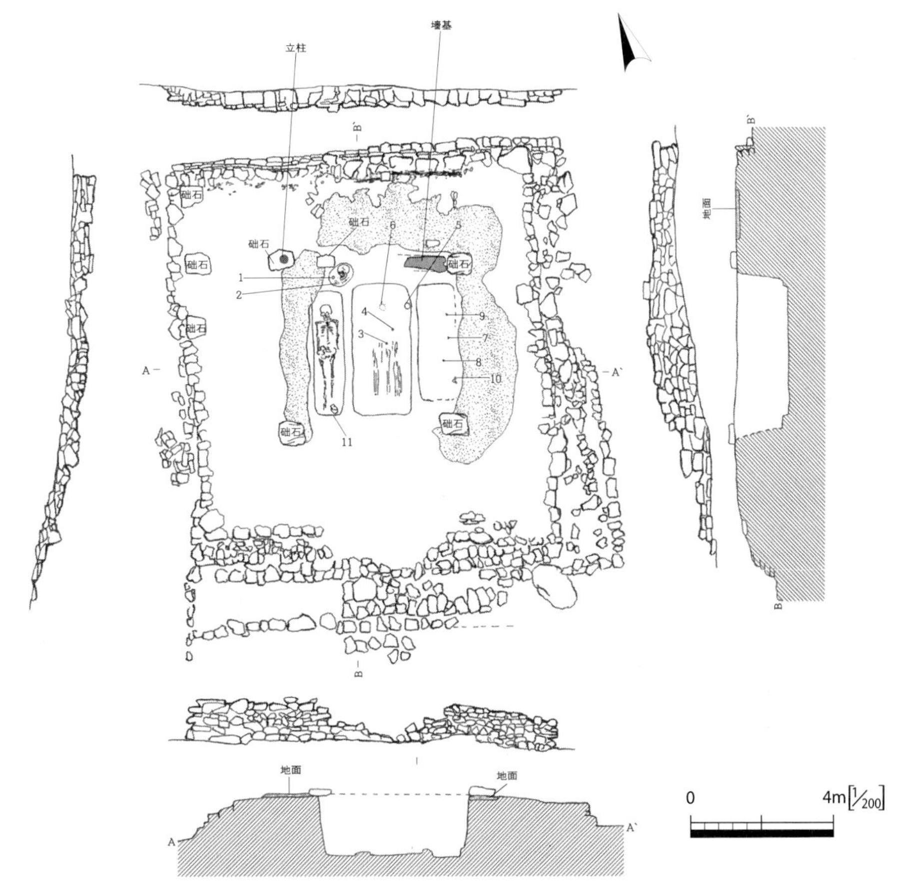

[전경(남쪽에서 본 모습)]

[전경(서북쪽에서 본 모습)]

[전경(동쪽에서 본 모습)]

[전경(서쪽에서 본 모습)]

[동남쪽 모서리]

[동북쪽 모서리]

[묘광 서쪽]

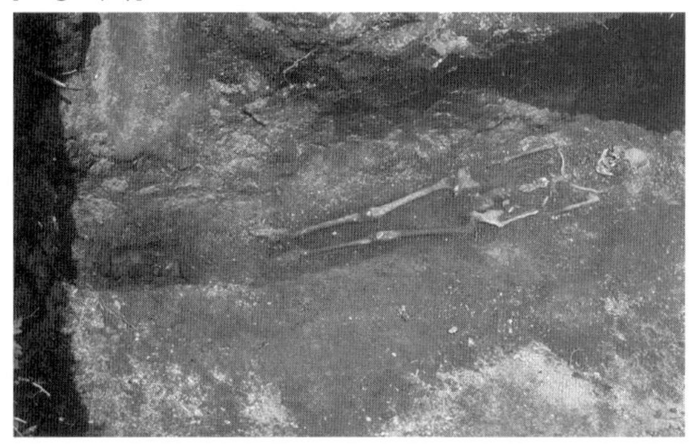

[묘광 가운데]

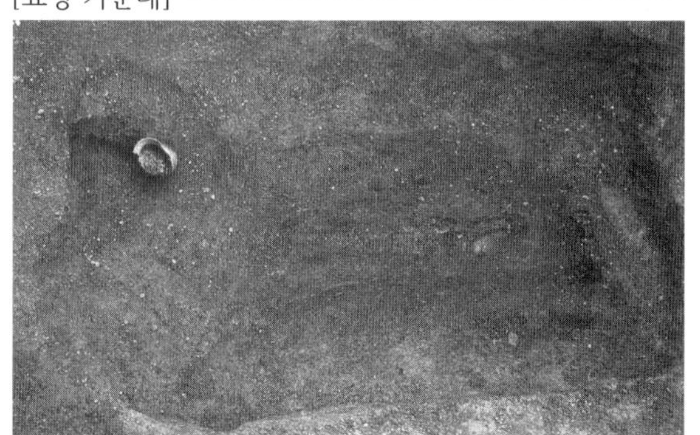

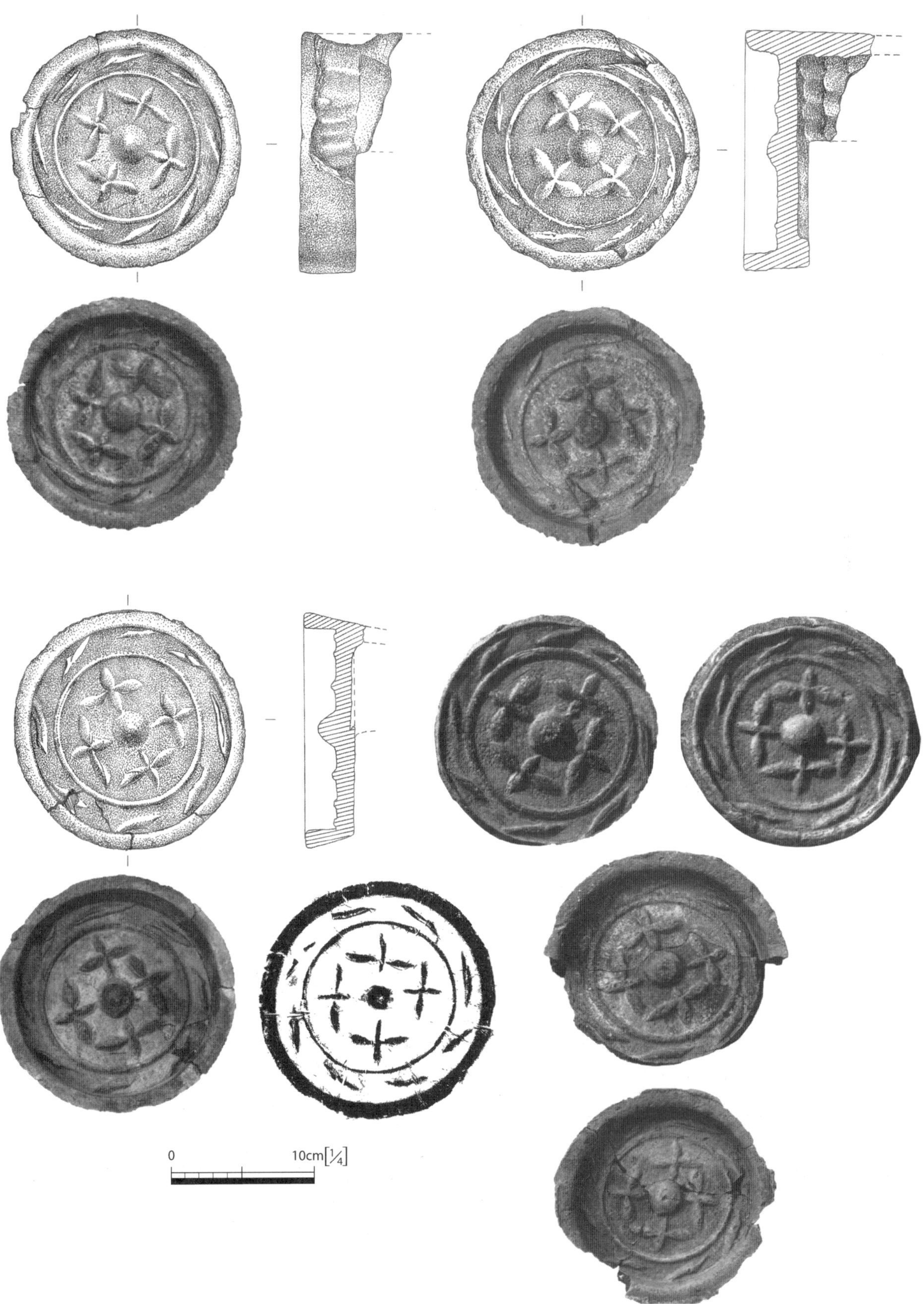

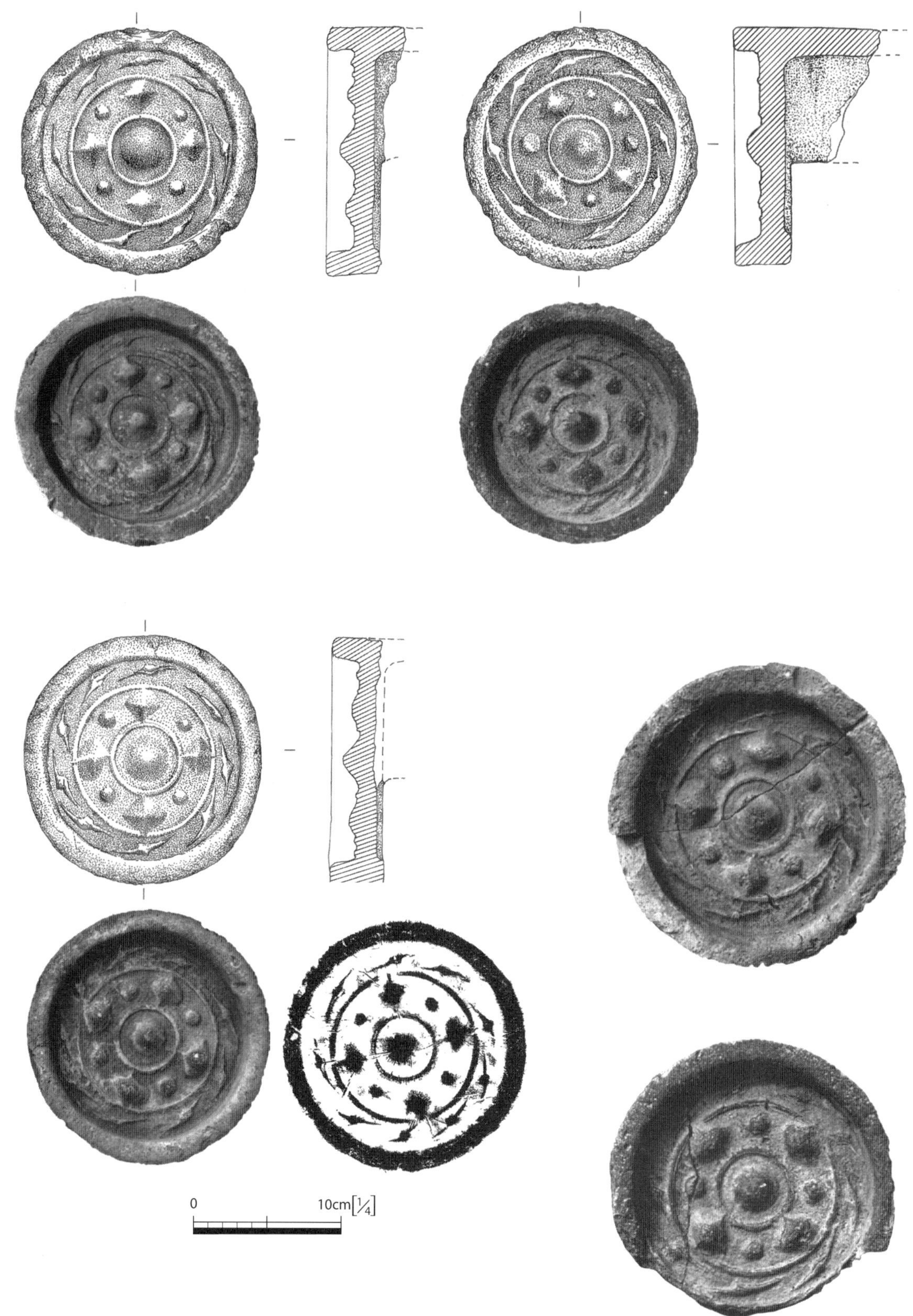

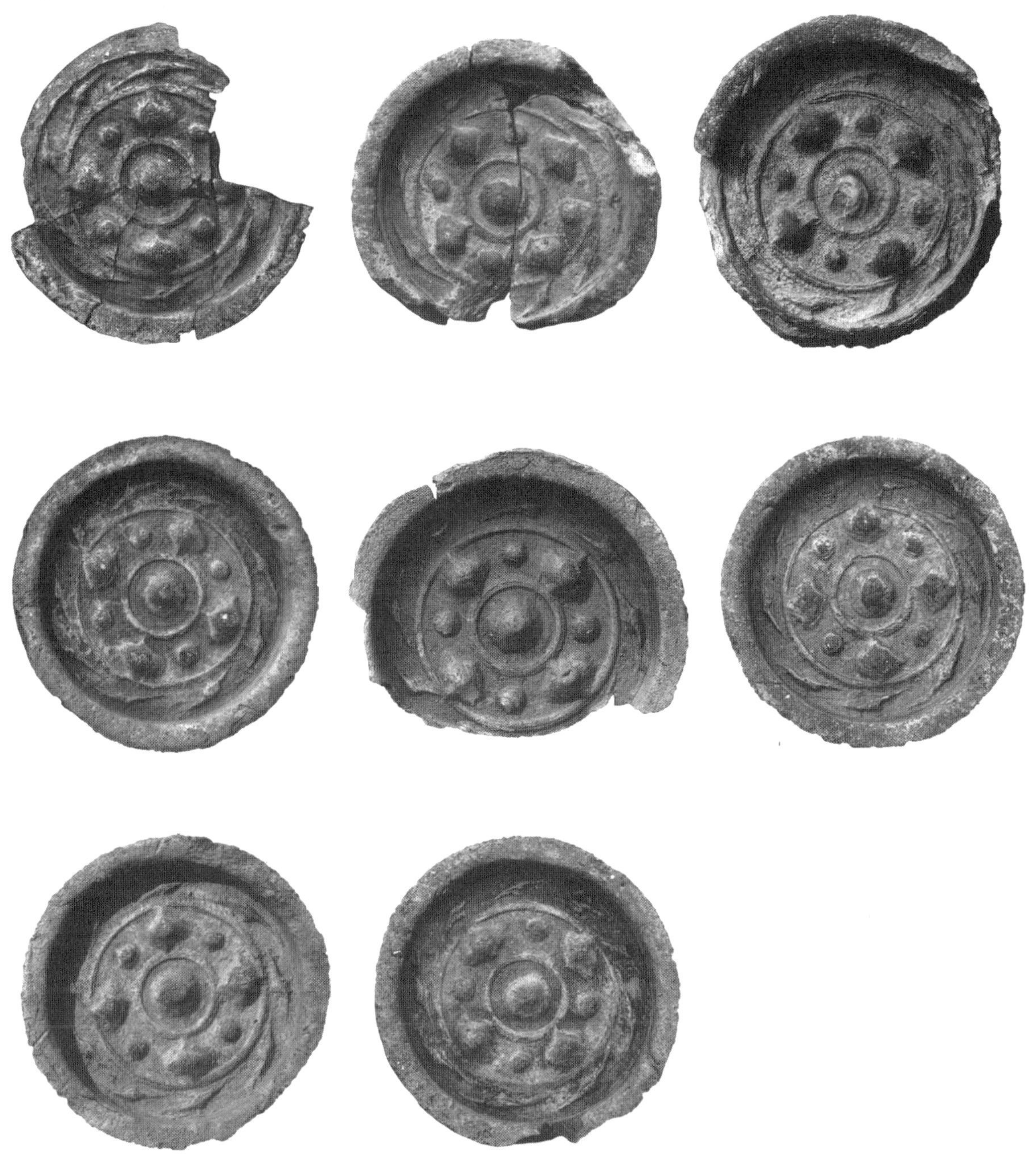

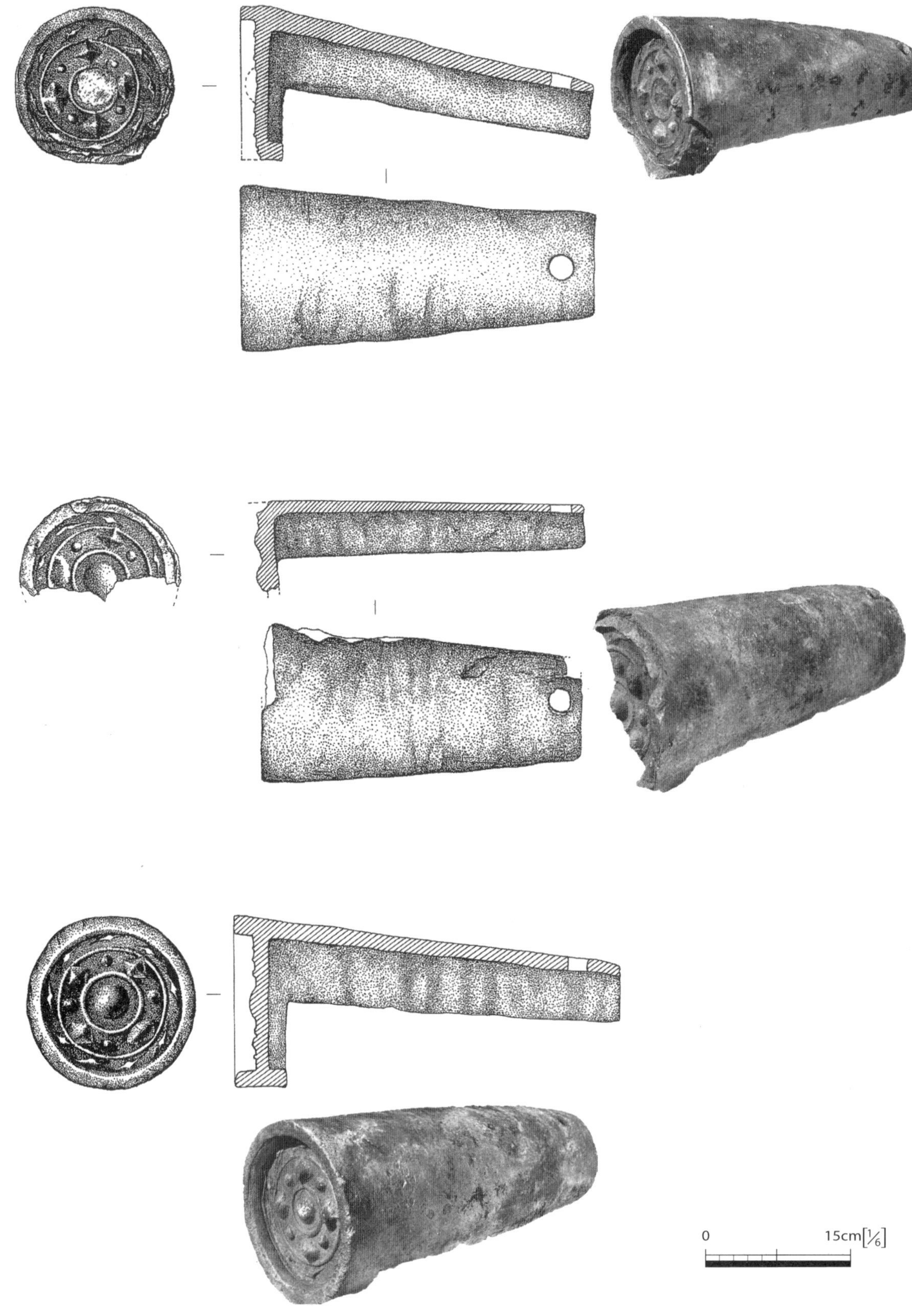

0   15cm[⅙]

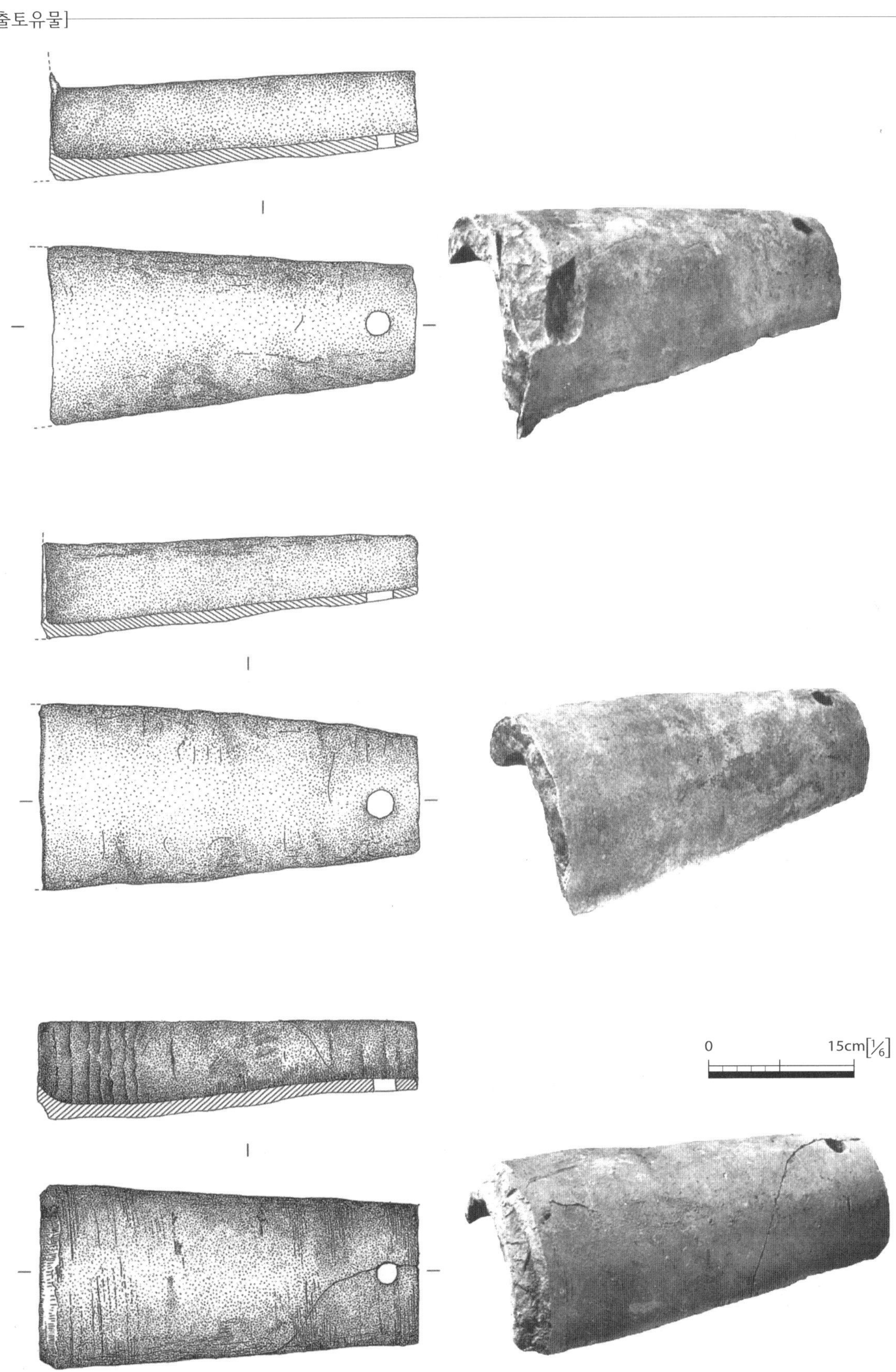

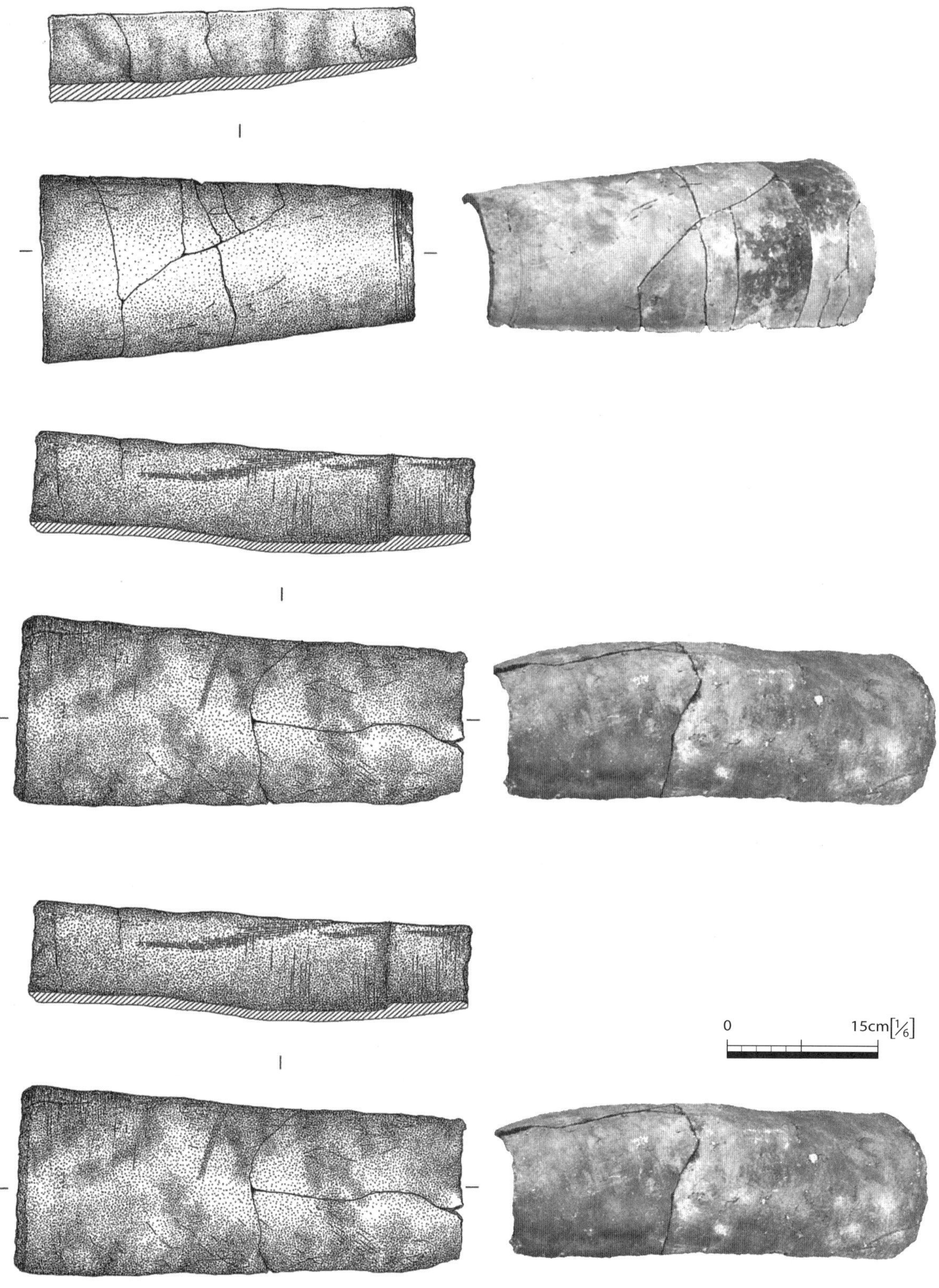

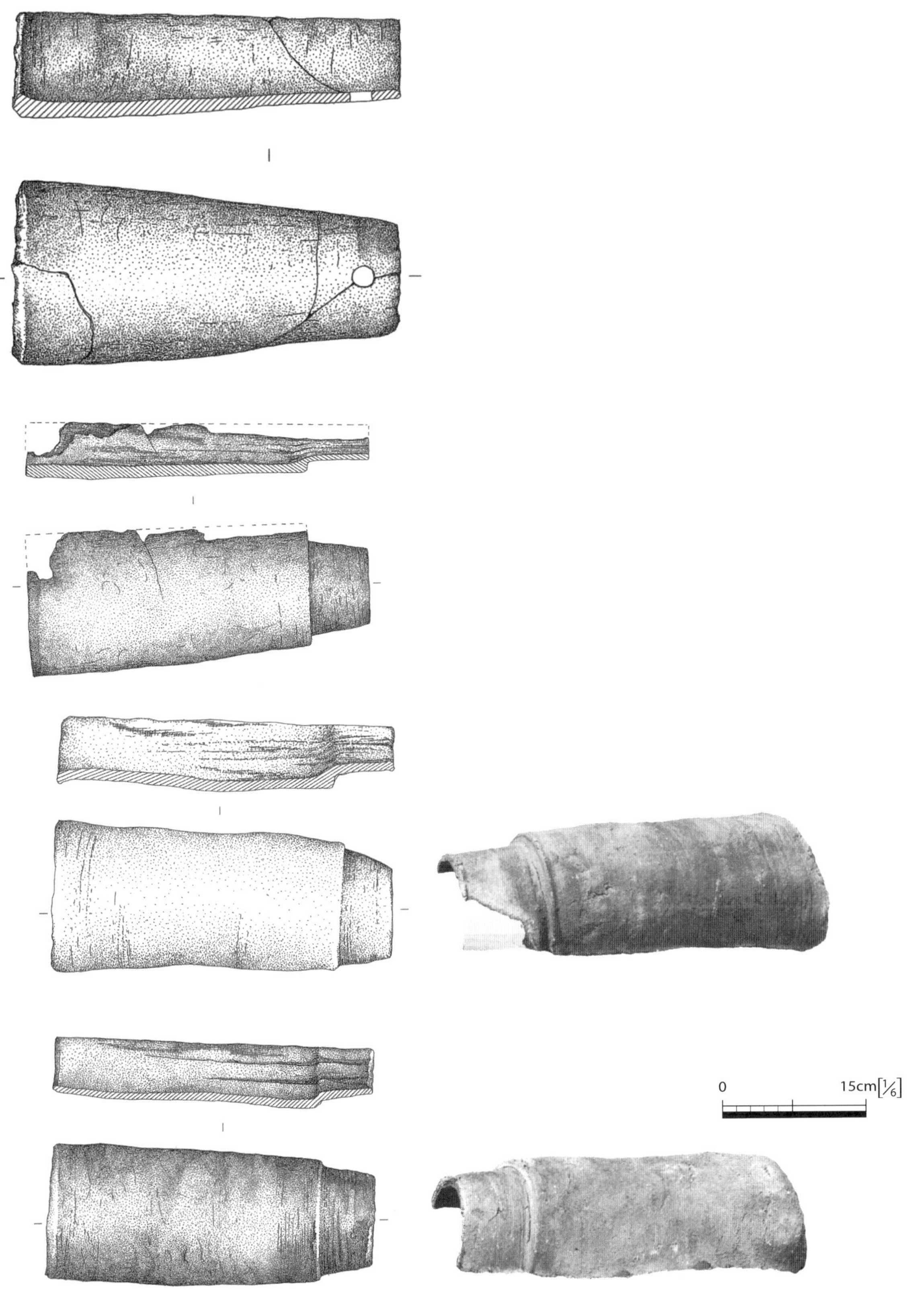

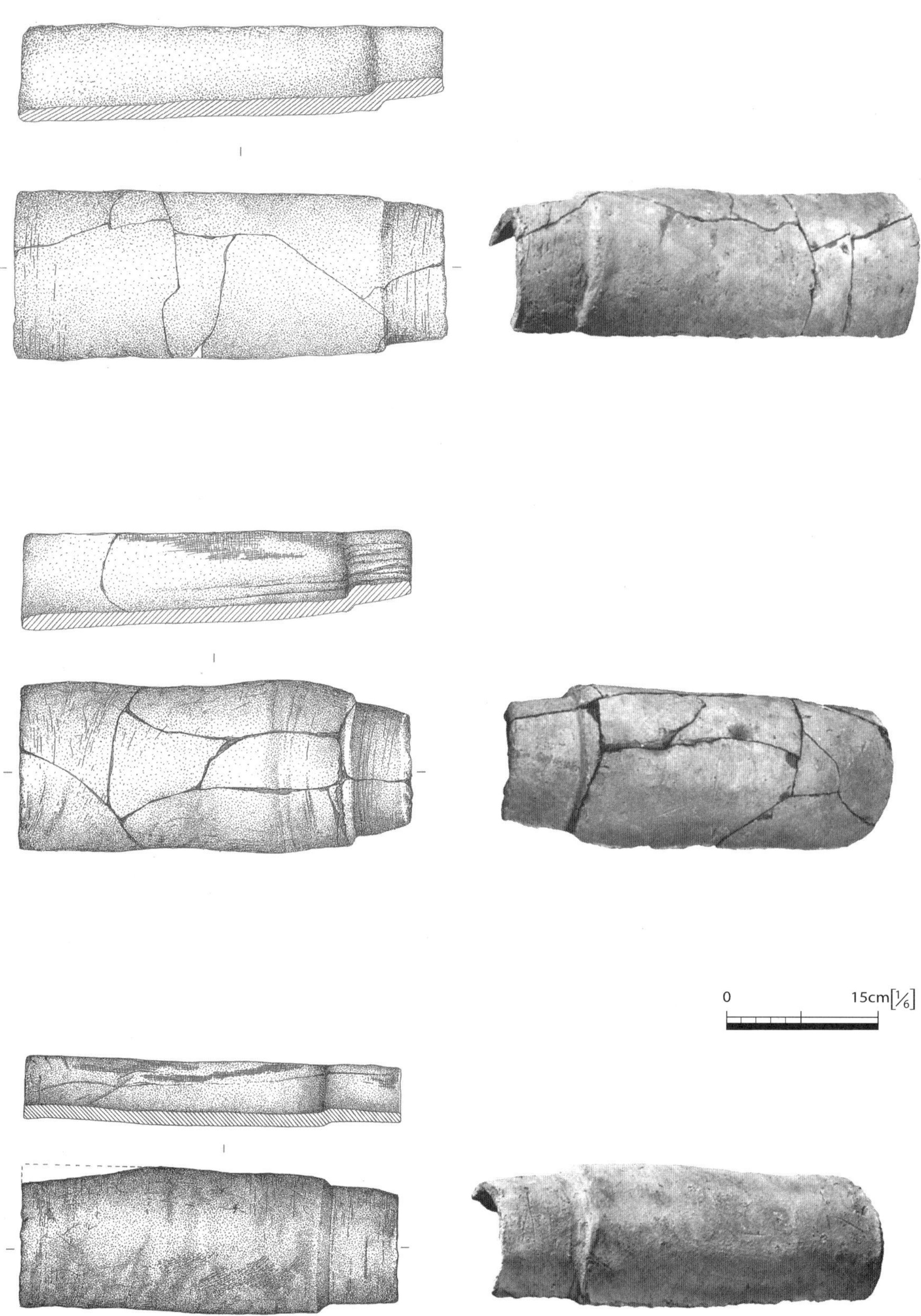

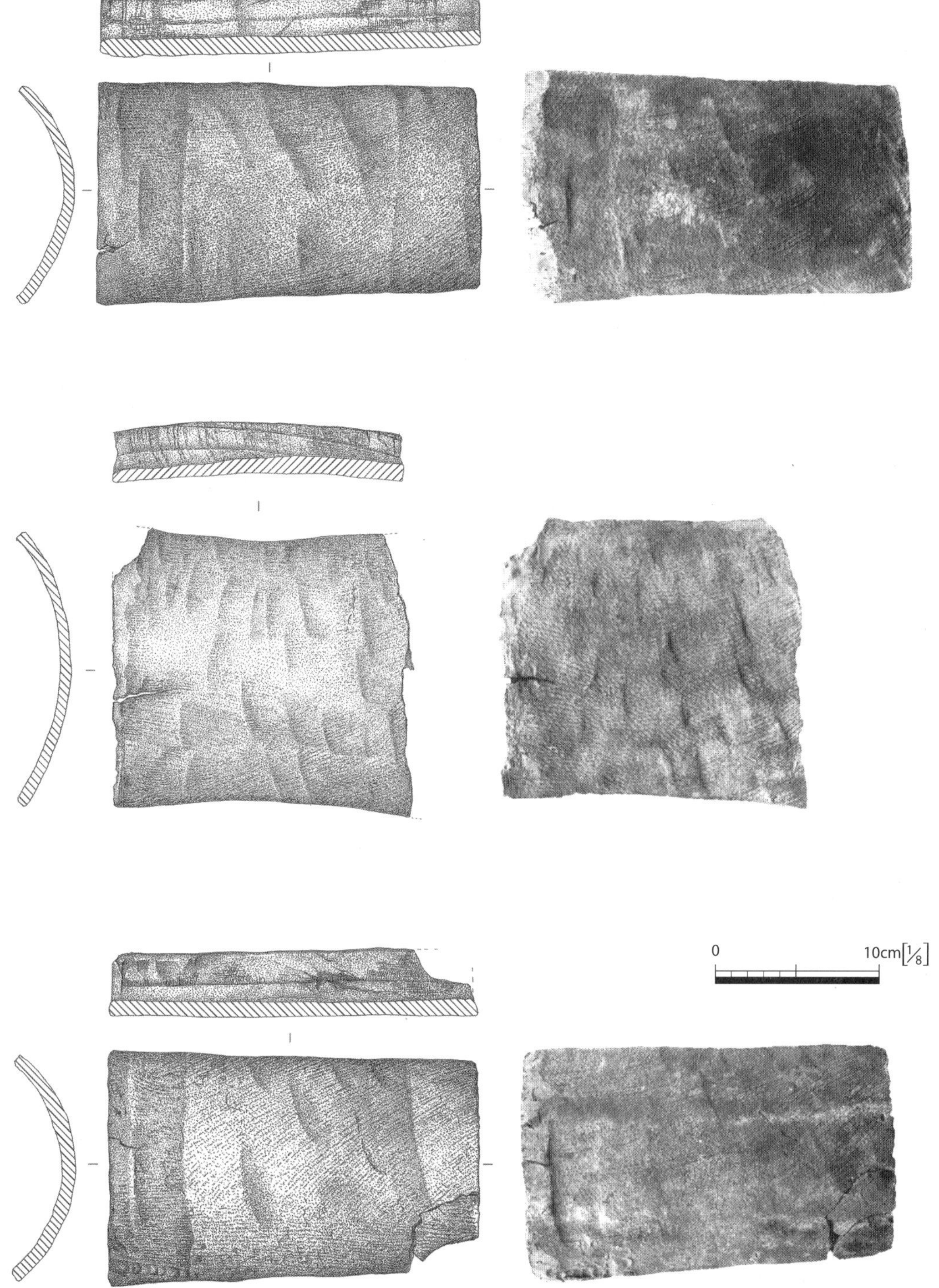

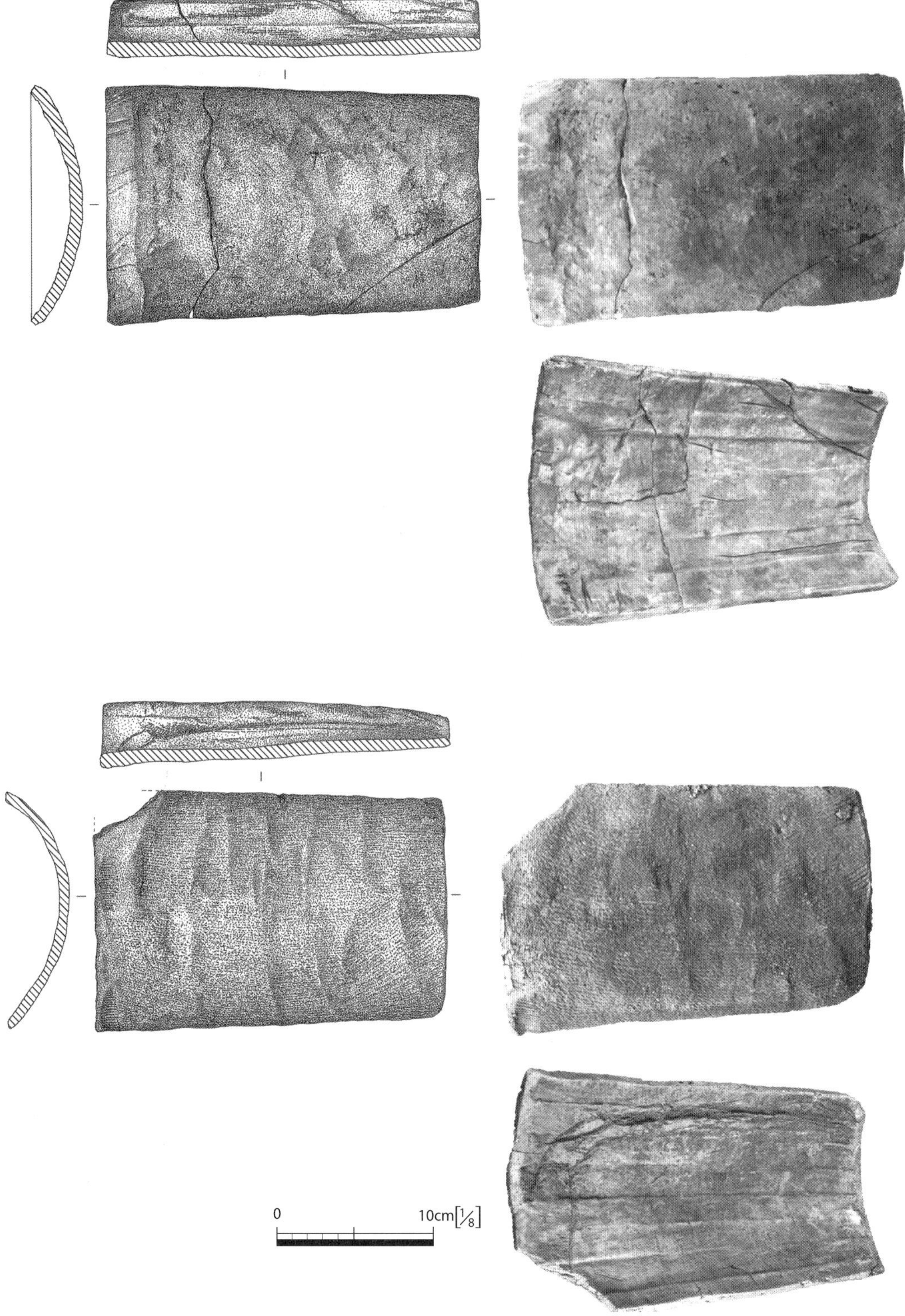

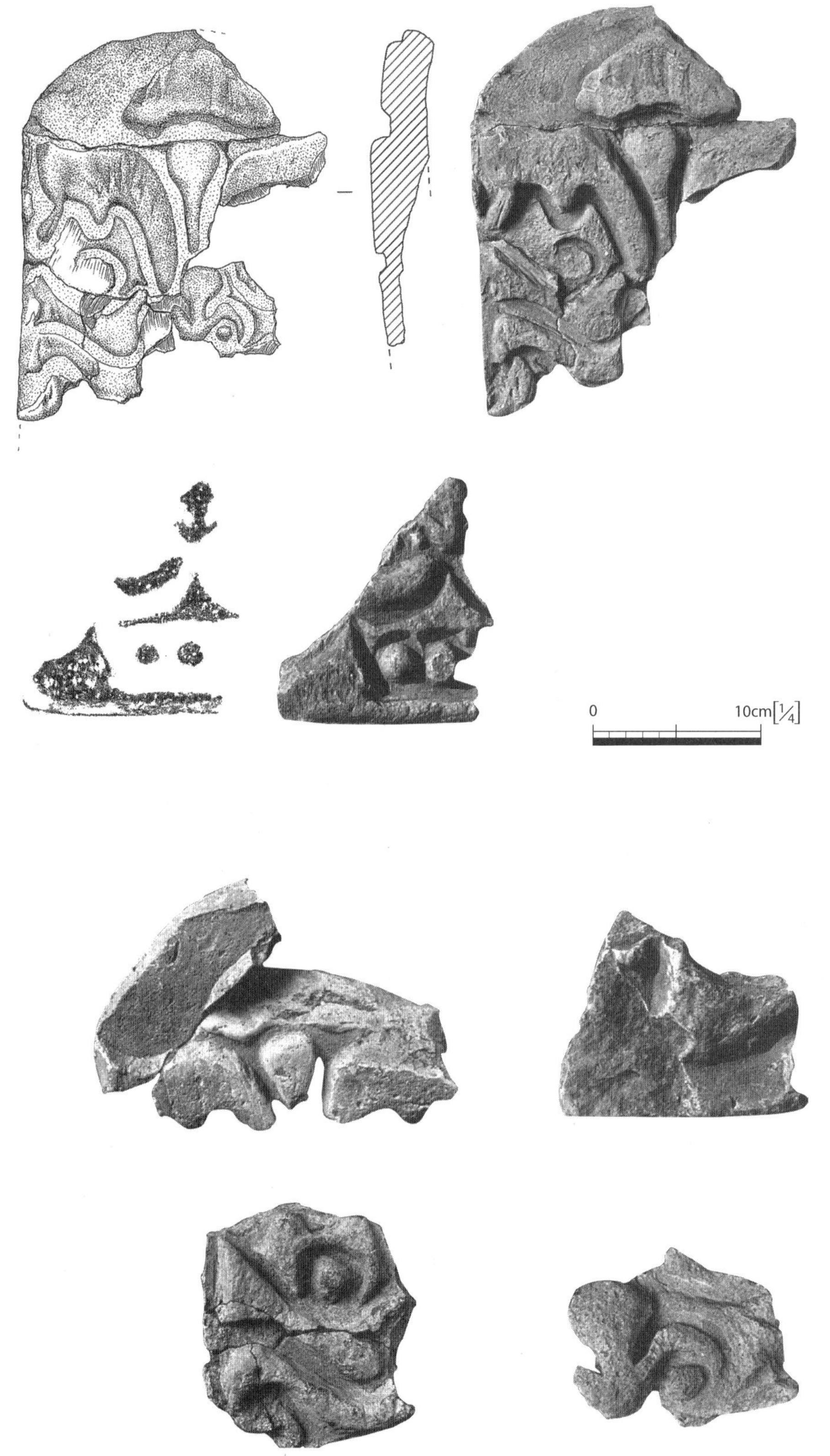

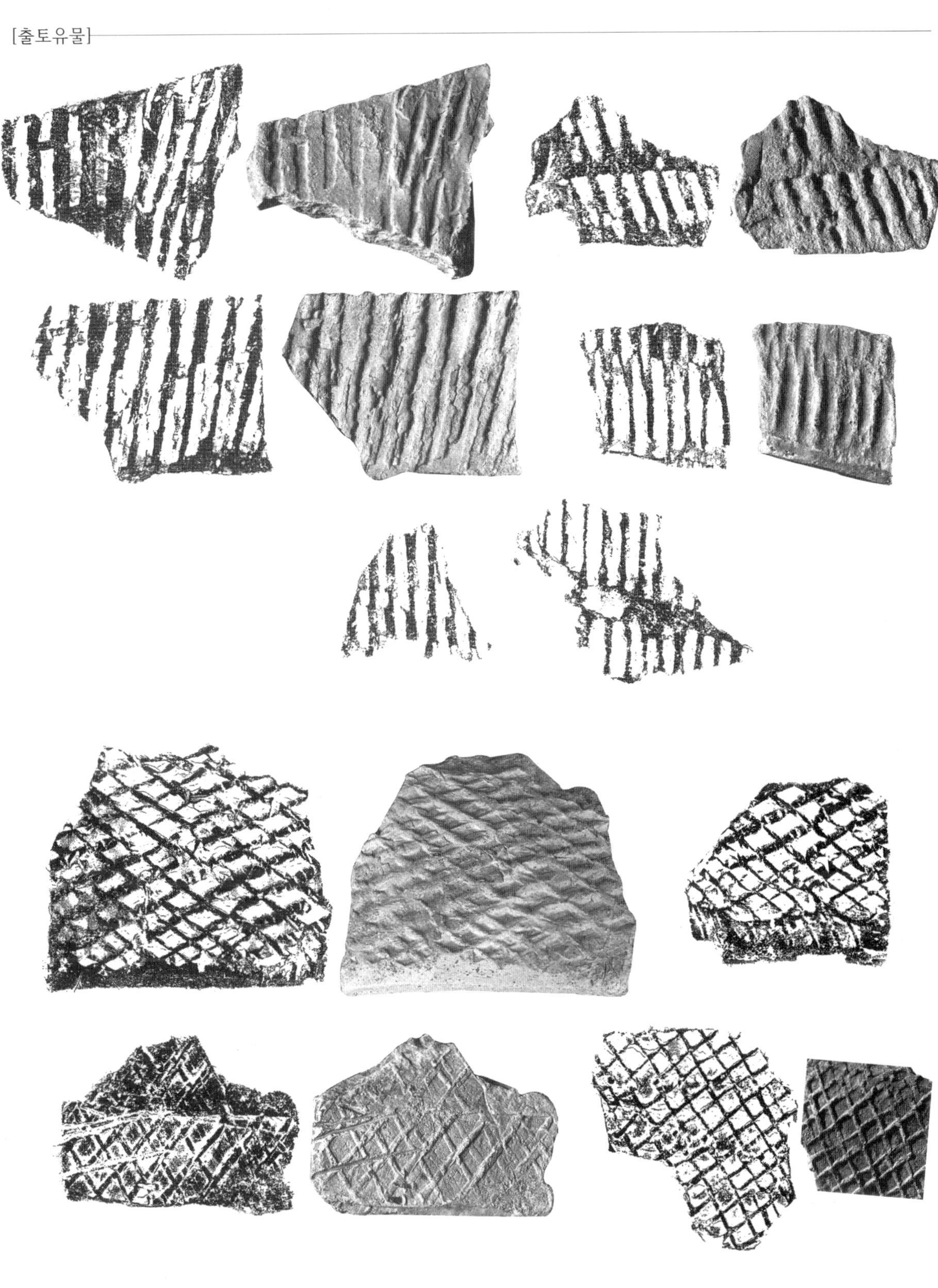

0　　　　5cm [⅓]

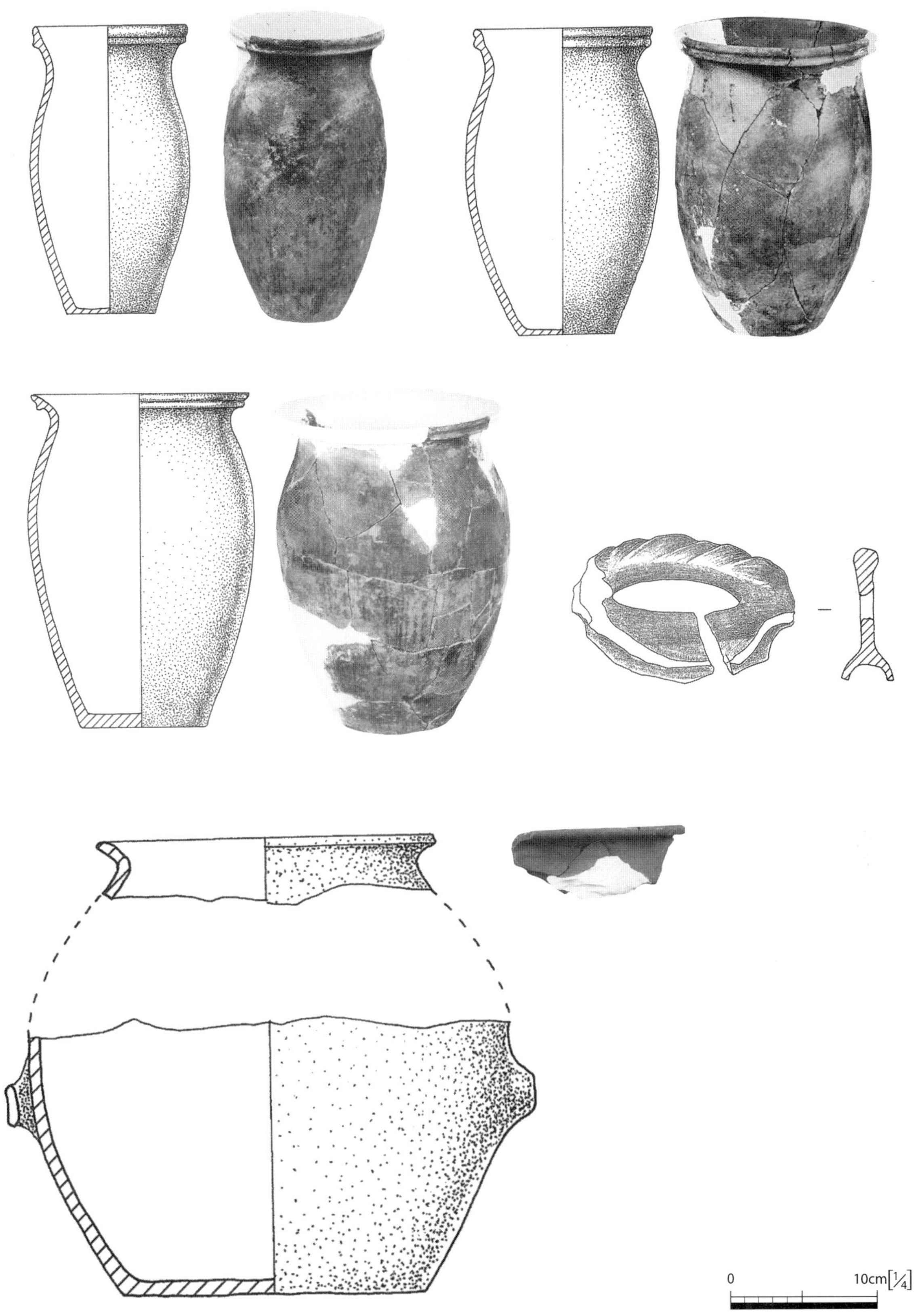

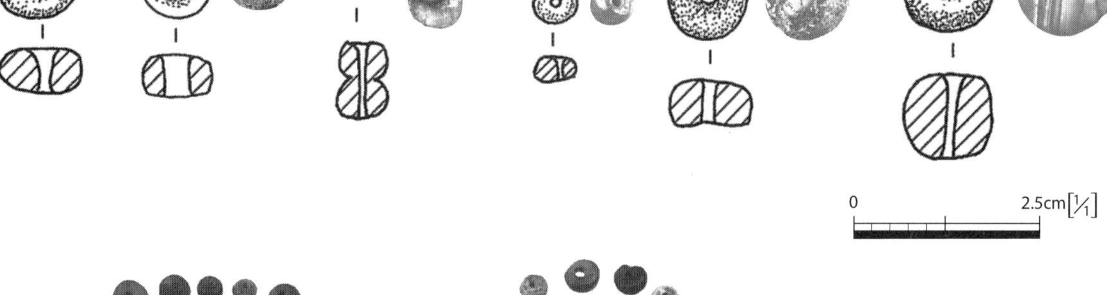

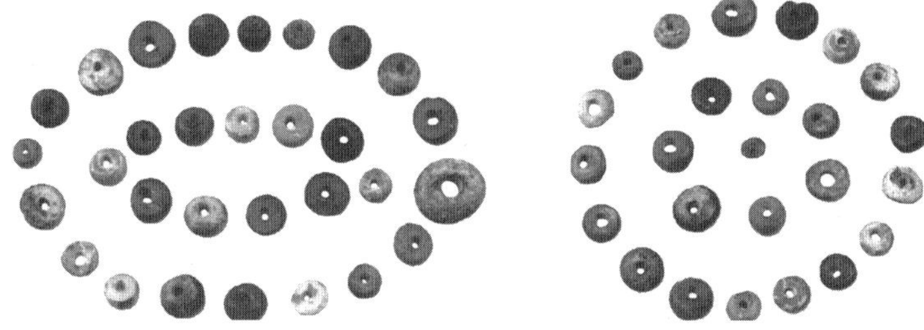

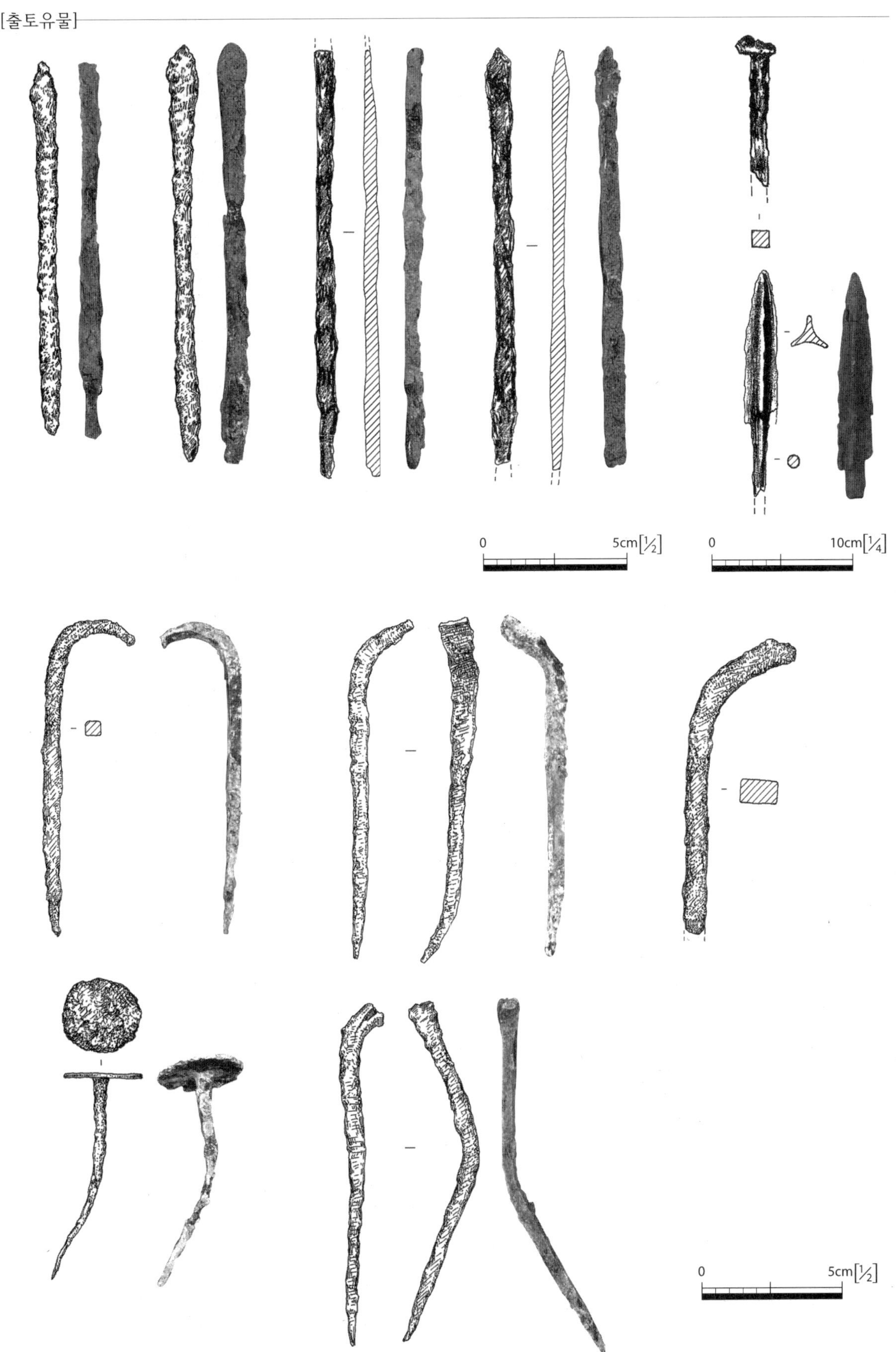

0   5cm[½]
0   10cm[¼]
0   5cm[½]

1고분군 4호묘

(단위 : cm)

봉토	크 기 (길이×너비×높이)	?	연도	크 기 (길이×너비×높이)	?
	평면형태	?		연도위치	중앙
현실	장축방향	N-20°-E		두 향	?
	규 모 (길이×너비×높이)	350×320×(104+)		바닥시설	목탄을 깔음
	평면형태	방형		천장형태	?
	시상/관대 (길이×너비×높이)	?		석재종류	할석
유물	토 도 기	소형잔(1), 배(2), 분(1), 원반형 토제품(1), 암키와(3), 와당(2), 전돌(1)			
	금 속 기	금동제 장식(1), 동제 장식(1), 동제 팔찌(2)			
	옥 석 기	–			
	기 타	인골			
	특기사항	배수구 갖춤.			

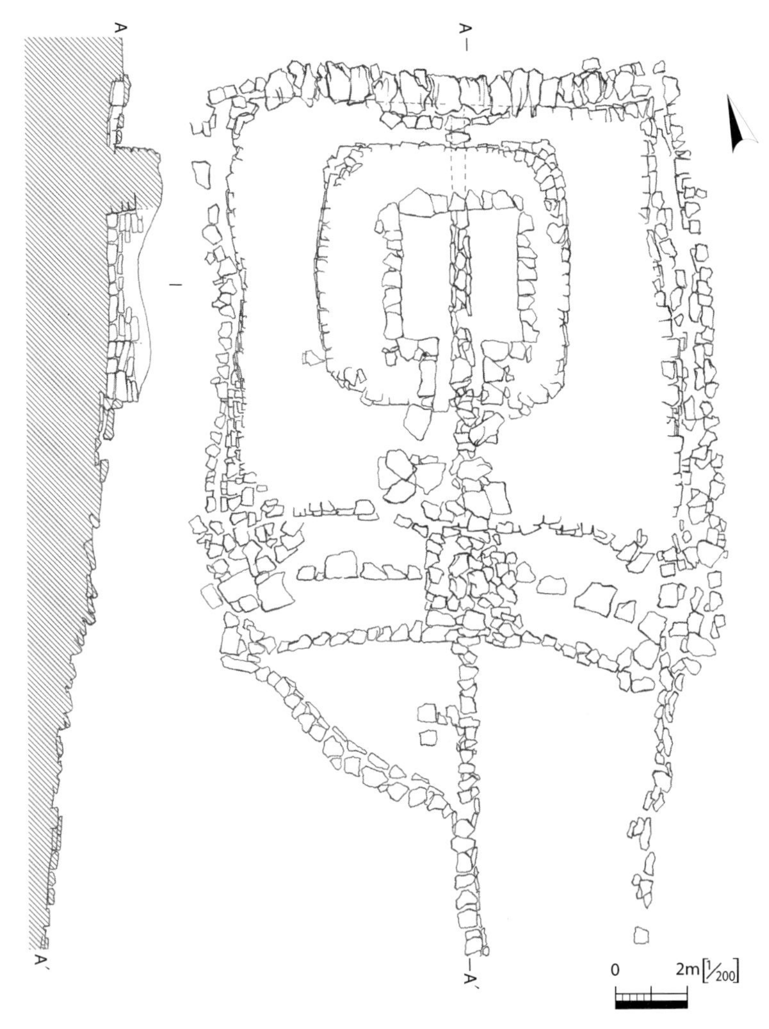

[전경(2004년)]

[전경(2009년)]

[현실(2004년)]

[동북쪽]

[북측 배수구 동북모퉁이]

[북측 배수구 서북모퉁이]

[배수구 중간 단]

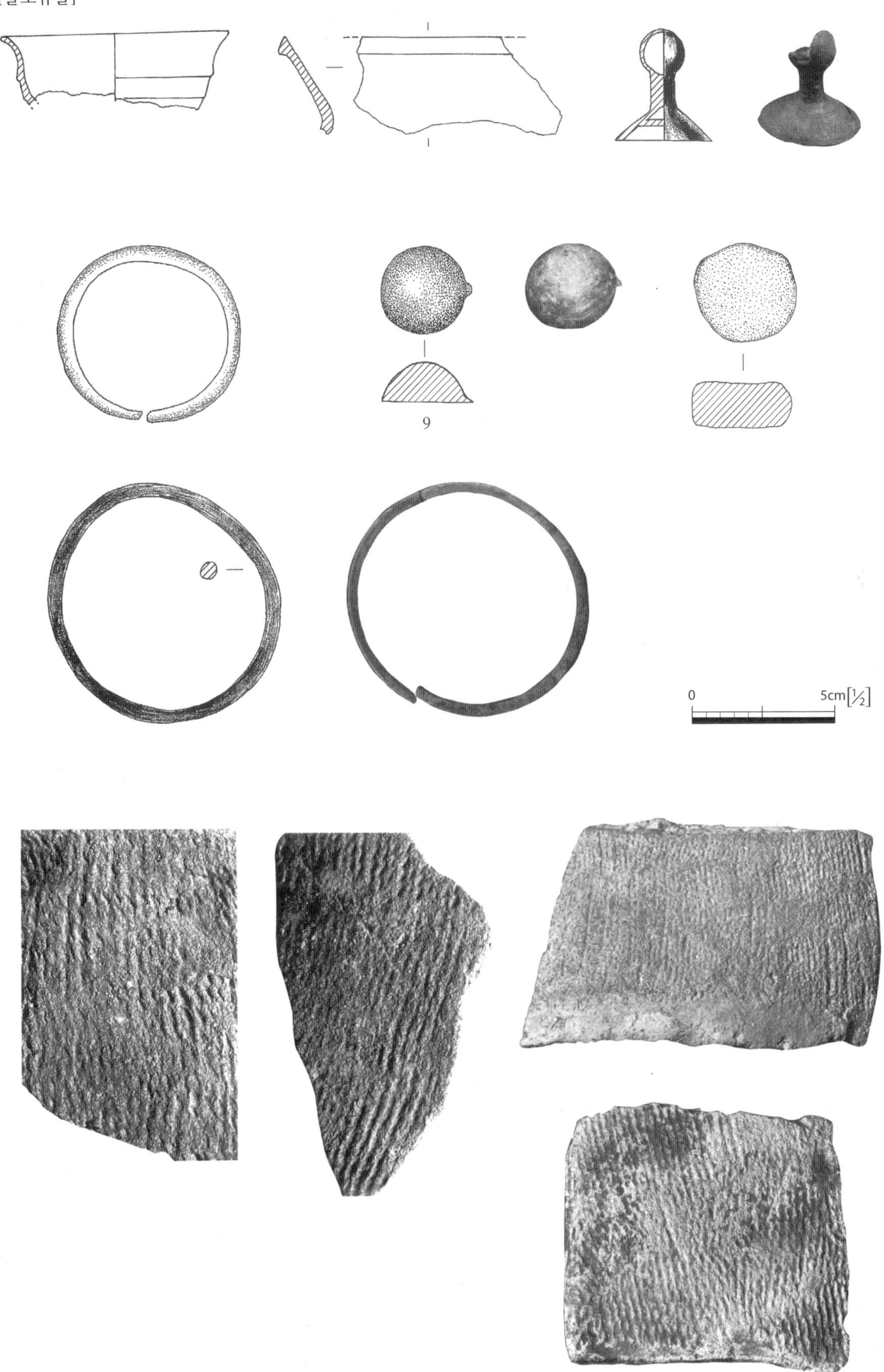

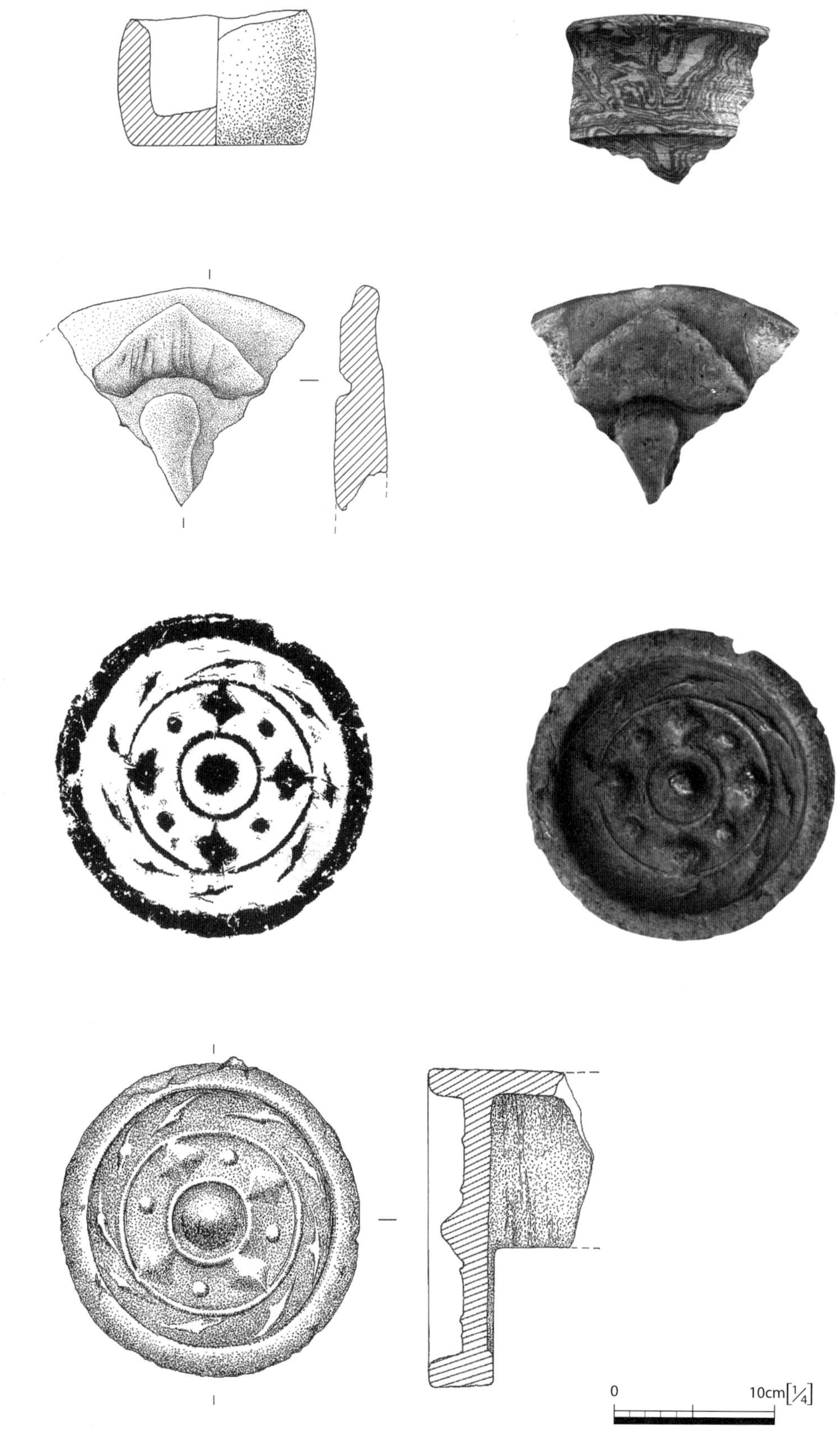

0   10cm[¼]

1고분군 5호묘

(단위 : cm)

봉토	크 기 (길이×너비×높이)	?	연도	크 기 (길이×너비×높이)	200×150×?
	평면형태	?		연도위치	중앙
현실	장축방향	N-15-E°		두 향	?
	규 모 (길이×너비×높이)	280×170×120		바닥시설	황토, 생토
	평면형태	장방형		천장형태	평
	시상/관대 (길이×너비×높이)	?		석재종류	할석
유물	토도기	삼채 호(1), 삼채 용기(1), 옹(6), 호(5), 배부른 호(3), 심발(3), 분(3), 직경옹(1), 치구옹(2), 배(1), 기좌(1), 토기편(8), 암키와(14), 와당(14), 전돌(5)			
	금속기	금제 고리(1), 금동제 그릇(1), 금동제 대금구(3) 철제 관정(5), 동제 사미(1), 동제 팔찌(1), 철제 고리(1)			
	옥석기	–			
	기 타	인골, 말뼈			
	특기사항	–			

[전경(남-북)]

[동남 모서리]

[동북 모서리]

[서남 모서리]

[서북 모서리]

[북측]

[동측 바깥담장]

[서측]

[연도(남-북)]
[연도(북-남)]
[연도(동벽)]

[출토유물]

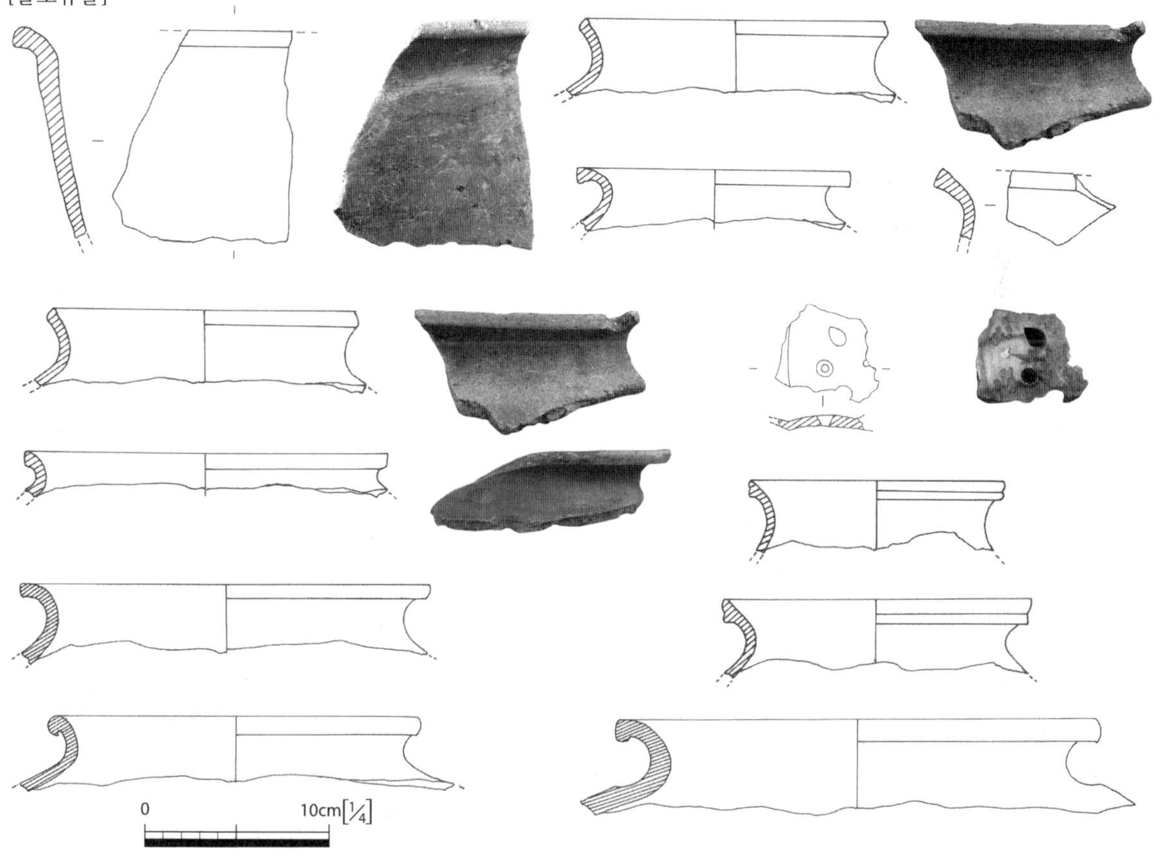

0   10cm[¼]

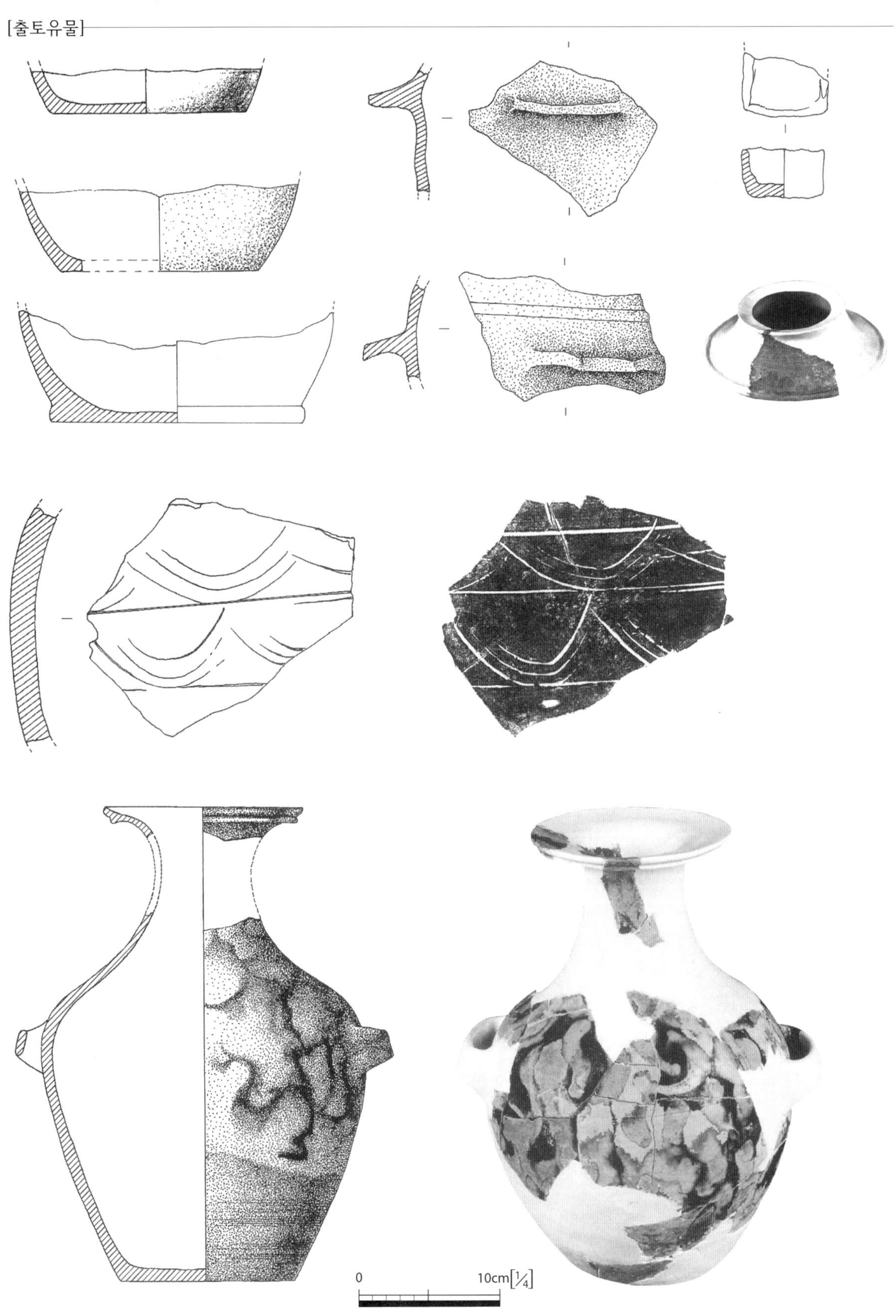

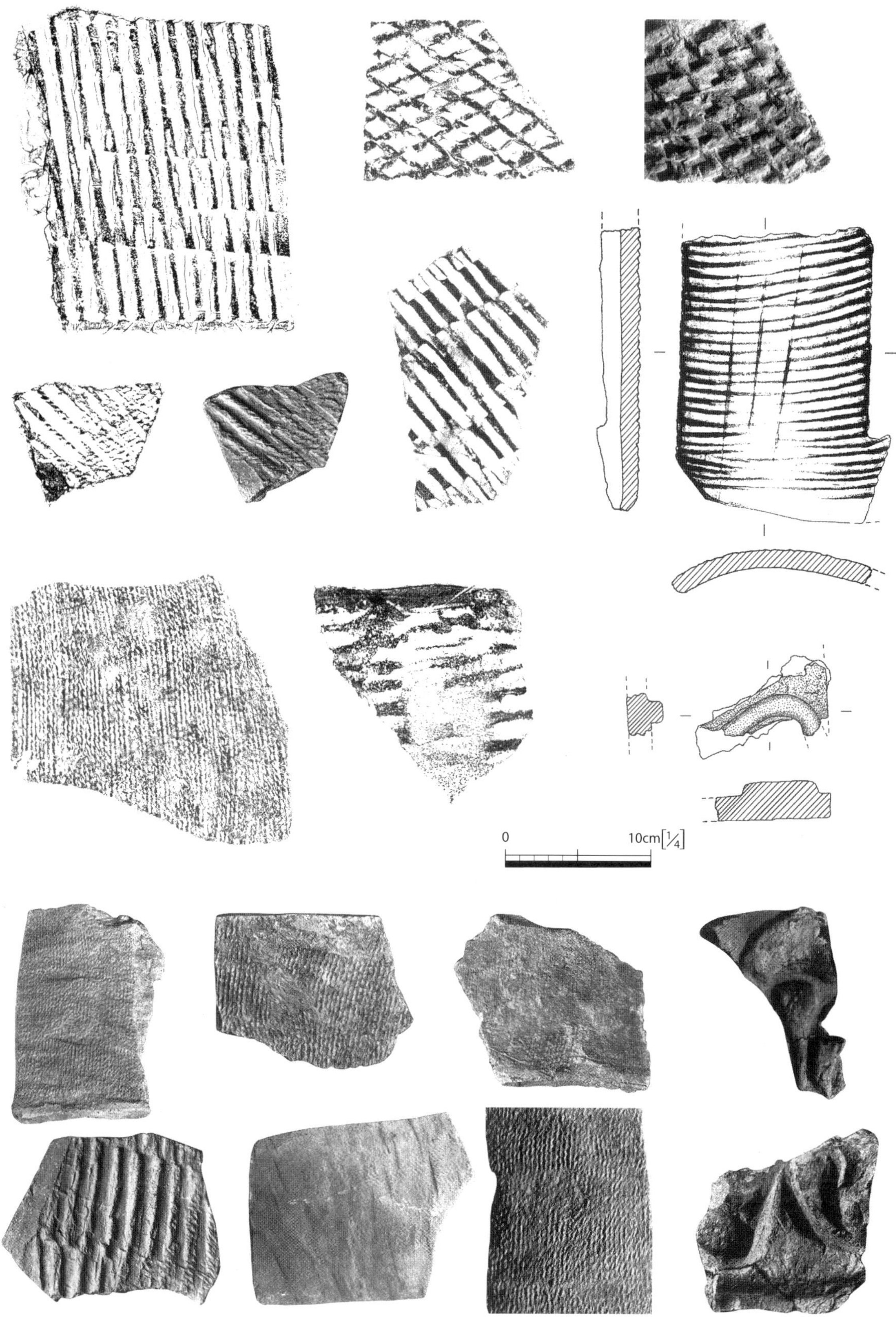

[출토유물]

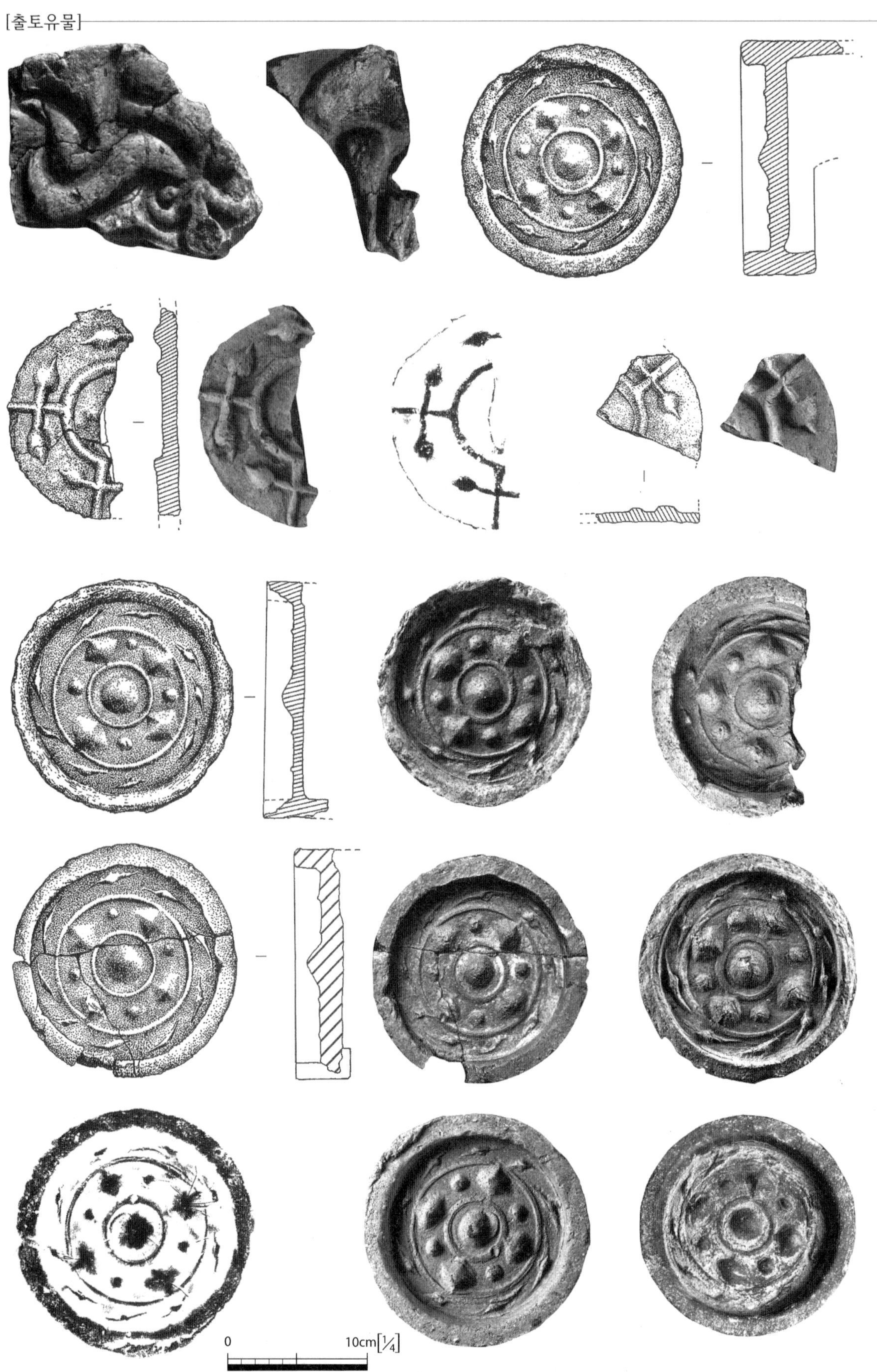
0   10cm[¼]

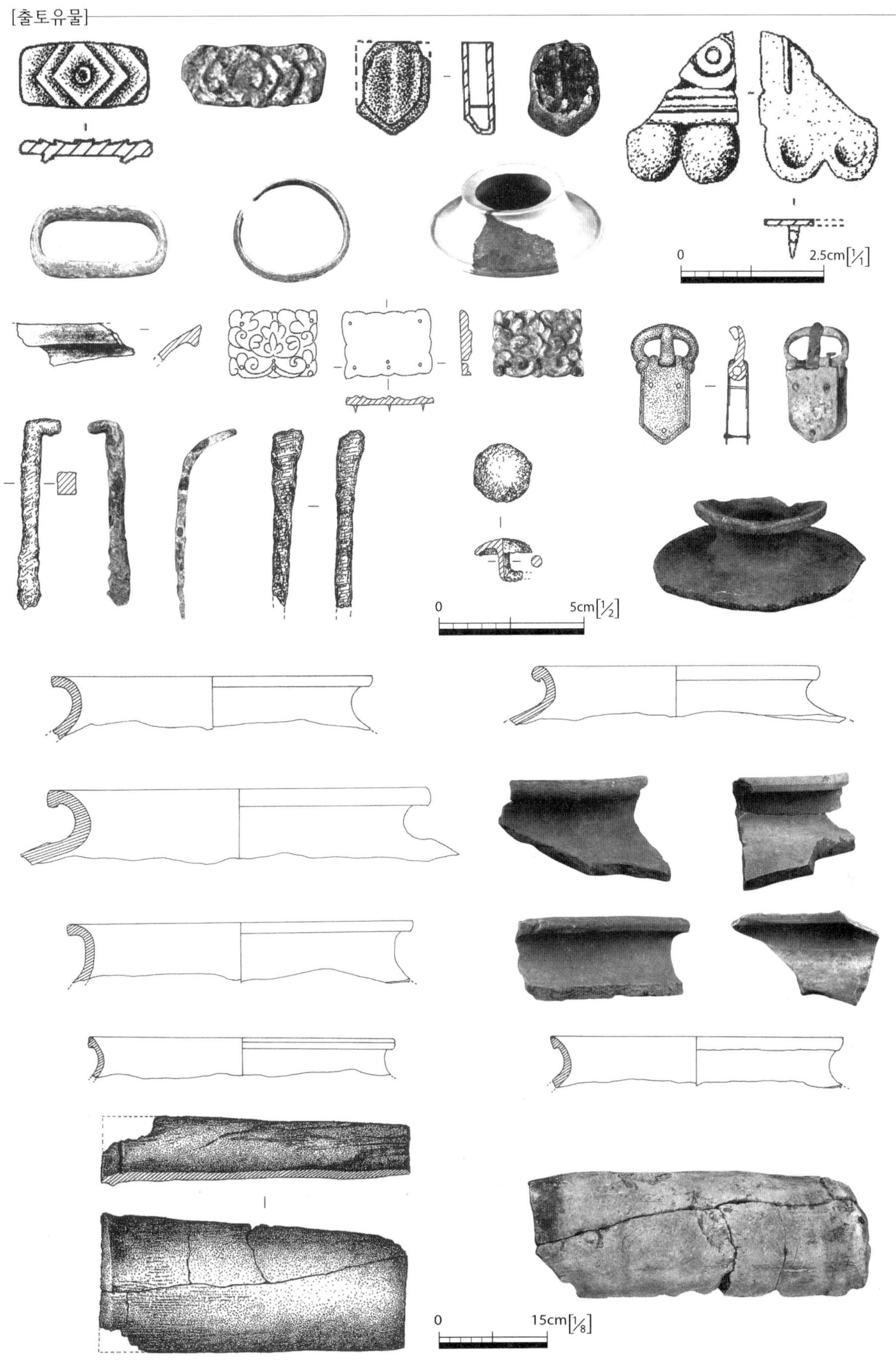

1고분군 6호묘

(단위 : cm)

봉토	크 기 (길이×너비×높이)	?×1500×?	연도	크 기 (길이×너비×높이)	460×180×?
	평면형태	원형		연도위치	일체식
현실	장축방향	N-32°-E		두 향	?
	규 모 (길이×너비×높이)	?		바닥시설	?
	평면형태	장방형		천장형태	?
	시상/관대 (길이×너비×높이)	-		석재종류	할석 · 전돌
유물	토 도 기	-			
	금 속 기	금동제 장식(1), 은제 귀걸이(1), 동제 대금구(1)			
	옥 석 기	-			
	기 타	-			
	특기사항	상층 벽돌면과 석벽 내측에 2~4cm 백회층, 현실 중간에 붉은색 백회덩어리가 존재. 현실 밖에 길이 약 1m의 토벽 연도가 있다.			

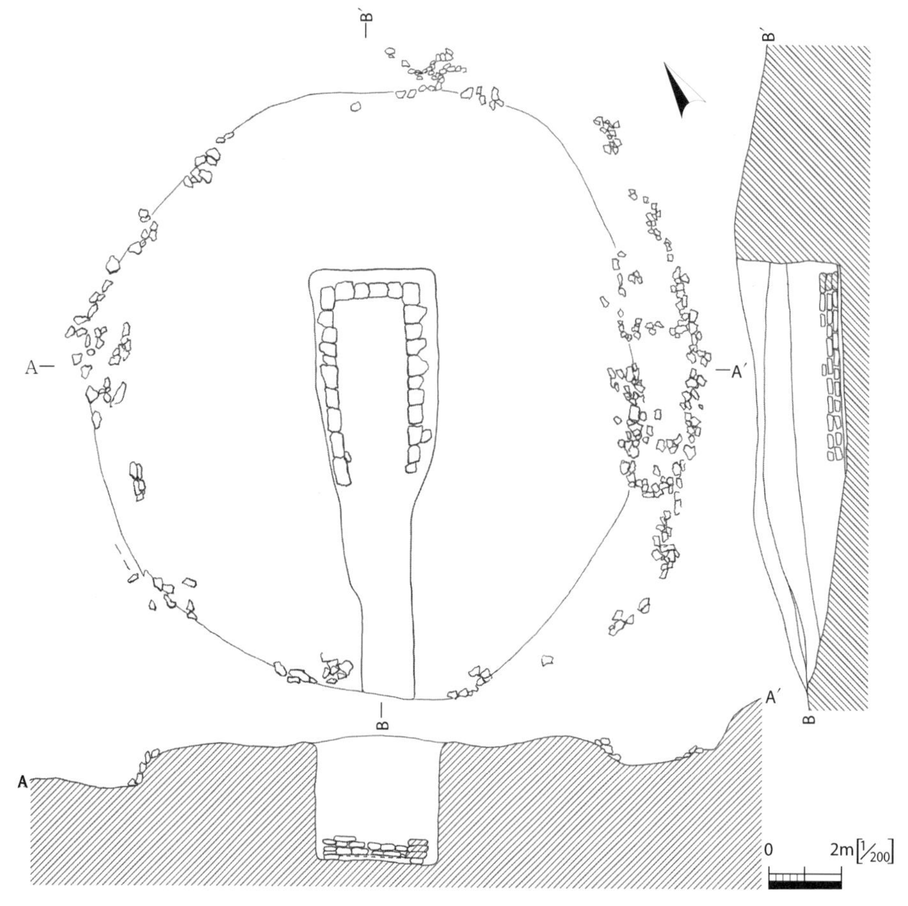

[현실(남-북)]

[출토유물]

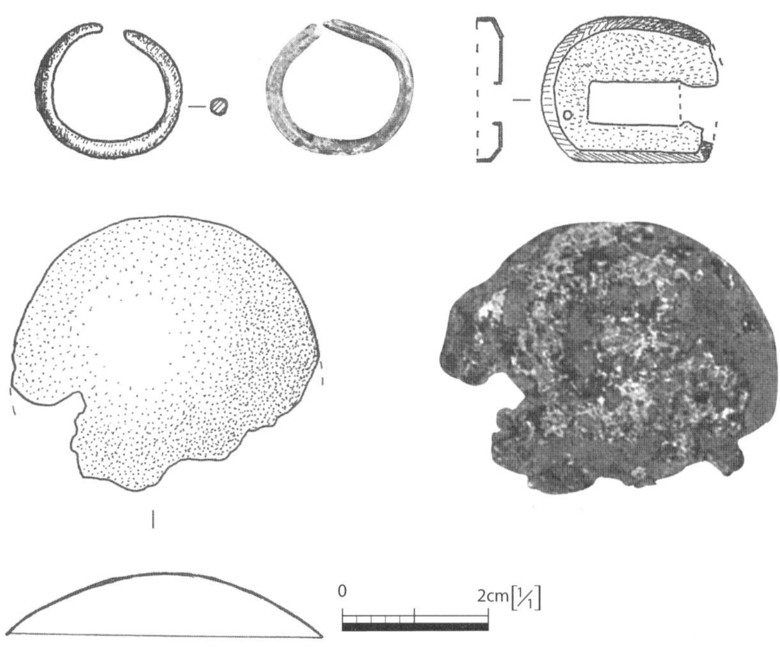

1고분군 7호묘

(단위 : cm)

봉토	크 기 (길이×너비×높이)	?	연도	크 기 (길이×너비×높이)	250×100×?
	평면형태	?		연도위치	중앙
현실	장축방향	N-25°-E		두 향	?
	규 모 (길이×너비×높이)	300×240×(130+)		바닥시설	황토·석회
	평면형태	방형		천장형태	판석
	시상/관대 (길이×너비×높이)	?		석재종류	할석
유물	토 도 기	호(1), 암키와(4)			
	금 속 기	동제 대금구(1), 철제 관정(4)			
	옥 석 기	–			
	기 타	인골			
	특기사항	화장 흔적이 있는 여성 두개골, 입천장뼈 등이 출토됨. 상부에 건축물이 있었던 것으로 추정된다.			

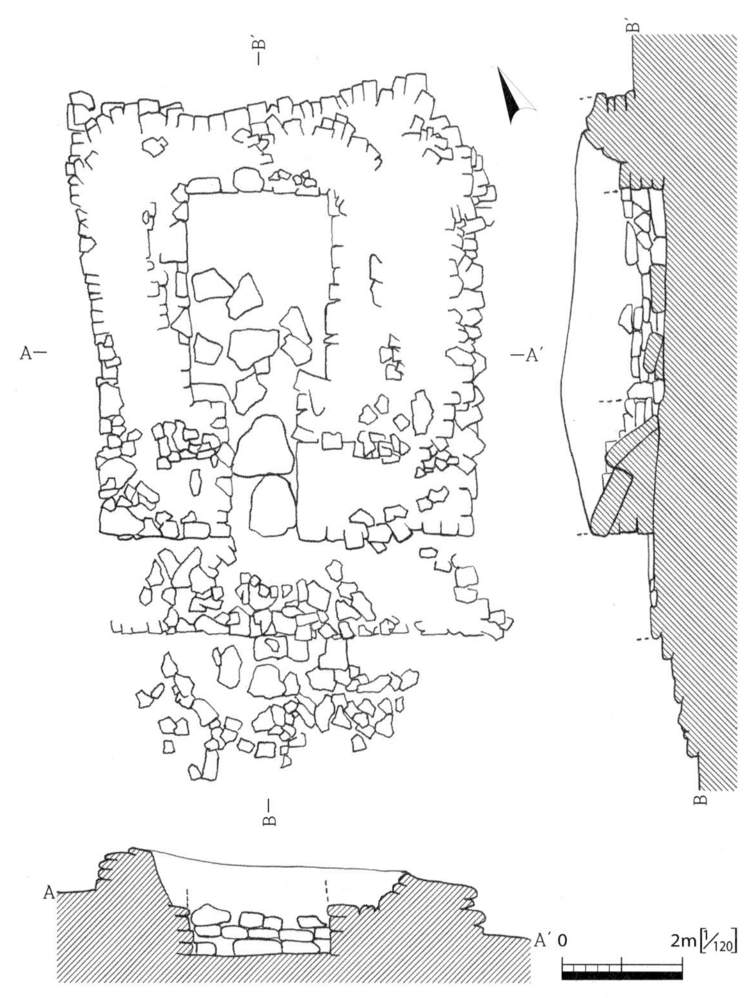

[7호묘, 17호묘 전경]

[현실(남-북)]

[출토유물]
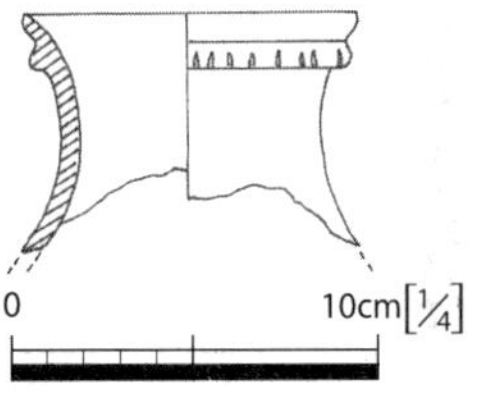

0   10cm[¼]

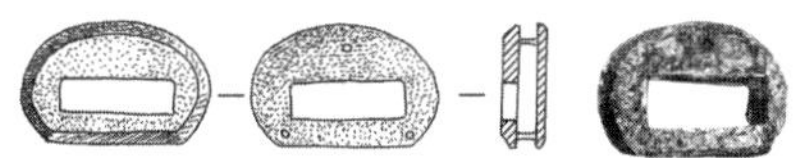
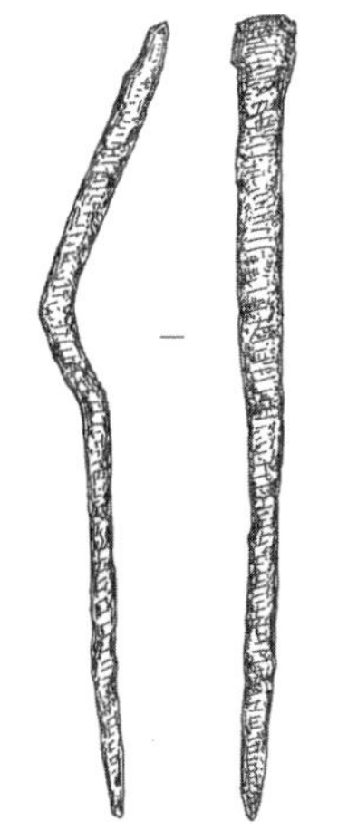
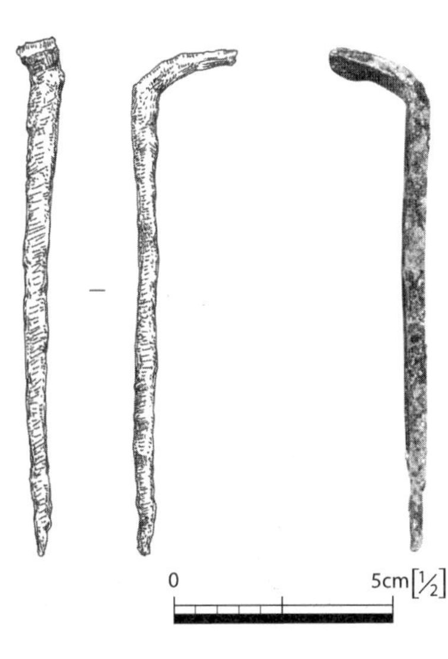
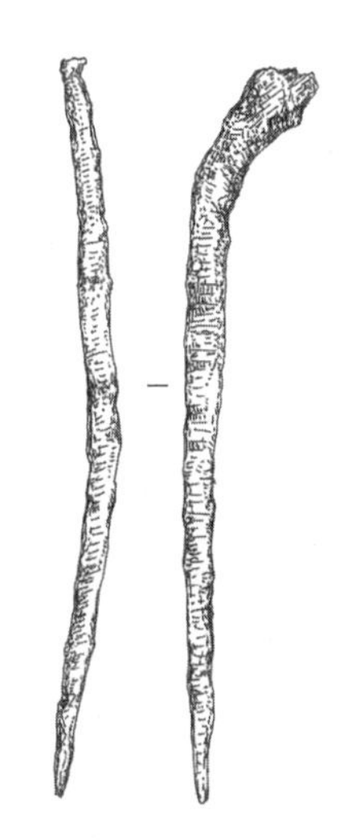

0   5cm[½]

1고분군 8호묘

(단위 : cm)

봉토	크 기 (길이×너비×높이)	?	연도	크 기 (길이×너비×높이)	?
	평면형태	원형		연도위치	중앙
현실	장축방향	N-30°-E		두 향	?
	규 모 (길이×너비×높이)	290×120×(100+)		바닥시설	풍화 모래층
	평면형태	장방형		천장형태	(평)
	시상/관대 (길이×너비×높이)	?		석재종류	판석·할석
유물	토 도 기	호(2), 암키와(9)			
	금 속 기	철제 관정(1)			
	옥 석 기	옥기(1)			
	기 타	-			
	특기사항	-			

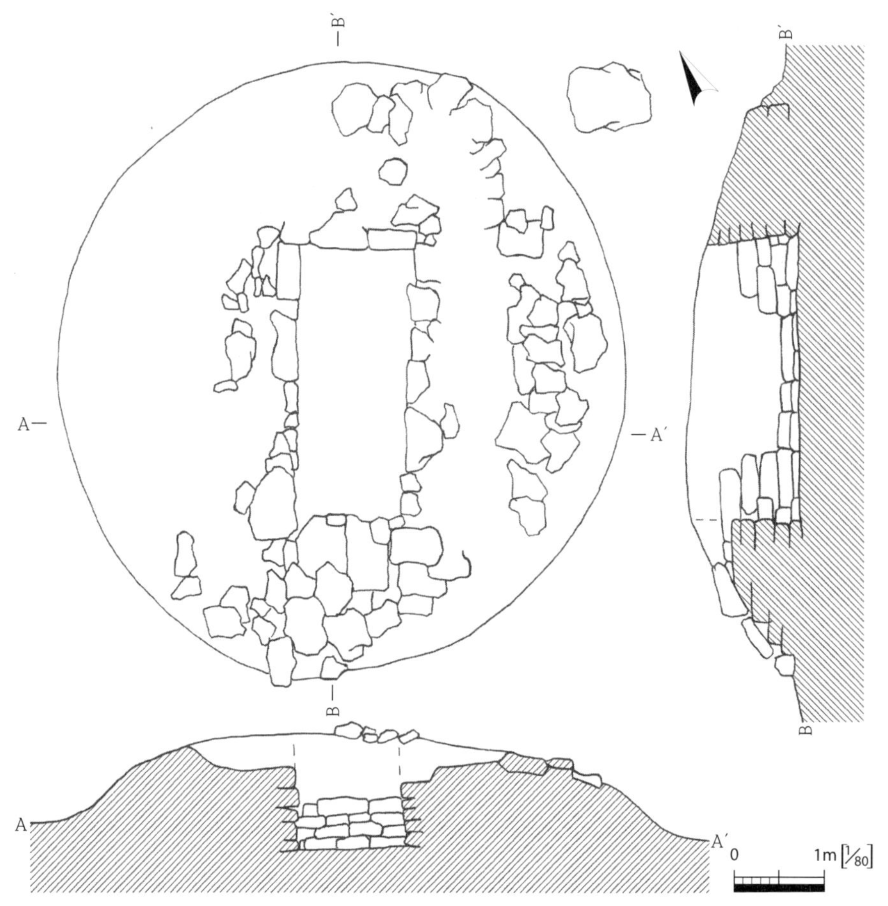

[출토유물]

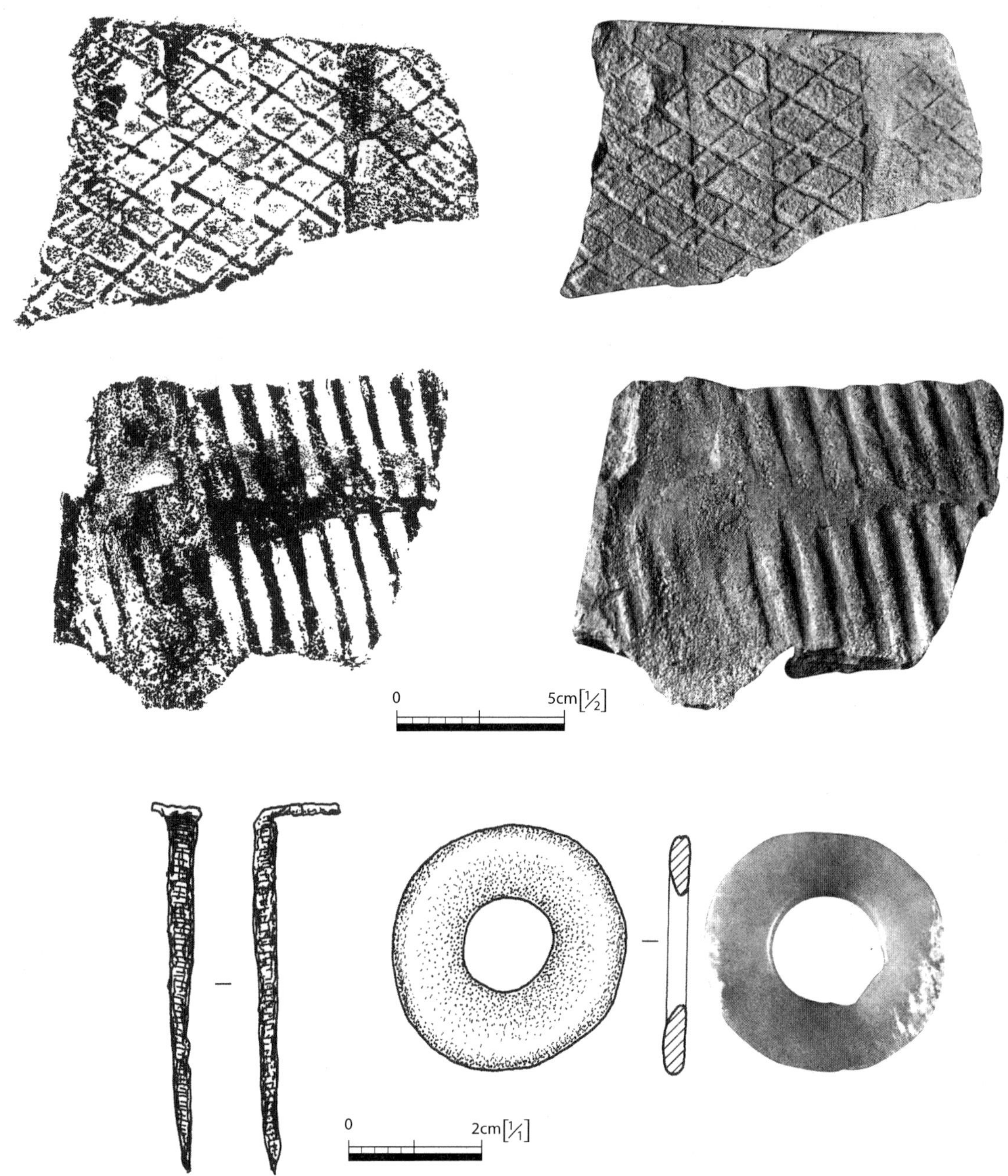

1고분군 9호묘

(단위 : cm)

봉토	크 기 (길이×너비×높이)	8000×7500×1000	연도	크 기 (길이×너비×높이)	150×120×?
	평면형태	타원형		연도위치	우편재
현실	장축방향	N-30°-E		두 향	?
	규 모 (길이×너비×높이)	?		바닥시설	풍화 모래층
	평면형태	?		천장형태	?
	시상/관대 (길이×너비×높이)	-		석재종류	할석
유물	토 도 기	암키와(3)			
	금 속 기	동제 관정(1)			
	옥 석 기	-			
	기 타	-			
	특기사항	현실 내부에 깊이 1.2m 정도의 구덩이가 중간에 있음.			

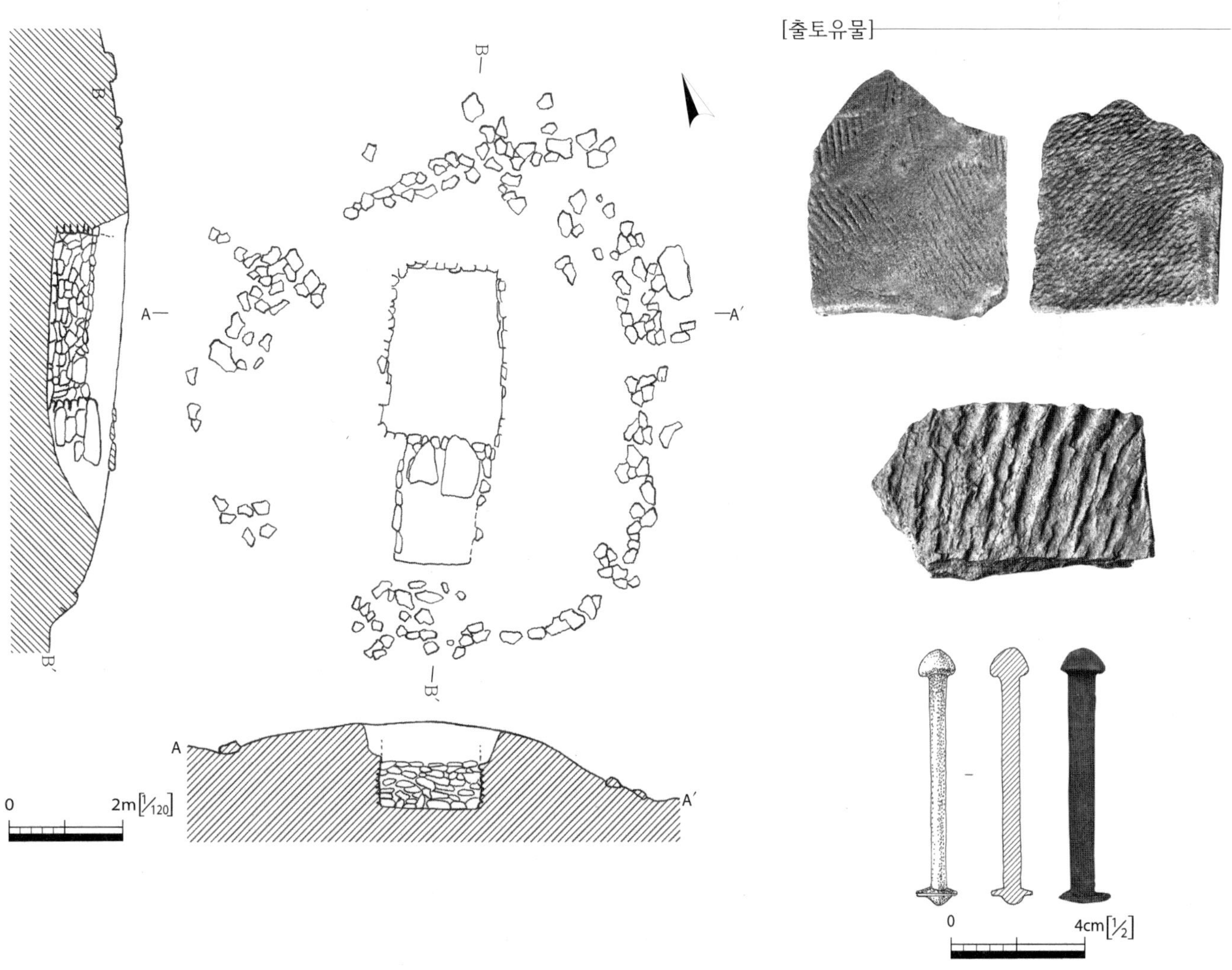

1고분군 10호묘

(단위 : cm)

봉토	**크 기** (길이×너비×높이)	350×300×?	**목관**	**크 기** (길이×너비×높이)	?
	평면형태	타원형		**장폭비**	?
묘광	**장축방향**	?	**목곽**	**크 기** (길이×너비×높이)	-
	규 모 (길이×너비×깊이)	180×100×?		**장폭비**	-
	장폭비	1.80:1		**두 향**	?
유물	**토 도 기**	시루(2), 단경호(3), 토기편(3)			
	금 속 기	-			
	옥 석 기	-			
	기 타	-			
	특기사항	토광봉토묘. 1949년·1959년·1997년·2004년에 조사.			

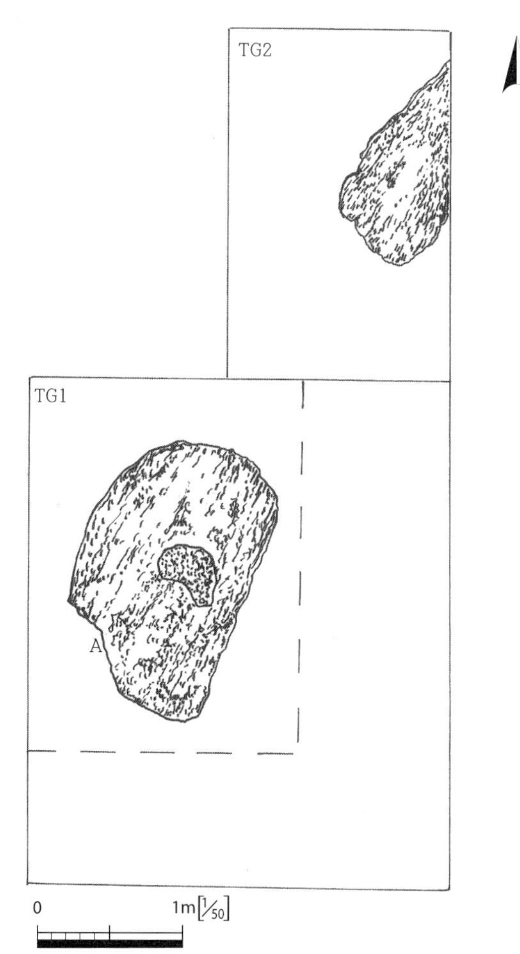

[발굴전]
[발굴후]
[출토유물]
0 5cm[½]
0 10cm[¼]
0 10cm[¼]

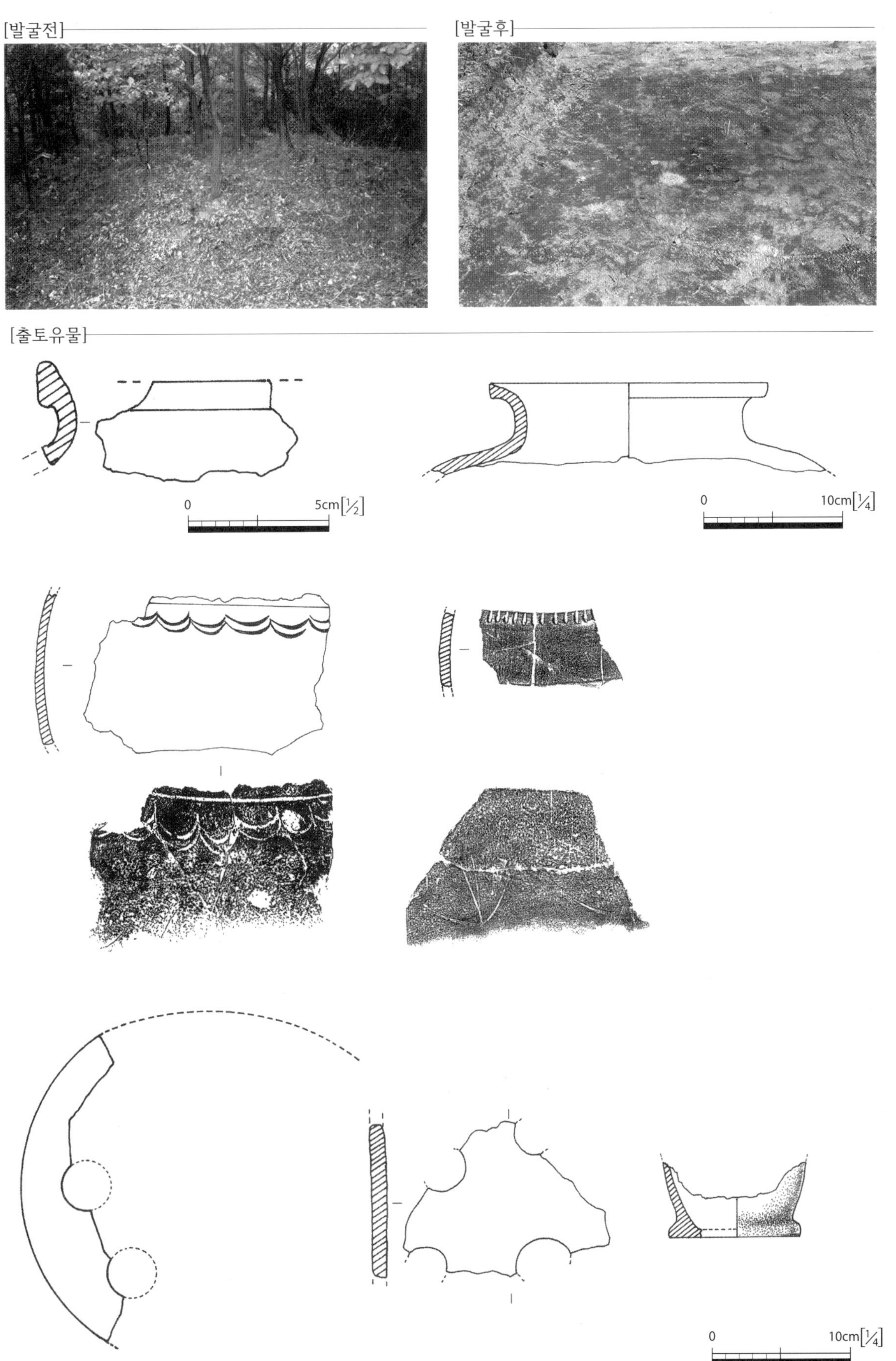

1고분군 11호묘

(단위 : cm)

봉토	크 기 (길이×너비×높이)	-	연도	크 기 (길이×너비×높이)	?×70×?
	평면형태	-		연도위치	좌편재
현실	장축방향	-		두 향	-
	규 모 (길이×너비×높이)	240×210×50		바닥시설	-
	평면형태	방형		천장형태	-
	시상/관대 (길이×너비×높이)	?		석재종류	-
유물	토 도 기	-			
	금 속 기	-			
	옥 석 기	-			
	기 타	인골(2)			
	특기사항	유구 도면 없음. 인골 2개체분(두개골2, 우측 늑골1, 비골1).			

[전경(남쪽에서 본 모습)]

1고분군 12호묘

(단위 : cm)

봉토	크 기 (길이×너비×높이)	?	석관	크 기 (길이×너비×높이)	220×80×?
	평면형태	?		장 폭 비	2.75:1
	장축방향	?	석곽	크 기 (길이×너비×높이)	-
	두 향	?		장 폭 비	-
	벽석종류	판석·할석			
유물	토 도 기	-			
	금 속 기	-			
	옥 석 류	-			
	기 타	-			
	특기사항	유구 도면 없음. 석관묘로서 천장은 6매의 판석을 덮은 평천장이다. 인골 1개체분(두개골1).			

1고분군 13호묘

(단위 : cm)

봉토	크 기 (길이×너비×높이)	-	연도	크 기 (길이×너비×높이)	?
	평면형태	-		연도위치	일체형
현실	장축방향	N-16°-E		두 향	-
	규 모 (길이×너비×높이)	350×300×?		바닥시설	-
	평면형태	방형		천장형태	-
	시상/관대 (길이×너비×높이)	-		석재종류	현무암
유물	토 도 기	호(2), 심발(2), 분(1), 토기편(14)			
	금 속 기		-		
	옥 석 기		-		
	기 타		-		
	특기사항		-		

발해의 고분 문화 II - 길림성 -

[전경(남쪽에서 본 모습)]

[출토유물]

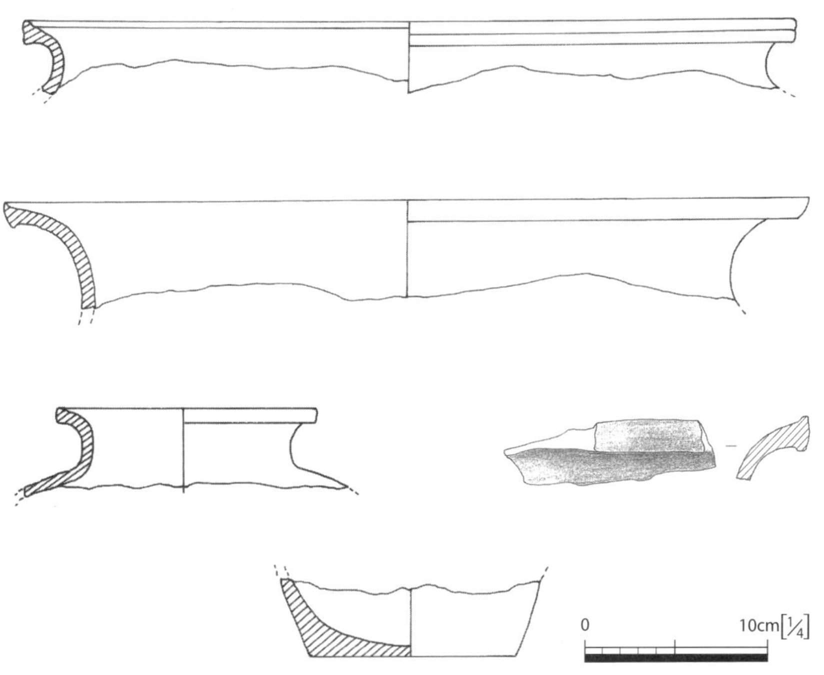

1고분군 14호묘

(단위 : cm)

봉토	크 기 (길이×너비×높이)	?	연도	크 기 (길이×너비×높이)	?
	평면형태	?		연도위치	?
현실	장축방향	N-27°-E		두 향	?
	규 모 (길이×너비×높이)	300×120×50~60		바닥시설	?
	평면형태	장방형		천장형태	?
	시상/관대 (길이×너비×높이)	?		석재종류	현무암
유물	토도기	-			
	금속기	금동제 대금구(1), 철제 관정(44), 철촉(1), 철제 장식(1)			
	옥석기	마노제 관옥(1)			
	기 타	인골편			
	특기사항	회랑(?×420×50~60) 존재.			

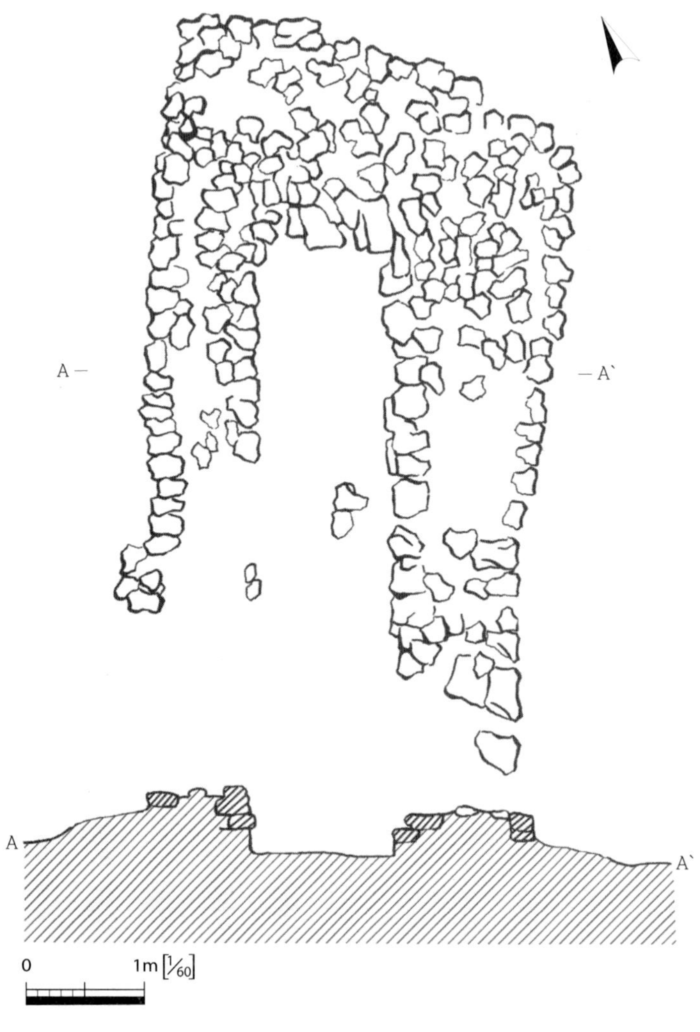

[남쪽에서 본 모습]

[출토유물]

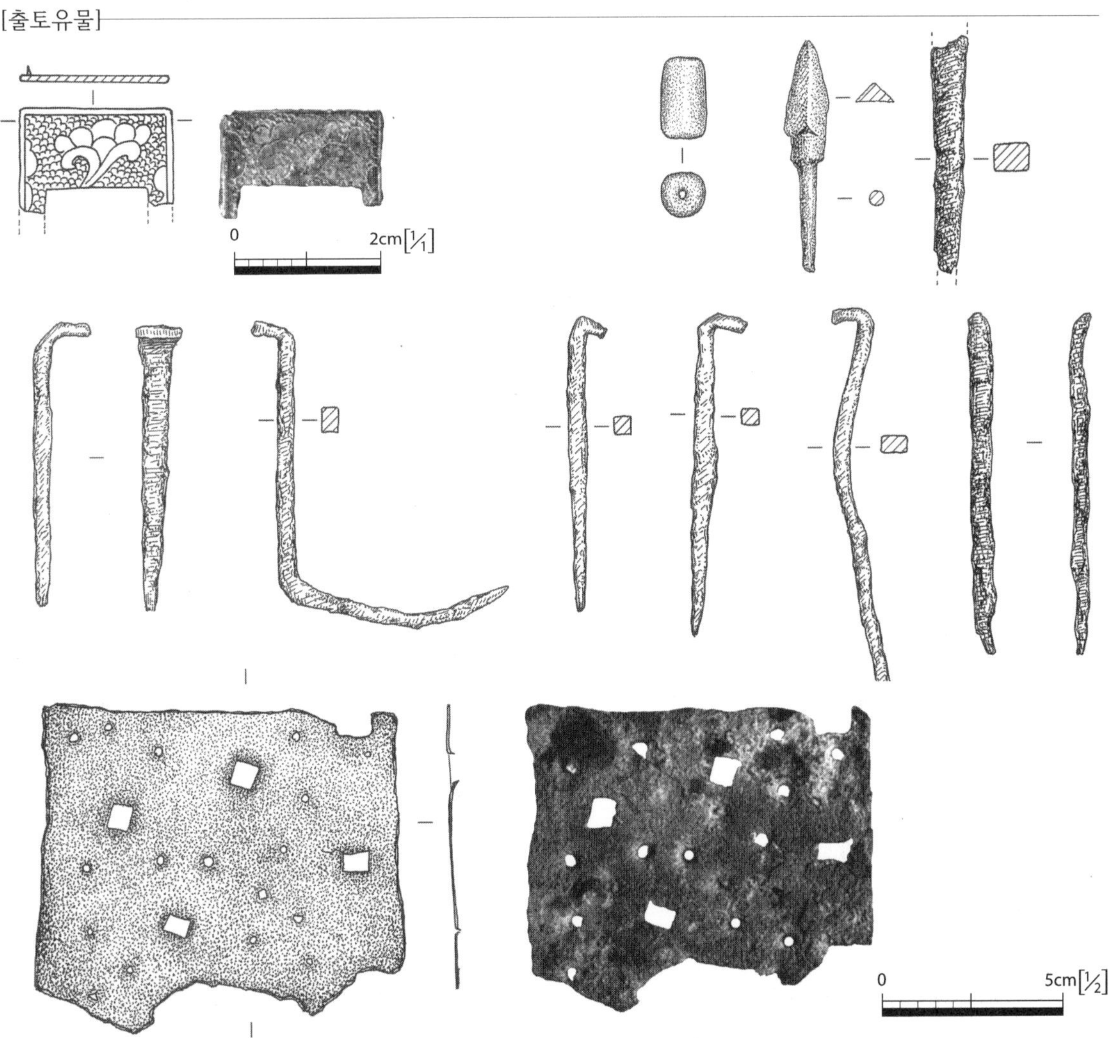

1고분군 15호묘

(단위 : cm)

봉토	크 기 (길이×너비×높이)	?	연도	크 기 (길이×너비×높이)	140×40~50×40~50
	평면형태	?		연도위치	중앙
현실	장축방향	N-23°-E		두 향	?
	규 모 (길이×너비×높이)	236×135×42		바닥시설	황색 사질
	평면형태	장방형		천장형태	?
	시상/관대 (길이×너비×높이)	?		석재종류	현무암
유물	토 도 기	-			
	금 속 기	-			
	옥 석 기	-			
	기 타	인골편			
	특기사항	화장묘일 가능성이 있으며 회랑(430×425×?)이 존재한다. 2004년 현실의 조사만 끝냄. 2005년 외부구조에 대한 발굴을 진행.			

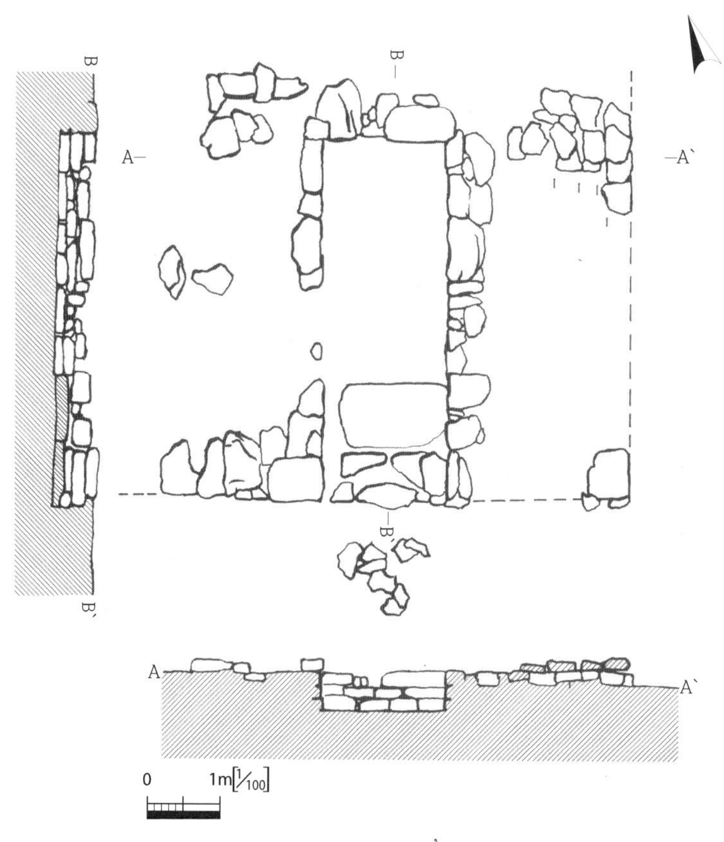

1고분군 16호묘

(단위 : cm)

봉토	크 기 (길이×너비×높이)	?	연도	크 기 (길이×너비×높이)	?
	평면형태	?		연도위치	?
현실	장축방향	N-30°-E		두 향	?
	규 모 (길이×너비×높이)	250×80~100×60		바닥시설	황색 풍화암
	평면형태	장방형		천장형태	?
	시상/관대 (길이×너비×높이)	–		석재종류	현무암 자연석
유물	토 도 기	기와(19)			
	금 속 기		–		
	옥 석 기		–		
	기 타	인골편			
	특기사항	화장. 남쪽에 칸막이로 별도의 공간이 마련됨.			

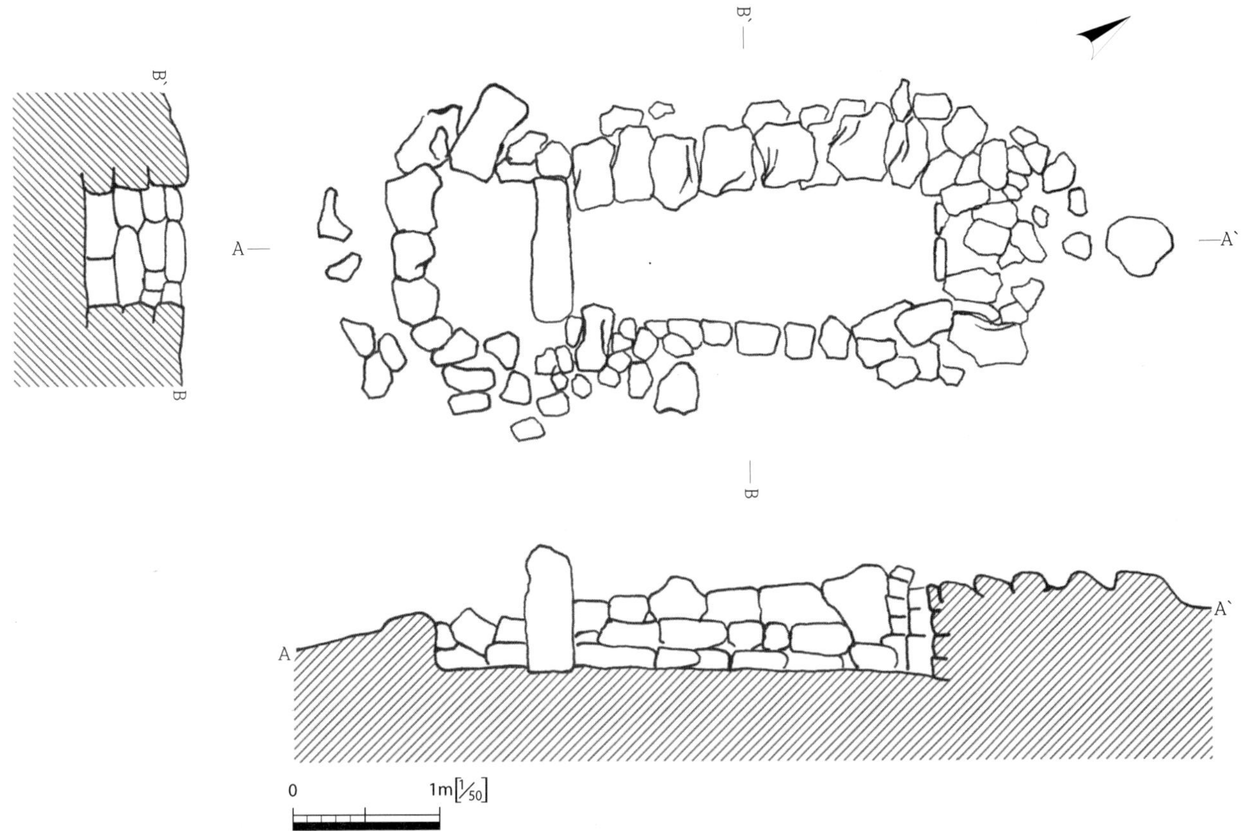

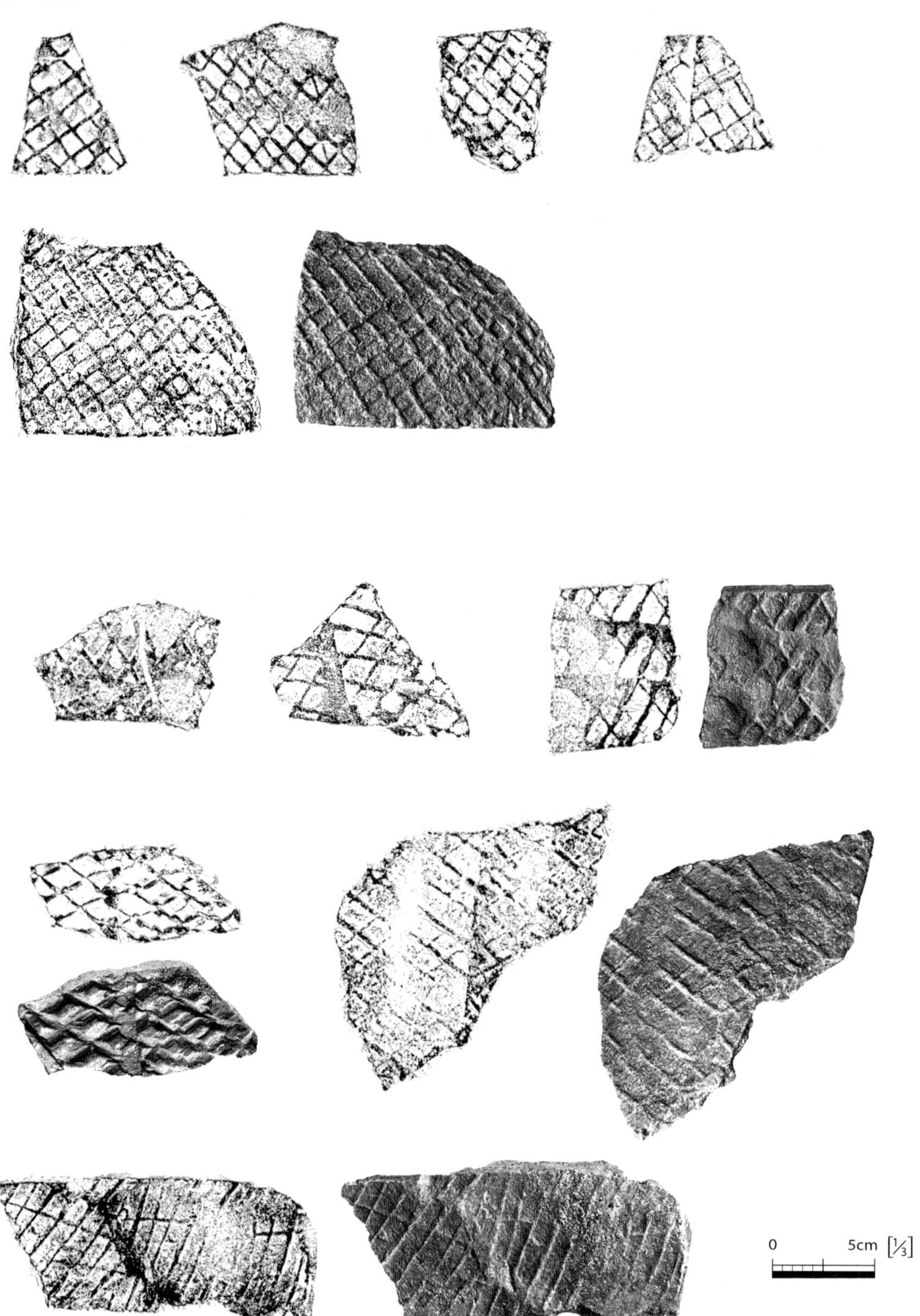

0   5cm [⅓]

1고분군 17호묘

(단위 : cm)

봉토	크 기 (길이×너비×높이)	?	연도	크 기 (길이×너비×높이)	120×130×?
	평면형태	?		연도위치	중앙
현실	장축방향	N-34°-E		두 향	?
	규 모 (길이×너비×높이)	200×130×(110+)		바닥시설	황색 점토
	평면형태	장방형		천장형태	(평)
	시상/관대 (길이×너비×높이)	?		석재종류	판석·할석
유물	토 도 기	-			
	금 속 기	철지금동장 관정(5), 철지은장 관정(4), 동제 패식(1), 동제 장식(2), 동제 고리(1), 철제 관정(4)			
	옥 석 기	-			
	기 타	칠함, 인골(두개골1, 지골3)			
	특기사항	-			

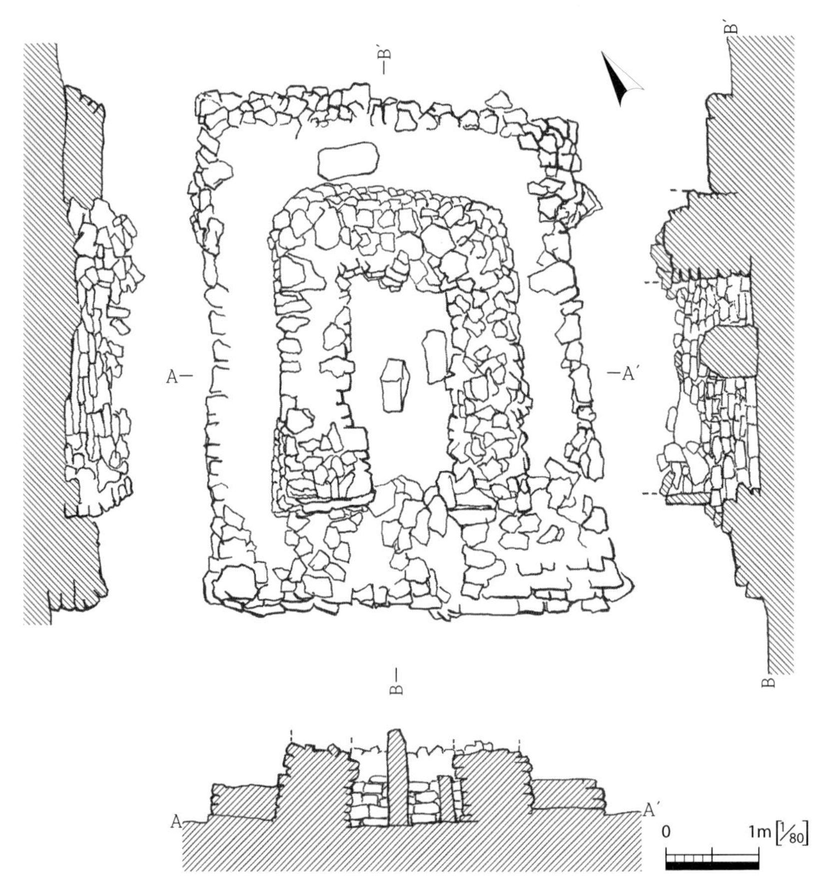

[현실(남-북)]

[출토유물]

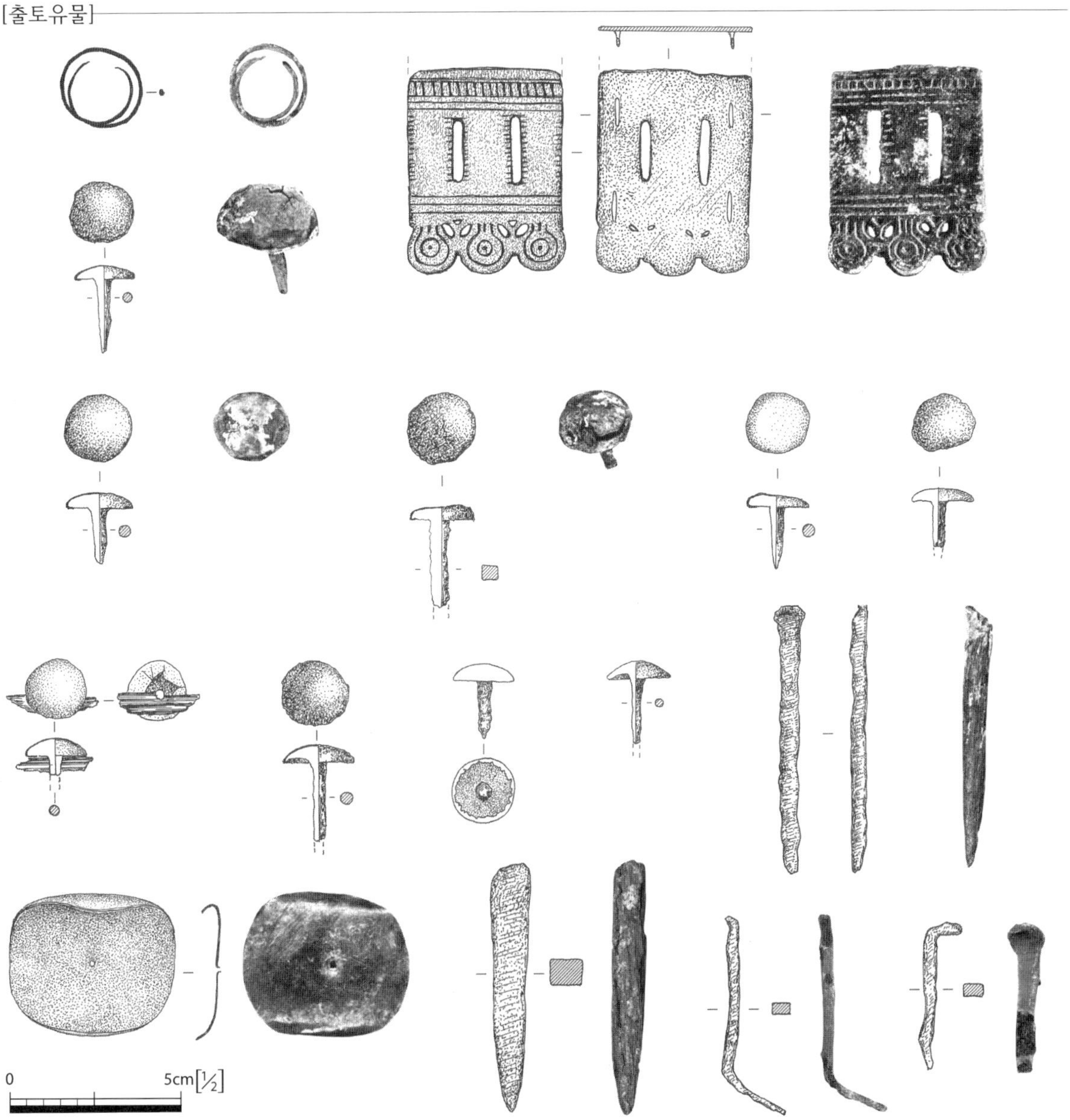

0   5cm[½]

1고분군 18호묘

(단위 : cm)

봉토	크 기 (길이×너비×높이)	?×?×50	연도	크 기 (길이×너비×높이)	?
	평면형태	?		연도위치	?
현실	장축방향	N-30°-E		두 향	?
	규 모 (길이×너비×높이)	230×90×70		바닥시설	?
	평면형태	장방형		천장형태	?
	시상/관대 (길이×너비×높이)	?		석재종류	현무암
유물	토 도 기	—			
	금 속 기	소형 철제 도(1), 미상 철기(1)			
	옥 석 기	—			
	기 타	인골편			
특기사항		판석 2매가 현실 내부를 구분함.			

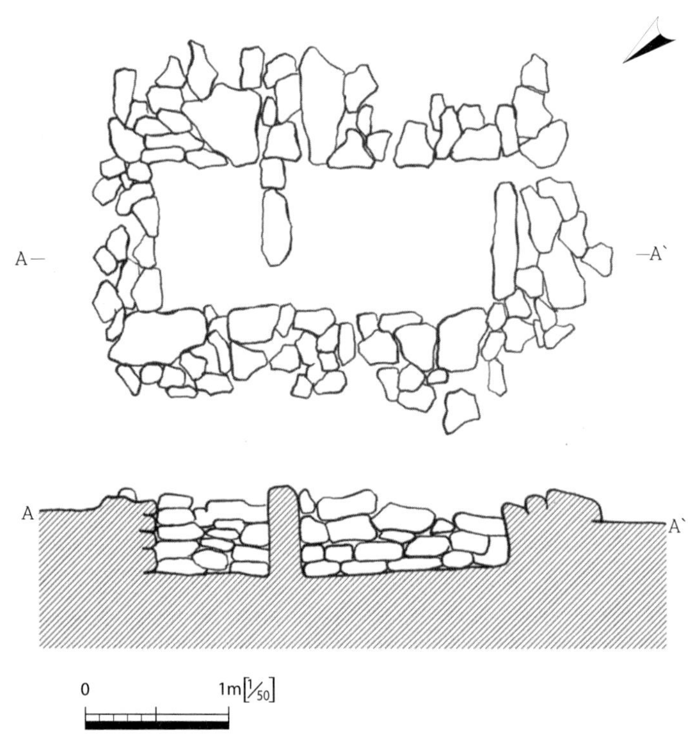

[전경(남쪽에서 본 모습)]

[출토유물]

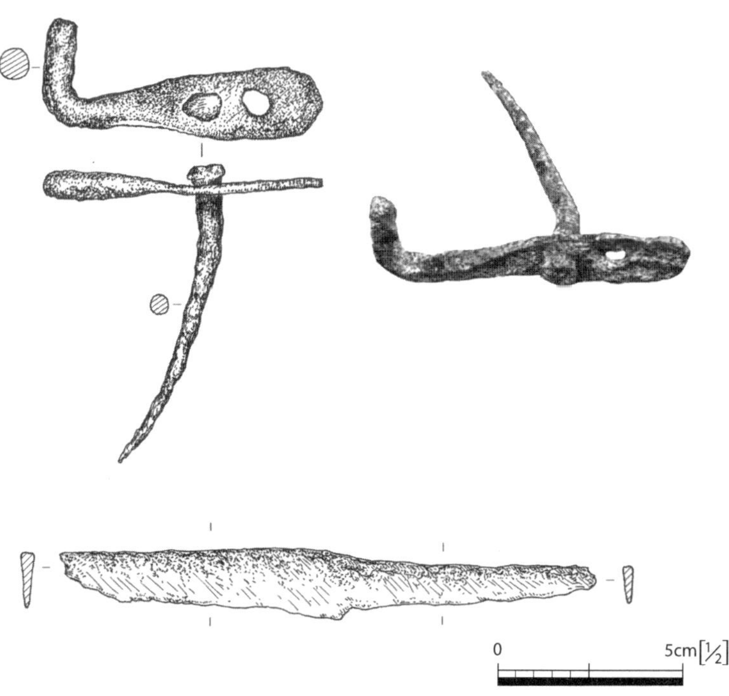

0   5cm[½]

1고분군 19호묘

(단위 : cm)

봉토	크 기 (길이×너비×높이)	?×?×20	연도	크 기 (길이×너비×높이)	?
	평면형태	?		연도위치	중앙
현실	장축방향	?		두 향	-
	규 모 (길이×너비×높이)	200?×?		바닥시설	-
	평면형태	?		천장형태	-
	시상/관대 (길이×너비×높이)	-		석재종류	활석
유물	토 도 기	암키와편, 수키와편			
	금 속 기	철제 패식(1)			
	옥 석 기	-			
	기 타	-			
	특기사항	광실묘. 유구 도면 없음.			

[출토유물]

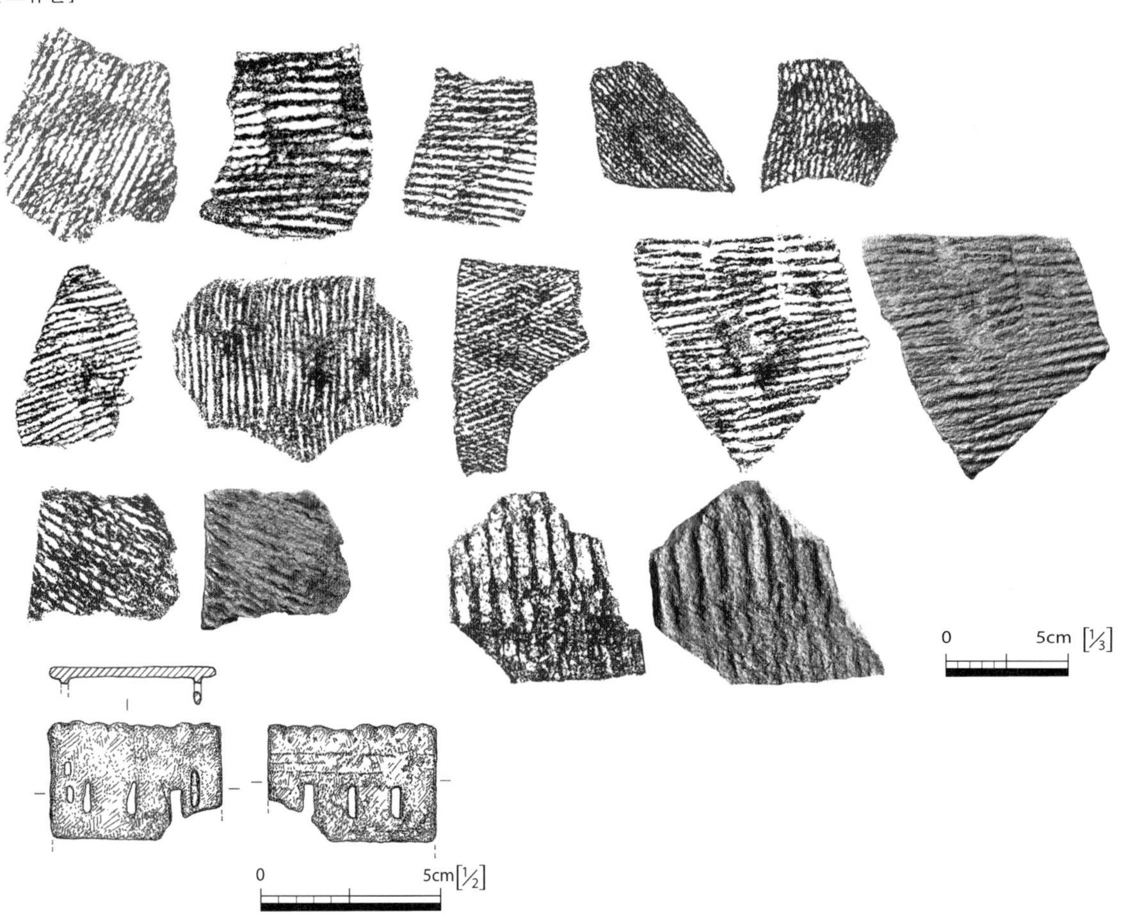

1고분군 20호묘

(단위 : cm)

봉토	크 기 (길이×너비×높이)	?	연도	크 기 (길이×너비×높이)	?
	평면형태	?		연도위치	?
현실	장축방향	N-22°-E		두 향	?
	규 모 (길이×너비×높이)	?×200×15~30		바닥시설	황색 점토
	평면형태	장방형		천장형태	?
	시상/관대 (길이×너비×높이)	?		석재종류	현무암
유물	토 도 기	–			
	금 속 기	–			
	옥 석 기	–			
	기 타	–			
특기사항		회랑(400×500×15~30) 존재.			

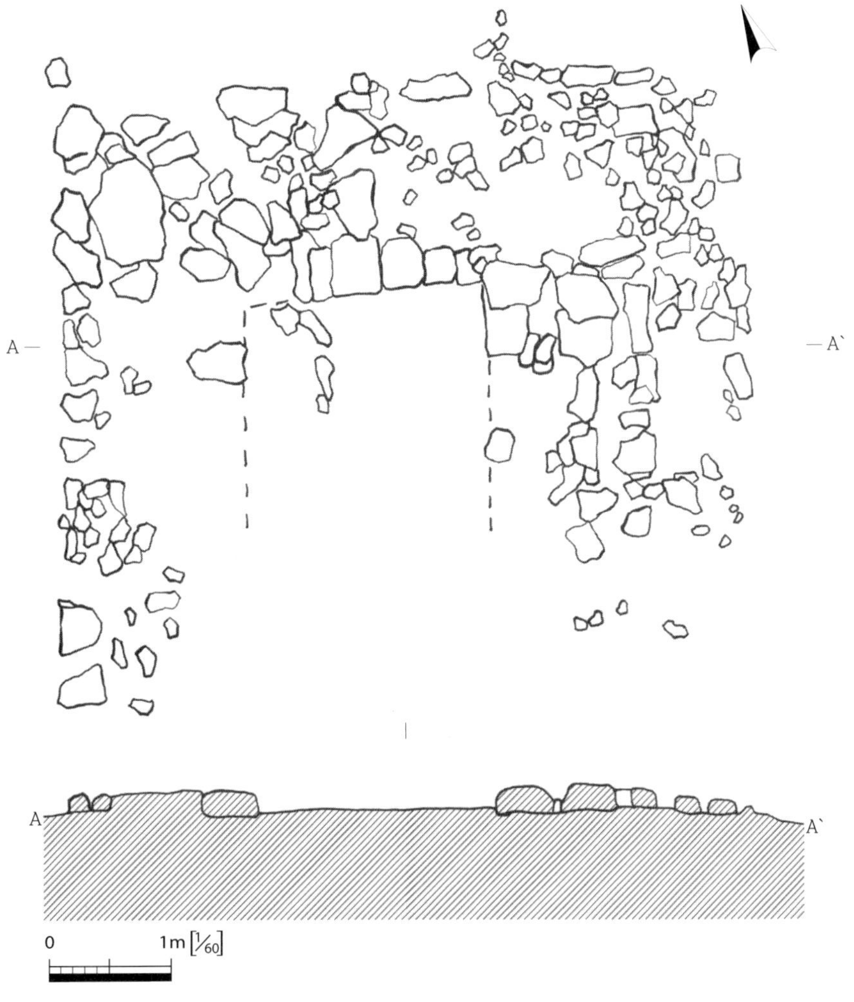

1고분군 21호묘

(단위 : cm)

봉토	크 기 (길이×너비×높이)	?	석관	크 기 (길이×너비×높이)	-
	평면형태	?		장 폭 비	-
	장축방향	-	석곽	크 기 (길이×너비×높이)	(100+)×?×?
	두 향	-		장 폭 비	?
	벽석종류	할석			
유물	토 도 기	-			
	금 속 기	-			
	옥 석 류	철제 관정(1), 철제 고리(1)			
	기 타	-			
	특기사항	석곽묘. 유구 도면 없음. 평면이 타원형에 가까운 원형.			

[출토유물]

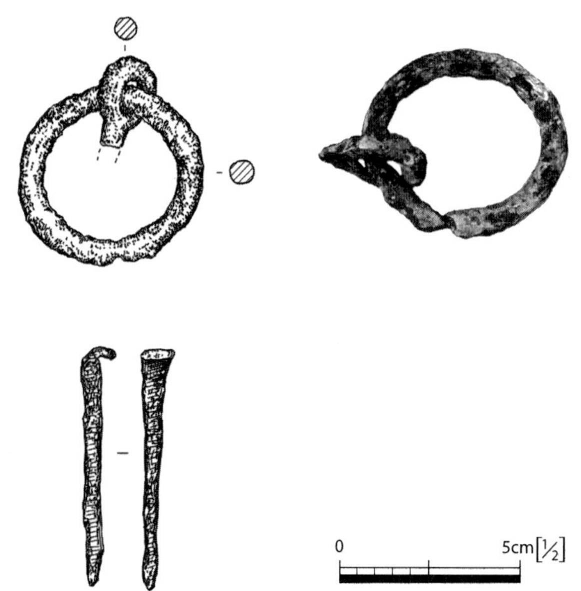

0   5cm[½]

1고분군 22호묘

(단위 : cm)

봉토	크 기 (길이×너비×높이)	350×270×?	연도	크 기 (길이×너비×높이)	?
	평면형태	장방형		연도위치	?
주체부	장축방향	210°		두 향	?
	매장주체 (길이×너비×깊이)	?		바닥시설	?
	평면형태 (길이×너비)	?		천장형태	?
				석재종류	할석
유물	토 도 기	?			
	금 속 기	?			
	옥 석 기	?			
	기 타	?			
	특기사항	토광포석묘. 유구 도면 없음. 화장.			

1고분군 23호묘

(단위 : cm)

봉토	크 기 (길이×너비×높이)	?	석관	크 기 (길이×너비×높이)	–
	평면형태	?		장 폭 비	–
	장축방향	동벽 194°	석곽	크 기 (길이×너비×높이)	250×?×?
	두 향	–		장 폭 비	?
	벽석종류	할석			
유물	토 도 기	–			
	금 속 기	–			
	옥 석 류	–			
	기 타	–			
	특기사항	석곽묘. 유구 도면 없음.			

1고분군 24호묘

(단위 : cm)

봉토	크 기 (길이×너비×높이)	?×?×50	연도	크 기 (길이×너비×높이)	?
	평면형태	타원형		연도위치	?
현실	장축방향	N-36°-E		두 향	?
	규 모 (길이×너비×높이)	100×50×40		바닥시설	황색 점토
	평면형태	장방형		천장형태	?
	시상/관대 (길이×너비×높이)	?		석재종류	현무암
유물	토 도 기	호(1), 심발(2)			
	금 속 기	철제 관정(26)			
	옥 석 기	숫돌(1)			
	기 타	인골편			
	특기사항	천장석과 유물의 위치가 흔들린 것으로 보아 도굴되었을 가능성이 있음.			

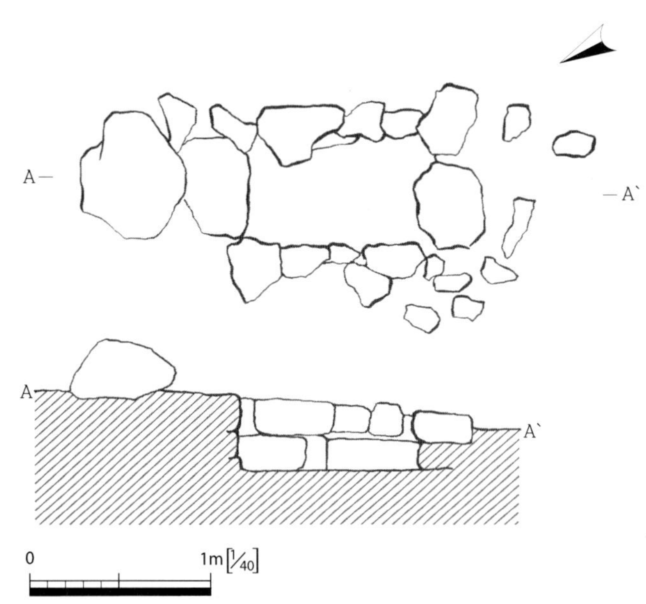

[출토유물]

0　　　　　5cm[½]

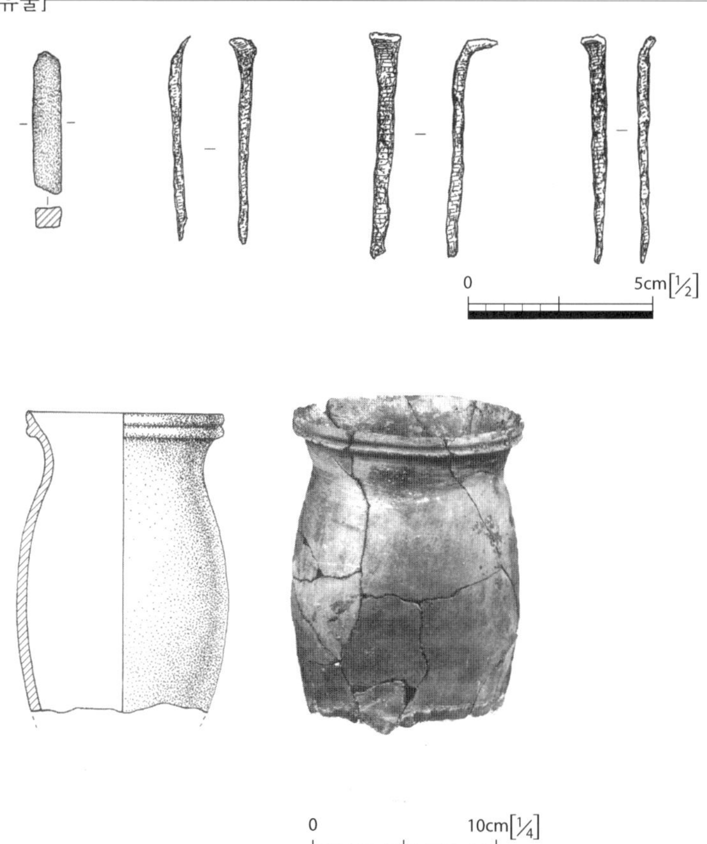

0　　　　　10cm[¼]

1고분군 25호묘

(단위 : cm)

봉토	크 기 (길이×너비×높이)	?	석관	크 기 (길이×너비×높이)	-
	평면형태	?		장 폭 비	-
	장축방향	-	석곽	크 기 (길이×너비×높이)	200×150×?
	두 향	-		장 폭 비	?
	벽석종류	할석			
유물	토 도 기	-			
	금 속 기	-			
	옥 석 류	-			
	기 타	-			
	특기사항	석곽묘. 유구 도면 없음.			

[전경(남쪽에서 본 모습)]

1고분군 26호묘

(단위 : cm)

봉토	크 기 (길이×너비×높이)	480×300×?	연도	크 기 (길이×너비×높이)	?
	평면형태	?		연도위치	?
주체부	장축방향	?	두 향		?
	매장주체 (길이×너비×깊이)	?	바닥시설		?
	평면형태 (길이×너비)	?	천장형태		?
			석재종류		현무암
유물	토도기	토기편			
	금속기	철제 관정(1)			
	옥석기	-			
	기 타	-			
특기사항		봉토토광포석묘. 유구·유물 도면 없음. 화장. 발굴되지 않음.			

[출토유물]

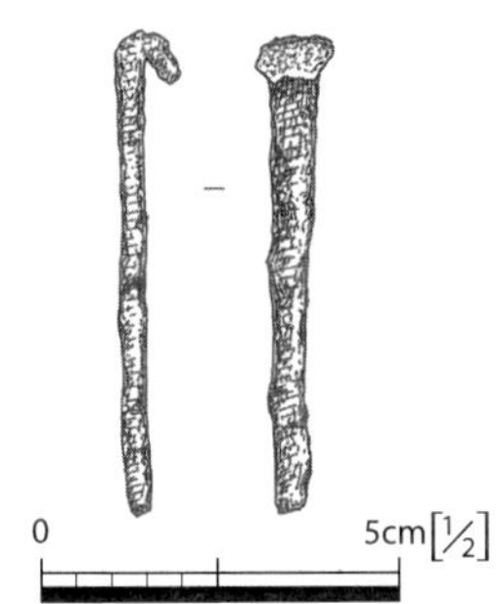

0   5cm[½]

1고분군 27호묘

(단위 : cm)

봉토	크 기 (길이×너비×높이)	500×400×?	연도	크 기 (길이×너비×높이)	?
	평면형태	장방형		연도위치	?
주체부	장축방향	?		두 향	?
	매장주체 (길이×너비×깊이)	?		바닥시설	?
	평면형태 (길이×너비)	?		천장형태	?
				석재종류	현무암·회암
유물	토 도 기	-			
	금 속 기	-			
	옥 석 기	-			
	기 타	인골(3)			
특기사항		봉토토광포석묘. 유구 도면 없음. 인골은 3개체분이 발견되었는데 화장된 상태이다. 발굴되지 않음.			

1고분군 28호묘

(단위 : cm)

봉토	크 기 (길이×너비×높이)	(350+)×(150+)×20	연도	크 기 (길이×너비×높이)	?
	평면형태	타원형		연도위치	?
현실	장축방향	200°		두 향	?
	규 모 (길이×너비×높이)	(450+)×(350+)×?		바닥시설	?
	평면형태	?		천장형태	-
	시상/관대 (길이×너비×높이)	-		석재종류	현무암
유물	토 도 기	파수(1), 수키와편			
	금 속 기	-			
	옥 석 기	-			
	기 타	-			
특기사항		광실묘. 유구·유물 도면 없음. 파괴 및 교란이 심하다.			

[출토유물]

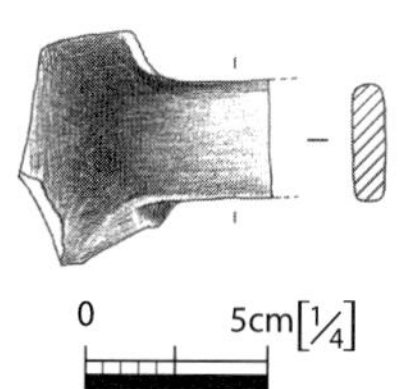

0   5cm[¼]

1고분군 29호묘

(단위 : cm)

봉토	크 기 (길이×너비×높이)	?	연도	크 기 (길이×너비×높이)	?
	평면형태	?		연도위치	?
현실	장축방향	N-30°-E		두 향	?
	규 모 (길이×너비×높이)	400×105×?		바닥시설	사질 풍화암
	평면형태	세장방형		천장형태	평
	시상/관대 (길이×너비×높이)	?		석재종류	현무암
유물	토 도 기	호 구연부(2), 동이 구연부(1), 저부(1)			
	금 속 기	철제 관정(1), 철제 침(1)			
	옥 석 기	-			
	기 타	-			
	특기사항	양 측벽이 위로 갈수록 좁아지는 형태이며 남쪽은 돌을 쌓지 않고 흙으로 벽을 세웠고, 안으로 좁아지는 형태이다. 최남단의 돌로 막은 구간은 입구를 상징할 가능성이 있다.			

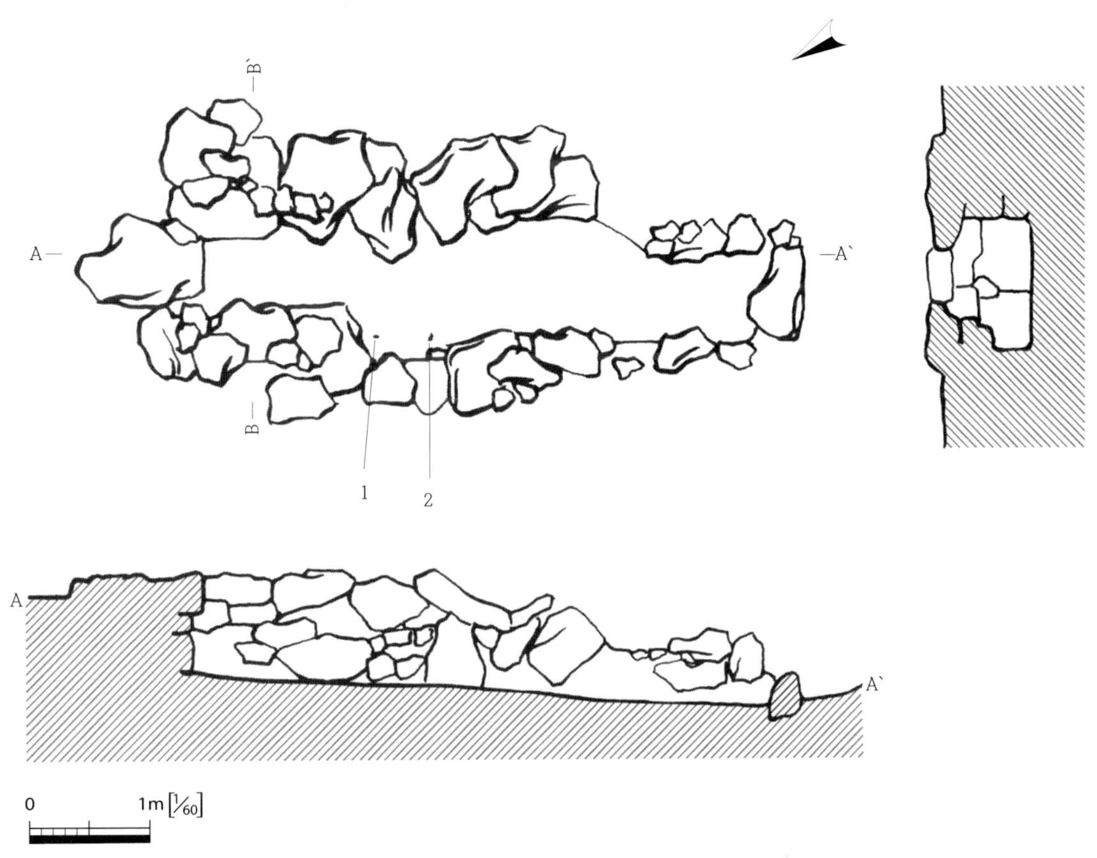

[전경(남쪽에서 본 모습)]

[출토유물]

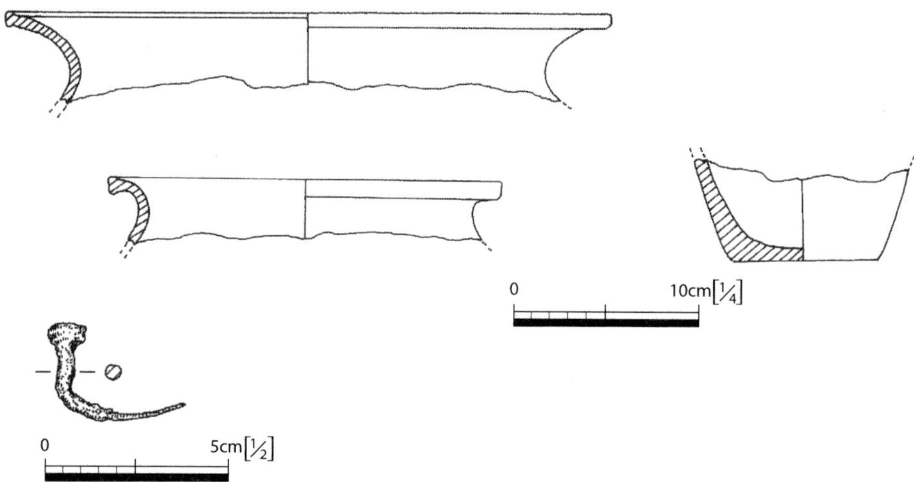

1고분군 30호묘

(단위 : cm)

봉토	크 기 (길이×너비×높이)	350×200×28	목관	크 기 (길이×너비×높이)	?
	평면형태	타원형		장폭비	?
묘광	장축방향	?	목곽	크 기 (길이×너비×높이)	?
	규 모 (길이×너비×깊이)	?		장폭비	?
	장폭비	?	두 향		?
유물	토도기	심발(1)			
	금속기	–			
	옥석기	–			
	기 타	–			
특기사항		토광봉토묘. 유구 도면 없음. 발굴되지 않음.			

[출토유물]————

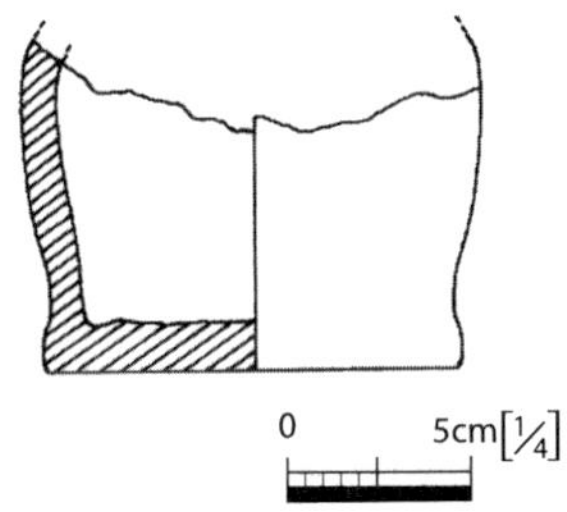

1고분군 31호묘

(단위 : cm)

봉토	크 기 (길이×너비×높이)	800×700×?	연도	크 기 (길이×너비×높이)	?
	평면형태	방형		연도위치	?
현실	장축방향	?		두 향	-
	규 모 (길이×너비×높이)	?		바닥시설	-
	평면형태	?		천장형태	-
	시상/관대 (길이×너비×높이)	-		석재종류	할석
유물	토 도 기	-			
	금 속 기	-			
	옥 석 기	-			
	기 타	-			
	특기사항	광실봉토묘. 유구 도면 없음.			

1고분군 32호묘

(단위 : cm)

봉토	크 기 (길이×너비×높이)	?	연도	크 기 (길이×너비×높이)	160×?×?
	평면형태	부정형		연도위치	중앙
현실	장축방향	?		두 향	-
	규 모 (길이×너비×높이)	350×280×?		바닥시설	-
	평면형태	방형		천장형태	-
	시상/관대 (길이×너비×높이)	-		석재종류	판석·할석
유물	토 도 기	토기편			
	금 속 기	-			
	옥 석 기	-			
	기 타	-			
	특기사항	광실봉토묘. 유구·유물 도면 없음. 석광의 외곽형태는 장방형(700×560)이며 봉문석이 확인되었다.			

1고분군 33호묘

(단위 : cm)

봉토	크 기 (길이×너비×높이)	400×260×30	연도	크 기 (길이×너비×높이)	?
	평면형태	타원형		연도위치	?
주체부	장축방향	?		두 향	?
	매장주체 (길이×너비×깊이)	?		바닥시설	?
	평면형태 (길이×너비)	?		천장형태	?
				석재종류	할석
유물	토 도 기	?			
	금 속 기	?			
	옥 석 기	?			
	기 타	?			
	특기사항	토광포석묘. 유구 도면 없음. 발굴하지 않음.			

1고분군 34호묘

(단위 : cm)

봉토	크 기 (길이×너비×높이)	280×280×?	연도	크 기 (길이×너비×높이)	?
	평면형태	원형		연도위치	?
주체부	장축방향	203°		두 향	?
	매장주체 (길이×너비×깊이)	?		바닥시설	?
	평면형태 (길이×너비)	?		천장형태	?
				석재종류	할석
유물	토 도 기	토기편			
	금 속 기	?			
	옥 석 기	?			
	기 타	인골(1)			
	특기사항	토광포석묘. 유구·유물 도면 없음. 인골(유소아) 1개체분이 확인됨. 발굴하지 않음.			

1고분군 35호묘

(단위 : cm)

봉토	크 기 (길이×너비×높이)	430×380×?	연도	크 기 (길이×너비×높이)	?
	평면형태	타원형		연도위치	?
주체부	장축방향	?		두 향	?
	매장주체 (길이×너비×깊이)	?		바닥시설	?
	평면형태 (길이×너비)	?		천장형태	?
				석재종류	할석
유물	토도기	토기편			
	금속기	?			
	옥석기	?			
	기 타	인골(1)			
	특기사항	토광포석묘. 유구·유물 도면 없음. 인골(여성) 1개체분이 발견되었는데 화장되었다.			

1고분군 36호묘

(단위 : cm)

봉토	크 기 (길이×너비×높이)	?	석관	크 기 (길이×너비×높이)	–
	평면형태	?		장 폭 비	–
	장축방향	?	석곽	크 기 (길이×너비×높이)	320×150×?
	두 향	–		장 폭 비	2.13:1
	벽석종류	판석·할석			
유물	토도기	–			
	금속기	–			
	옥석기	–			
	기 타	–			
	특기사항	봉토석곽묘. 유구 도면 없음.			

1고분군 37호묘

(단위 : cm)

봉토	크 기 (길이×너비×높이)	?	석관	크 기 (길이×너비×높이)	-
	평면형태	?		장 폭 비	-
	장축방향	?	석곽	크 기 (길이×너비×높이)	300×110×?
	두 향	-		장 폭 비	2.72:1
	벽석종류	판석·할석			
유물	토 도 기			-	
	금 속 기			-	
	옥 석 기			-	
	기 타			-	
	특기사항	봉토석곽묘. 유구 도면 없음.			

1고분군 38호묘

(단위 : cm)

봉토	크 기 (길이×너비×높이)	?	석관	크 기 (길이×너비×높이)	365×210×?
	평면형태	?		장 폭 비	1.73:1
	장축방향	?	석곽	크 기 (길이×너비×높이)	-
	두 향	-		장 폭 비	-
	벽석종류	할석			
유물	토 도 기			-	
	금 속 기			-	
	옥 석 기			-	
	기 타			-	
	특기사항	봉토포석석관묘. 유구 도면 없음.			

1고분군 39호묘

(단위 : cm)

봉토	크 기 (길이×너비×높이)	450×?×?	연도	크 기 (길이×너비×높이)	?
	평면형태	장방형		연도위치	?
주체부	장축방향	?		두 향	?
	매장주체 (길이×너비×깊이)	?		바닥시설	?
	평면형태 (길이×너비)	?		천장형태	?
				석재종류	응회암
유물	토 도 기	토기편			
	금 속 기	-			
	옥 석 기	-			
	기 타	인골편			
	특기사항	토광포석묘. 유구 도면 없음. 화장.			

[출토유물]

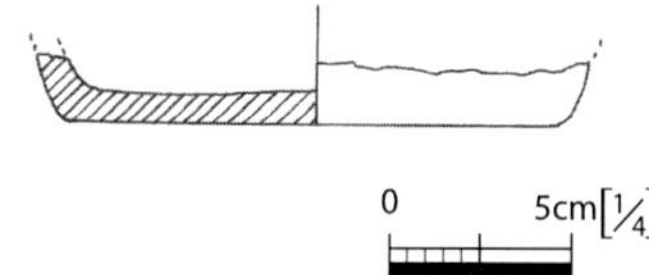

1고분군 40호묘

(단위 : cm)

봉토	크 기 (길이×너비×높이)	?	연도	크 기 (길이×너비×높이)	?
	평면형태	장방형		연도위치	?
주체부	장축방향	?		두 향	?
	매장주체 (길이×너비×깊이)	?		바닥시설	?
	평면형태 (길이×너비)	?		천장형태	?
				석재종류	?
유물	토 도 기	토기 저부편(1)			
	금 속 기	-			
	옥 석 기	-			
	기 타	-			
	특기사항	토광포석묘. 유구·유물 도면 없음. 화장.			

1고분군 41호묘

(단위 : cm)

묘광	크 기 (길이×너비×깊이)	?	주체부	크 기 (길이×너비×높이)	320×110×?
	장 폭 비	?		장 폭 비	2.91:1
	장축방향	N-30°-E	시상·관대	크 기 (길이×너비×높이)	-
	두 향	-	벽석종류		할석
유물	토 도 기			?	
	금 속 기	철제 관정(1)			
	옥 석 기			?	
	기 타			?	
	특기사항	발굴되지 않음. 일반적인 석곽묘와는 다른 구조어서 토광석변묘로 분류되었다.			

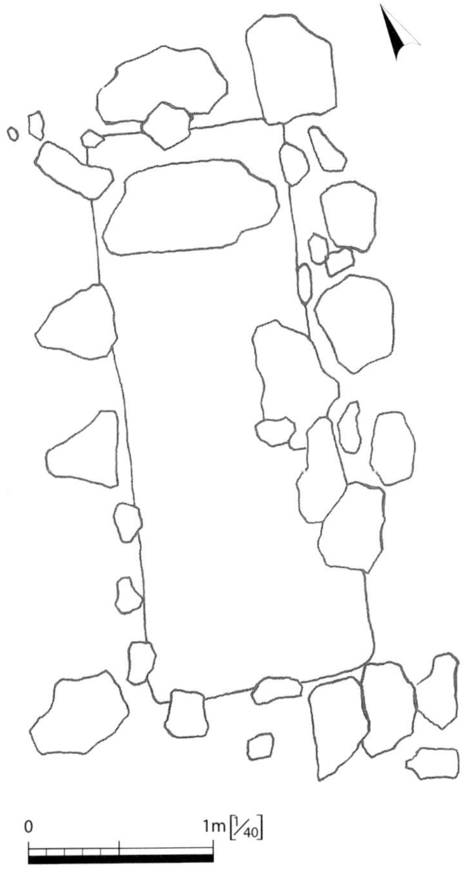

[출토유물]

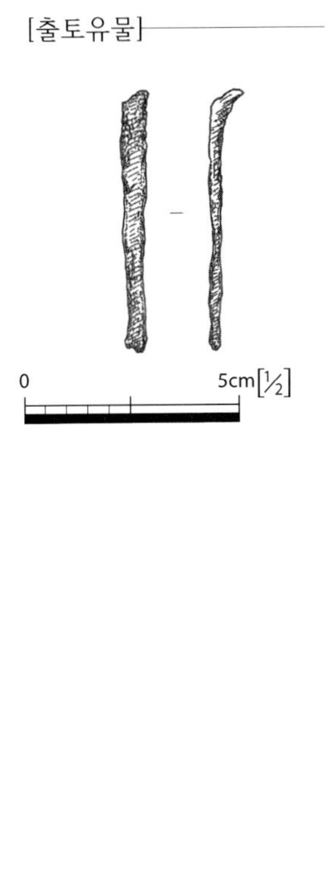

1고분군 42호묘

(단위 : cm)

묘광	크 기 (길이×너비×깊이)	?	주체부	크 기 (길이×너비×높이)	230×130×?
	장 폭 비	?		장 폭 비	1.76:1
	장축방향	?	시상·관대	크 기 (길이×너비×높이)	–
	두 향	–		벽석종류	활석
유물	토 도 기	?			
	금 속 기	?			
	옥 석 기	?			
	기 타	?			
	특기사항	유구 도면 없음. 일반적인 석곽묘와는 다른 구조여서 토광석변묘로 분류되었다.			

1고분군 43호묘

(단위 : cm)

묘광	크 기 (길이×너비×깊이)	?	주체부	크 기 (길이×너비×높이)	200×120×?
	장 폭 비	?		장 폭 비	1.67:1
	장축방향	?	시상·관대	크 기 (길이×너비×높이)	–
	두 향	?		벽석종류	활석
유물	토 도 기	?			
	금 속 기	?			
	옥 석 기	?			
	기 타	인골편			
	특기사항	유구 도면 없음. 화장. 일반적인 석곽묘와는 다른 구조여서 토광석변묘로 분류되었다.			

1고분군 44호묘

(단위 : cm)

봉토	크 기 (길이×너비×높이)	600×420×25	연도	크 기 (길이×너비×높이)	?
	평면형태	장방형		연도위치	?
주체부	장축방향	?		두 향	?
	매장주체 (길이×너비×깊이)	?		바닥시설	?
	평면형태 (길이×너비)	?		천장형태	?
				석재종류	할석
유물	토 도 기	-			
	금 속 기	-			
	옥 석 기	-			
	기 타	목탄편			
	특기사항	토광포석묘. 유구 도면 없음. 화장.			

1고분군 45호묘

(단위 : cm)

묘광	크 기 (길이×너비×깊이)	?	주체부	크 기 (길이×너비×높이)	150×80×?
	장 폭 비	?		장 폭 비	1.88:1
	장축방향	?	시상·관대	크 기 (길이×너비×높이)	-
	두 향	-		벽석종류	할석
유물	토 도 기	-			
	금 속 기	-			
	옥 석 기	-			
	기 타	-			
	특기사항	유구 도면 없음. 일반적인 석곽묘와는 다른 구조여서 토광석변묘로 분류되었다.			

1고분군 46호묘

(단위 : cm)

봉토	크 기 (길이×너비×높이)	?×?×20	연도	크 기 (길이×너비×높이)	?
	평면형태	장방형		연도위치	?
주체부	장축방향	?		두 향	-
	매장주체 (길이×너비×깊이)	?		바닥시설	?
	평면형태 (길이×너비)	?		천장형태	?
				석재종류	현무암
유물	토 도 기	-			
	금 속 기	-			
	옥 석 기	-			
	기 타	목탄편			
	특기사항	토광포석묘. 유구 도면 없음. 화장.			

1고분군 47호묘

(단위 : cm)

봉토	크 기 (길이×너비×높이)	?×?×30	연도	크 기 (길이×너비×높이)	?
	평면형태	원형		연도위치	?
주체부	장축방향	?		두 향	-
	매장주체 (길이×너비×깊이)	50×50×?		바닥시설	?
	평면형태 (길이×너비)	?×80~150		천장형태	?
				석재종류	현무암
유물	토 도 기	-			
	금 속 기	-			
	옥 석 기	-			
	기 타	인골편			
	특기사항	토광포석묘. 유구 도면 없음. 화장. 포석형태(환형).			

1고분군 48호묘

(단위 : cm)

봉토	크 기 (길이×너비×높이)	300×300×25	석관	크 기 (길이×너비×높이)	250×50×?
	평면형태	원형		장 폭 비	5:1
	장축방향	N-34°-E	석곽	크 기 (길이×너비×높이)	-
	두 향	-		장 폭 비	-
	벽석종류	현무암 할석			
유물	토 도 기	-			
	금 속 기	-			
	옥 석 기	-			
	기 타	-			
	특기사항	봉토석관묘.			

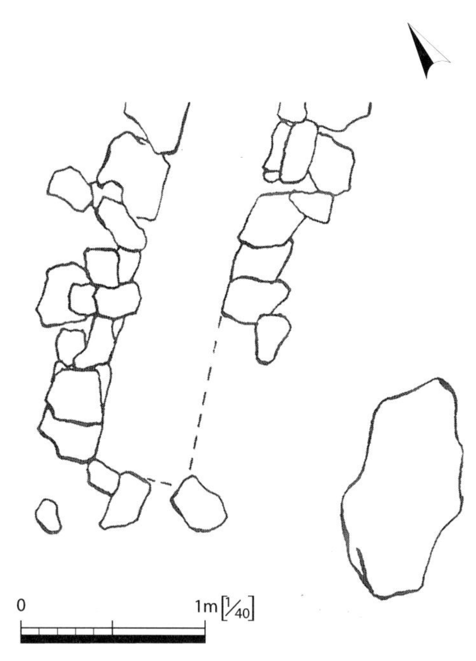

1고분군 49호묘

(단위 : cm)

봉토	크 기 (길이×너비×높이)	400×350×?	연도	크 기 (길이×너비×높이)	?
	평면형태	타원형		연도위치	?
주체부	장축방향	?		두 향	?
	매장주체 (길이×너비×깊이)	?		바닥시설	?
	평면형태 (길이×너비)	?		천장형태	?
				석재종류	할석
유물	토 도 기	—			
	금 속 기	—			
	옥 석 기	—			
	기 타	인골(1)			
특기사항		토광봉토포석묘. 유구 도면 없음. 인골 1개체. 화장.			

1고분군 50호묘

(단위 : cm)

봉토	크 기 (길이×너비×높이)	?	석관	크 기 (길이×너비×높이)	280×150×?
	평면형태	?		장 폭 비	1.87:1
	장축방향	?	석곽	크 기 (길이×너비×높이)	—
	두 향	—			
	벽석종류	현무암		장 폭 비	—
유물	토 도 기	—			
	금 속 기	—			
	옥 석 기	—			
	기 타	—			
특기사항		봉토포석석관묘. 유구 도면 없음. 포석형태(타원형).			

1고분군 51호묘

(단위 : cm)

봉토	크 기 (길이×너비×높이)	300×240×?	석관	크 기 (길이×너비×높이)	?
	평면형태	타원형		장 폭 비	?
	장축방향	?	석곽	크 기 (길이×너비×높이)	-
	두 향	?		장 폭 비	-
	벽석종류	활석			
유물	토 도 기	-			
	금 속 기	-			
	옥 석 기	-			
	기 타	-			
	특기사항	봉토포석석관묘. 유구 도면 없음. 화장.			

1고분군 52호묘

(단위 : cm)

봉토	크 기 (길이×너비×높이)	?	연도	크 기 (길이×너비×높이)	?
	평면형태	타원형		연도위치	?
주체부	장축방향	?		두 향	?
	매장주체 (길이×너비×깊이)	?		바닥시설	?
	평면형태 (길이×너비)	?		천장형태	?
				석재종류	활석
유물	토 도 기	-			
	금 속 기	-			
	옥 석 기	-			
	기 타	인골(1)			
	특기사항	토광봉토포석묘. 유구 도면 없음. 인골 1개체분이 발견되었는데 화장되었다.			

1고분군 53호묘

(단위 : cm)

봉토	크 기 (길이×너비×높이)	?	연도	크 기 (길이×너비×높이)	?
	평면형태	장방형		연도위치	?
주체부	장축방향	?		두 향	?
	매장주체 (길이×너비×깊이)	?		바닥시설	?
	평면형태 (길이×너비)	?		천장형태	?
				석재종류	활석
유물	토 도 기	심발(3), 호(1), 토기편(6)			
	금 속 기	–			
	옥 석 기	–			
	기 타	인골편			
	특기사항	토광봉토포석묘. 유구 도면 없음. 화장되었으며 여성으로 추정됨.			

[출토유물]

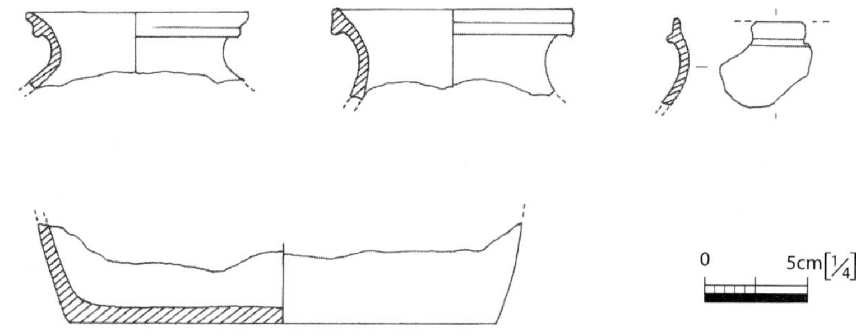

0   5cm[¼]

1고분군 54호묘

(단위 : cm)

봉토	크 기 (길이×너비×높이)	?	연도	크 기 (길이×너비×높이)	?
	평면형태	장방형		연도위치	?
주체부	장축방향	?		두 향	?
	매장주체 (길이×너비×깊이)	?		바닥시설	?
	평면형태 (길이×너비)	?		천장형태	?
				석재종류	활석
유물	토 도 기	–			
	금 속 기	–			
	옥 석 기	–			
	기 타	–			
	특기사항	토광봉토포석묘. 유구 도면 없음. 화장.			

1고분군 55호묘

(단위 : cm)

봉토	크 기 (길이×너비×높이)	?×?×25	석관	크 기 (길이×너비×높이)	100×40×?
	평면형태	원형		장 폭 비	2.5:1
	장축방향	N-33°-E	석곽	크 기 (길이×너비×높이)	-
	두 향	-			
	벽석종류	할석		장 폭 비	-
유물	토 도 기		-		
	금 속 기		-		
	옥 석 기		-		
	기 타		-		
	특기사항	봉토포석석관묘.			

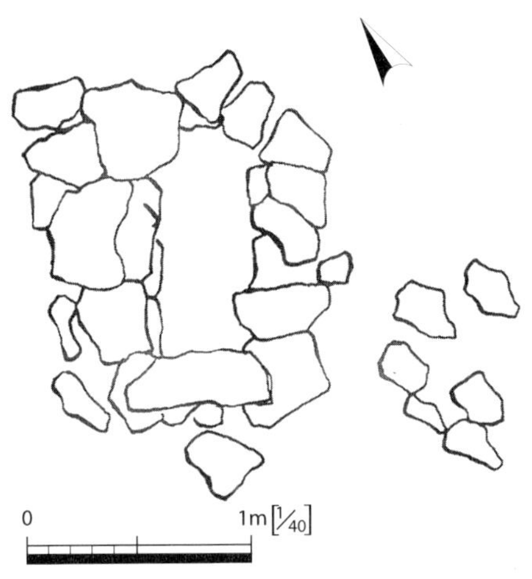

[남쪽에서 본 모습]

0   1m [1/40]

1고분군 56호묘

(단위 : cm)

봉토	크 기 (길이×너비×높이)	360×360×25	연도	크 기 (길이×너비×높이)	?
	평면형태	원형		연도위치	?
주체부	장축방향	191°		두 향	?
	매장주체 (길이×너비×깊이)	?		바닥시설	?
	평면형태 (길이×너비)	장방형(350×300)		천장형태	?
				석재종류	할석
유물	토 도 기	심발(1), 파수부 동이(1)			
	금 속 기	-			
	옥 석 기	-			
	기 타	-			
	특기사항	토광포석묘. 유구 도면 없음.			

[출토유물]

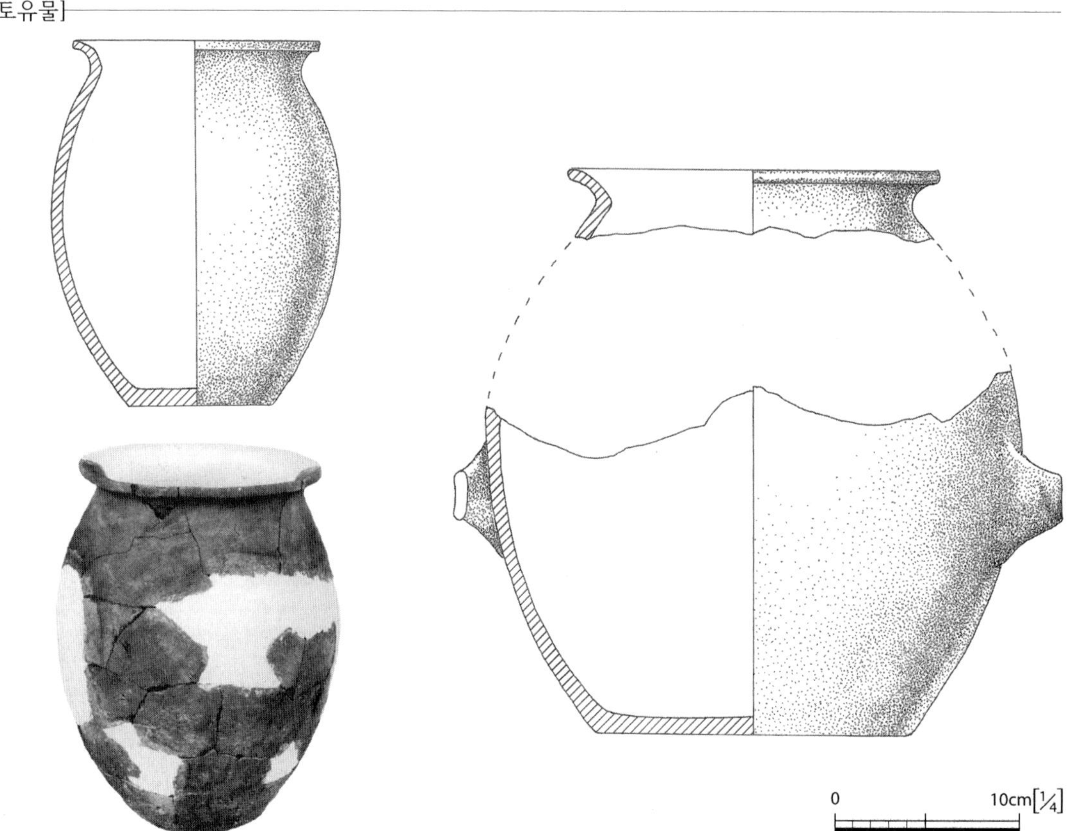

1고분군 57호묘

(단위 : cm)

봉토	크 기 (길이×너비×높이)	?×?×25	연도	크 기 (길이×너비×높이)	?
	평면형태	원형		연도위치	?
주체부	장축방향	191°		두 향	?
	매장주체 (길이×너비×깊이)	?		바닥시설	?
	평면형태 (길이×너비)	?		천장형태	?
				석재종류	할석
유물	토 도 기	병(1)			
	금 속 기	동제 대금구(1), 철제 대금구(1)			
	옥 석 기	-			
	기 타	-			
	특기사항	토광포석묘. 유구 도면 없음.			

[출토유물]

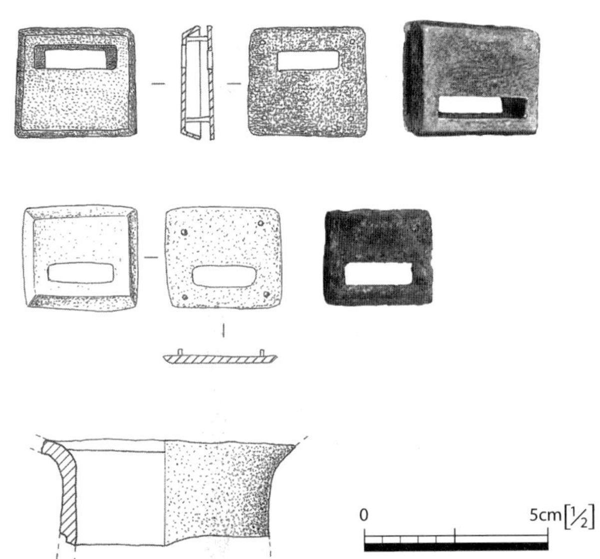

0   5cm[½]

1고분군 58호묘

(단위 : cm)

봉토	크 기 (길이×너비×높이)	?	연도	크 기 (길이×너비×높이)	140×80×?
	평면형태	불분명		연도위치	중앙
현실	장축방향	N-18°-E		두 향	?
	규 모 (길이×너비×높이)	280×120×?		바닥시설	?
	평면형태	장방형		천장형태	-
	시상/관대 (길이×너비×높이)	-		석재종류	판석·할석
유물	토 도 기	배개(1)			
	금 속 기	철제 관정(2)			
	옥 석 기	-			
	기 타	-			
	특기사항	봉토광실묘. 전면 정리 않음.			

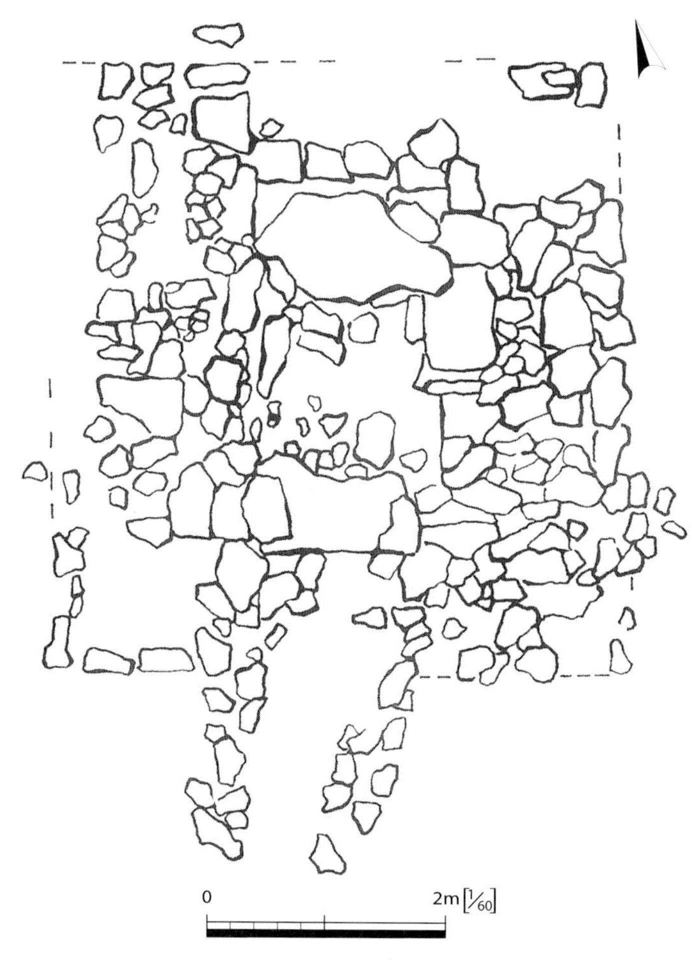

0   2m [1/60]

[전경(남쪽에서 본 모습)]

[출토유물]

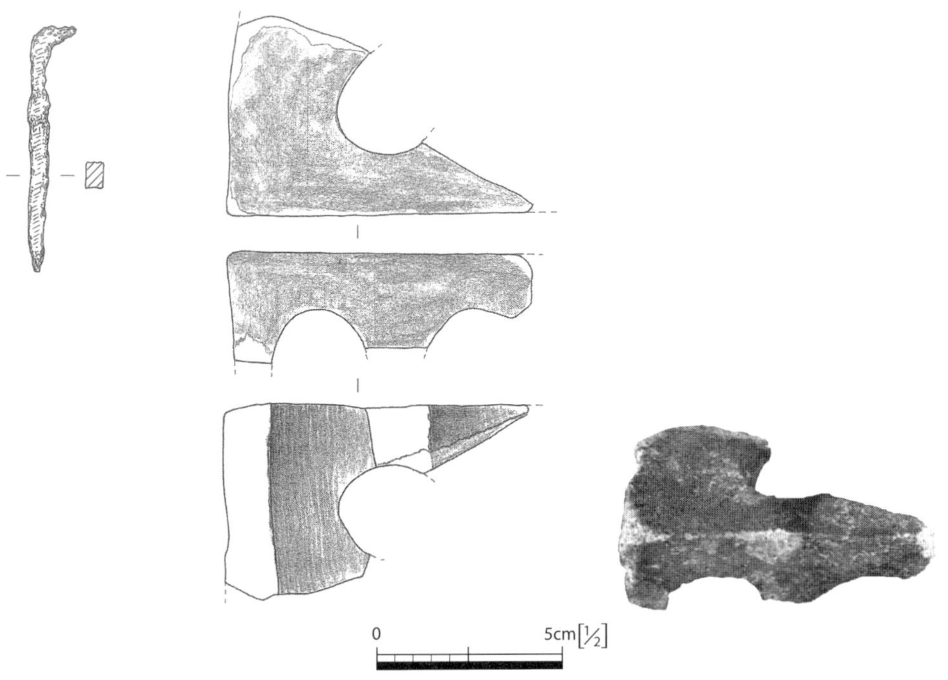

1고분군 59호묘

(단위 : cm)

봉토	크 기 (길이×너비×높이)	-	석관	크 기 (길이×너비×높이)	?
	평면형태	-		장 폭 비	?
	장축방향	-	석곽	크 기 (길이×너비×높이)	-
	두 향	-		장 폭 비	-
	벽석종류	할석			
유물	토 도 기	-			
	금 속 기	-			
	옥 석 기	-			
	기 타	-			
특기사항	석관묘. 유구 도면 없음. 봉토 유실.				

1고분군 80호묘

(단위 : cm)

봉토	크 기 (길이×너비×높이)	?×?×35	연도	크 기 (길이×너비×높이)	?
	평면형태	?		연도위치	?
주체부	장축방향	?		두 향	?
	매장주체 (길이×너비×깊이)	?		바닥시설	?
	평면형태 (길이×너비)	타원형		천장형태	?
				석재종류	현무암 할석
유물	토 도 기	–			
	금 속 기	–			
	옥 석 기	–			
	기 타	골편			
	특기사항	토광포석묘. 유구 도면 없음. 80~82호묘의 봉토가 이어짐.			

1고분군 83호묘

(단위 : cm)

봉토	크 기 (길이×너비×높이)	?	연도	크 기 (길이×너비×높이)	?
	평면형태	타원형		연도위치	?
주체부	장축방향	?		두 향	?
	매장주체 (길이×너비×깊이)	?		바닥시설	?
	평면형태 (길이×너비)	?(400×350)		천장형태	?
				석재종류	?
유물	토 도 기	–			
	금 속 기	–			
	옥 석 기	–			
	기 타	–			
	특기사항	토광포석묘. 유구 도면 없음. 봉토 유실이 심함.			

1고분군 84호묘

(단위 : cm)

봉토	크 기 (길이×너비×높이)	?	석관	크 기 (길이×너비×높이)	?
	평면형태	타원형		장 폭 비	?
	장축방향	?	석곽	크 기 (길이×너비×높이)	-
	두 향	-		장 폭 비	-
	벽석종류	할석			
유물	토 도 기	-			
	금 속 기	-			
	옥 석 기	-			
	기 타	-			
	특기사항	봉토석관묘. 유구 도면 없음.			

1고분군 85호묘

(단위 : cm)

봉토	크 기 (길이×너비×높이)	?×?×40	연도	크 기 (길이×너비×높이)	?
	평면형태	부정형		연도위치	?
주체부	장축방향	N-14°-E		두 향	?
	매장주체 (길이×너비×깊이)	?		바닥시설	?
	평면형태 (길이×너비)	장방형(550×420)		천장형태	?
				석재종류	현무암·석회암 자연석
유물	토 도 기	-			
	금 속 기	-			
	옥 석 기	-			
	기 타	-			
	특기사항	봉토포석묘. 화장. 봉토 유실이 심함.			

0　　　　　2m[1/60]

1고분군 86호묘

(단위 : cm)

봉토	크 기 (길이×너비×높이)	?	석관	크 기 (길이×너비×높이)	–
	평면형태	?		장 폭 비	–
	장축방향	?	석곽	크 기 (길이×너비×높이)	132~140×50~66×?
	두 향	–		장 폭 비	2.12:1
	벽석종류	?			
유물	토도기	–			
	금속기	–			
	옥석기	–			
	기 타	–			
	특기사항	석곽묘. 유구 도면 없음.			

1고분군 87호묘

(단위 : cm)

봉토	크 기 (길이×너비×높이)	?	연도	크 기 (길이×너비×높이)	?
	평면형태	?		연도위치	?
현실	장축방향	N-7°-E		두 향	?
	규 모 (길이×너비×높이)	130×66×30		바닥시설	?
	평면형태	장방형		천장형태	?
	시상/관대 (길이×너비×높이)	-		석재종류	?
유물	토 도 기	-			
	금 속 기	동제 팔찌(1), 동제 나선형 장식(1)			
	옥 석 기	-			
	기 타	-			
	특기사항	네 모퉁이가 모두 직각.			

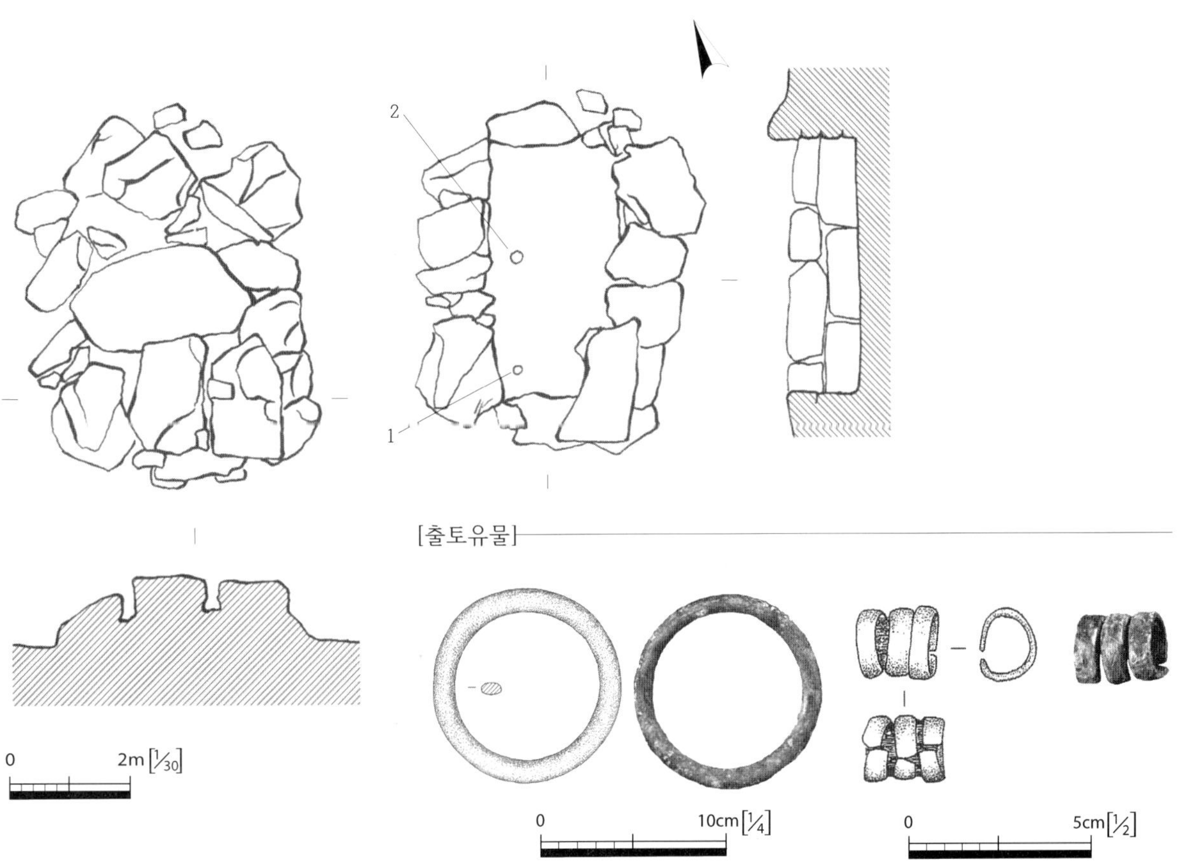

[출토유물]

1고분군 88호묘

(단위 : cm)

봉토	크 기 (길이×너비×높이)	?	연도	크 기 (길이×너비×높이)	?
	평면형태	?		연도위치	?
주체부	장축방향	?		두 향	?
	매장주체 (길이×너비×깊이)	?		바닥시설	?
	평면형태 (길이×너비)	장방형(300×?)		천장형태	?
				석재종류	?
유물	토 도 기	-			
	금 속 기	-			
	옥 석 기	-			
	기 타	-			
특기사항		토광포석묘. 유구 도면 없음.			

1고분군 89호묘

(단위 : cm)

봉토	크 기 (길이×너비×높이)	?	연도	크 기 (길이×너비×높이)	?
	평면형태	?		연도위치	?
주체부	장축방향	?		두 향	?
	매장주체 (길이×너비×깊이)	?		바닥시설	?
	평면형태 (길이×너비)	장방형(300×?)		천장형태	?
				석재종류	?
유물	토 도 기	-			
	금 속 기	-			
	옥 석 기	-			
	기 타	-			
특기사항		토광포석묘. 유구 도면 없음.			

1고분군 90호묘

(단위 : cm)

봉토	크 기 (길이×너비×높이)	-	연도	크 기 (길이×너비×높이)	?
	평면형태	-		연도위치	?
주체부	장축방향	?		두 향	?
	매장주체 (길이×너비×깊이)	?		바닥시설	?
	평면형태 (길이×너비)	장방형(480×400)		천장형태	?
				석재종류	?
유물	토 도 기	-			
	금 속 기	-			
	옥 석 기	-			
	기 타	-			
특기사항		토광포석묘. 유구 도면 없음.			

1고분군 91호묘

(단위 : cm)

봉토	크 기 (길이×너비×높이)	?×?×20	석관	크 기 (길이×너비×높이)	-
	평면형태	?		장 폭 비	-
	장축방향	?	석곽	크 기 (길이×너비×높이)	250×120×?
	두 향	-		장 폭 비	2.08:1
	벽석종류	현무암			
유물	토 도 기	-			
	금 속 기	-			
	옥 석 기	-			
	기 타	-			
특기사항		봉토석곽묘. 유구 도면 없음. 92호묘 봉토와 이어짐.			

1고분군 92호묘

(단위 : cm)

봉토	크 기 (길이×너비×높이)	?×?×20	석관	크 기 (길이×너비×높이)	-
	평면형태	?		장 폭 비	-
	장축방향	?	석곽	크 기 (길이×너비×높이)	250×100×?
	두 향	-		장 폭 비	2.5:1
	벽석종류	할석			
유물	토 도 기		-		
	금 속 기		-		
	옥 석 기		-		
	기 타		-		
	특기사항	봉토석곽묘. 유구 도면 없음. 91호묘 봉토와 이어짐.			

1고분군 93호묘

(단위 : cm)

봉토	크 기 (길이×너비×높이)	-	연도	크 기 (길이×너비×높이)	?
	평면형태	원형		연도위치	?
주체부	장축방향	?		두 향	?
	매장주체 (길이×너비×깊이)	?		바닥시설	?
	평면형태 (길이×너비)	?		천장형태	?
				석재종류	?
유물	토 도 기		-		
	금 속 기		-		
	옥 석 기		-		
	기 타		-		
	특기사항	토광포석묘. 유구 도면 없음. 화장.			

1고분군 94호묘

(단위 : cm)

봉토	크 기 (길이×너비×높이)	?	연도	크 기 (길이×너비×높이)	?
	평면형태	?		연도위치	?
주체부	장축방향	?		두 향	?
	매장주체 (길이×너비×깊이)	?		바닥시설	?
	평면형태 (길이×너비)	장방형(220×190)		천장형태	?
				석재종류	활석
유물	토 도 기	-			
	금 속 기	-			
	옥 석 기	-			
	기 타	-			
특기사항		토광포석묘. 유구 도면 없음. 봉토 유실이 심함. 화장.			

1고분군 95호묘

(단위 : cm)

봉토	크 기 (길이×너비×높이)	?×?×20	연도	크 기 (길이×너비×높이)	?
	평면형태	타원형		연도위치	?
주체부	장축방향	?		두 향	?
	매장주체 (길이×너비×깊이)	?		바닥시설	?
	평면형태 (길이×너비)	장방형(250×200)		천장형태	?
				석재종류	활석
유물	토 도 기	-			
	금 속 기	-			
	옥 석 기	-			
	기 타	골편			
특기사항		토광포석묘. 유구 도면 없음. 봉토 훼손이 심함. 화장.			

1고분군 96호묘

(단위 : cm)

봉토	크 기 (길이×너비×높이)	?×?×30	연도	크 기 (길이×너비×높이)	?
	평면형태	?		연도위치	?
주체부	장축방향	?		두 향	?
	매장주체 (길이×너비×깊이)	?		바닥시설	?
	평면형태 (길이×너비)	타원형		천장형태	?
				석재종류	?
유물	토 도 기			–	
	금 속 기			–	
	옥 석 기			–	
	기 타			–	
	특기사항	토광포석묘. 유구 도면 없음. 화장.			

1고분군 97호묘

(단위 : cm)

봉토	크 기 (길이×너비×높이)	?×?×15~20	연도	크 기 (길이×너비×높이)	?
	평면형태	?		연도위치	?
주체부	장축방향	?		두 향	?
	매장주체 (길이×너비×깊이)	?		바닥시설	?
	평면형태 (길이×너비)	장방형(350×200)		천장형태	?
				석재종류	?
유물	토 도 기			–	
	금 속 기			–	
	옥 석 기			–	
	기 타			–	
	특기사항	토광포석묘. 유구 도면 없음.			

발해의 고분 문화 II - 길림성 -

1고분군 99호묘

(단위 : cm)

봉토	크 기 (길이×너비×높이)	?	연도	크 기 (길이×너비×높이)	?
	평면형태	?		연도위치	?
주체부	장축방향	?		두 향	?
	매장주체 (길이×너비×깊이)	?		바닥시설	?
	평면형태 (길이×너비)	?		천장형태	?
				석재종류	현무암
유물	토 도 기	–			
	금 속 기	–			
	옥 석 기	–			
	기 타	골편			
	특기사항	토광포석묘. 유구 도면 없음. 화장.			

1고분군 100호묘

(단위 : cm)

봉토	크 기 (길이×너비×높이)	?	연도	크 기 (길이×너비×높이)	?
	평면형태	?		연도위치	?
주체부	장축방향	?		두 향	?
	매장주체 (길이×너비×깊이)	?		바닥시설	?
	평면형태 (길이×너비)	?		천장형태	?
				석재종류	?
유물	토 도 기	–			
	금 속 기	–			
	옥 석 기	–			
	기 타	인골편, 목탄편			
	특기사항	토광포석묘. 유구 도면 없음. 화장.			

1고분군 101호묘

(단위 : cm)

봉토	크 기 (길이×너비×높이)	?	연도	크 기 (길이×너비×높이)	46×62~66×?
	평면형태	?		연도위치	좌편재
현실	장축방향	N-5°-E		두 향	?
	규 모 (길이×너비×높이)	294×132×(28+)		바닥시설	?
	평면형태	장방형		천장형태	?
	목 관 (길이×너비×높이)	서:210×45×?		석재종류	활석
유물	토 도 기	—			
	금 속 기	동제 귀걸이(1), 동제 대금구(5), 동제 교구(1), 철제 대금구(1), 철제 관정			
	옥 석 기	—			
	기 타	인골(5)			
	특기사항	5개체분의 인골 중 성인이 2개체, 유아가 3개체이다. 이차장.			

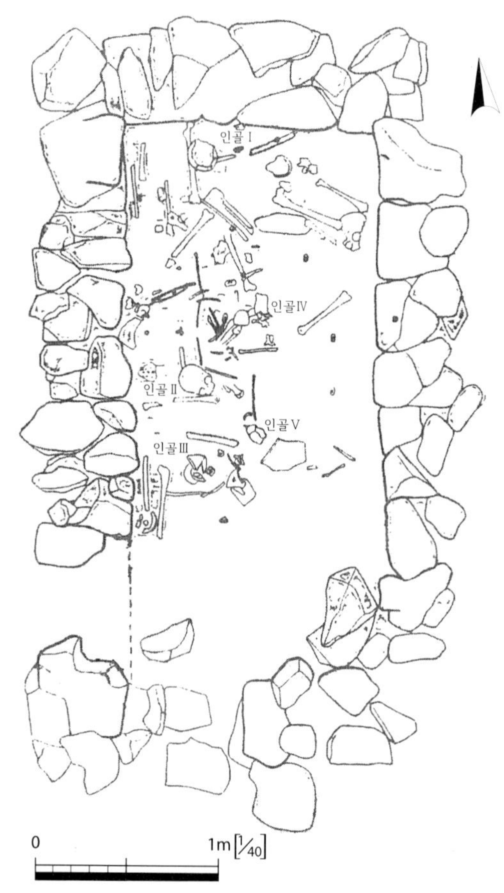

[북쪽에서 본 모습]

[출토유물]

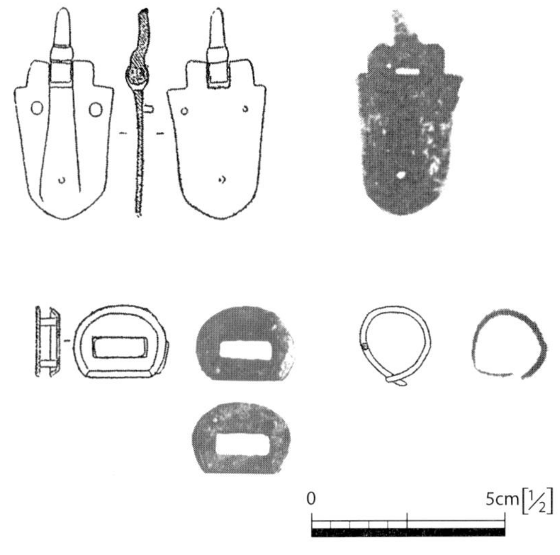

0   5cm[½]

1고분군 102호묘

(단위 : cm)

봉토	크 기 (길이×너비×높이)	?	연도	크 기 (길이×너비×높이)	?
	평면형태	?		연도위치	?
현실	장축방향	N-10°-E		두 향	?
	규 모 (길이×너비×높이)	302×166×(34~56+)		바닥시설	?
	평면형태	장방형		천장형태	?
	시상/관대 (길이×너비×높이)	-		석재종류	할석
유물	토 도 기	접시(1)			
	금 속 기	동제 대금구(7), 동제 교구(1), 철제 대금구(6), 철제 사미(1), 철제 관정(15)			
	옥 석 기	-			
	기 타	인골(10)			
	특기사항	인골은 10개체. 이차장.			

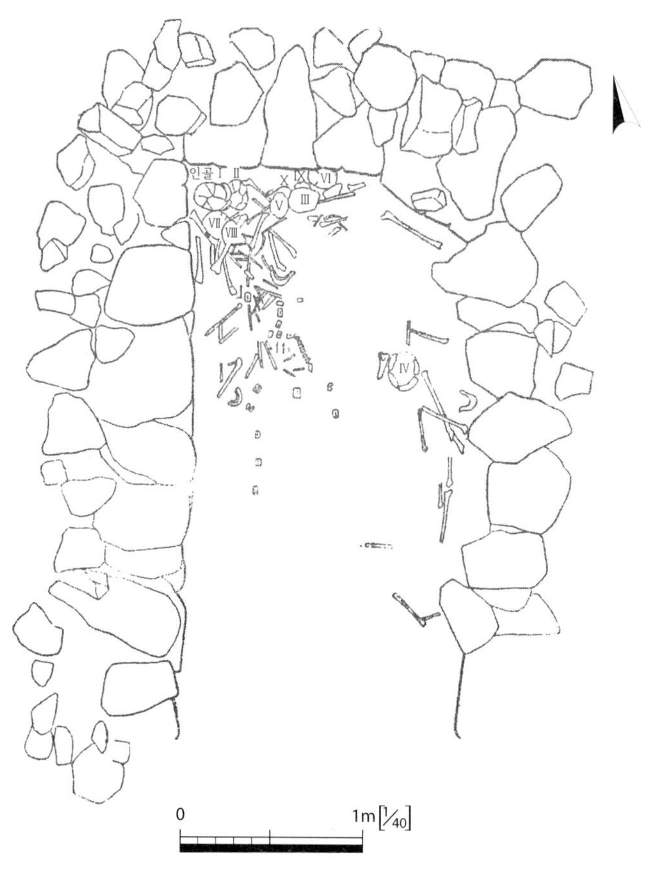

0　　　　　　　1m [1/40]

[남쪽에서 본 모습]

[출토유물]

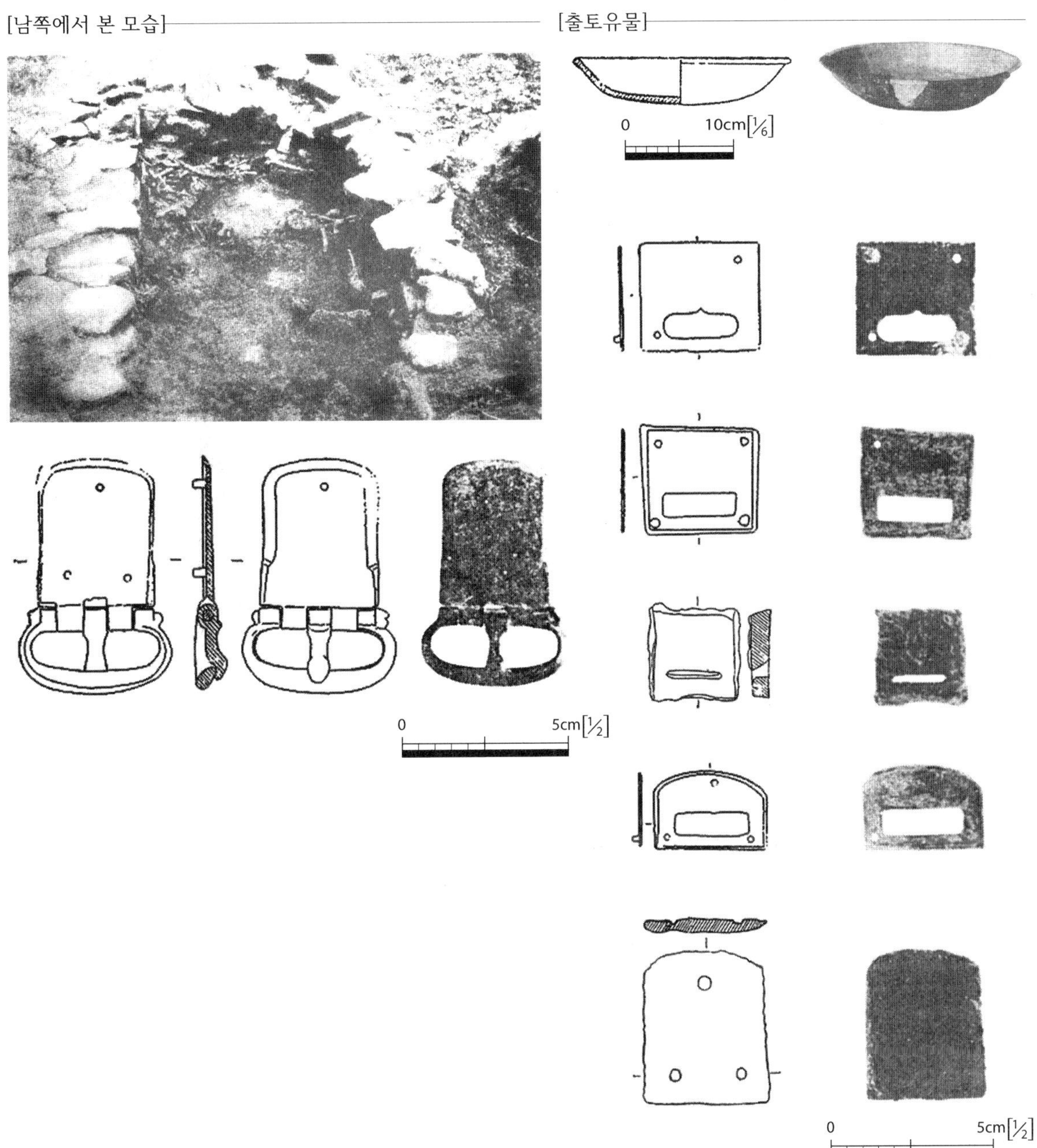

1고분군 103호묘

(단위 : cm)

봉토	크 기 (길이×너비×높이)	?	연도	크 기 (길이×너비×높이)	–
	평면형태	?		연도위치	–
현실	장축방향	N-15°-E		두 향	–
	규 모 (길이×너비×높이)	118×54×(28+)		바닥시설	?
	평면형태	장방형		천장형태	?
	시상/관대 (길이×너비×높이)	–		석재종류	?
유물	토 도 기	–			
	금 속 기	–			
	옥 석 기	–			
	기 타	–			
	특기사항	유구·유물 도면 없음.			

1고분군 104호묘

(단위 : cm)

봉토	크 기 (길이×너비×높이)	?	연도	크 기 (길이×너비×높이)	-
	평면형태	?		연도위치	-
현실	장축방향	N-22°-E		두 향	-
	규 모 (길이×너비×높이)	121×62×(32~58+)		바닥시설	?
	평면형태	장방형		천장형태	?
	시상/관대 (길이×너비×높이)	-		석재종류	?
유물	토 도 기	호(2)			
	금 속 기	-			
	옥 석 기	-			
	기 타	-			
	특기사항	유구 도면 없음. 현실 바닥에 돌 3장이 놓여 있다.			

[출토유물]

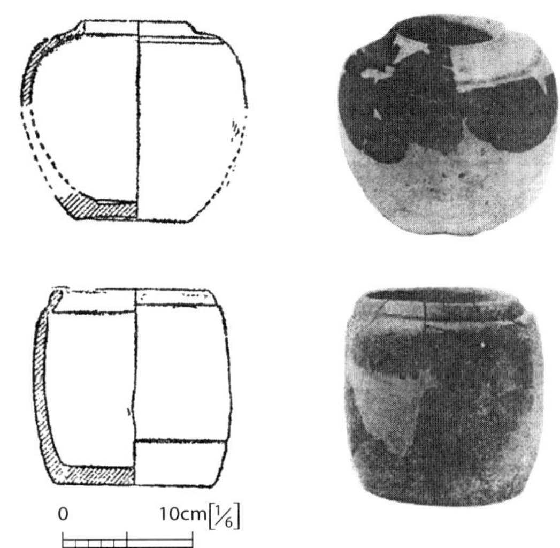

0   10cm[1/6]

1고분군 105호묘

(단위 : cm)

봉토	크 기 (길이×너비×높이)	?	연도	크 기 (길이×너비×높이)	80×84×?
	평면형태	?		연도위치	좌편재
현실	장축방향	N-10°-E		두 향	남향
	규 모 (길이×너비×높이)	264×146×(78~86+)		바닥시설	?
	평면형태	장방형		천장형태	평
	목 관 (길이×너비×높이)	(200+)×?×?		석재종류	판석·할석
유물	토 도 기		-		
	금 속 기	동제 귀걸이(1), 동제 반지(1), 철제 관정			
	옥 석 기		-		
	기 타	인골(4)			
	특기사항	현실 동벽은 판석 5매를 세우고 위에 작은 돌을 쌓았다. 천장돌 5매가 확인되었고, 연도 동벽은 판석 1매로 처리되었다. 인골 4개체(일차장 인골 2, 이차장 인골 2). 이차장.			

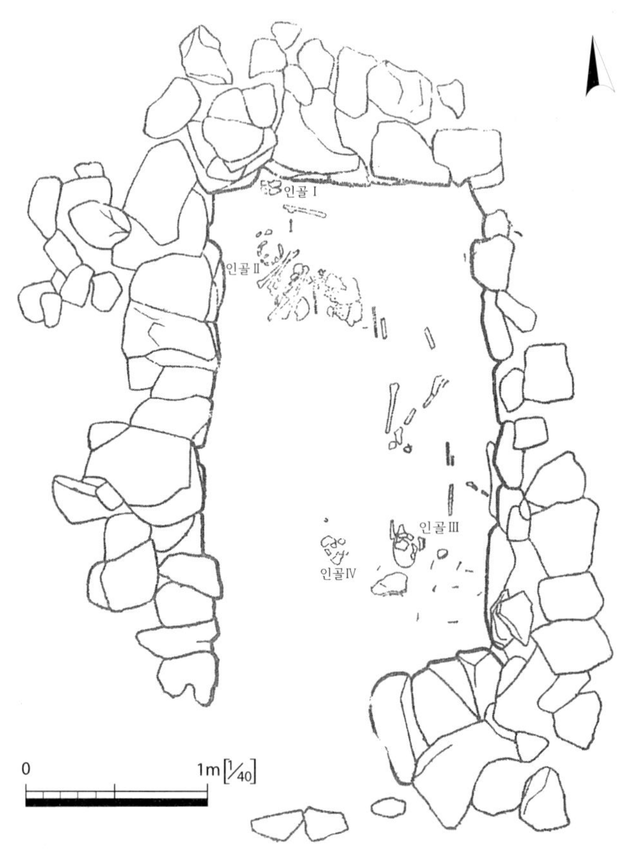

[남쪽에서 본 모습]

[동벽]

[출토유물]

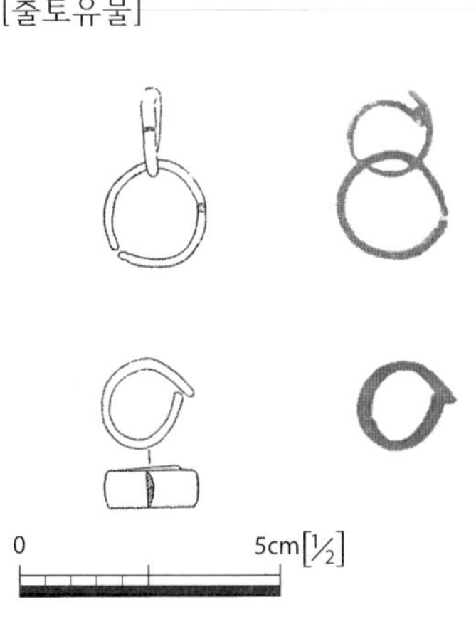

0   5cm[½]

2고분군 1호묘

(단위 : cm)

봉토	크 기 (길이×너비×높이)	650×650×(65+)	연도	크 기 (길이×너비×높이)	125×80~90×?
	평면형태	?		연도위치	좌편재
현실	장축방향	N-5°-E		두 향	남향
	규 모 (길이×너비×높이)	244×162×?		바닥시설	?
	평면형태	장방형		천장형태	?
	시상/관대 (길이×너비×높이)	-		석재종류	할석
유물	토 도 기	병(1), 자배기(1), 보시기(1)			
	금 속 기	동제 팔찌(2), 동제 편(1)			
	옥 석 기	-			
	기 타	인골편, 나무껍질, 목탄			
	특기사항	-			

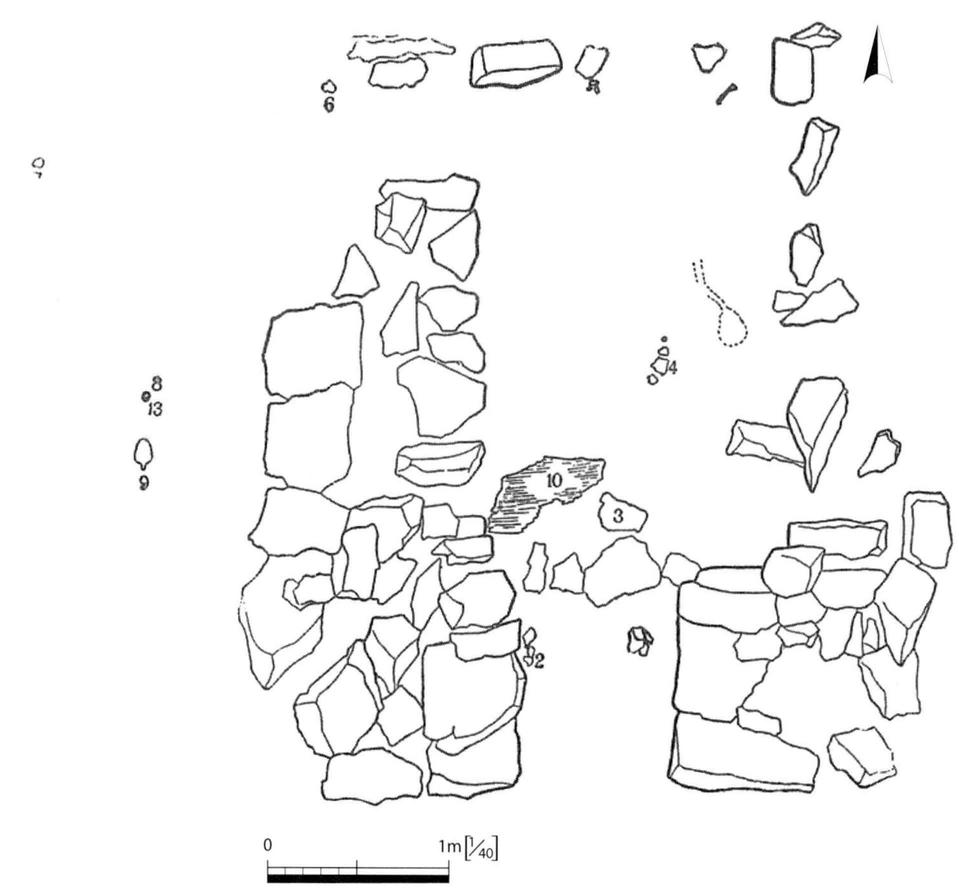

0   1m [1/40]

[전경]

[연도]

[출토유물]
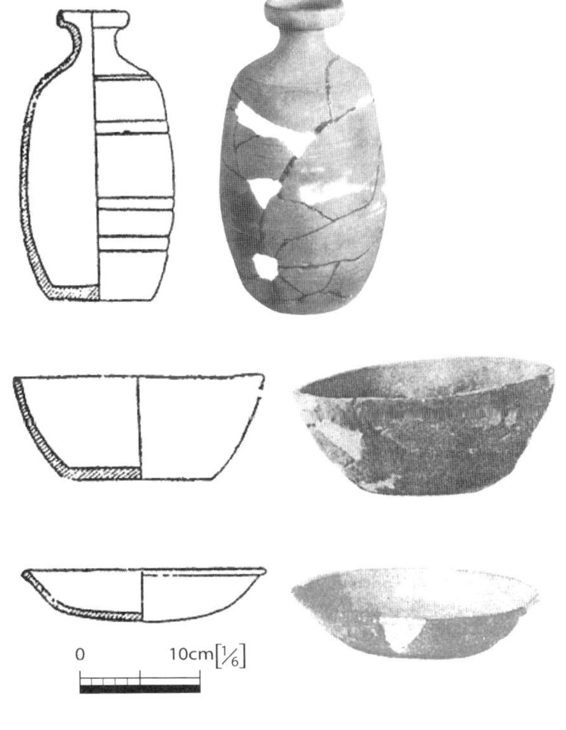
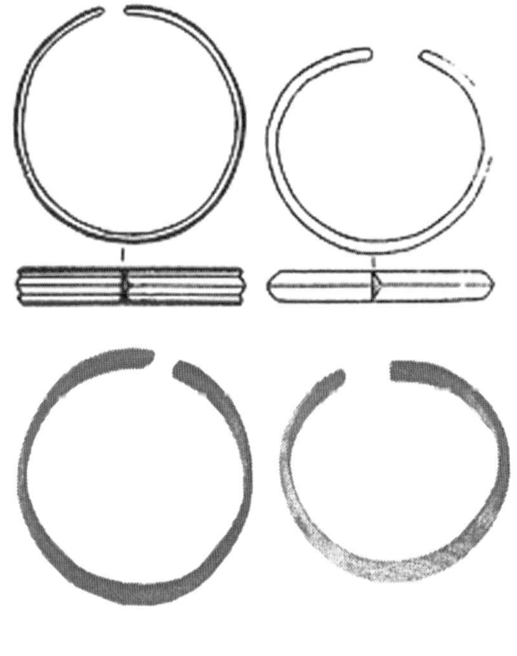

0　　10cm[⅙]

0　　5cm[½]

2고분군 2호묘

(단위 : cm)

봉토	크 기 (길이×너비×높이)	?	연도	크 기 (길이×너비×높이)	?
	평면형태	?		연도위치	?
현실	장축방향	N-5°-E		두 향	북향
	규 모 (길이×너비×높이)	360×220×(40+)		바닥시설	부석
	평면형태	장방형		천장형태	?
	시상/관대 (길이×너비×높이)	–		석재종류	할석
유물	토 도 기	호(1)			
	금 속 기	–			
	옥 석 기	남색 구슬(2)			
	기 타	목관편			
	특기사항	유구 도면 없음. 화장.			

[전경(왼쪽:2호묘, 오른쪽:3호묘)]

[출토유물]

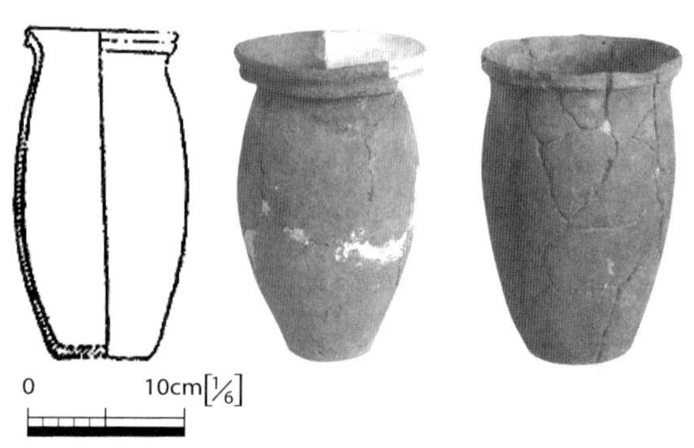

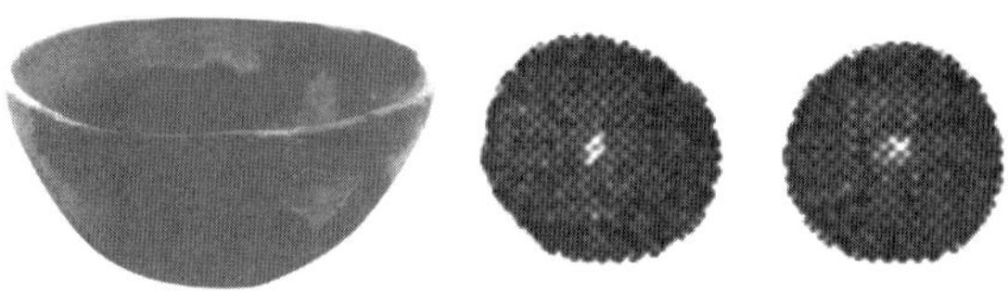

2고분군 3호묘

(단위 : cm)

봉토	크 기 (길이×너비×높이)	?	연도	크 기 (길이×너비×높이)	-
	평면형태	?		연도위치	-
현실	장축방향	N-2°-E		두 향	북향
	규 모 (길이×너비×높이)	255×70×(70~85+)		바닥시설	?
	평면형태	세장방형		천장형태	?
	시상/관대 (길이×너비×높이)	-		석재종류	할석
유물	토 도 기	토기편			
	금 속 기	동제 팔찌(2), 동제 귀걸이(2)			
	옥 석 기	-			
	기 타	인골(2)			
	특기사항	인골이 동벽에 치우쳐 있다.			

[출토유물]

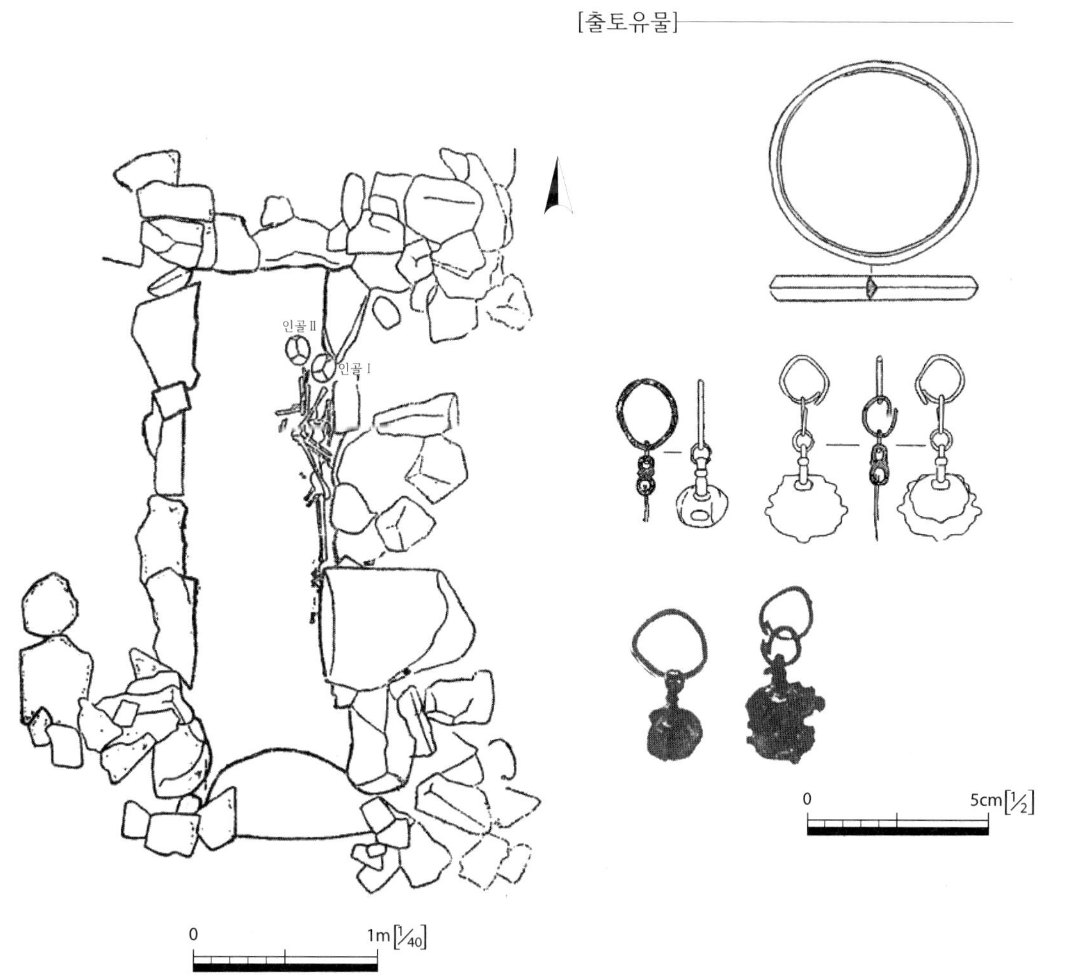

2고분군 4호묘

(단위 : cm)

봉토	크 기 (길이×너비×높이)	?	연도	크 기 (길이×너비×높이)	?
	평면형태	?		연도위치	?
현실	장축방향	–	두 향		?
	규 모 (길이×너비×높이)	(260~280+)×(220~240+)×?	바닥시설		부석
	평면형태	방형	천장형태		?
	시상/관대 (길이×너비×높이)	–	석재종류		할석
유물	토 도 기	호(1)			
	금 속 기	은제 반지(2), 동제 대금구(1), 동제 사미(1), 동제 팔찌(1), 동제 고리(1), 철촉(1)			
	옥 석 기	마노제 구슬(2), 남색 구슬(1)			
	기 타	인골편, 목탄			
	특기사항	화장. 203호묘보다 선행.			

[무덤바닥]

[출토유물]

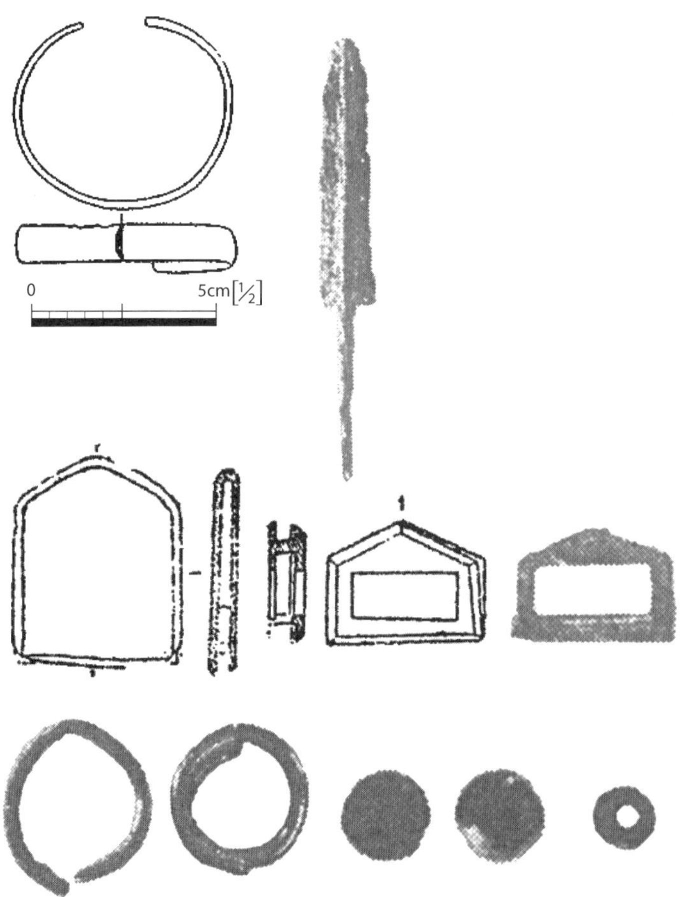

2고분군 6호묘

(단위 : cm)

봉토	크 기 (길이×너비×높이)	?	연도	크 기 (길이×너비×높이)	120×100×?
	평면형태	?		연도위치	중앙
현실	장축방향	N-5°-E		두 향	북향
	규 모 (길이×너비×높이)	270×240~270×(50+)		바닥시설	부석
	평면형태	방형		천장형태	?
	목 관 (길이×너비×높이)	서:220~240×45~55×?		석재종류	판석·할석
유물	토도기	토기(2)			
	금속기	동제 귀걸이(1), 동제 팔찌(3), 동제 교구(1), 동제 대금구(1), 동제 방울(11), 철촉 (4), 철제 대금구(8), 철제 관정(14)			
	옥석기	마노제 구슬(64), 남색 옥제 구슬(6)			
	기 타	인골(5)			
	특기사항	인골 5개체분(일차장 인골 2, 이차장 인골 3). 화장. 목관은 2개가 확인되었다.			

[남쪽에서 본모습]
[출토유물]

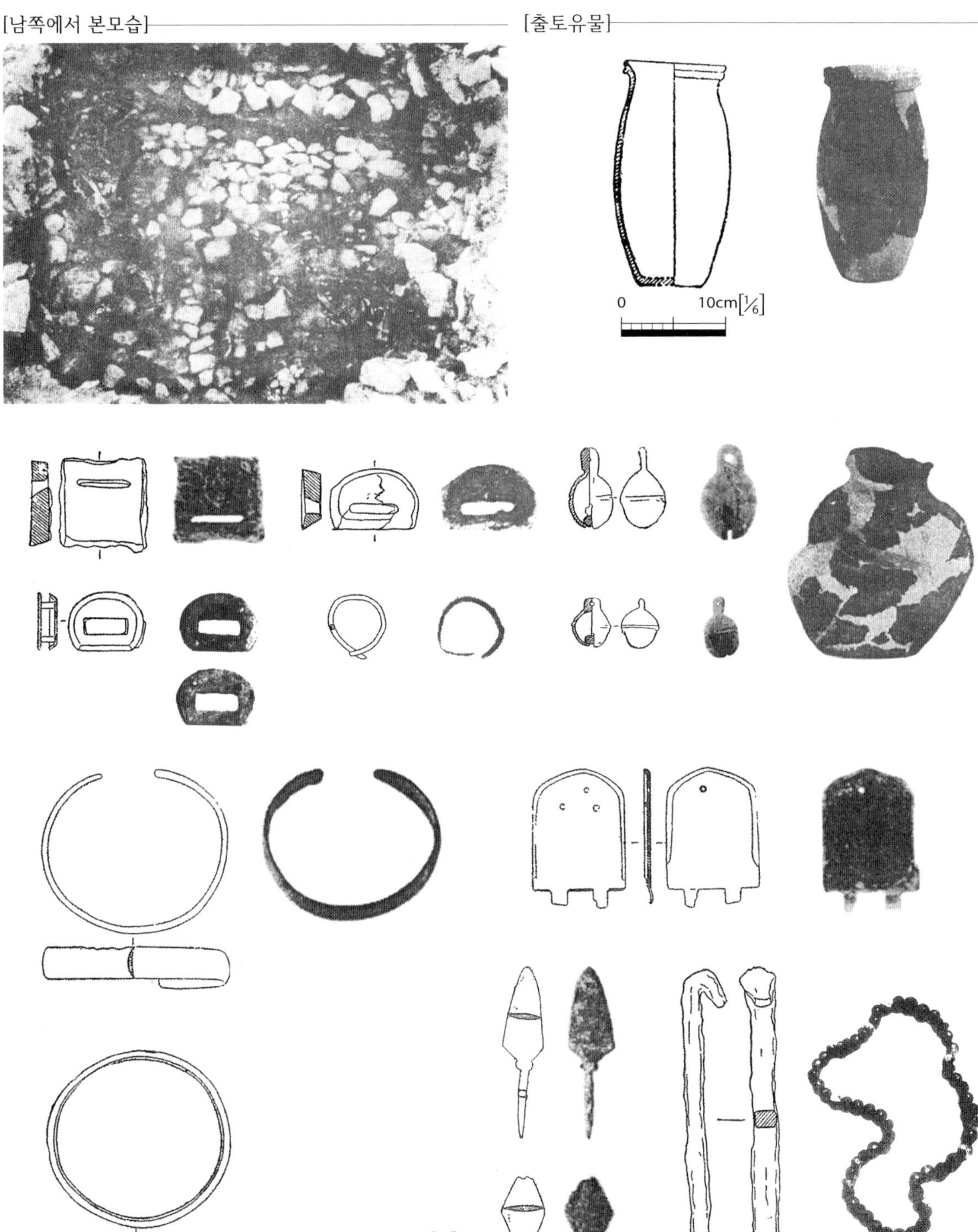

0   10cm[⅙]
0   5cm[½]

2고분군 7호묘

(단위 : cm)

봉토	크 기 (길이×너비×높이)	?	연도	크 기 (길이×너비×높이)	200×115×?
	평면형태	?		연도위치	중앙
현실	장축방향	N-23°-E		두 향	?
	규 모 (길이×너비×높이)	320~342×280~282×60+		바닥시설	?
	평면형태	방형		천장형태	?
	시상/관대 (길이×너비×높이)	–		석재종류	판석·할석
유물	토 도 기	호(1), 발(1)			
	금 속 기	동제 팔찌(2), 동제 방울(1), 철제 관정(4)			
	옥 석 기	–			
	기 타	인골편(어금니, 하지골), 목탄			
	특기사항	화장.			

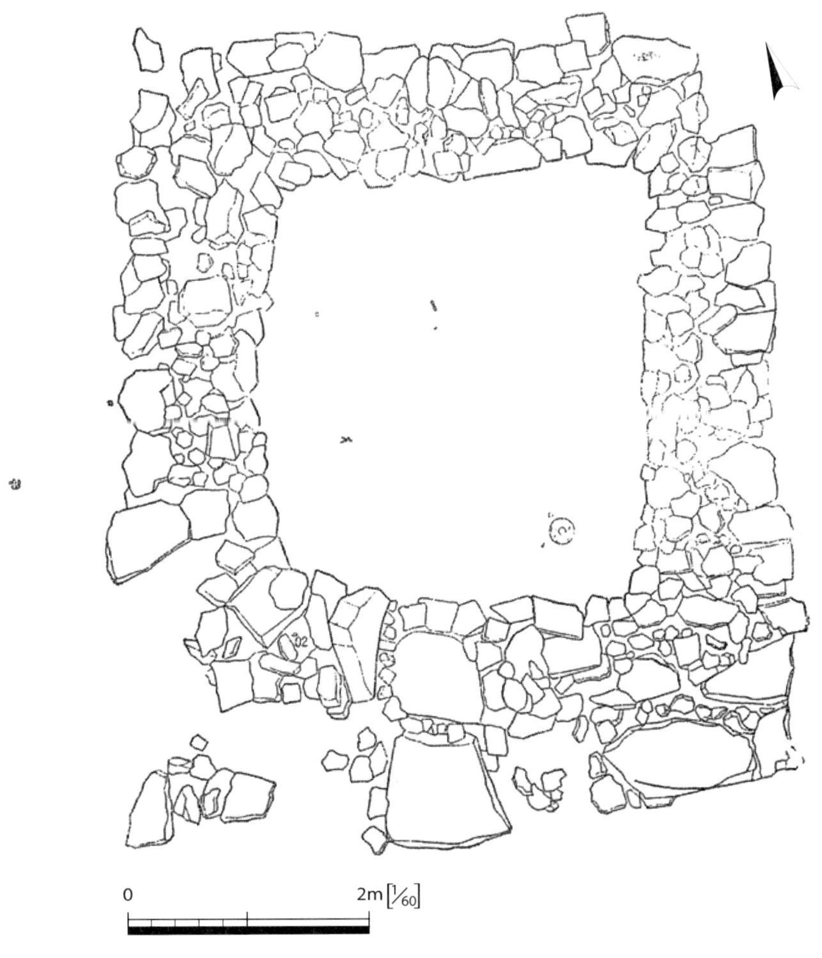

0   2m [1/60]

[동남쪽에서 본 모습]

[출토유물]

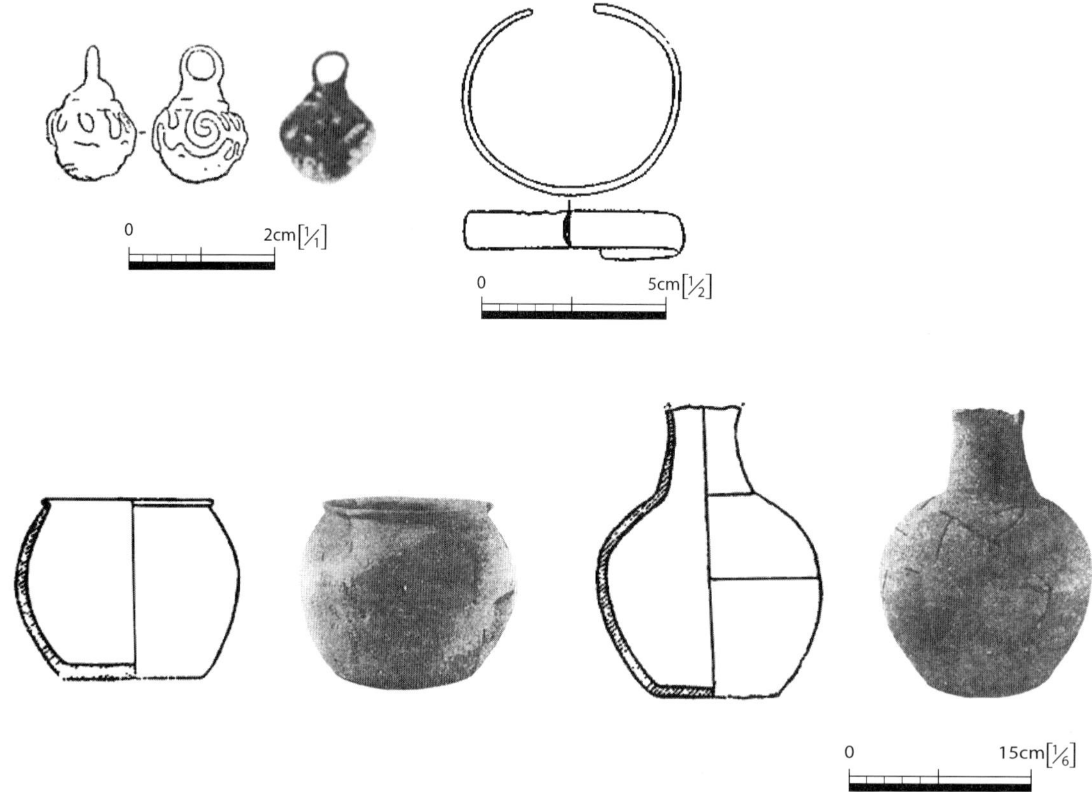

2고분군 13호묘

(단위 : cm)

봉토	크 기 (길이×너비×높이)	?	연도	크 기 (길이×너비×높이)	130×85×?
	평면형태	?		연도위치	중앙
현실	장축방향	N-S		두 향	?
	규 모 (길이×너비×높이)	320×270~290×(30~50+)		바닥시설	황색 흙을 깔아놓음
	평면형태	방형		천장형태	-
	목 관 (길이×너비×높이)	서:180×52~56×?		석재종류	판석 · 할석
	시상/관대 (길이×너비×높이)	관받침석이 6개 발견됨			
유물	토 도 기	토기편			
	금 속 기	은제 이식(1), 철제 관정(21)			
	옥 석 기	-			
	기 타	인골편			
	특기사항	목관이 2개 확인되었는데, 고분의 장축방향과 관의 위치의 설명이 서로 맞지 않는다.			

[서쪽에서 본 모습]

[출토유물]

2고분군 15호묘

(단위 : cm)

봉토	크 기 (길이×너비×높이)	?	연도	크 기 (길이×너비×높이)	140×100×?
	평면형태	?		연도위치	중앙
현실	장축방향	N-17°-E		두 향	?
	규 모 (길이×너비×높이)	280×220~250×(60+)		바닥시설	흙바닥
	평면형태	방형		천장형태	?
	시상/관대 (길이×너비×높이)	-		석재종류	판석·할석
유물	토 도 기	호(1)			
	금 속 기	동제 사미(2), 동제 대금구(2), 동제 팔찌(3), 철제 관정(1), 철제 귀이개(1)			
	옥 석 기	마노제 구슬(3)			
	기 타	인골(8)			
	특기사항	이차장.			

[전경]

[북쪽에서 본 모습]

[출토유물]

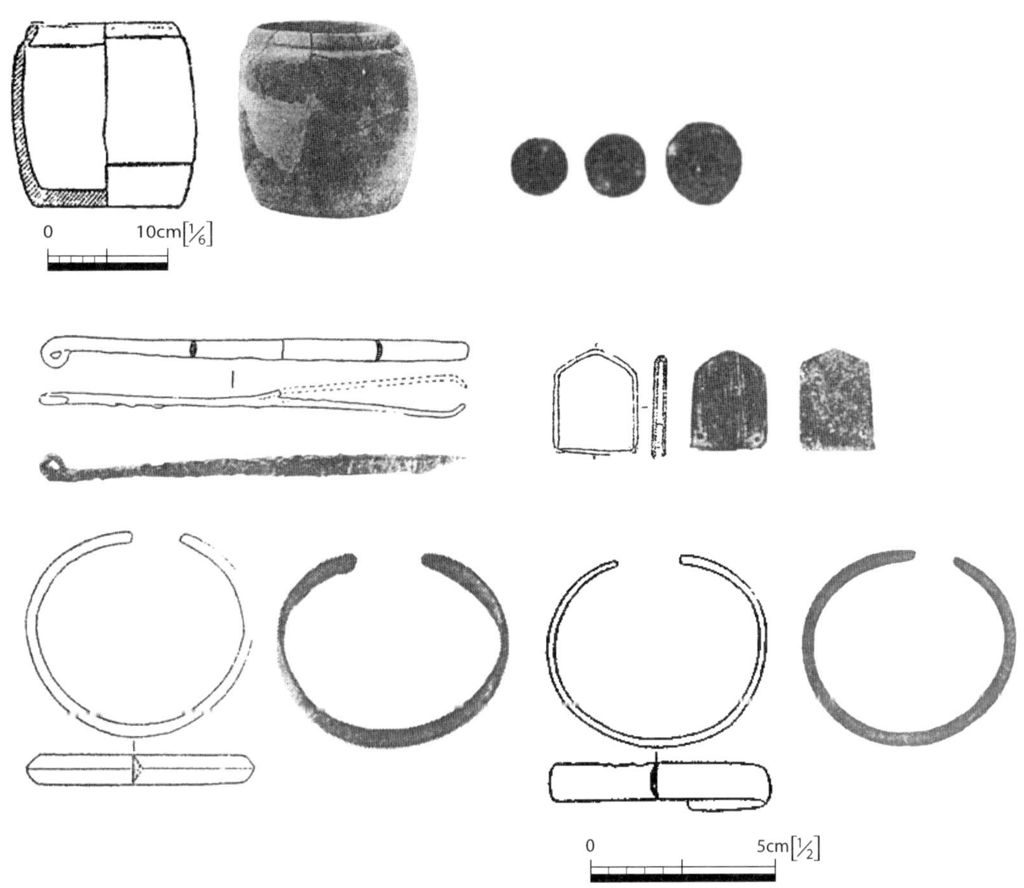

2고분군 16호묘

(단위 : cm)

봉토	크 기 (길이×너비×높이)	?	연도	크 기 (길이×너비×높이)	?
	평면형태	원형		연도위치	?
주체부	장축방향	?		두 향	?
	매장주체 (길이×너비×깊이)	?		바닥시설	?
	평면형태 (길이×너비)	?		천장형태	?
				석재종류	?
유물	토 도 기	-			
	금 속 기	-			
	옥 석 기	-			
	기 타	목탄			
	특기사항	토광포석묘. 유구 도면 없음. 화장.			

2고분군 17호묘

(단위 : cm)

봉토	크 기 (길이×너비×높이)	250×250×?	석관	크 기 (길이×너비×높이)	160×?×?
	평면형태	원형		장 폭 비	?
	장축방향	175°	석곽	크 기 (길이×너비×높이)	-
	두 향	?			
	벽석종류	?		장 폭 비	-
유물	토 도 기	-			
	금 속 기	-			
	옥 석 기	-			
	기 타	-			
	특기사항	석관묘. 유구 도면 없음.			

2고분군 18호묘

(단위 : cm)

봉토	크 기 (길이×너비×높이)	450×400×20	연도	크 기 (길이×너비×높이)	?
	평면형태	낮고 평평		연도위치	?
주체부	장축방향	?		두 향	?
	매장주체 (길이×너비×깊이)	?		바닥시설	?
	평면형태 (길이×너비)	?		천장형태	?
				석재종류	할석
유물	토 도 기	토기편			
	금 속 기	-			
	옥 석 기	-			
	기 타	목탄			
특기사항		토광포석묘. 유구·유물 도면 없음. 화장.			

2고분군 19호묘

(단위 : cm)

봉토	크 기 (길이×너비×높이)	345~350×345~350×20	목관	크 기 (길이×너비×높이)	?
	평면형태	원형		장폭비	?
묘광	장축방향	?	목곽	크 기 (길이×너비×높이)	?
	규 모 (길이×너비×깊이)	?		장폭비	?
	장폭비	?		두 향	?
유물	토 도 기	-			
	금 속 기	-			
	옥 석 기	-			
	기 타	목탄			
특기사항		토광봉토묘. 유구 도면 없음. 화장.			

2고분군 20호묘

(단위 : cm)

봉토	크 기 (길이×너비×높이)	?×?×20	연도	크 기 (길이×너비×높이)	?
	평면형태	원형		연도위치	?
주체부	장축방향	?		두 향	?
	매장주체 (길이×너비×깊이)	?		바닥시설	?
	평면형태 (길이×너비)	?		천장형태	?
				석재종류	할석
유물	토 도 기	–			
	금 속 기	–			
	옥 석 기	–			
	기 타	골편, 목탄			
특기사항		토광포석묘. 유구 도면 없음. 화장.			

2고분군 21호묘

(단위 : cm)

봉토	크 기 (길이×너비×높이)	?×?×20~25	연도	크 기 (길이×너비×높이)	?
	평면형태	방형		연도위치	?
주체부	장축방향	?		두 향	?
	매장주체 (길이×너비×깊이)	?		바닥시설	?
	평면형태 (길이×너비)	장방형(500×400)		천장형태	?
				석재종류	현무암
유물	토 도 기	–			
	금 속 기	–			
	옥 석 기	–			
	기 타	–			
특기사항		토광포석묘. 유구 도면 없음. 발굴하지 않음.			

2고분군 22호묘

(단위 : cm)

봉토	크 기 (길이×너비×높이)	340×340×?	연도	크 기 (길이×너비×높이)	?
	평면형태	원형		연도위치	?
주체부	장축방향	?		두 향	?
	매장주체 (길이×너비×깊이)	?		바닥시설	?
	평면형태 (길이×너비)	?		천장형태	?
				석재종류	?
유물	토 도 기			-	
	금 속 기			-	
	옥 석 기			-	
	기 타			-	
	특기사항	토광포석묘. 유구 도면 없음. 불에 탄 목곽 발견. 정리하지 않음.			

2고분군 23호묘

(단위 : cm)

봉토	크 기 (길이×너비×높이)	300×300×30	두 향	-
	평면형태	원형	석재종류	?
주체부	묘 광 (길이×너비×높이)	?	장축방향	?
	규 모 (길이×너비×높이)	?	평면형태	?
유물	토 노 기	-		
	금 속 기	-		
	옥 석 기	-		
	기 타	-		
	특기사항	토광석변묘. 유구 도면 없음. 장방형 석변(200×80×?).		

2고분군 24호묘

(단위 : cm)

봉토	크 기 (길이×너비×높이)	350×350×?	목관	크 기 (길이×너비×높이)	?
	평면형태	원형		장폭비	?
묘광	장축방향	?	목곽	크 기 (길이×너비×높이)	?
	규 모 (길이×너비×깊이)	?		장폭비	?
	장폭비	?	두 향		?
유물	토도기	-			
	금속기	-			
	옥석기	-			
	기 타	목탄			
특기사항		토광봉토묘. 유구 도면 없음. 화장.			

2고분군 25호묘

(단위 : cm)

봉토	크 기 (길이×너비×높이)	?×?×15~20	두 향	?
	평면형태	?	석재종류	?
주체부	묘 광 (길이×너비×높이)	?	장축방향	?
	규 모 (길이×너비×높이)	?	평면형태	?
유물	토 도 기	–		
	금 속 기	–		
	옥 석 기	–		
	기 타	–		
	특기사항	토광석변묘.		

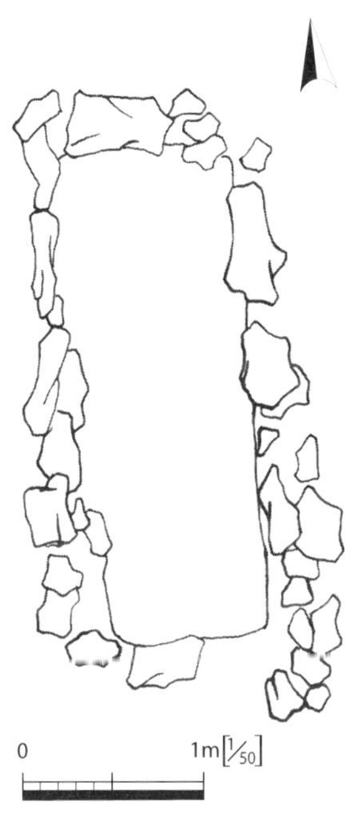

[남쪽에서 본 모습]

2고분군 26호묘

(단위 : cm)

봉토	크 기 (길이×너비×높이)	?×?×30~36	두 향	?
	평면형태	?	석재종류	할석
주체부	묘 광 (길이×너비×높이)	?	장축방향	?
	규 모 (길이×너비×높이)	?	평면형태	?
유물	토 도 기	-		
	금 속 기	-		
	옥 석 기	-		
	기 타	-		
	특기사항	토광석변묘. 유구 도면 없음. 포석(130×58×?).		

2고분군 27호묘

(단위 : cm)

봉토	크 기 (길이×너비×높이)	200×?×30	목관	크 기 (길이×너비×높이)	?
	평면형태	타원형		장 폭 비	?
묘광	장축방향	?	목곽	크 기 (길이×너비×높이)	?
	규 모 (길이×너비×깊이)	?		장 폭 비	?
	장 폭 비	?	두 향		?
유물	토 도 기	-			
	금 속 기	-			
	옥 석 기	-			
	기 타	목탄			
	특기사항	토광묘. 유구 도면 없음.			

2고분군 28호묘

(단위 : cm)

봉토	크 기 (길이×너비×높이)	?×?×10~40	연도	크 기 (길이×너비×높이)	?
	평면형태	?		연도위치	?
현실	장축방향	N-5°-E		두 향	?
	규 모 (길이×너비×높이)	서:200×80×50 동:130×50×20		바닥시설	황사토
	평면형태	장방형		천장형태	?
	시상/관대 (길이×너비×높이)	?		석재종류	현무암
유물	토 도 기	-			
	금 속 기	철촉(1)			
	옥 석 기	-			
	기 타	-			
	특기사항	동남쪽에 현무암 자갈들이 4~5층으로 쌓여 있는데, 봉토 유실 방지용 호석일 가능성이 있다.			

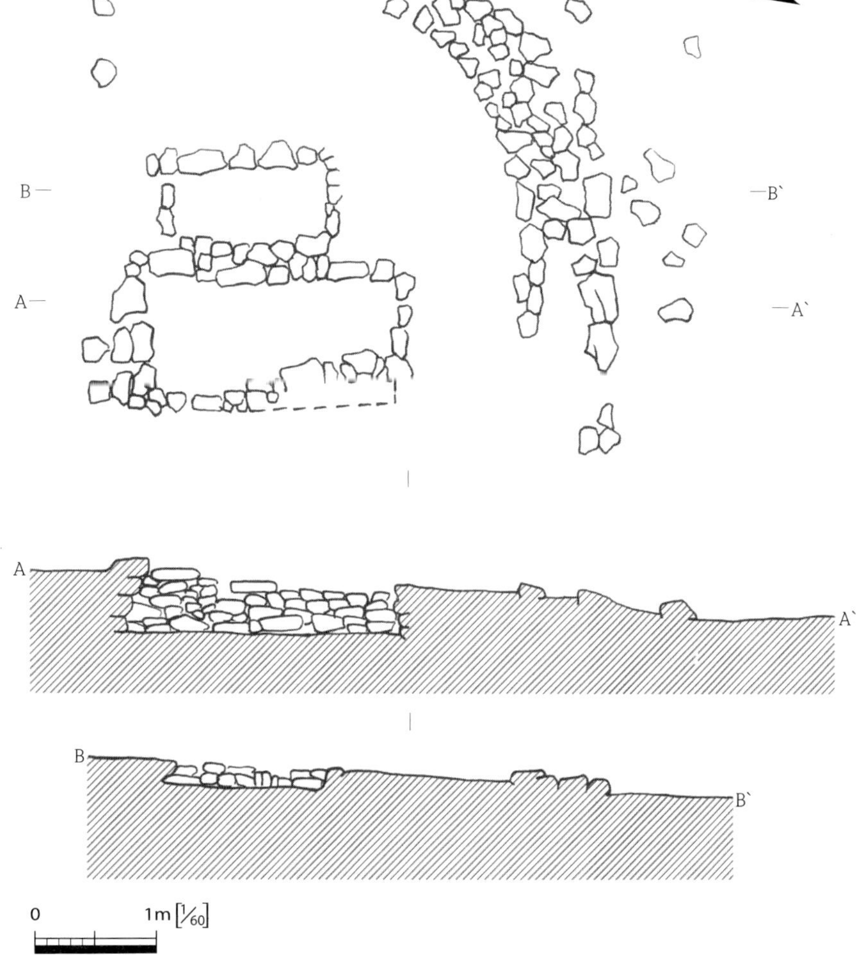

[발굴전]

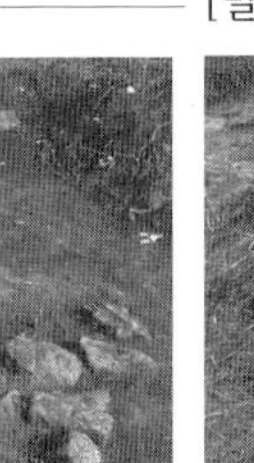

[발굴후]

[출토유물]

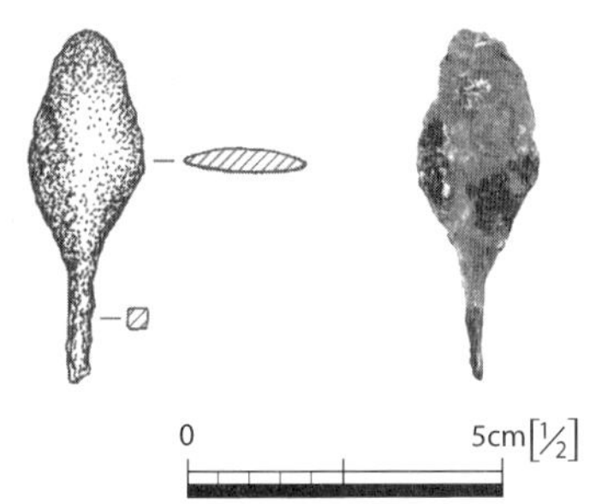

0   5cm[½]

2고분군 29호묘

(단위 : cm)

봉토	크 기 (길이×너비×높이)	300×300×20	목관	크 기 (길이×너비×높이)	?
	평면형태	원형		장폭비	?
묘광	장축방향	?	목곽	크 기 (길이×너비×높이)	?
	규 모 (길이×너비×깊이)	?		장폭비	?
	장폭비	?	두 향		?
유물	토도기	-			
	금속기	-			
	옥석기	-			
	기 타	인골편(4)			
	특기사항	토광묘. 유구 도면 없음. 화장.			

2고분군 30호묘

(단위 : cm)

묘광	크 기 (길이×너비×깊이)	?	목관	크 기 (길이×너비×높이)	?
	장폭비	?		장폭비	?
	장축방향	?	목곽	크 기 (길이×너비×높이)	?
	두 향	?		장폭비	?
유물	토도기	-			
	금속기	-			
	옥석기	-			
	기 타	목탄			
	특기사항	토광묘. 유구 도면 없음. 화장. 봉토 유실.			

2고분군 31호묘

(단위 : cm)

봉토	크 기 (길이×너비×높이)	?	연도	크 기 (길이×너비×높이)	?
	평면형태	?		연도위치	?
주체부	장축방향	?		두 향	?
	매장주체 (길이×너비×깊이)	?		바닥시설	?
	평면형태 (길이×너비)	장방형[(350+)×(220+)]		천장형태	?
				석재종류	?
유물	토 도 기	–			
	금 속 기	–			
	옥 석 기	–			
	기 타	–			
특기사항		토광포석묘. 유구 도면 없음. 심한 훼손으로 발굴 중단.			

2고분군 32호묘

(단위 : cm)

봉토	크 기 (길이×너비×높이)	?×?×15~20	목관	크 기 (길이×너비×높이)	?
	평면형태	?		장폭비	?
묘광	장축방향	?	목곽	크 기 (길이×너비×높이)	?
	규 모 (길이×너비×깊이)	?		장폭비	?
	장폭비	?		두 향	?
유물	토 도 기	–			
	금 속 기	–			
	옥 석 기	–			
	기 타	목탄			
특기사항		토광묘. 유구 도면 없음. 화장.			

2고분군 33호묘

(단위 : cm)

봉토	크 기 (길이×너비×높이)	-	석관	크 기 (길이×너비×높이)	-
	평면형태	-		장 폭 비	-
	장축방향	N-10°-W	석곽	크 기 (길이×너비×높이)	250×170×?
	두 향	-		장 폭 비	1.47:1
	벽석종류	할석			

유물	토 도 기	-
	금 속 기	-
	옥 석 기	-
	기 타	-
	특기사항	석곽묘. 봉토 유실. 포석 형태(부채꼴).

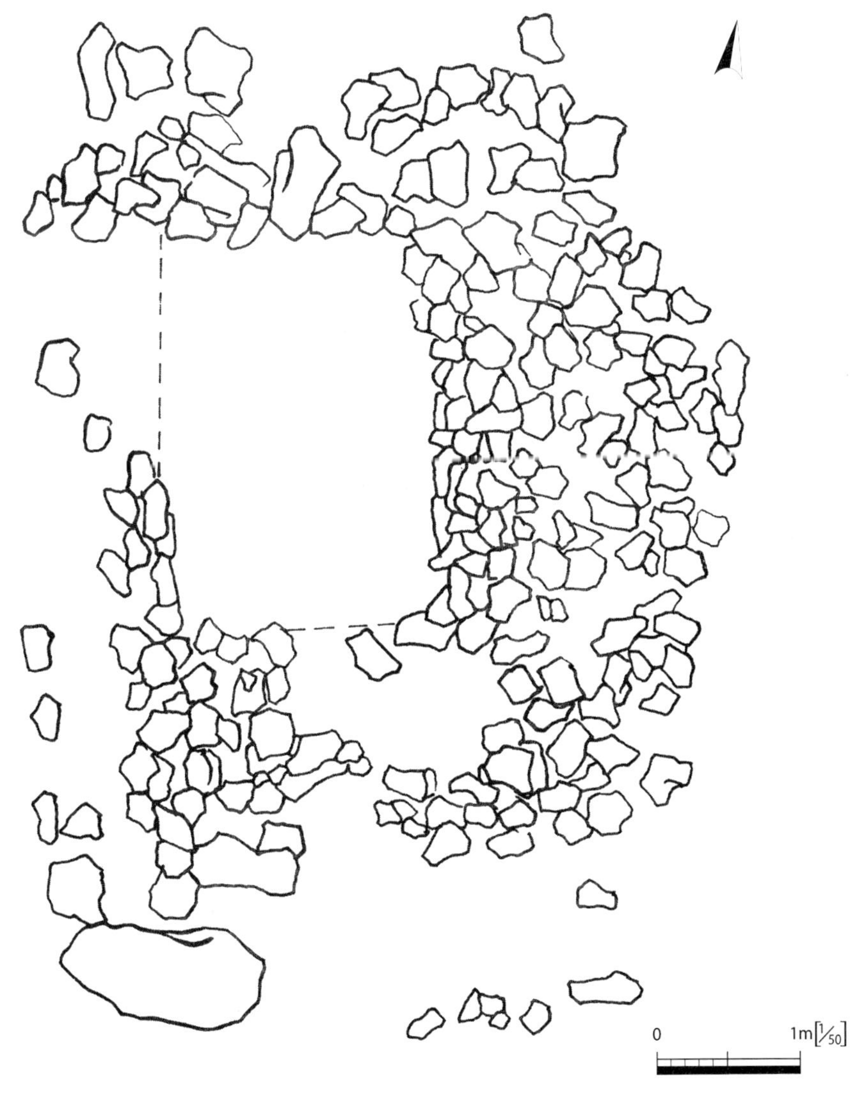

2고분군 34호묘

(단위 : cm)

봉토	크 기 (길이×너비×높이)	300×300×20	연도	크 기 (길이×너비×높이)	?
	평면형태	?		연도위치	?
주체부	장축방향	?	두 향		?
	매장주체 (길이×너비×깊이)	?	바닥시설		?
	평면형태 (길이×너비)	?	천장형태		?
			석재종류		?
유물	토 도 기	-			
	금 속 기	-			
	옥 석 기	-			
	기 타	-			
특기사항		토광포석묘. 유구 도면 없음. 발굴하지 않음. 화장.			

2고분군 35호묘

(단위 : cm)

봉토	크 기 (길이×너비×높이)	300×300×20	연도	크 기 (길이×너비×높이)	?
	평면형태	?		연도위치	?
주체부	장축방향	?	두 향		?
	매장주체 (길이×너비×깊이)	?	바닥시설		?
	평면형태 (길이×너비)	?	천장형태		?
			석재종류		?
유물	토 도 기	-			
	금 속 기	-			
	옥 석 기	-			
	기 타	-			
특기사항		토광포석묘. 유구 도면 없음. 발굴하지 않음. 화장.			

2고분군 36호묘

(단위 : cm)

봉토	크 기 (길이×너비×높이)	300×300×20	연도	크 기 (길이×너비×높이)	?
	평면형태	?		연도위치	?
주체부	장축방향	?		두 향	?
	매장주체 (길이×너비×깊이)	?		바닥시설	?
	평면형태 (길이×너비)	?		천장형태	?
				석재종류	?
유물	토 도 기	–			
	금 속 기	–			
	옥 석 기	–			
	기 타	목탄			
	특기사항	토광포석묘. 유구 도면 없음. 발굴하지 않음. 화장.			

2고분군 37호묘

(단위 : cm)

봉토	크 기 (길이×너비×높이)	?×?×30~35	목관	크 기 (길이×너비×높이)	?
	평면형태	?		장 폭 비	?
묘광	장축방향	?	목곽	크 기 (길이×너비×높이)	?
	규 모 (길이×너비×깊이)	?		장 폭 비	?
	장 폭 비	?		두 향	?
유물	토 도 기	–			
	금 속 기	–			
	옥 석 기	–			
	기 타	–			
	특기사항	토광묘. 유구 도면 없음. 조사 중단.			

2고분군 38호묘

(단위 : cm)

봉토	크 기 (길이×너비×높이)	310×240×25	목관	크 기 (길이×너비×높이)	?
	평면형태	타원형		장폭비	?
묘광	장축방향	?	목곽	크 기 (길이×너비×높이)	?
	규 모 (길이×너비×깊이)	?		장폭비	?
	장폭비	?	두 향		?
유물	토 도 기	–			
	금 속 기	–			
	옥 석 기	–			
	기 타	목탄			
특기사항		토광묘. 유구 도면 없음.			

2고분군 39호묘

(단위 : cm)

봉토	크 기 (길이×너비×높이)	?	연도	크 기 (길이×너비×높이)	?
	평면형태	장방형		연도위치	?
주체부	장축방향	N-7°-W		두 향	?
	매장주체 (길이×너비×깊이)	250×150×25		바닥시설	?
	평면형태 (길이×너비)	장방형		천장형태	?
				석재종류	현무암
유물	토 도 기	-			
	금 속 기	은제 귀걸이(1), 동제 대금구(3), 철제 대금구(1), 미상 철기(3)			
	옥 석 기	-			
	기 타	인골편			
	특기사항	봉토포석묘. 화장.			

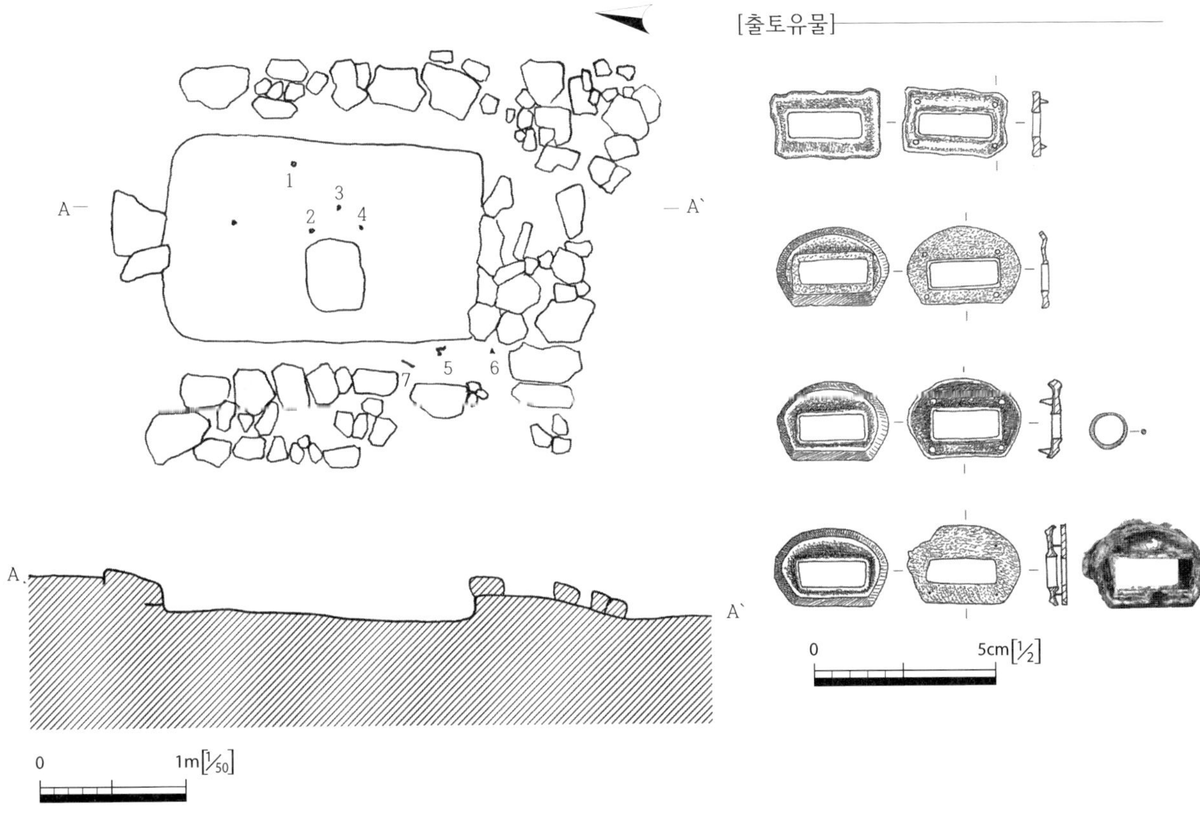

2고분군 40호묘

(단위 : cm)

봉토	크 기 (길이×너비×높이)	-	연도	크 기 (길이×너비×높이)	?
	평면형태	-		연도위치	중앙
묘광	장축방향	?		두 향	?
	규 모 (길이×너비×높이)	?		바닥시설	사질 풍화토
	평면형태	?		천장형태	-
	시상/관대 (길이×너비×높이)	관 받침석 존재.		석재종류	활석
유물	토 도 기	-			
	금 속 기	-			
	옥 석 기	-			
	기 타	-			
	특기사항	광실묘. 유구 도면 없음.			

2고분군 41호묘

(단위 : cm)

봉토	크 기 (길이×너비×높이)	?×?×28	석관	크 기 (길이×너비×높이)	-
	평면형태	원형		장 폭 비	-
	장축방향	?	석곽	크 기 (길이×너비×높이)	300×230×?
	두 향	?		장 폭 비	1.3:1
	벽석종류	현무암			
유물	토 도 기	-			
	금 속 기	철제 관정(1)			
	옥 석 기	-			
	기 타	-			
	특기사항	석곽묘. 유구·유물 도면 없음.			

2고분군 42호묘

(단위 : cm)

봉토	크 기 (길이×너비×높이)	?×?×20	연도	크 기 (길이×너비×높이)	?
	평면형태	타원형		연도위치	중앙
묘광	장축방향	180°		두 향	?
	규 모 (길이×너비×깊이)	500×460×?		바닥시설	?
	평면형태	?		천장형태	–
	시상/관대 (길이×너비×높이)	?		석재종류	할석
유물	토 도 기	심발(1)			
	금 속 기		–		
	옥 석 기		–		
	기 타		–		
	특기사항	광실묘. 유구 도면 없음.			

[출토유물]

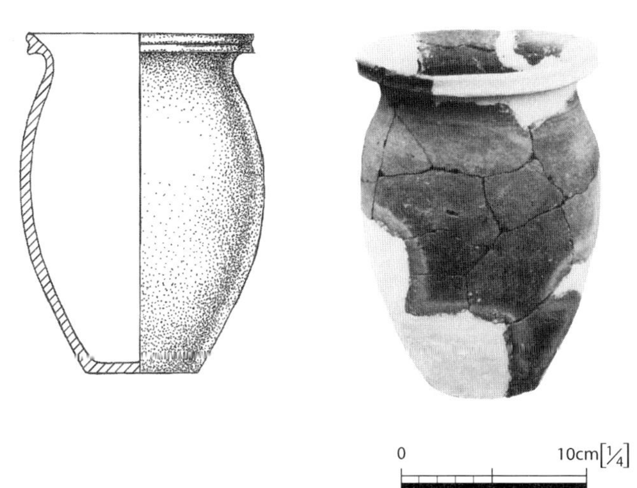

0   10cm[¼]

2고분군 43호묘

(단위 : cm)

봉토	크 기 (길이×너비×높이)	350×350×20	목관	크 기 (길이×너비×높이)	?
	평면형태	원형		장 폭 비	?
묘광	장축방향	?	목곽	크 기 (길이×너비×높이)	?
	규 모 (길이×너비×깊이)	?		장 폭 비	?
	장 폭 비	?	두 향		?
유물	토 도 기	–			
	금 속 기	금제 고리(1)			
	옥 석 기	–			
	기 타	목탄			
특기사항		토광묘. 유구·유물 도면 없음. 화장.			

2고분군 44호묘

(단위 : cm)

봉토	크 기 (길이×너비×높이)	?×?×?	석관	크 기 (길이×너비×높이)	-
	평면형태	장방형		장 폭 비	-
	장축방향	?	석곽	크 기 (길이×너비×높이)	150×80×?
	두 향	-		장 폭 비	1.88:1
	벽석종류	할석			
유물	토 도 기	-			
	금 속 기	금제 고리(1)			
	옥 석 기	-			
	기 타	-			
	특기사항	석곽묘.			

[남쪽에서 본 모습]

[출토유물]

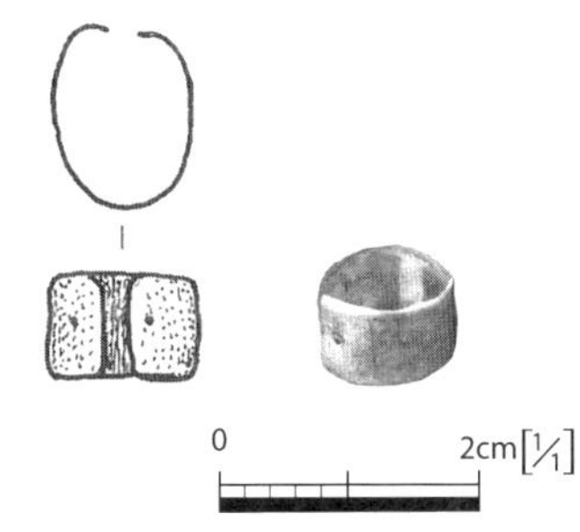

2고분군 45호묘

(단위 : cm)

봉토	크 기 (길이×너비×높이)	400×250×32	두 향	?
	평면형태	타원형	석재종류	할석
주체부	묘 광 (길이×너비×높이)	?	장축방향	?
	규 모 (길이×너비×높이)	?	평면형태	?
유물	토 도 기	와당(1)		
	금 속 기	-		
	옥 석 기	-		
	기 타	-		
특기사항		토광석변묘.		

[묘구]

[출토유물]

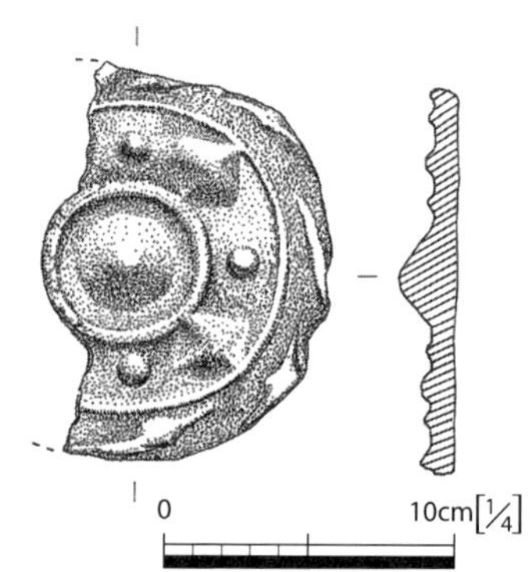

2고분군 46호묘

(단위 : cm)

봉토	크 기 (길이×너비×높이)	?	연도	크 기 (길이×너비×높이)	?
	평면형태	타원형		연도위치	?
주체부	장축방향	?		두 향	?
	매장주체 (길이×너비×깊이)	?		바닥시설	?
	평면형태 (길이×너비)	?		천장형태	?
				석재종류	?
유물	토 도 기	–			
	금 속 기	–			
	옥 석 기	–			
	기 타	골편(2), 목탄			
	특기사항	토광포석묘. 유구 도면 없음. 화장.			

2고분군 47호묘

(단위 : cm)

봉토	크 기 (길이×너비×높이)	?	연도	크 기 (길이×너비×높이)	?
	평면형태	?		연도위치	?
주체부	장축방향	?		두 향	?
	매장주체 (길이×너비×깊이)	?		바닥시설	?
	평면형태 (길이×너비)	?		천상형태	?
				석재종류	할석
유물	토 도 기	–			
	금 속 기	–			
	옥 석 기	–			
	기 타	목탄			
	특기사항	토광포석묘. 유구 도면 없음. 화장.			

2고분군 48호묘

(단위 : cm)

봉토	크 기 (길이×너비×높이)	450×450×30	연도	크 기 (길이×너비×높이)	?
	평면형태	편원형		연도위치	?
주체부	장축방향	N-12°-W	두 향		?
	매장주체 (길이×너비×깊이)	동 : 85×20×? 서 : ?×?×15	바닥시설		황색 점토
	평면형태 (길이×너비)	장방형	천장형태		?
			석재종류		할석
유물	토도기	호(1)			
	금속기	은제 귀걸이(4), 동제 대금구(4), 철촉(1), 철제 찰갑편(2), 철제 장식(2), 철제 관정(10)			
	옥석기	구슬(2)			
	기 타	–			
	특기사항	봉토포석묘.			

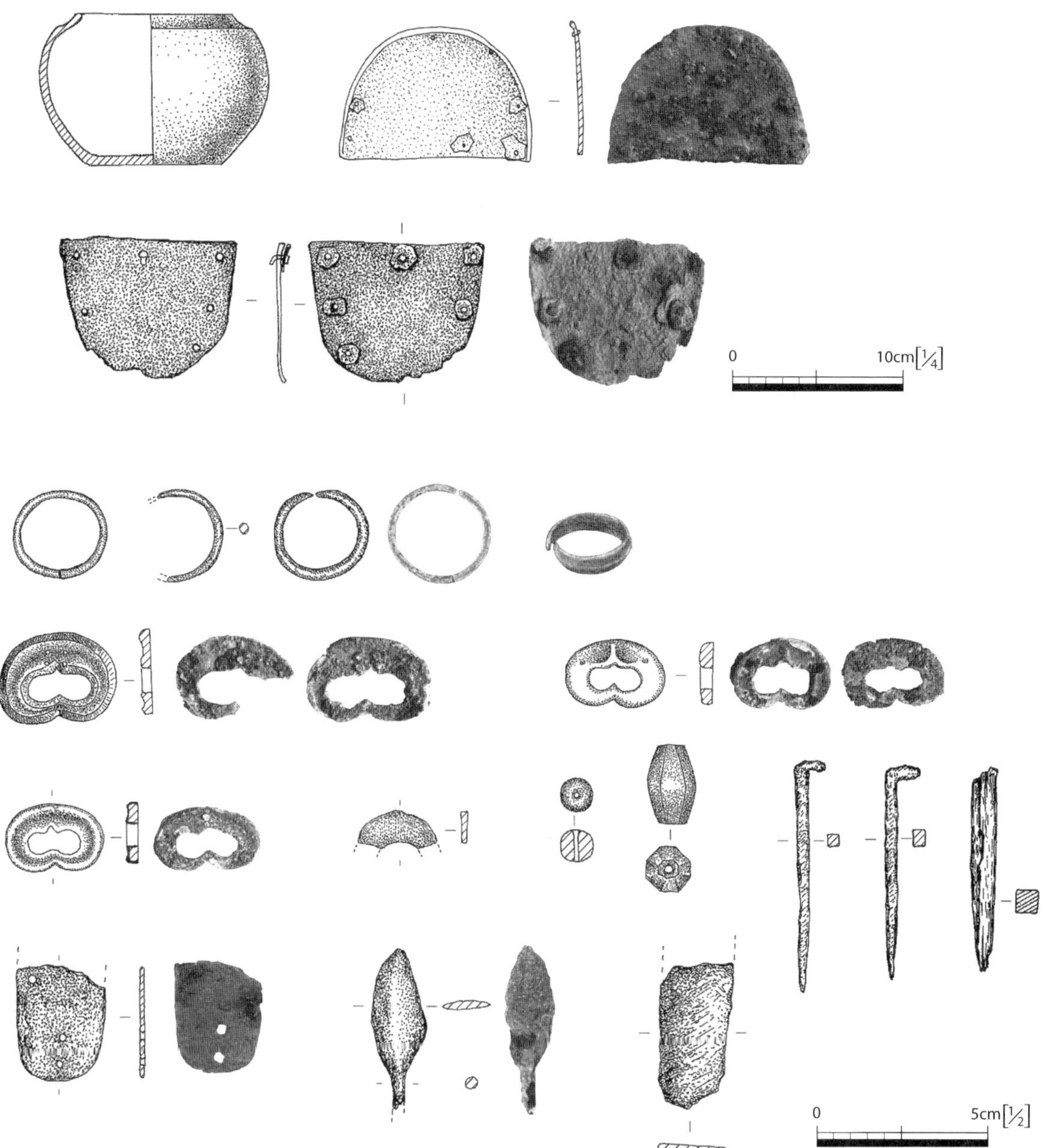

2고분군 49호묘

(단위 : cm)

봉토	크 기 (길이×너비×높이)	?	목관	크 기 (길이×너비×높이)	?
	평면형태	?		장폭비	?
묘광	장축방향	?	목곽	크 기 (길이×너비×높이)	?
	규 모 (길이×너비×깊이)	?		장폭비	?
	장폭비	?		두 향	?
유물	토도기			-	
	금속기			-	
	옥석기			-	
	기 타		목탄		
	특기사항		토광묘. 유구 도면 없음. 화장.		

2고분군 50호묘

(단위 : cm)

봉토	크 기 (길이×너비×높이)	?	목관	크 기 (길이×너비×높이)	?
	평면형태	타원형		장폭비	?
묘광	장축방향	?	목곽	크 기 (길이×너비×높이)	?
	규 모 (길이×너비×깊이)	?		장폭비	?
	장폭비	?		두 향	?
유물	토도기			-	
	금속기			-	
	옥석기			-	
	기 타			-	
	특기사항		토광묘. 유구 도면 없음.		

2고분군 51호묘

(단위 : cm)

봉토	크 기 (길이×너비×높이)	?	목관	크 기 (길이×너비×높이)	?
	평면형태	?		장폭비	?
묘광	장축방향	?	목곽	크 기 (길이×너비×높이)	?
	규 모 (길이×너비×깊이)	?		장폭비	?
	장폭비	?	두 향		?
유물	토 도 기	-			
	금 속 기	-			
	옥 석 기	-			
	기 타	목탄			
	특기사항	토광묘. 유구 도면 없음. 화장.			

2고분군 52호묘

(단위 : cm)

봉토	크 기 (길이×너비×높이)	?×?×25	두 향		?
	평면형태	원형	석재종류		할석
주체부	묘 광 (길이×너비×높이)	250×90×?	장축방향		?
	규 모 (길이×너비×높이)	?	평면형태		?
유물	토 도 기	와당(1)			
	금 속 기	-			
	옥 석 기	-			
	기 타	목탄			
	특기사항	토광석변묘. 유구·유물 도면 없음.			

2고분군 53호묘

(단위 : cm)

봉토	크 기 (길이×너비×높이)	?	두 향	?
	평면형태	평평함	석재종류	할석
주체부	묘 광 (길이×너비×높이)	150~180×80×?	장축방향	?
	규 모 (길이×너비×높이)	?	평면형태	?
유물	토 도 기	-		
	금 속 기	-		
	옥 석 기	-		
	기 타	-		
특기사항	토광석변묘. 유구 도면 없음. 53·54호묘 제원이 함께 기재됨.			

2고분군 54호묘

(단위 : cm)

봉토	크 기 (길이×너비×높이)	?	두 향	?
	평면형태	평평함	석재종류	할석
주체부	묘 광 (길이×너비×높이)	150~180×80×?	장축방향	?
	규 모 (길이×너비×높이)	?	평면형태	?
유물	토 도 기	-		
	금 속 기	-		
	옥 석 기	-		
	기 타	-		
특기사항	토광석변묘. 유구 도면 없음. 53·54호묘 제원이 함께 기재됨. 화장.			

2고분군 55호묘

(단위 : cm)

봉토	크 기 (길이×너비×높이)	?	석관	크 기 (길이×너비×높이)	120×?×?
	평면형태	?		장 폭 비	?
	장축방향	?	석곽	크 기 (길이×너비×높이)	?
	두 향	?		장 폭 비	?
	벽석종류	할석			
유물	토 도 기	–			
	금 속 기	–			
	옥 석 기	–			
	기 타	–			
	특기사항	석곽묘. 유구 도면 없음. 정리하지 않음.			

2고분군 56호묘

(단위 : cm)

봉토	크 기 (길이×너비×높이)	150×150×?	목관	크 기 (길이×너비×높이)	?
	평면형태	원형		장 폭 비	?
묘광	장축방향	?	목곽	크 기 (길이×너비×높이)	?
	규 모 (길이×너비×깊이)	?		장 폭 비	?
	장 폭 비	?	두 향		?
유물	토 도 기	–			
	금 속 기	–			
	옥 석 기	–			
	기 타	–			
	특기사항	토광묘. 유구 도면 없음. 화장.			

2고분군 57호묘

(단위 : cm)

봉토	크 기 (길이×너비×높이)	400×400×(30+)	목관	크 기 (길이×너비×높이)	?
	평면형태	타원형		장폭비	?
묘광	장축방향	?	목곽	크 기 (길이×너비×높이)	?
	규 모 (길이×너비×깊이)	?		장폭비	?
	장폭비	?		두 향	?
유물	토도기	-			
	금속기	-			
	옥석기	-			
	기 타	인골편(2)			
특기사항		토광묘. 유구 도면 없음. 화장.			

2고분군 58호묘

(단위 : cm)

봉토	크 기 (길이×너비×높이)	?×?×25	목관	크 기 (길이×너비×높이)	?
	평면형태	원형		장폭비	?
묘광	장축방향	?	목곽	크 기 (길이×너비×높이)	?
	규 모 (길이×너비×깊이)	?		장폭비	?
	장폭비	?		두 향	?
유물	토도기	-			
	금속기	-			
	옥석기	-			
	기 타	-			
특기사항		토광묘. 유구 도면 없음. 화장.			

발해의 고분 문화 II - 길림성 -

2고분군 59호묘

(단위 : cm)

봉토	크 기 (길이×너비×높이)	300×300×25~30	연도	크 기 (길이×너비×높이)	?
	평면형태	원형		연도위치	?
주체부	장축방향	?		두 향	?
	매장주체 (길이×너비×깊이)	?		바닥시설	?
	평면형태 (길이×너비)	?		천장형태	?
				석재종류	할석
유물	토 도 기	–			
	금 속 기	–			
	옥 석 기	–			
	기 타	–			
특기사항		토광포석묘. 유구 도면 없음.			

2고분군 60호묘

(단위 : cm)

봉토	크 기 (길이×너비×높이)	?	연도	크 기 (길이×너비×높이)	?
	평면형태	?		연도위치	?
주체부	장축방향	?		두 향	?
	매장주체 (길이×너비×깊이)	?		바닥시설	?
	평면형태 (길이×너비)	원형		천장형태	?
				석재종류	할석
유물	토 도 기	–			
	금 속 기	–			
	옥 석 기	–			
	기 타	–			
특기사항		토광포석묘. 유구 도면 없음.			

2고분군 61호묘

(단위 : cm)

봉토	크 기 (길이×너비×높이)	?	목관	크 기 (길이×너비×높이)	?
	평면형태			장폭비	?
묘광	장축방향	?	목곽	크 기 (길이×너비×높이)	?
	규 모 (길이×너비×깊이)	?		장폭비	?
	장폭비	?	두 향		?
유물	토도기	접시(1), 파수(1), 토기편(3), 암키와			
	금속기	-			
	옥석기	-			
	기 타	-			
특기사항		토광묘. 유구 도면 없음.			

[출토유물]

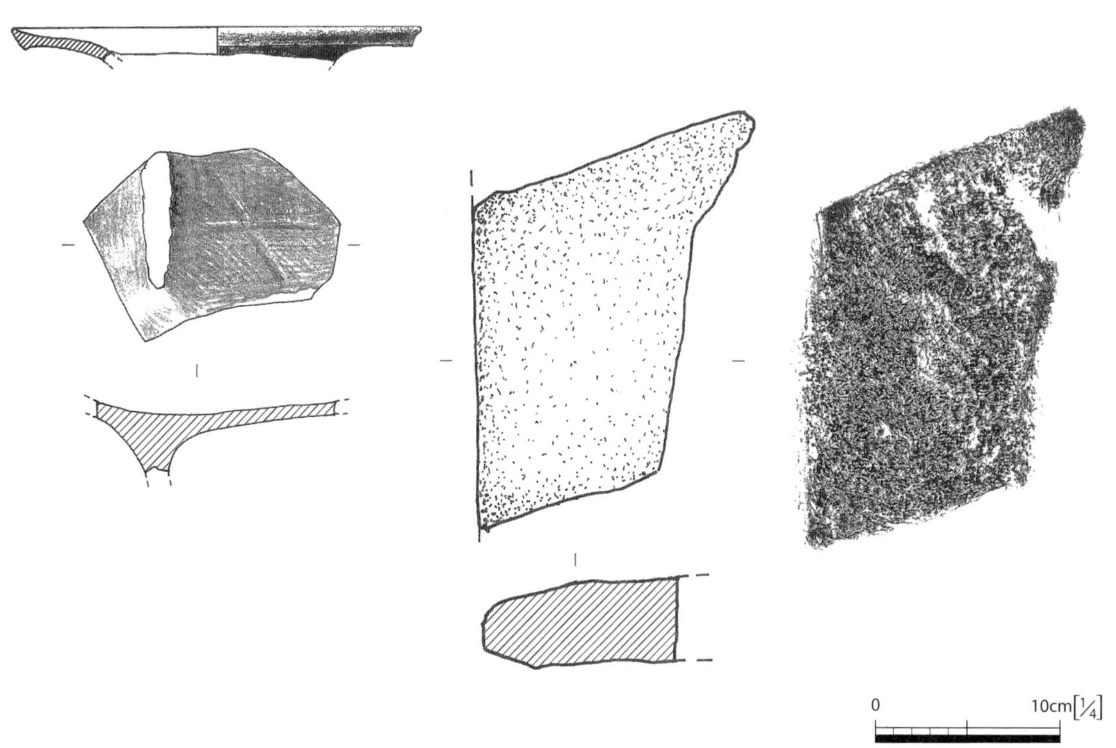

0   10cm[¼]

2고분군 62호묘

(단위 : cm)

봉토	크 기 (길이×너비×높이)	?	연도	크 기 (길이×너비×높이)	?
	평면형태	원형		연도위치	?
주체부	장축방향	?		두 향	?
	매장주체 (길이×너비×깊이)	?		바닥시설	?
	평면형태 (길이×너비)	장방형(350×?)		천장형태	?
				석재종류	할석
유물	토 도 기		–		
	금 속 기		–		
	옥 석 기		–		
	기 타	골편, 목탄			
	특기사항	토광포석묘. 유구 도면 없음.			

2고분군 63호묘

(단위 : cm)

봉토	크 기 (길이×너비×높이)	?	석관	크 기 (길이×너비×높이)	-
	평면형태	?		장 폭 비	-
	장축방향	?	석곽	크 기 (길이×너비×높이)	?
	두 향	?		장 폭 비	?
	벽석종류	할석			
유물	토 도 기	-			
	금 속 기	-			
	옥 석 기	-			
	기 타	-			
	특기사항	석곽묘. 유구 도면 없음. 보존상태 양호. 포석.			

[남쪽에서 본 모습]

2고분군 64호묘

(단위 : cm)

봉토	크 기 (길이×너비×높이)	320×210×?	석관	크 기 (길이×너비×높이)	–
	평면형태	?		장 폭 비	–
	장축방향	N–15°–W	석곽	크 기 (길이×너비×높이)	?
	두 향	?		장 폭 비	?
	벽석종류	할석			
유물	토 도 기	–			
	금 속 기	–			
	옥 석 기	–			
	기 타	–			
	특기사항	석곽묘. 발굴하지 않음.			

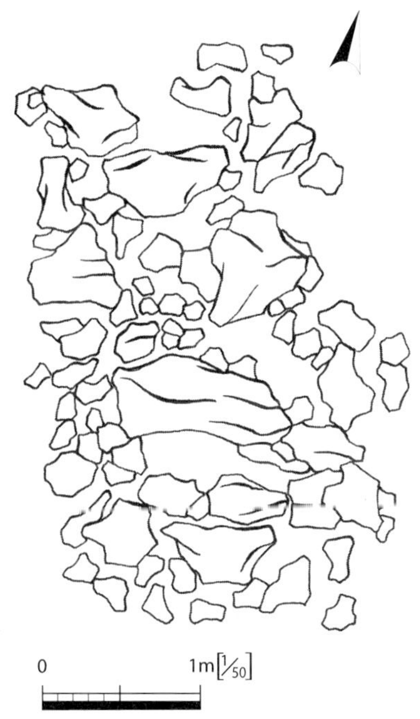

0   1m [¹⁄₅₀]

[전경(왼쪽:64호묘, 오른쪽:65호묘)]

2고분군 65호묘

(단위 : cm)

봉토	크 기 (길이×너비×높이)	-	석관	크 기 (길이×너비×높이)	-
	평면형태	-		장 폭 비	-
	장축방향	?	석곽	크 기 (길이×너비×높이)	200×100×?
	두 향	?		장 폭 비	2:1
	벽석종류	할석			
유물	토 도 기	-			
	금 속 기	-			
	옥 석 기	-			
	기 타	-			
	특기사항	석곽묘. 유구 도면 없음.			

2고분군 66호묘

(단위 : cm)

봉토	크 기 (길이×너비×높이)	-	연도	크 기 (길이×너비×높이)	?
	평면형태	-		연도위치	?
주체부	장축방향	?		두 향	?
	매장주체 (길이×너비×깊이)	?		바닥시설	?
	평면형태 (길이×너비)	호형		천장형태	?
				석재종류	?
유물	토 도 기	-			
	금 속 기	-			
	옥 석 기	-			
	기 타	-			
	특기사항	토광포석묘. 유구 도면 없음.			

2고분군 67호묘

(단위 : cm)

봉토	크 기 (길이×너비×높이)	-	석관	크 기 (길이×너비×높이)	?
	평면형태	-		장 폭 비	?
	장축방향	?	석곽	크 기 (길이×너비×높이)	-
	두 향	?		장 폭 비	-
	벽석종류	할석			
유물	토 도 기	-			
	금 속 기	-			
	옥 석 기	-			
	기 타	-			
	특기사항	석관묘. 유구 도면 없음.			

2고분군 68~70호묘

(단위 : cm)

봉토	크 기 (길이×너비×높이)	?×?×20	연도	크 기 (길이×너비×높이)	?
	평면형태	타원형		연도위치	?
주체부	장축방향	?		두 향	?
	매장주체 (길이×너비×깊이)	?		바닥시설	?
	생년형태 (길이×너비)	?		천장형대	?
				석재종류	할석
유물	토 도 기	-			
	금 속 기	-			
	옥 석 기	-			
	기 타	목탄			
	특기사항	토광포석묘. 유구 도면 없음. 화장. 발굴하지 않음. 68~70호묘의 설명이 동일함.			

2고분군 71호묘

(단위 : cm)

봉토	크 기 (길이×너비×높이)	?	목관	크 기 (길이×너비×높이)	?
	평면형태	원형		장폭비	?
묘광	장축방향	?	목곽	크 기 (길이×너비×높이)	?
	규 모 (길이×너비×깊이)	?		장폭비	?
	장폭비	?	두 향		?
유물	토도기	-			
	금속기	-			
	옥석기	-			
	기 타	골편			
특기사항		토광묘. 유구 도면 없음. 화장.			

2고분군 72호묘

(단위 : cm)

봉토	크 기 (길이×너비×높이)	?	목관	크 기 (길이×너비×높이)	?
	평면형태	원형		장폭비	?
묘광	장축방향	?	목곽	크 기 (길이×너비×높이)	?
	규 모 (길이×너비×깊이)	?		장폭비	?
	장폭비	?	두 향		?
유물	토 도 기		-		
	금 속 기	은제 팔찌(1)			
	옥 석 기		-		
	기 타		-		
	특기사항	토광묘. 유구 도면 없음.			

[출토유물]

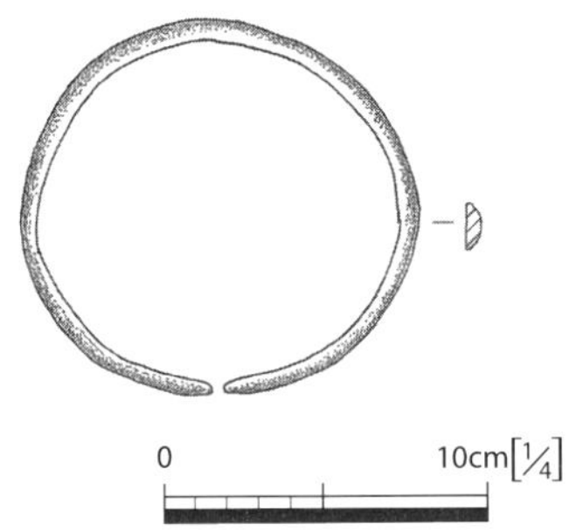

2고분군 73호묘

(단위 : cm)

봉토	크 기 (길이×너비×높이)	?×?×30	목관	크 기 (길이×너비×높이)	?
	평면형태	원형		장폭비	?
묘광	장축방향	?	목곽	크 기 (길이×너비×높이)	?
	규 모 (길이×너비×깊이)	?		장폭비	?
	장폭비	?		두 향	?
유물	토 도 기	-			
	금 속 기	-			
	옥 석 기	-			
	기 타	-			
특기사항		토광묘. 유구 도면 없음. 71~75호묘 중 봉토가 가장 높음.			

2고분군 74호묘

(단위 : cm)

봉토	크 기 (길이×너비×높이)	420×310×50	목관	크 기 (길이×너비×높이)	–
	평면형태	타원형		장폭비	–
묘광	장축방향	N-16°-E	목곽	크 기 (길이×너비×높이)	150×(8~10+)×?
	규 모 (길이×너비×깊이)	270×120~130×(10~25+)		장폭비	?
	장폭비	2.08:1		두 향	?
유물	토도기	호(1)			
	금속기	은제 귀걸이(1)			
	옥석기	–			
	기 타	인골편			
특기사항		토광봉토묘. 화장. 이차장.			

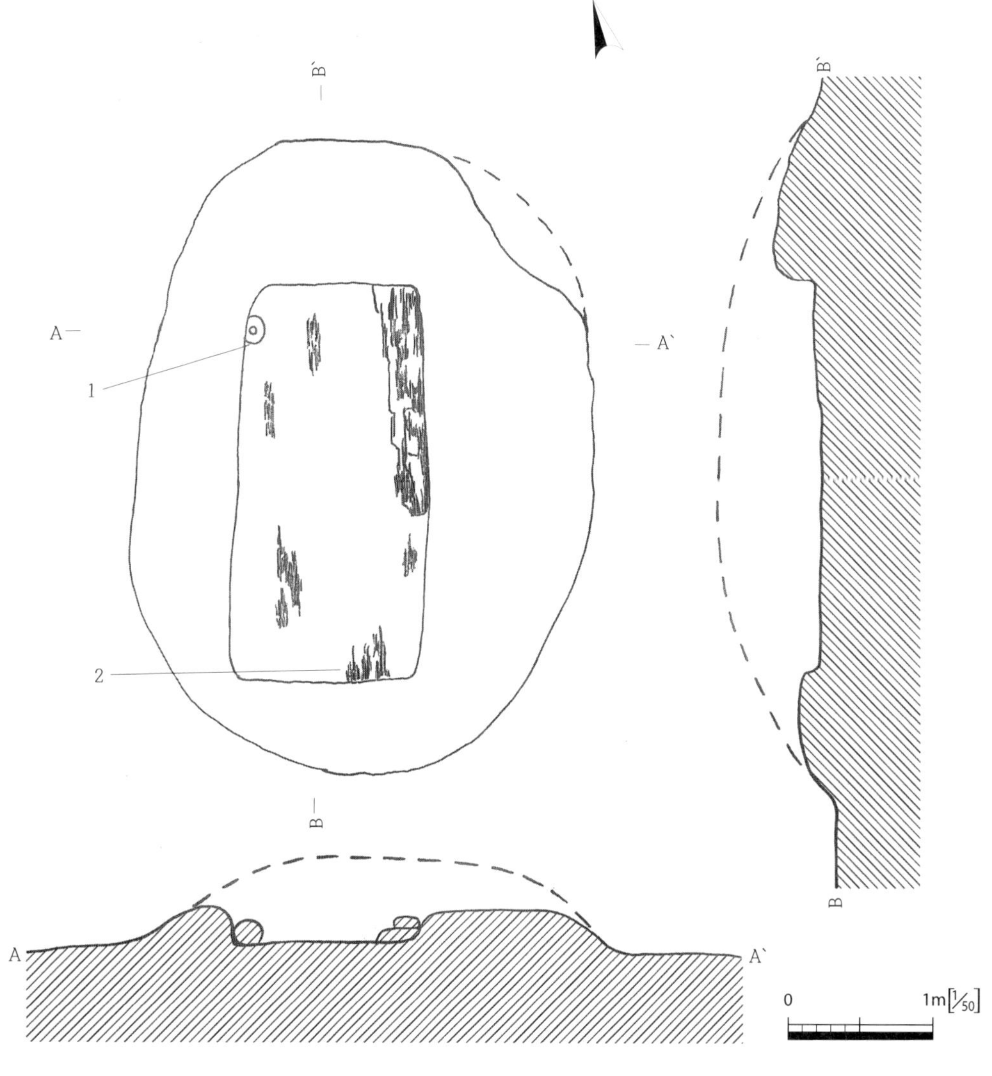

[전경]

[세부]

[출토유물]

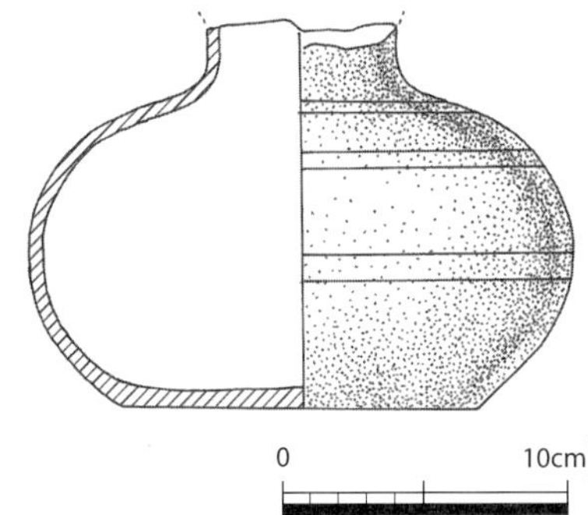

0   10cm[¼]

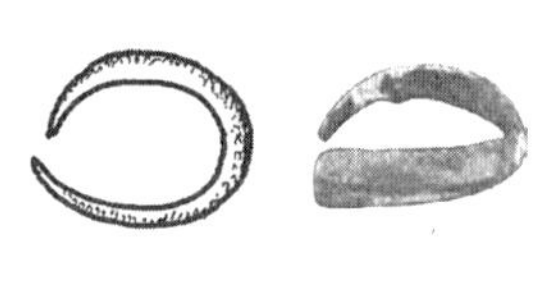

0   2.5cm[⅟₁]

2고분군 75호묘

(단위 : cm)

봉토	크 기 (길이×너비×높이)	?	목관	크 기 (길이×너비×높이)	?
	평면형태	원형		장폭비	?
묘광	장축방향	?	목곽	크 기 (길이×너비×높이)	?
	규 모 (길이×너비×깊이)	?		장폭비	?
	장폭비	?	두 향		?
유물	토 도 기	-			
	금 속 기	-			
	옥 석 기	-			
	기 타	-			
	특기사항	토광묘. 유구 도면 없음.			

길림성 돈화시 육정산 고분군

2고분군 76호묘

(단위 : cm)

봉토	크 기 (길이×너비×높이)	500×?×?	목관	크 기 (길이×너비×높이)	?
	평면형태	타원형		장폭비	?
묘광	장축방향	?	목곽	크 기 (길이×너비×높이)	?
	규 모 (길이×너비×깊이)	?		장폭비	?
	장폭비	?	두 향		?
유물	토도기	호(1)			
	금속기	철제 방울(1)			
	옥석기		-		
	기 타	목탄			
	특기사항	토광묘. 유구 도면 없음. 화장.			

[출토유물]

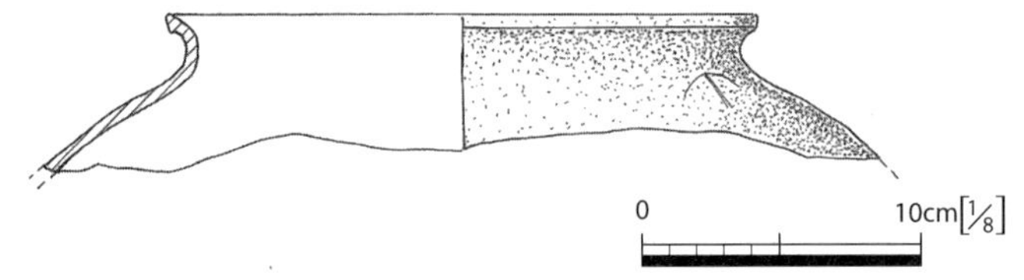

0   10cm[1/8]

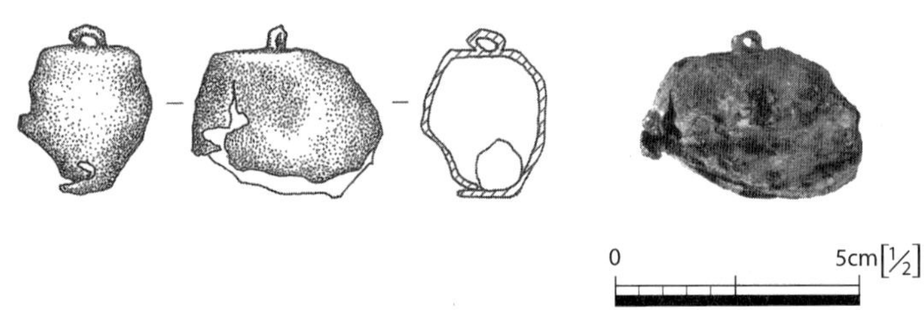

0   5cm[1/2]

2고분군 77호묘

(단위 : cm)

봉토	크 기 (길이×너비×높이)	?	석관	크 기 (길이×너비×높이)	-
	평면형태	?		장 폭 비	-
	장축방향	?	석곽	크 기 (길이×너비×높이)	280×130×?
	두 향	?		장 폭 비	2.15:1
	벽석종류	할석			
유물	토 도 기	-			
	금 속 기	철제 관정(12)			
	옥 석 기	-			
	기 타	-			
	특기사항	석곽묘. 유구 도면 없음. 도굴당하였음.			

[출토유물]

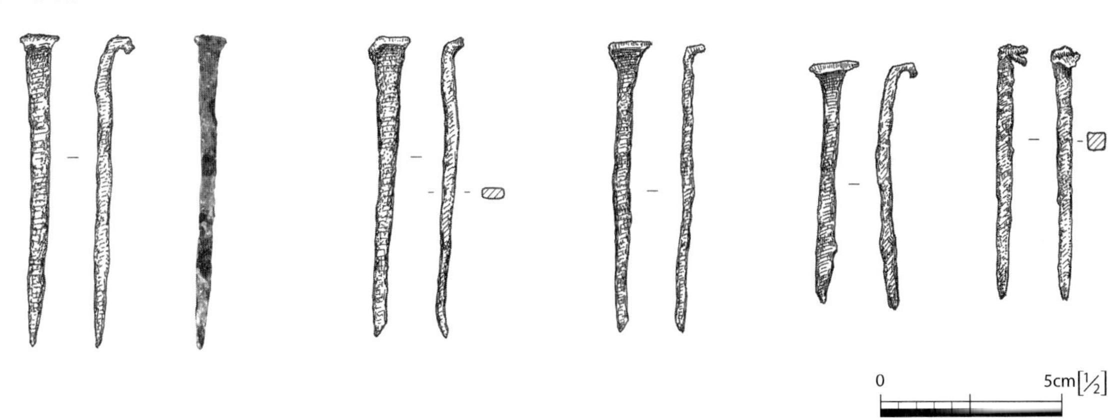

2고분군 78호묘

(단위 : cm)

봉토	크 기 (길이×너비×높이)	?×?×35	연도	크 기 (길이×너비×높이)	?
	평면형태	?		연도위치	?
현실	장축방향	N–S	두 향		?
	규 모 (길이×너비×높이)	250×100×40~50	바닥시설		?
	평면형태	장방형	천장형태		?
	시상/관대 (길이×너비×높이)	?	석재종류		현무암
유물	토 도 기	–			
	금 속 기	철제 대금구(2), 철제 고리(2), 철제 팔찌(1), 철제 관정(6)			
	옥 석 기	–			
	기 타	인골편			
	특기사항	화장.			

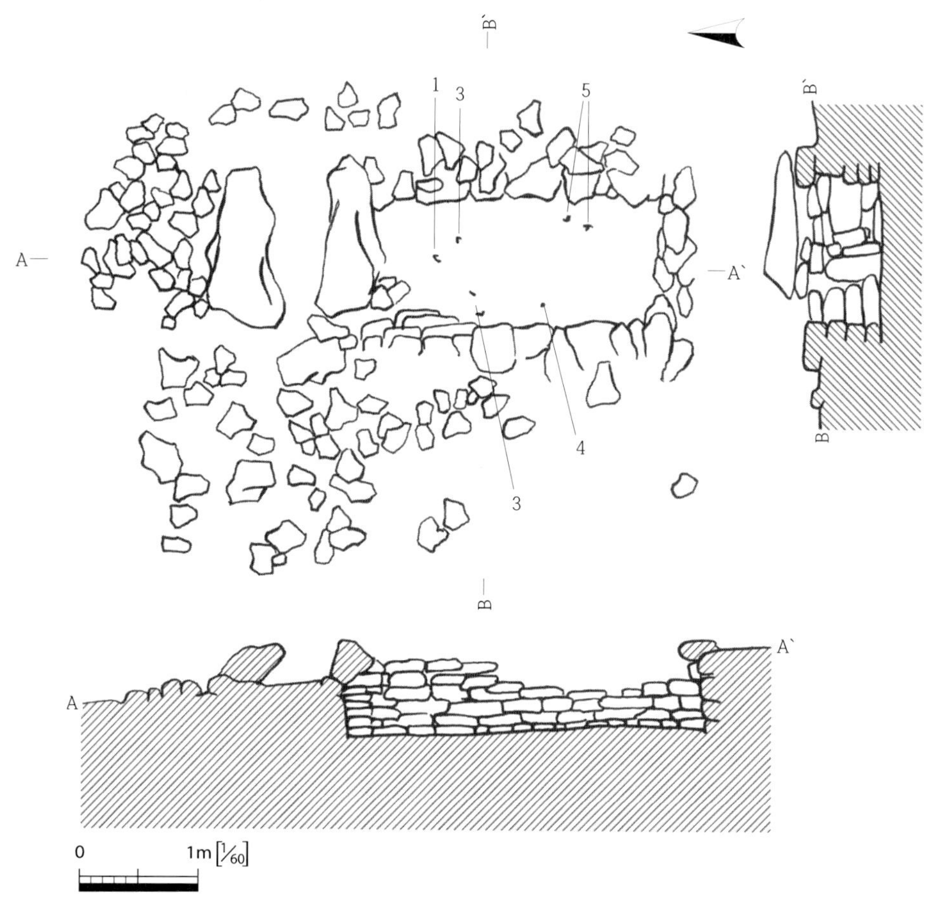

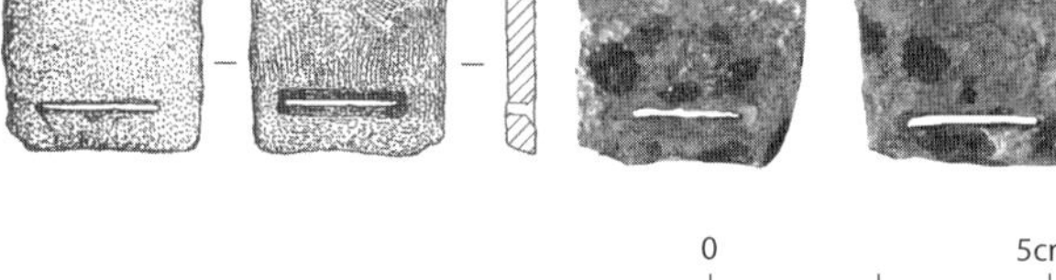

0   5cm[½]

2고분군 79호묘

(단위 : cm)

봉토	크 기 (길이×너비×높이)	?×?×25	연도	크 기 (길이×너비×높이)	?
	평면형태	타원형		연도위치	?
주체부	장축방향	?		두 향	?
	매장주체 (길이×너비×깊이)	?		바닥시설	?
	평면형태 (길이×너비)	장방형(450×300)		천장형태	?
				석재종류	할석
유물	토 도 기		–		
	금 속 기		–		
	옥 석 기		–		
	기 타	인골편			
	특기사항	토광포석묘. 유구 도면 없음. 미성년. 화장.			

2고분군 80호묘

(단위 : cm)

봉토	크 기 (길이×너비×높이)	?×?×25	연도	크 기 (길이×너비×높이)	?
	평면형태	타원형		연도위치	?
주체부	장축방향	?		두 향	?
	매장주체 (길이×너비×깊이)	?		바닥시설	?
	평면형태 (길이×너비)	장방형(450×300)		천장형태	?
				석재종류	할석
유물	토 도 기		–		
	금 속 기		–		
	옥 석 기		–		
	기 타	인골편			
	특기사항	토광포석묘. 유구 도면 없음. 성인 여성. 화장.			

2고분군 81호묘

(단위 : cm)

봉토	크 기 (길이×너비×높이)	?×?×(20)	연도	크 기 (길이×너비×높이)	?
	평면형태	?		연도위치	?
주체부	장축방향	N–S		두 향	?
	매장주체 (길이×너비×깊이)	?		바닥시설	?
	평면형태 (길이×너비)	250×130		천장형태	?
				석재종류	현무암
유물	토 도 기	–			
	금 속 기	철제 팔찌(3)			
	옥 석 기	–			
	기 타	–			
특기사항		외부에 봉토와 천장석, 봉토포석 등이 잔존.			

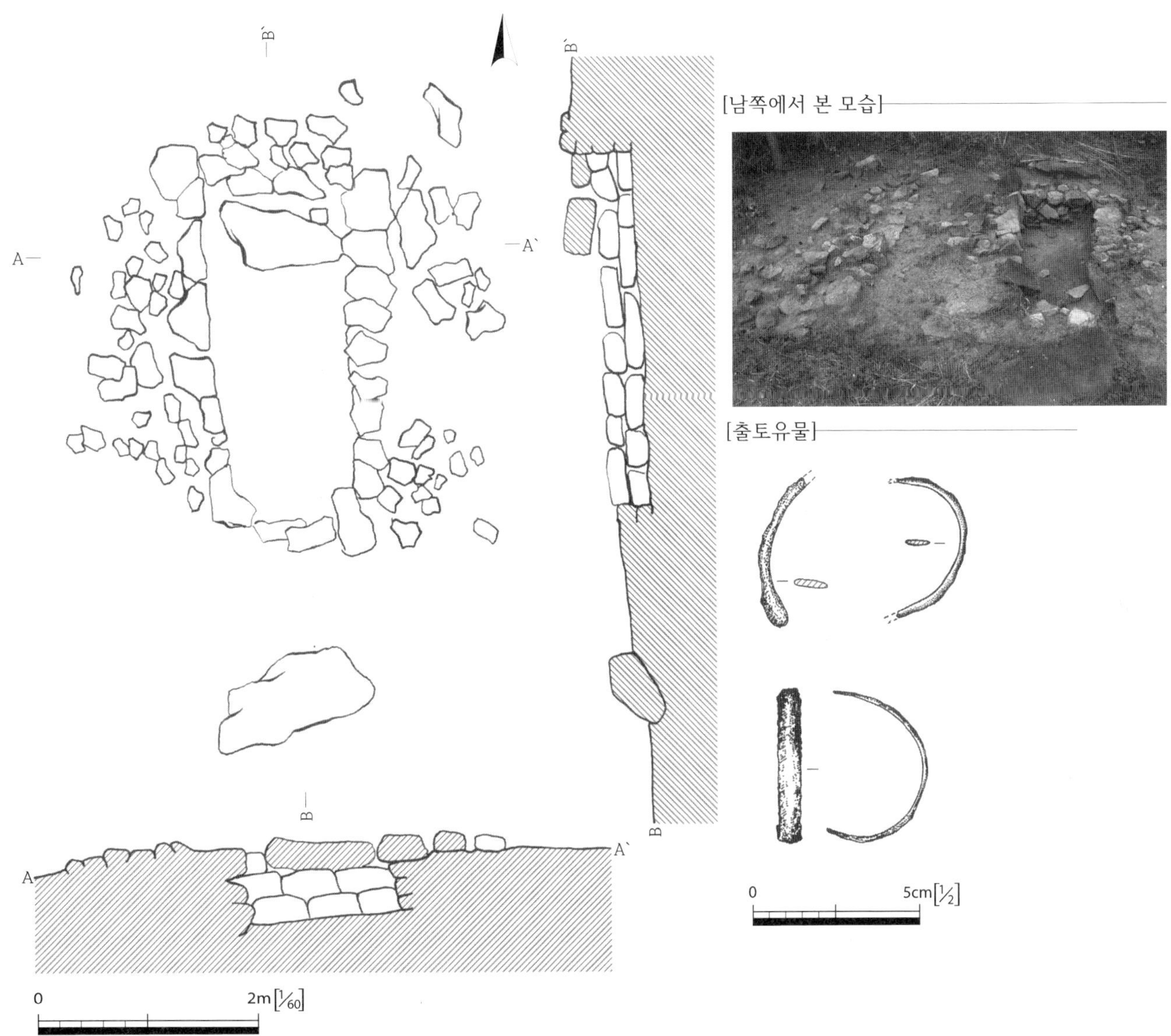

2고분군 82호묘

(단위 : cm)

봉토	크 기 (길이×너비×높이)	?×?×20	연도	크 기 (길이×너비×높이)	140×80×20
	평면형태	?		연도위치	남벽 중간부
현실	장축방향	N-5°-W		두 향	?
	규 모 (길이×너비×높이)	?		바닥시설	조사
	평면형태	방형		천장형태	?
	시상/관대 (길이×너비×높이)	?		석재종류	현무암
유물	토 도 기	토기 저부(1)
	금 속 기	동제 귀걸이(1), 철제 고리(1), 철제 관정(2)
	옥 석 기	-
	기 타	인골편
	특기사항	회랑(500×200×20). 서반부는 이미 훼손을 입어 동반부만 잔존함.

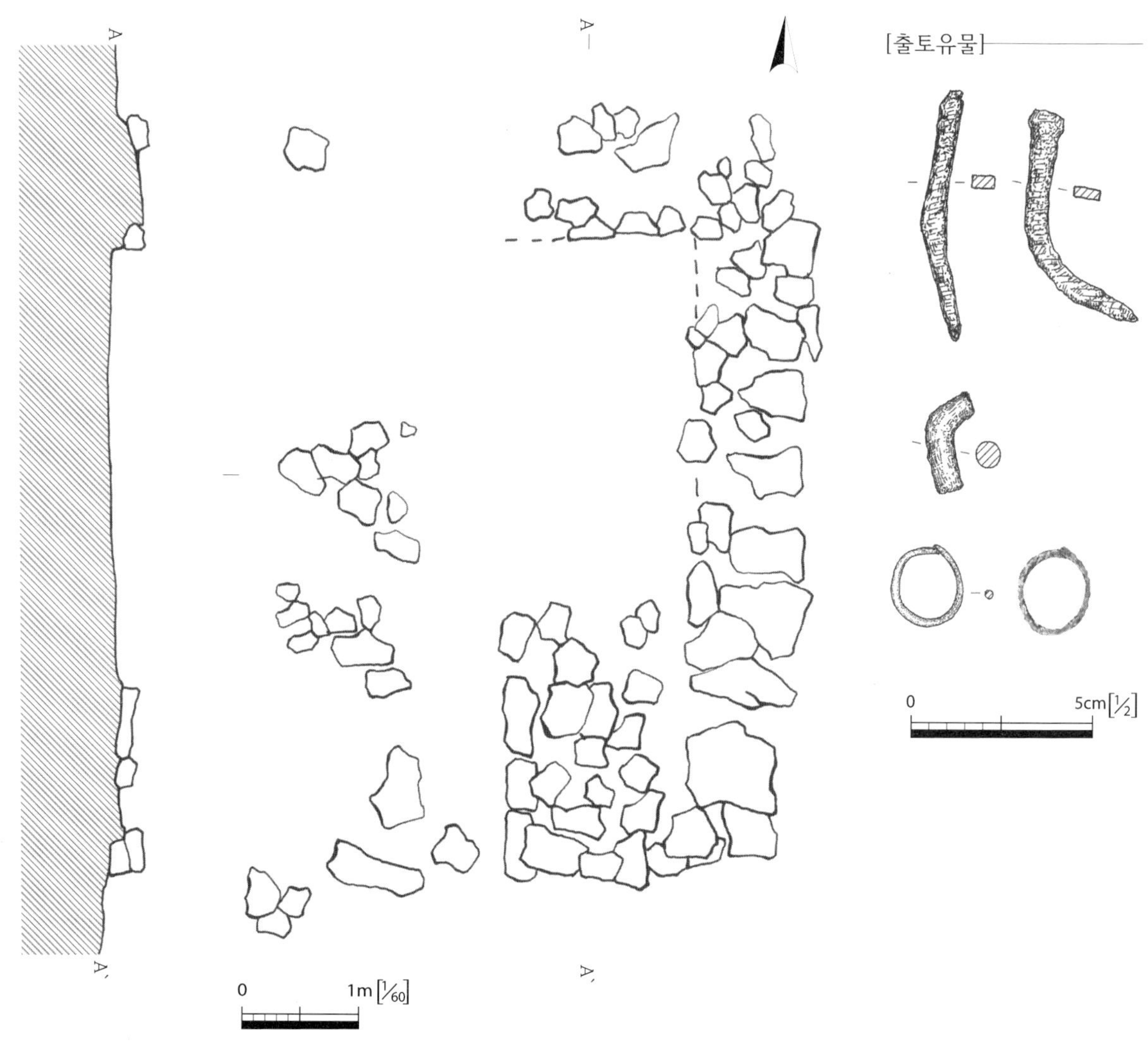

2고분군 83호묘

(단위 : cm)

봉토	크 기 (길이×너비×높이)	?×?×30	목관	크 기 (길이×너비×높이)	?
	평면형태	?		장폭비	?
묘광	장축방향	?	목곽	크 기 (길이×너비×높이)	?
	규 모 (길이×너비×깊이)	?		장폭비	?
	장폭비	?	두 향		?
유물	토도기	-			
	금속기	-			
	옥석기	-			
	기 타	인골편			
	특기사항	토광묘. 유구 도면 없음.			

2고분군 84호묘

(단위 : cm)

봉토	크 기 (길이×너비×높이)	?	목관	크 기 (길이×너비×높이)	?
	평면형태	?		장폭비	?
묘광	장축방향	?	목곽	크 기 (길이×너비×높이)	?
	규 모 (길이×너비×깊이)	?		장폭비	?
	장폭비	?	두 향		?
유물	토도기	-			
	금속기	철제 관정(2)			
	옥석기	-			
	기 타	-			
	특기사항	토광묘. 유구 도면 없음. 관정에 목관의 목질 부착.			

[출토유물]

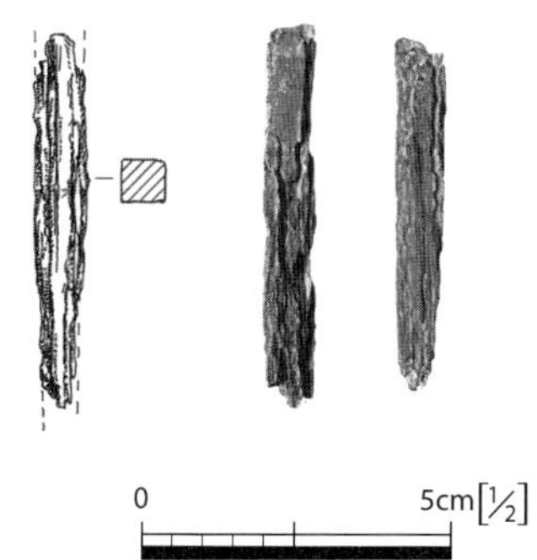

0   5cm [½]

2고분군 85호묘

(단위 : cm)

봉토	크 기 (길이×너비×높이)	?×?×50	연도	크 기 (길이×너비×높이)	?
	평면형태	타원형		연도위치	?
주체부	장축방향	?		두 향	?
	매장주체 (길이×너비×깊이)	?		바닥시설	?
	평면형태 (길이×너비)	장방형(500×410)		천장형태	?
				석재종류	?
유물	토 도 기	-			
	금 속 기	-			
	옥 석 기	-			
	기 타	-			
특기사항		토광포석묘. 유구 도면 없음. 화장.			

2고분군 86호묘

(단위 : cm)

봉토	크 기 (길이×너비×높이)	450×400×40	연도	크 기 (길이×너비×높이)	?
	평면형태	장방형		연도위치	?
주체부	장축방향	N-S		두 향	?
	매장주체 (길이×너비×깊이)	300×210×15~25		바닥시설	?
	평면형태 (길이×너비)	장방형(450×400)		천장형태	?
				석재종류	현무암
유물	토 도 기	-			
	금 속 기	-			
	옥 석 기	-			
	기 타	-			
특기사항		봉토포석묘. 관곽 흔적. 화장.			

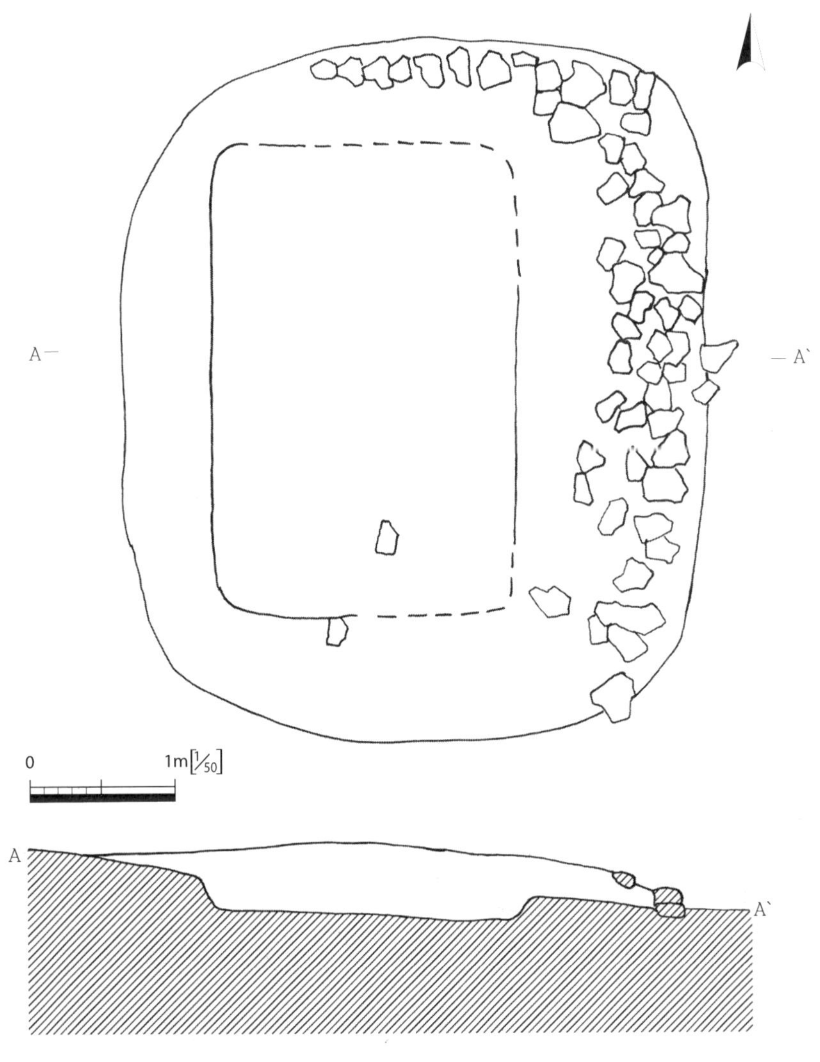

2고분군 87호묘

(단위 : cm)

봉토	크 기 (길이×너비×높이)	?	목관	크 기 (길이×너비×높이)	?
	평면형태	?		장 폭 비	?
묘광	장축방향	?	목곽	크 기 (길이×너비×높이)	?
	규 모 (길이×너비×깊이)	?		장 폭 비	?
	장 폭 비	?	두 향		?
유물	토 도 기				
	금 속 기		–		
	옥 석 기		–		
	기 타	목탄			
	특기사항	토광묘. 유구 도면 없음. 화장.			

2고분군 88호묘

(단위 : cm)

봉토	크 기 (길이×너비×높이)	–	석관	크 기 (길이×너비×높이)	–
	평면형태	–		장 폭 비	–
	장축방향	170°	석곽	크 기 (길이×너비×높이)	220×100×?
	두 향	–		장 폭 비	2.2:1
	벽석종류	할석			
유물	토 도 기		–		
	금 속 기		–		
	옥 석 기		–		
	기 타		–		
	특기사항	석곽묘. 유구 도면 없음.			

2고분군 89호묘

(단위 : cm)

봉토	크 기 (길이×너비×높이)	?	연도	크 기 (길이×너비×높이)	?
	평면형태	?		연도위치	?
주체부	장축방향	?		두 향	?
	매장주체 (길이×너비×깊이)	?		바닥시설	?
	평면형태 (길이×너비)	?		천장형태	?
				석재종류	할석
유물	토 도 기		-		
	금 속 기		-		
	옥 석 기		-		
	기 타		-		
	특기사항	토광포석묘. 유구 도면 없음. 파괴가 심함.			

2고분군 90호묘

(단위 : cm)

봉토	크 기 (길이×너비×높이)	550×450×28	연도	크 기 (길이×너비×높이)	?
	평면형태	타원형		연도위치	?
주체부	장축방향	175°		두 향	?
	매장주체 (길이×너비×깊이)	225×120×?		바닥시설	?
	평면형태 (길이×너비)	원형(?×?)		천장형태	?
				석재종류	할석
유물	토 도 기		-		
	금 속 기		-		
	옥 석 기		-		
	기 타		-		
	특기사항	토광포석묘. 유구 도면 없음.			

2고분군 91호묘

(단위 : cm)

봉토	크 기 (길이×너비×높이)	?	목관	크 기 (길이×너비×높이)	?
	평면형태	?		장폭비	?
묘광	장축방향	?	목곽	크 기 (길이×너비×높이)	280×130×?
	규 모 (길이×너비×깊이)	–		장폭비	2.15:1
	장폭비	–		두 향	?
유물	토 도 기				–
	금 속 기				–
	옥 석 기				–
	기 타				–
특기사항	석곽묘. 유구 도면 없음. 묘 주위에 포변석 존재 가능성.				

2고분군 92호묘

(단위 : cm)

봉토	크 기 (길이×너비×높이)	?	연도	크 기 (길이×너비×높이)	?
	평면형태	?		연도위치	?
주체부	장축방향	?		두 향	?
	매장주체 (길이×너비×깊이)	?		바닥시설	?
	평면형태 (길이×너비)	?		천장형태	?
				석재종류	?
유물	토 도 기				–
	금 속 기				–
	옥 석 기				–
	기 타	목탄			
특기사항	토광포석묘. 유구 도면 없음. 화장.				

2고분군 93호묘

(단위 : cm)

봉토	**크 기** (길이×너비×높이)	?	**연도**	**크 기** (길이×너비×높이)	?
	평면형태	?		**연도위치**	?
주체부	**장축방향**	?		**두 향**	?
	매장주체 (길이×너비×깊이)	?		**바닥시설**	?
	평면형태 (길이×너비)	?		**천장형태**	?
				석재종류	?
유물	**토 도 기**	–			
	금 속 기	–			
	옥 석 기	–			
	기 타	목탄			
특기사항		토광포석묘. 유구 도면 없음. 화장.			

2고분군 94호묘

(단위 : cm)

봉토	크 기 (길이×너비×높이)	350×350×27	연도	크 기 (길이×너비×높이)	?
	평면형태	부정형		연도위치	?
주체부	장축방향	N-8°-E		두 향	?
	매장주체 (길이×너비×깊이)	220×110×10~20		바닥시설	황색 점토
	평면형태 (길이×너비)	장방형(260×150~200)		천장형태	?
				석재종류	?
유물	토 도 기	호(1)			
	금 속 기	은제 귀걸이(1), 동제 교구(1), 동제 대금구(2), 동제 사미(1), 철제 도(1), 철제 대금구(1)			
	옥 석 기	-			
	기 타	인골편, 동물 견치(1)			
특기사항		봉토포석묘. 관곽 흔적. 화장.			

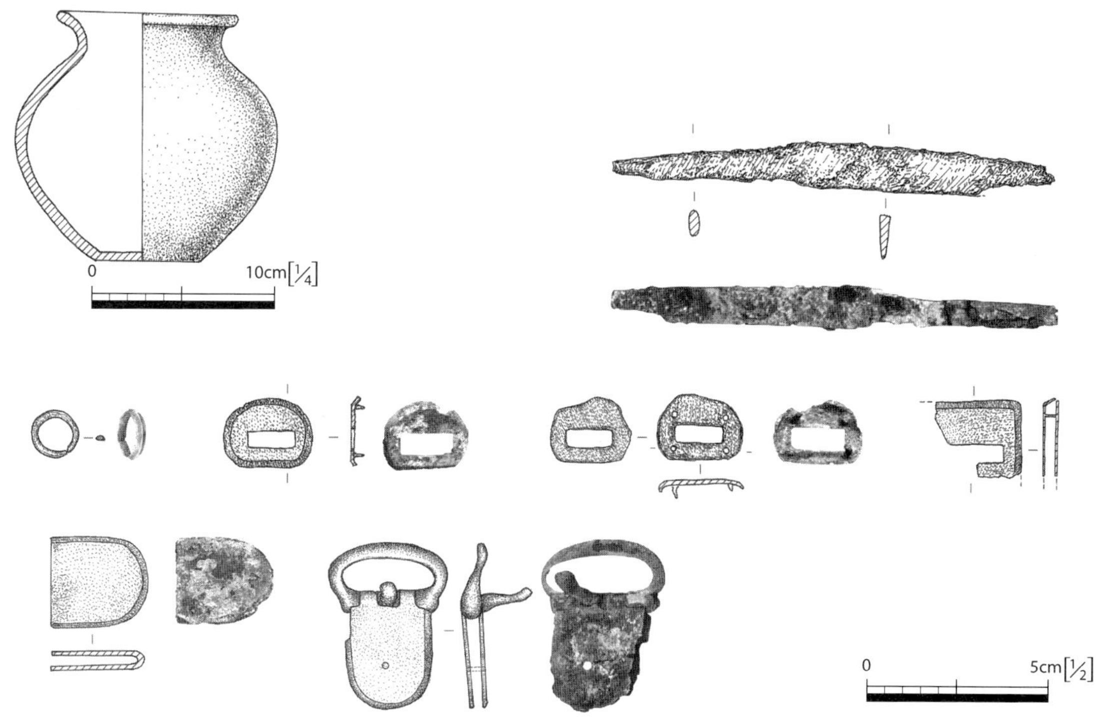

2고분군 95호묘

(단위 : cm)

봉토	크 기 (길이×너비×높이)	?×?×30	연도	크 기 (길이×너비×높이)	?
	평면형태	?		연도위치	?
주체부	장축방향	?		두 향	?
	매장주체 (길이×너비×깊이)	?		바닥시설	황색 점토
	평면형태 (길이×너비)	?		천장형태	?
				석재종류	?
유물	토 도 기	–			
	금 속 기	–			
	옥 석 기	–			
	기 타	–			
특기사항		토광포석묘. 유구 도면 없음. 조사하지 않음.			

2고분군 97호묘

(단위 : cm)

봉토	크 기 (길이×너비×높이)	?	목관	크 기 (길이×너비×높이)	?
	평면형태	?		장 폭 비	?
묘광	장축방향	?	목곽	크 기 (길이×너비×높이)	?
	규 모 (길이×너비×깊이)	?		장 폭 비	?
	장 폭 비	?		두 향	?
유물	토 도 기	?			
	금 속 기	철제 고리(1)			
	옥 석 기	?			
	기 타	?			
특기사항		토광묘. 유구 도면 없음. 시굴하였음.			

[출토유물]

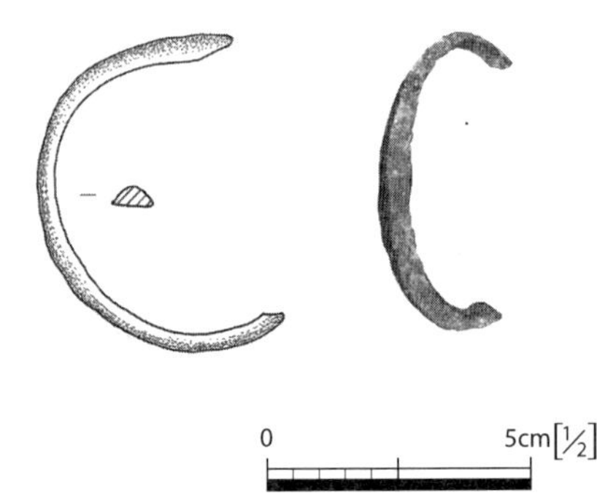

0   5cm[½]

2고분군 99호묘

(단위 : cm)

봉토	크 기 (길이×너비×높이)	?	연도	크 기 (길이×너비×높이)	?
	평면형태	?		연도위치	?
주체부	장축방향	?		두 향	?
	매장주체 (길이×너비×깊이)	?		바닥시설	?
	평면형태 (길이×너비)	?		천장형태	?
				석재종류	?
유물	토 도 기	–			
	금 속 기	–			
	옥 석 기	–			
	기 타	목탄			
	특기사항	토광포석묘. 유구 도면 없음. 봉토 유실. 트렌치 조사 실시. 화장.			

2고분군 100호묘

(단위 : cm)

봉토	크 기 (길이×너비×높이)	?	연도	크 기 (길이×너비×높이)	?
	평면형태	?		연도위치	?
주체부	장축방향	?		두 향	?
	매장주체 (길이×너비×깊이)	?		바닥시설	?
	평면형태 (길이×너비)	?		천장형태	?
				석재종류	?
유물	토 도 기	–			
	금 속 기	–			
	옥 석 기	–			
	기 타	인골편, 목탄			
	특기사항	토광포석묘. 유구 도면 없음. 봉토 유실. 트렌치 조사 실시. 화장.			

2고분군 103호묘

(단위 : cm)

봉토	크 기 (길이×너비×높이)	?	연도	크 기 (길이×너비×높이)	?
	평면형태	?		연도위치	?
주체부	장축방향	N-15°-E	두 향		?
	매장주체 (길이×너비×깊이)	?	바닥시설		?
	평면형태 (길이×너비)	장방형(?×?)	천장형태		?
			석재종류		할석
유물	토 도 기		-		
	금 속 기		-		
	옥 석 기		-		
	기 타	인골편, 목탄			
특기사항		토광포석묘. 봉토 유실. 포변석 상태 양호. 화장.			

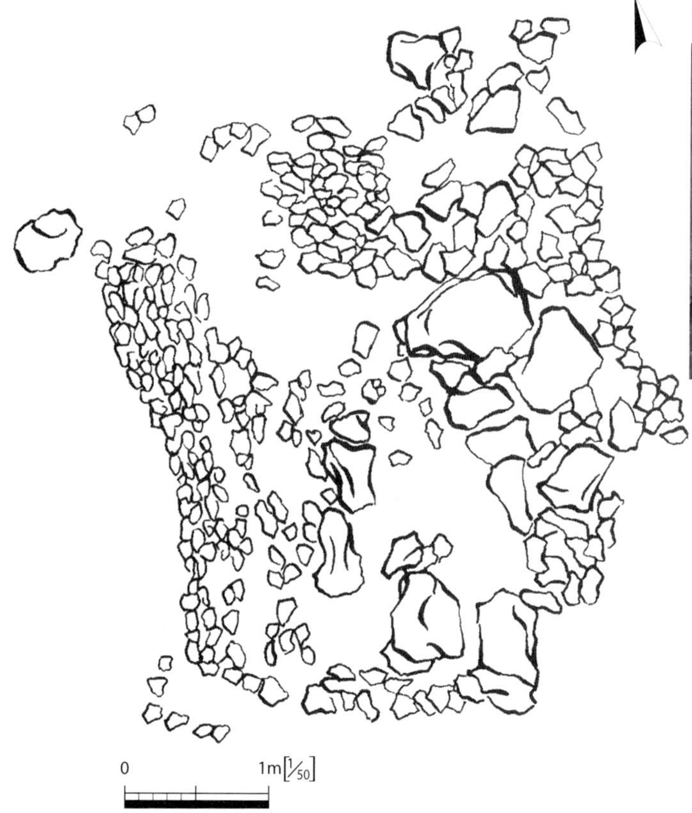

[전경(남쪽에서 본 모습)]

0 1m[⅟₅₀]

2고분군 104호묘

(단위 : cm)

봉토	크 기 (길이×너비×높이)	?	연도	크 기 (길이×너비×높이)	?
	평면형태	?		연도위치	?
주체부	장축방향	?		두 향	?
	매장주체 (길이×너비×깊이)	?		바닥시설	?
	평면형태 (길이×너비)	타원형(400×250)		천장형태	?
				석재종류	활석
유물	토 도 기	-			
	금 속 기	-			
	옥 석 기	-			
	기 타	-			
특기사항	토광포석묘. 유구 도면 없음.				

2고분군 105호묘

(단위 : cm)

봉토	크 기 (길이×너비×높이)	?	목관	크 기 (길이×너비×높이)	?
	평면형태	타원형		장 폭 비	?
묘광	장축방향	?	목곽	크 기 (길이×너비×높이)	?
	크 기 (길이×너비×깊이)	?		장 폭 비	?
	장 폭 비	?		두 향	?
유물	토 도 기	-			
	금 속 기	-			
	옥 석 기	-			
	기 타	인골편, 목탄			
특기사항	토광묘. 유구 도면 없음. 화장.				

2고분군 106호묘

(단위 : cm)

봉토	크 기 (길이×너비×높이)	470×?×20~25	목관	크 기 (길이×너비×높이)	?
	평면형태	타원형		장폭비	?
묘광	장축방향	?	목곽	크 기 (길이×너비×높이)	?
	크 기 (길이×너비×깊이)	330×?×6		장폭비	?
	장폭비	2.08:1	두 향		?
유물	토 도 기		-		
	금 속 기		-		
	옥 석 기		-		
	기 타	인골편			
특기사항		토광봉토묘. 유구 도면 없음. 화장. 이차장. 인골의 개체수는 알 수 없음.			

2고분군 107호묘

(단위 : cm)

봉토	크 기 (길이×너비×높이)	?×?×25	목관	크 기 (길이×너비×높이)	?
	평면형태	타원형		장폭비	?
묘광	장축방향	?	목곽	크 기 (길이×너비×높이)	?
	크 기 (길이×너비×깊이)	?		장폭비	?
	장폭비	?	두 향		?
유물	토 도 기		-		
	금 속 기		-		
	옥 석 기		-		
	기 타	목탄			
특기사항		토광묘. 유구 도면 없음. 화장.			

2고분군 109호묘

(단위 : cm)

봉토	크 기 (길이×너비×높이)	?×?×25	목관	크 기 (길이×너비×높이)	?
	평면형태	타원형		장폭비	?
묘광	장축방향	?	목곽	크 기 (길이×너비×높이)	?
	크 기 (길이×너비×깊이)	?		장폭비	?
	장폭비	?	두 향		?
유물	토도기	-			
	금속기	-			
	옥석기	-			
	기 타	인골편, 목탄			
	특기사항	토광묘. 유구 도면 없음. 화장.			

2고분군 111호묘

(단위 : cm)

봉토	**크 기** (길이×너비×높이)	350×350×50	**연도**	**크 기** (길이×너비×높이)	?
	평면형태	타원형		**연도위치**	?
주체부	**장축방향**	N-16°-E		**두 향**	?
	매장주체 (길이×너비×깊이)	동 : 225×100×30 서 : 240×110×25		**바닥시설**	?
	평면형태 (길이×너비)	말각방형(?×?)		**천장형태**	?
				석재종류	현무암
유물	**토 도 기**	-			
	금 속 기	-			
	옥 석 기	-			
	기 타	인골편			
	특기사항	토광포석묘. 화장.			

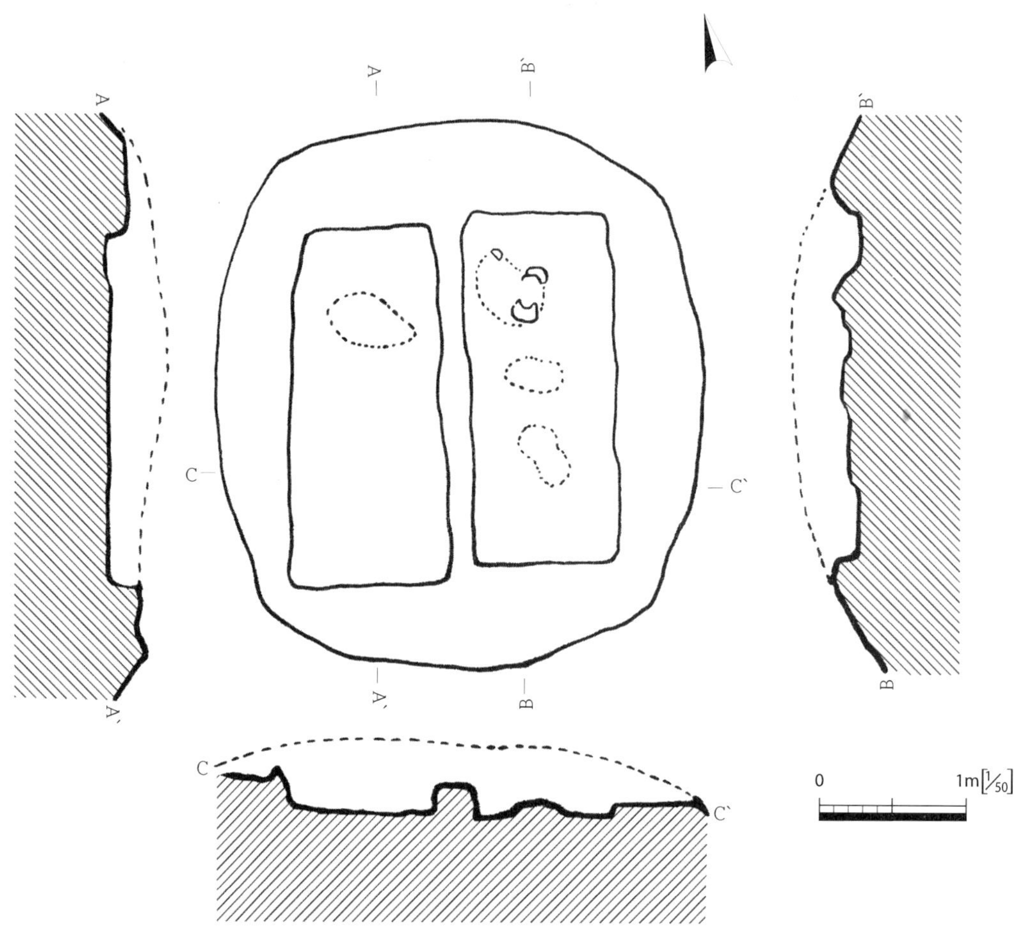

2고분군 112호묘

(단위 : cm)

봉토	크 기 (길이×너비×높이)	?	목관	크 기 (길이×너비×높이)	?
	평면형태	?		장폭비	?
묘광	장축방향	?	목곽	크 기 (길이×너비×높이)	?
	크 기 (길이×너비×깊이)	?		장폭비	?
	장폭비	?		두 향	?
유물	토도기	-			
	금속기	-			
	옥석기	-			
	기 타	-			
특기사항		토광묘. 유구 도면 없음. 쌍실묘. 소량의 포변석.			

2고분군 115호묘

(단위 : cm)

봉토	크 기 (길이×너비×높이)	400×400×24	목관	크 기 (길이×너비×높이)	?
	평면형태	원형		장폭비	?
묘광	장축방향	?	목곽	크 기 (길이×너비×높이)	?
	크 기 (길이×너비×깊이)	?		장폭비	?
	장폭비	?		두 향	?
유물	토도기	-			
	금속기	-			
	옥석기	-			
	기 타	-			
특기사항		토광묘. 유구 도면 없음. 소량의 포변석.			

2고분군 113~121호묘

(단위 : cm)

봉토	크 기 (길이×너비×높이)	?×?×15~20	목관	크 기 (길이×너비×높이)	?
	평면형태	원형		장폭비	?
묘광	장축방향	?	목곽	크 기 (길이×너비×높이)	?
	크 기 (길이×너비×깊이)	?		장폭비	?
	장폭비	?		두 향	?
유물	토 도 기	-			
	금 속 기	-			
	옥 석 기	-			
	기 타	목탄			
	특기사항	토광묘. 유구 도면 없음. 화장. 115호묘 제외.			

2고분군 122호묘

(단위 : cm)

봉토	크 기 (길이×너비×높이)	?	목관	크 기 (길이×너비×높이)	?
	평면형태	원형		장폭비	?
묘광	장축방향	?	목곽	크 기 (길이×너비×높이)	?
	크 기 (길이×너비×깊이)	?		장폭비	?
	장폭비	?		두 향	?
유물	토 도 기	-			
	금 속 기	-			
	옥 석 기	-			
	기 타	-			
	특기사항	토광묘. 유구 도면 없음. 화장. 발굴하지 않음.			

2고분군 123호묘

(단위 : cm)

봉토	크 기 (길이×너비×높이)	?×?×25	연도	크 기 (길이×너비×높이)	?
	평면형태	원형		연도위치	?
주체부	장축방향	?		두 향	?
	매장주체 (길이×너비×깊이)	?		바닥시설	?
	평면형태 (길이×너비)	부정형(?×?)		천장형태	?
				석재종류	할석
유물	토 도 기	-			
	금 속 기	-			
	옥 석 기	-			
	기 타	-			
	특기사항	토광포석묘. 유구 도면 없음. 화장.			

2고분군 124호묘

(단위 : cm)

봉토	크 기 (길이×너비×높이)	?	석관	크 기 (길이×너비×높이)	?
	평면형태	?		장폭비	?
묘광	장축방향	?	석곽	크 기 (길이×너비×높이)	160×?×?
	크 기 (길이×너비×깊이)			장폭비	?
	장폭비	-		두 향	-
유물	토 도 기	-			
	금 속 기	-			
	옥 석 기	-			
	기 타	-			
	특기사항	석곽묘. 유구 도면 없음. 파괴가 심함.			

2고분군 126호묘

(단위 : cm)

봉토	크 기 (길이×너비×높이)	?×?×35	연도	크 기 (길이×너비×높이)	?
	평면형태	부정형		연도위치	?
주체부	장축방향	N-10°-E		두 향	?
	매장주체 (길이×너비×깊이)	동 : 180×70×3 서 : 230×80×5		바닥시설	?
	평면형태 (길이×너비)	장방형(?×?)		천장형태	?
				석재종류	현무암
유물	토 도 기	호 구연부(1), 호 저부(1)			
	금 속 기	은제 귀걸이(1), 동제 대금구(3), 동제 조두형 장식(1), 동제 사미(1), 동제 반지(1), 동제 패식(2), 철제 관정(1)			
	옥 석 기	마노제 구슬(2)			
	기 타	목탄			
	특기사항	봉토포석묘. 화장. 관곽 흔적 확인되었으며, 그 아래에서 2개의 목판이 발견되었다.			

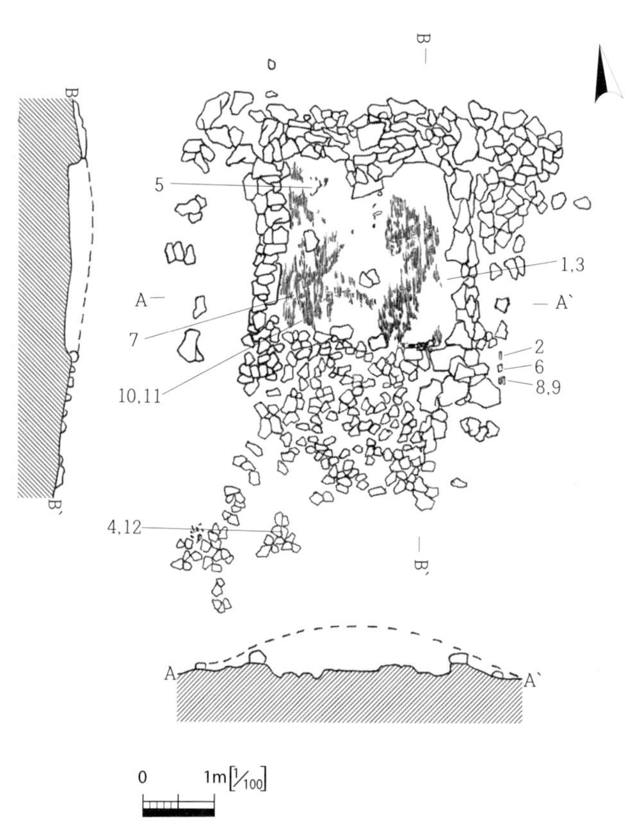

[출토유물]

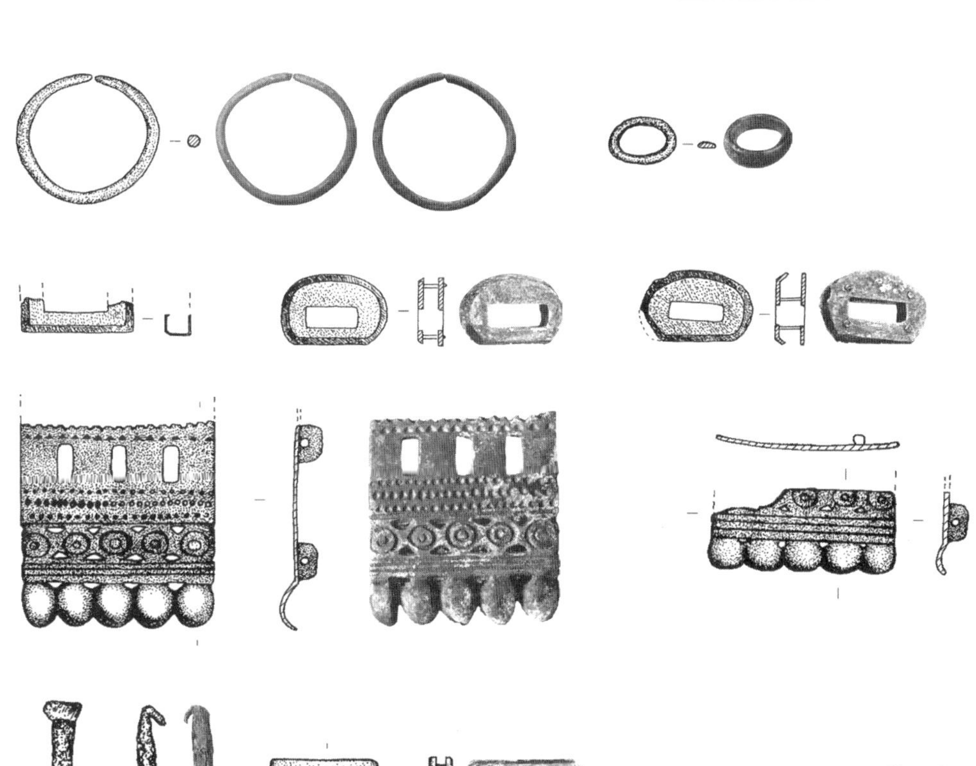

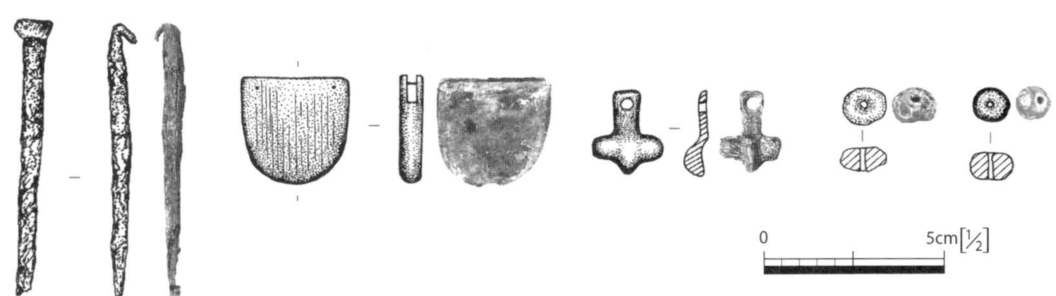

2고분군 127호묘

(단위 : cm)

봉토	크 기 (길이×너비×높이)	?×?×25	연도	크 기 (길이×너비×높이)	?
	평면형태	?		연도위치	?
현실	장축방향	N-25°-W		두 향	?
	규 모 (길이×너비×높이)	110×50×45		바닥시설	황토
	평면형태	장방형		천장형태	?
	시상/관대 (길이×너비×높이)	?		석재종류	현무암
유물	토 도 기	심발(1)			
	금 속 기	-			
	옥 석 기	-			
	기 타	-			
	특기사항	바닥의 '品'자형 돌 배치는 화장할 때 관을 받치기 위한 용도로 인위적으로 배치했을 가능성.			

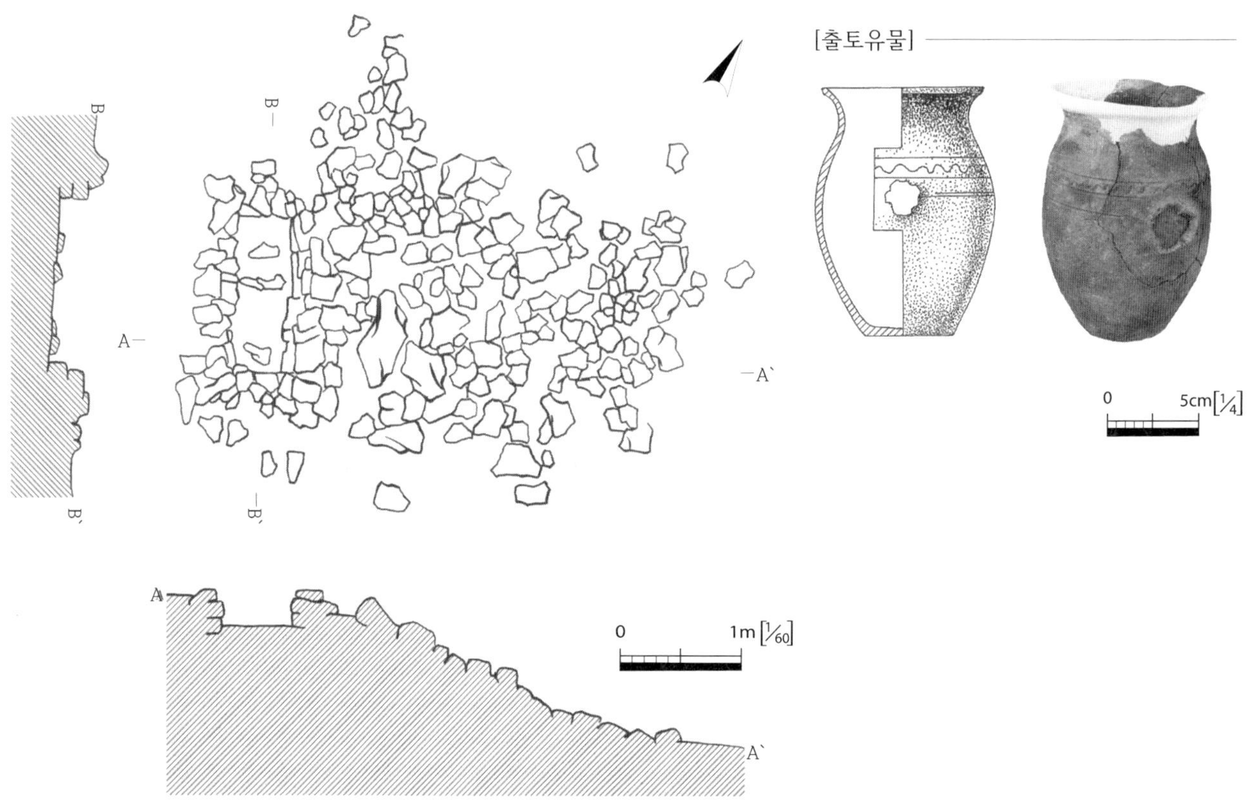

2고분군 128호묘

(단위 : cm)

봉토	크 기 (길이×너비×높이)	?×?×35	석관	크 기 (길이×너비×높이)	–
	평면형태	?		장 폭 비	–
묘광	장축방향	?	석곽	크 기 (길이×너비×높이)	220×75×?
	크 기 (길이×너비×깊이)	–		장 폭 비	2.93:1
	장 폭 비	–	두 향		–
유물	토 도 기	–			
	금 속 기	–			
	옥 석 기	–			
	기 타	인골(1)			
특기사항	석곽묘. 유구 도면 없음. 봉토(북고남저). 성인 1개체분. 발굴하지 않음.				

2고분군 129호묘

(단위 : cm)

봉토	크 기 (길이×너비×높이)	?	석관	크 기 (길이×너비×높이)	-
	평면형태	?		장폭비	-
묘광	장축방향	?	석곽	크 기 (길이×너비×높이)	?×80×?
	크 기 (길이×너비×깊이)	-		장폭비	?
	장폭비	-	두 향		?
유물	토도기	-			
	금속기	-			
	옥석기	-			
	기 타	-			
특기사항		석곽묘. 유구 도면 없음. 남반부 훼손. 할석·판석으로 축조.			

[전경(남쪽에서 본 모습)]

2고분군 130호묘

(단위 : cm)

봉토	크 기 (길이×너비×높이)	?	목관	크 기 (길이×너비×높이)	?
	평면형태	원형		장폭비	?
묘광	장축방향	?	목곽	크 기 (길이×너비×높이)	?
	크 기 (길이×너비×깊이)	?		장폭비	?
	장폭비	?	두 향		?
유물	토도기			–	
	금속기	동제 패식(1)			
	옥석기			–	
	기 타			–	
특기사항		토광묘. 유구 도면 없음. 화장. 발굴하지 않음.			

[출토유물]

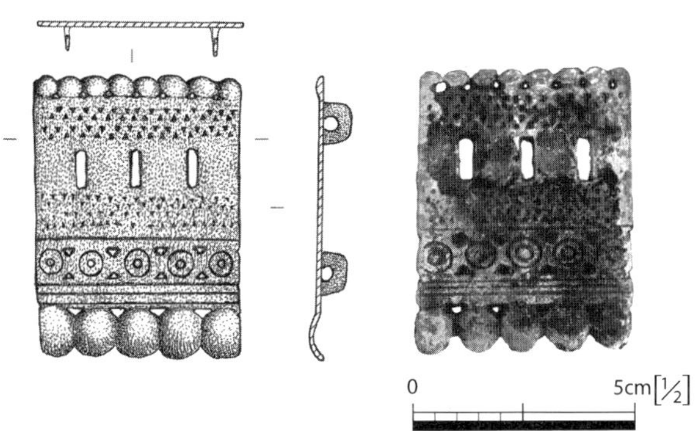

0   5cm[½]

길림성 돈화시 육정산 옹관묘_{吉林省 敦化市 六頂山 甕棺墓}

조사연혁	1979. 조사 및 시굴(敦化县文物管理所) 1981. 발굴(敦化县文物管理所)
유적위치	길림성 돈화시에서 남쪽으로 5km 떨어진 육정산(六頂山) 남쪽 기슭에 위치한다.
유적입지	서, 북, 동 3면이 봉우리로 둘러싸인 지형이며, 서남쪽으로 산등성이 너머 200m 지점에 육정산 고분군이 입지한다.
조사현황	옹관묘 2기를 발견하였다.
내　　용	석곽 내부에 옹관을 안치한 구조이다. 화장한 골편이 검출되었다.
주요유물	-
참고사항	발해 건국 이전 말갈과 관련된 것으로 이해된다.
참고문헌	김진광, 2013, 『북국 발해 탐험』, 박문사.

길림성 동요현 소고려묘 고분군吉林城 東遼縣 小高麗墓 古墳群

조사연혁	1986. 조사(?)
유적위치	길림성 동요현 족민향(足民乡)에서 북쪽으로 3km 정도 떨어진 안민촌(安民村) 소고력목둔(小高力木屯) 남산 위에 위치한다.
유적입지	이 산의 이름이 소고려묘산(小高丽墓山)이며 고분군은 산의 동쪽 끝 부분에 입지한다. 동쪽 아래쪽은 이통현(伊通县)으로 향하는 도로이고, 이 도로를 지나 약 250m를 가면 남북향으로 흐르는 유수하(楊树河)가 나온다. 강 양쪽은 평지이다.
조사현황	지표조사만 이루어져 구조와 장법이 분명하지 않다.
내　　용	1908년에 편찬된 『서안현지략(西安县志略)』에 의하면 소고려묘산 위에 옛 무덤 수십 기가 있다고 전해진다. 1986년 조사 당시 고분군 동쪽에서 이루어진 지속적인 토취행위로 인하여 대부분의 고분이 파괴되고 유물이 흩어진 범위가 약 2,000㎡에 달하는 사실이 확인되었다.
주요유물	심발, 말뼈
참고사항	속말말갈과 관련된 고분으로 추정된다.
참고문헌	김진광, 2013, 『북국 발해 탐험』, 박문사.

길림성 무송현 감장서감 고분군吉林城 撫松縣 碱場西坎 古墳群

조사연혁	1986. (抚松县 文物普查队)
유적위치	길림성 무송현 추수향(抽水乡) 감장촌(碱场村) 서감둔(西坎屯)에서 서북으로 약 500m 떨어진 고려구 일대에 위치한다.
유적입지	동쪽은 높은 산이고, 서쪽은 커다란 골짜기로 서감둔으로 통하는 산길이 있다. 남쪽은 고려구이고 북쪽은 산등성이이다.
조사현황	1986년 조사에서는 황무지 상태로 퇴적된 돌만 관찰되었다.
내 용	고분군의 추정 범위는 동서 50m, 남북 20m 정도이다. 인위적으로 파괴되었는지 오랜 세월로 인해 지하에 매몰되었는지 알 수 없으며, 발굴이 진행되지 않아서 구조와 부장품에 대해서도 알 수 없다.
주요유물	-
참고사항	주민의 말에 의하면 묘광에서 비녀같은 금속 잔편과 토기가 출토되었다고 한다.
참고문헌	김진광, 2013, 『북국 발해 탐험』, 박문사.

길림성 무송현 전전자 고분군吉林省 撫松縣 前甸子 古墳群

조사연혁	1977. 05. ~ 1977. 07(吉林省博物馆)
유적위치	길림성 무송현 추수향(抽水乡) 감장촌(碱场村) 원전전자둔(原前甸子屯)에서 서남쪽으로 약 0.5km 떨어진 언덕에 위치한다.
유적입지	고분군이 입지하는 언덕은 동서방향으로 비교적 평탄하고 완만하다. 고분군 남쪽은 송화강이 서남쪽에서 북쪽으로 흐른다. 고분은 모두 3기이며 고분간의 거리는 10m 이내로 밀집 분포한다.
조사현황	발견된 3기의 고분을 발굴조사하였는데, 이미 천장부분은 파괴된 상태였다. 고분군은 현재 장백산발전소 저수지에 수몰되었다.
내 용	3기 모두 봉토를 갖추고 석광 안에 목관을 갖춘 형태이다. 3기 중 M1호묘가 M2, M3호묘보다 위계가 높다.
주요유물	금동제 대금구, 동제 대금구, 금동제 장식
참고사항	-
참고문헌	庞志国·柳岚, 1983, 「撫松前甸子渤海古墓清理簡報」, 『博物館研究』3. 김진광, 2012, 『북국 발해 탐험』, 박문사.

[유적 위치도]

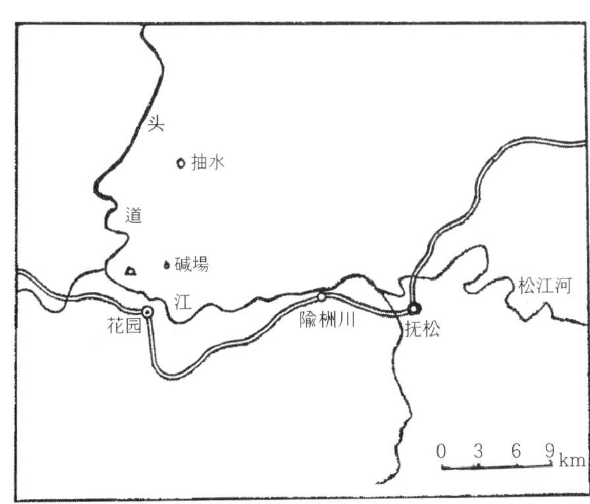

전전자 1호묘

(단위 : cm)

봉토	크 기 (길이×너비×높이)	?	연도	크 기 (길이×너비×높이)	170×80×(130+)
	평면형태	?		연도위치	중앙
현실	장축방향	S-6°-E		두 향	?
	규 모 (길이×너비×높이)	350×280×(130+)		바닥시설	황토를 다짐
	평면형태	장방형		천장형태	?
	시상/관대 (길이×너비×높이)	–		석재종류	판석·할석
유물	토 도 기	토기편			
	금 속 기	금동제 교구(1), 금동제 사미(1), 금동제 장식(1), 동제 대금구(1), 철제 관정			
	옥 석 기	–			
	기 타	인골(2), 목탄			
특기사항		유물의 축척을 알 수 없다. 인골은 2개체분이며 부장품은 교란되었다.			

[출토유물]

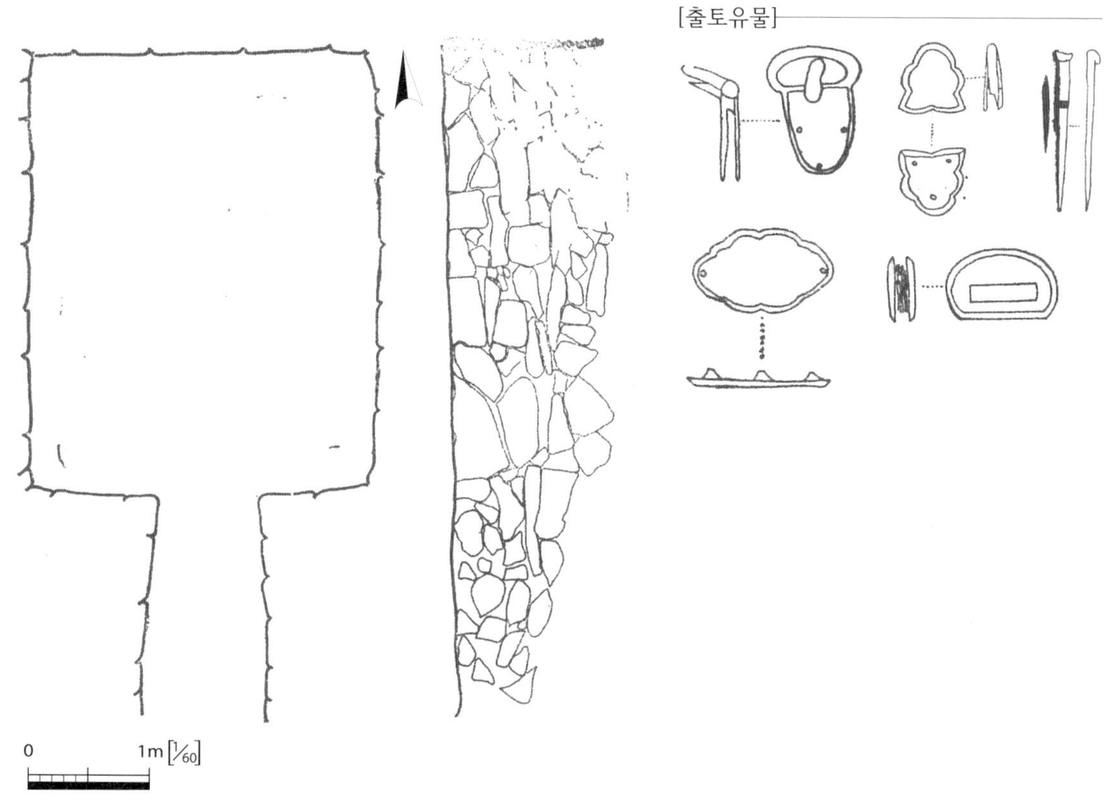

0   1m [1/60]

전전자 2호묘

(단위 : cm)

봉토			연도		
	크 기 (길이×너비×높이)	?		**크 기** (길이×너비×높이)	130×80×(70+)
	평면형태	?		**연도위치**	중앙
현실	**장축방향**	S-5°-E		**두 향**	?
	규 모 (길이×너비×높이)	270×180×(90+)		**바닥시설**	부석
	평면형태	장방형		**천장형태**	?
	시상/관대 (길이×너비×높이)	–		**석재종류**	판석·할석
유물	**토도기**	심발(1)			
	금속기	철제 관정			
	옥석기	유공 숫돌(1)			
	기 타	인골(3)			
	특기사항	유물의 축척을 알 수 없다. 2인합장묘로서 인골은 모두 교란되었다.			

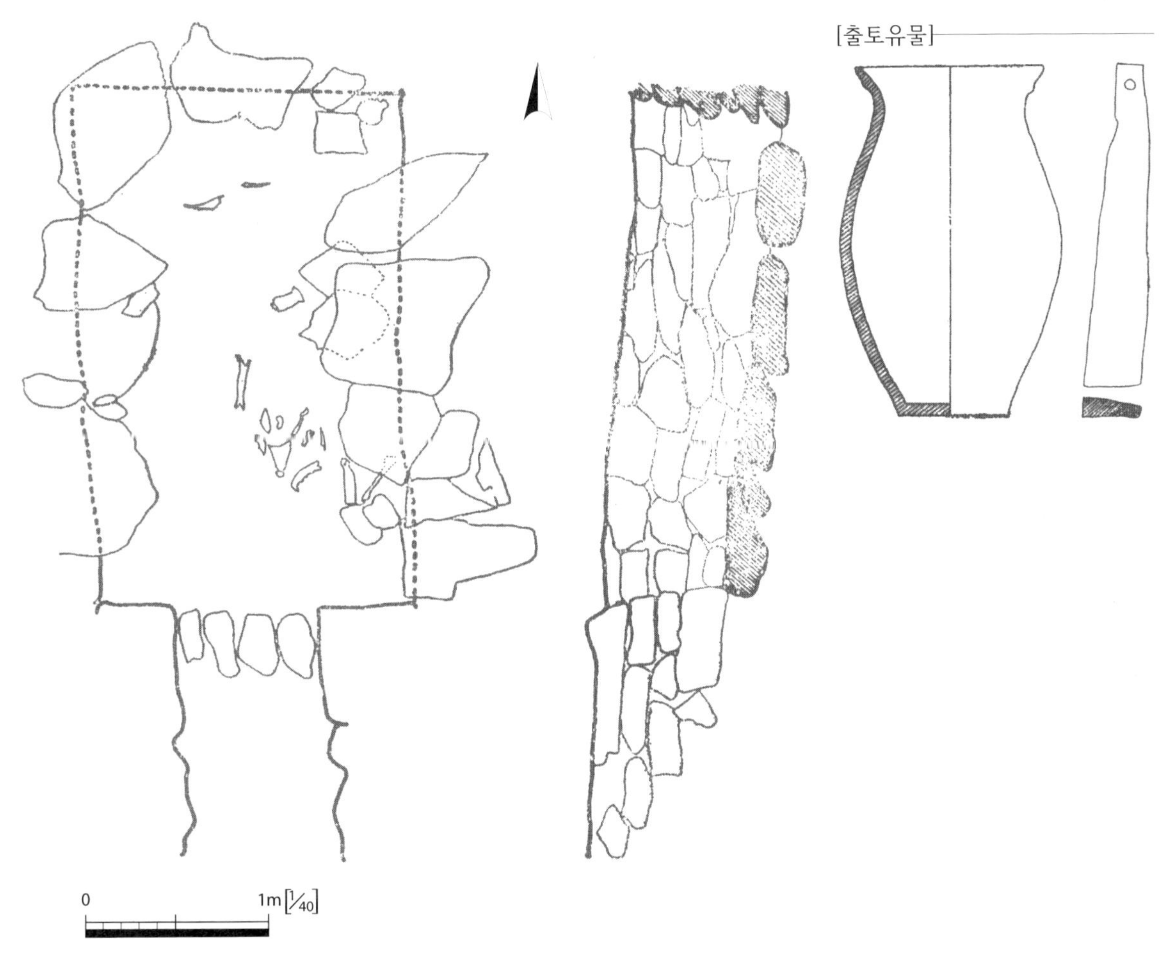

전전자 3호묘

(단위 : cm)

봉토	크 기 (길이×너비×높이)	?	연도	크 기 (길이×너비×높이)	120×98×(128+)
	평면형태	?		연도위치	중앙
현실	장축방향	S-30°-E		두 향	?
	규 모 (길이×너비×높이)	284×248×(124+)		바닥시설	황색 사질토
	평면형태	방형		천장형태	고임식
	시상/관대 (길이×너비×높이)	-		석재종류	판석·할석
유물	토 도 기	-			
	금 속 기	-			
	옥 석 기	마노제 구슬(1)			
	기 타	-			
특기사항		유물의 축척을 알 수 없다. 파괴가 매우 심하다.			

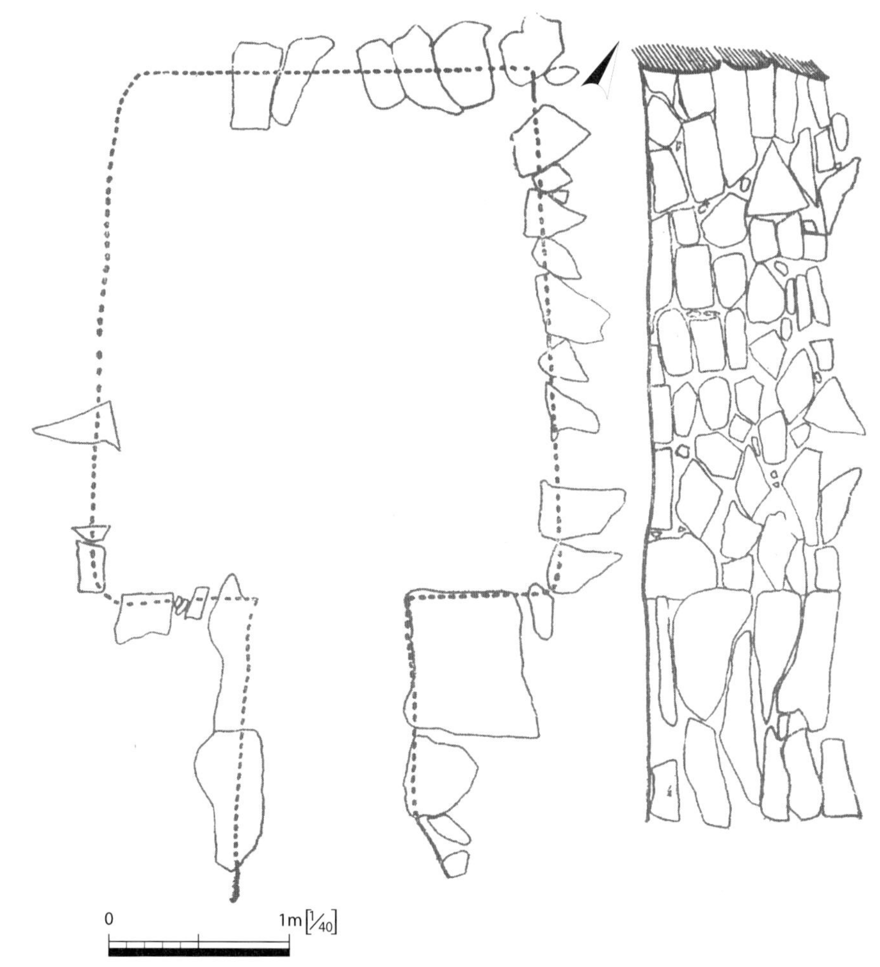

[현실 동북 모서리]

[출토유물]

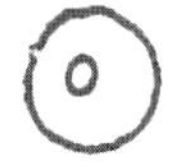

길림성 안도현 동청 고분군吉林省 安圖縣 東淸 古墳群

조사연혁	1984. 발견(延边朝鲜族自治州文化遺物调查队) 1990. 08. 29. ~ 10. 23. 정리 및 발굴(延边博物馆) 1991. 08. 09. ~ 08. 14. 정리 및 발굴(延边博物馆)
유적위치	길림성 안도현 영경향(永庆乡) 동청둔(东淸屯) 북쪽 약 1.25㎞에 있는 작은 개울 북쪽의 분지에 위치한다.
유적입지	고분군의 동쪽과 북쪽은 작은 산으로 둘러싸여 있으며, 고분군 서쪽에 도로가 바짝 붙어 북쪽에서 남쪽으로 지나간다. 남쪽은 동서향의 하곡에 접해 있다. 하곡 남쪽은 높은 대지이며, 동쪽으로 고동하(古洞河)와 약 30m 정도 떨어져 있다.
조사현황	1984년 문화유물조사대가 안도경내 조사 때 발견하였고, 1990년 연변박물관에서 10기를 발굴조사하였다. 1991년에 연변박물관에서 다시 3기를 발굴조사하였다. 고분군의 면적은 동서 50m, 남북 약 25m이며, 이미 농경지로 개간된 상태이다.
내　용	구조에 따라 방단석광봉토묘(1호묘), 계단식방단석광적석묘(2·3·8호묘), 지상식석실봉토묘(9호묘), 지하식석실봉토묘(4·5·6·11·12·13호묘), 토광묘(7호묘)로 구분되었다. 장법은 단인장과 다인장으로 구분된다. 무기나 무구에서는 고구려의 영향이 보이고 토기에서는 말갈의 영향이 나타난다.
주요유물	-
참고사항	동청고분군은 고분의 구조나 유물의 특징을 볼 때 발해 조기의 특징이 보이지만 고분군 내에서도 구조, 규모, 매장방식 등에서 일정한 차이점이 보인다. 이는 피장자의 신분 및 시간의 선후관계에서 기인한 것으로 보인다.
참고문헌	연변박물관, 1993, 「동청발해무덤발굴보고」, 『발해사연구』3. 송기호, 1998, 『발해정치사연구』, 일조각. 김진광, 2012, 『북국 발해 탐험』, 박문사.

[전경]

[유구 분포도]

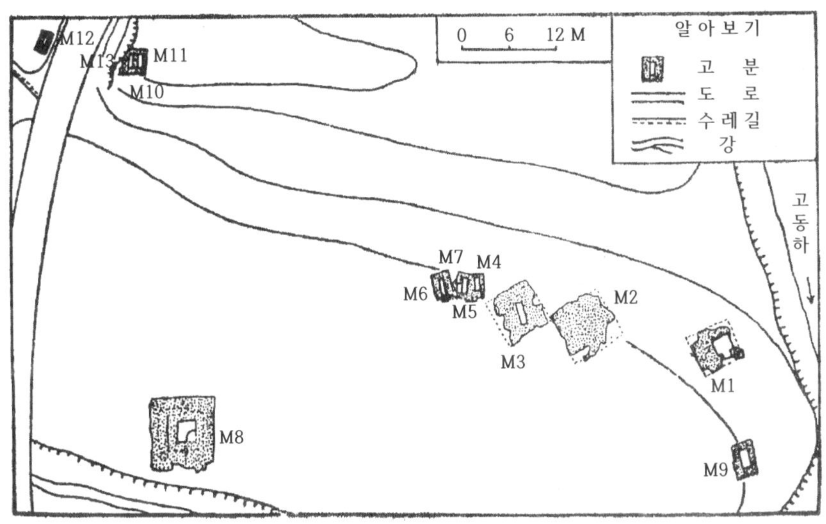
M12
M13 M11
M10
0 6 12 M
알아보기
고 분
도 로
수레길
강
고동하
M7 M4
M6
M5
M3
M2
M1
M8
M9

[채집유물]

1호묘

(단위 : cm)

봉토	크 기 (길이×너비×높이)	700×700×100	연도	크 기 (길이×너비×높이)	160×120×(20+)
	평면형태	원형		연도위치	중앙
현실	장축방향	160°	두 향		북향
	규 모 (길이×너비×높이)	270×260×(60~75+)	바닥시설		부석
	평면형태	방형	천장형태		-
	목 관 (길이×너비×높이)	서:190×62~80×(10~15+) 중:190×90×(20~25+) 동:190×70×(10~15+)	석재종류		화강암 판석·할석
유물	토 도 기	병(1), 심발(4), 토기편(10)			
	금 속 기	은제 귀걸이(1), 청동제 고리(4), 철제 등자(3), 철제 재갈(1), 철제 교구(2), 철제 대금구(2), 사미(2), 철촉(5), 철모(2), 검형 철기(1), 원통형 철기(3)			
	옥 석 기	수정제 구슬(1), 마노제 구슬(1), 호박제 구슬(7), 벽옥제 구슬(3)			
	기 타	인골(17), 목관(3), 칠편(5)			
특기사항		봉토석실묘로서 ㄴ자형 기단을 갖추었고 현실 내 배수시설이 확인된다. 인골 17개체분으로서 일차장(①서측목관:인골 2개체, 성별·연령불명. ②중앙목관:인골 3개체. ③동측목관:인골 2개체, 장년남녀, 이차부부합장)과 이차장(인골 10개체, 천입장)이 공존한다. 관대 받침석이 각 4개씩 시설되었다. 유물 도면의 축척이 확실하지 않음.			

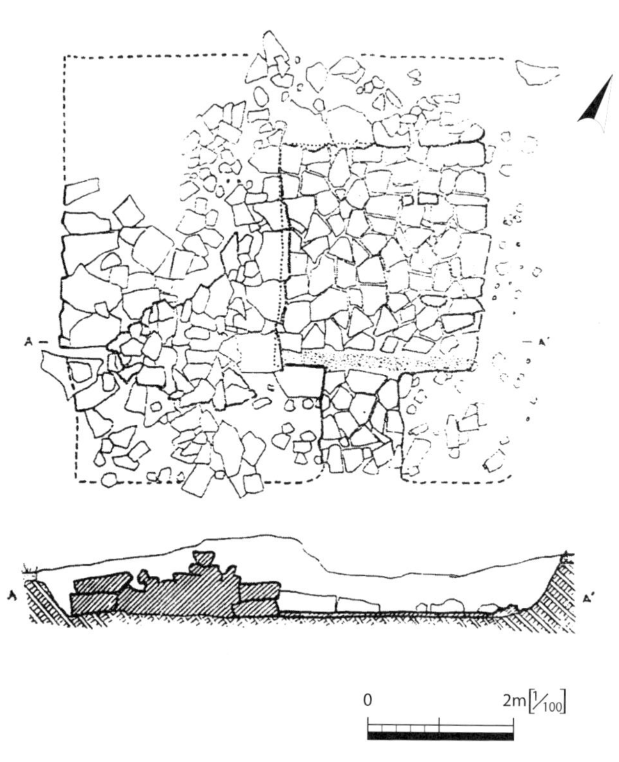

0   2m 1/100

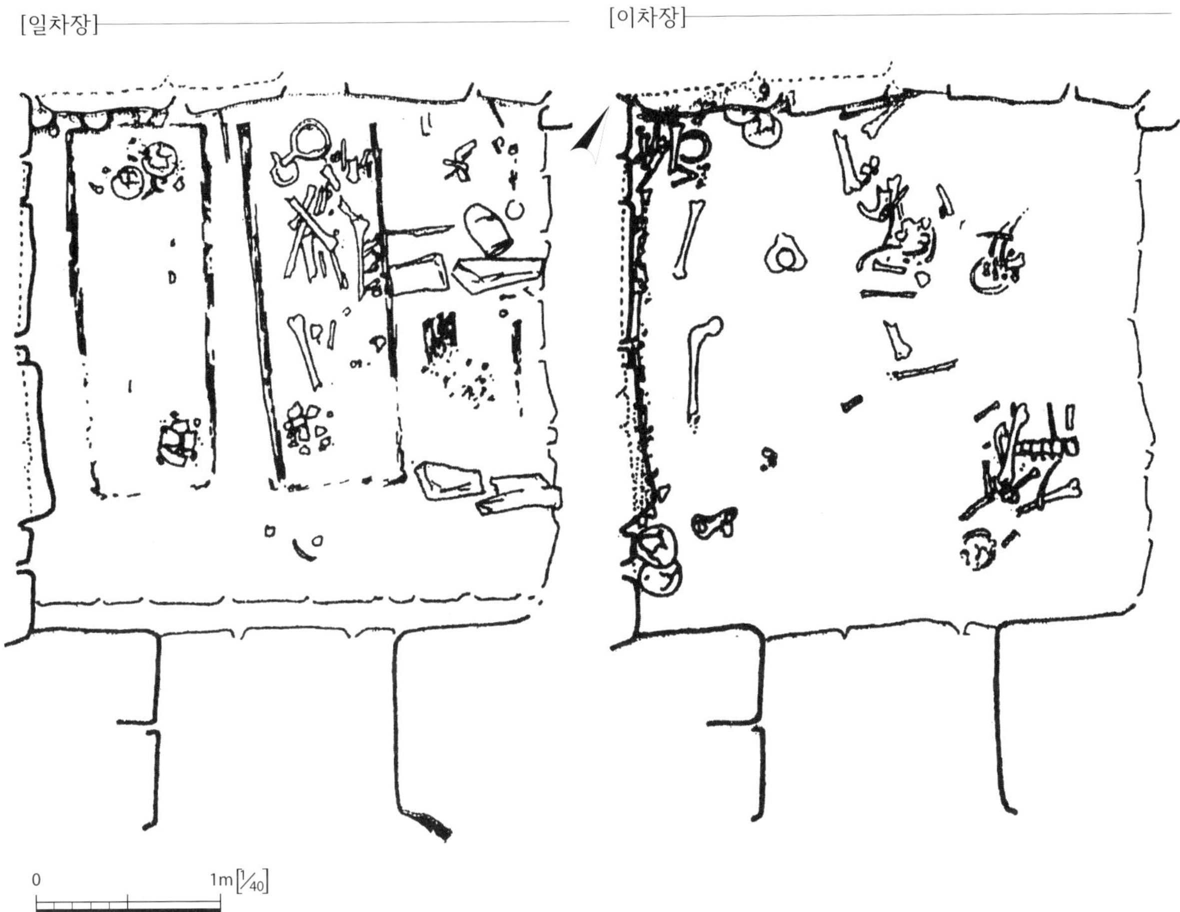

[출토유물]

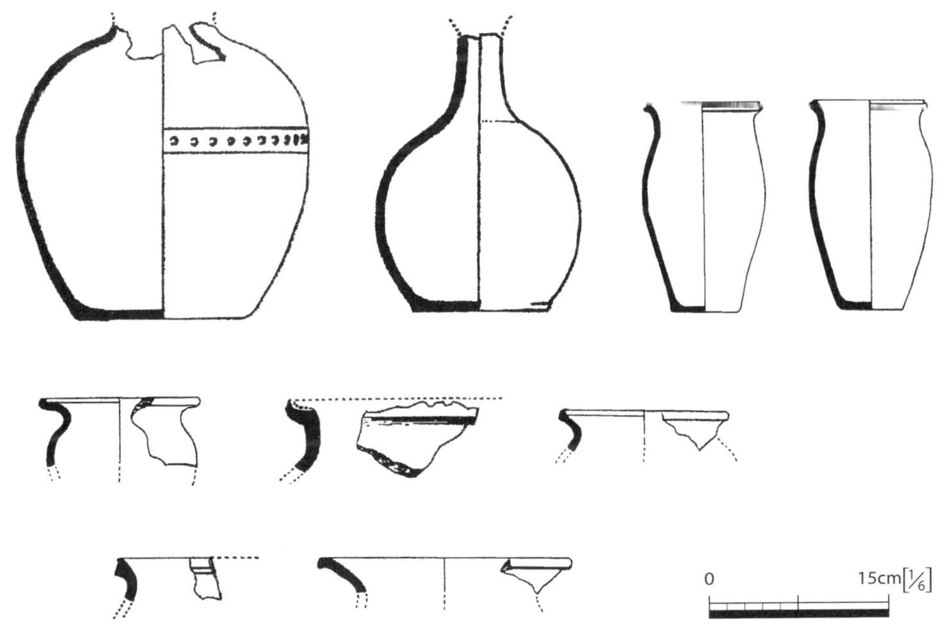

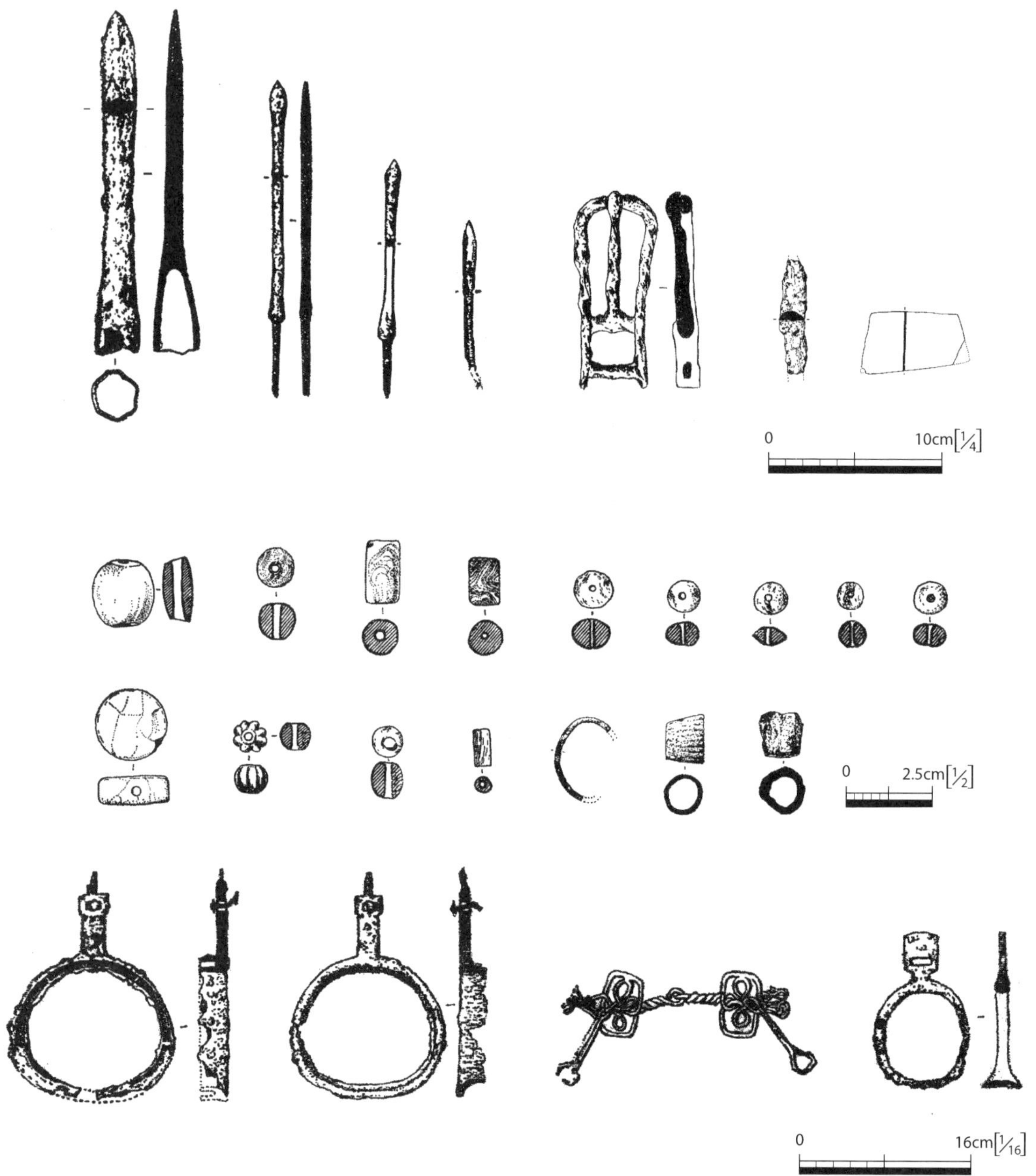

2호묘

(단위 : cm)

봉토	크 기 (길이×너비×높이)	–	연도	크 기 (길이×너비×높이)	?
	평면형태	–		연도위치	?
현실	장축방향	?		두 향	?
	규 모 (길이×너비×높이)	?		바닥시설	?
	평면형태	?		천장형태	?
	시상/관대 (길이×너비×높이)	?		석재종류	할석·판석
유물	토 도 기	토기편			
	금 속 기	동제 대금구(2), 동제 패식(2), 철제 교구(1) 철제 고리(1), 철제 창끝장식(1)			
	옥 석 기	호박제 구슬(1)			
	기 타	목탄			
	특기사항	계단식 방단석실적석묘. 유구 도면 없음. 기단이 존재(1000×800×?)하며 화장의 흔적이 보인다. 유물 도면의 축척이 확실하지 않음.			

[출토유물]

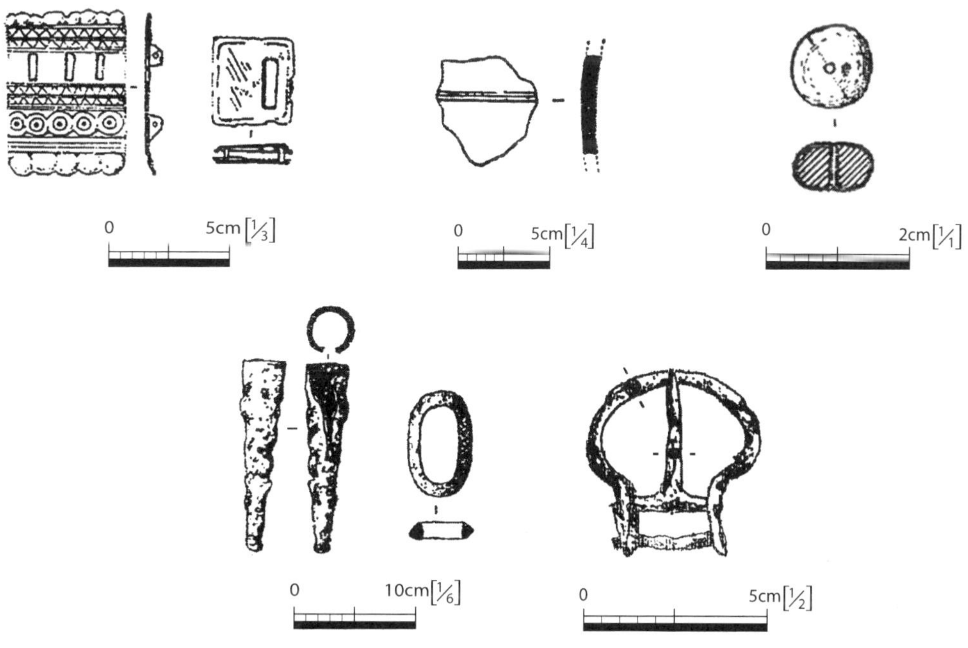

3호묘

(단위 : cm)

봉토	크 기 (길이×너비×높이)	?	연도	크 기 (길이×너비×높이)	?
	평면형태	?		연도위치	?
현실	장축방향	166°		두 향	북향
	규 모 (길이×너비×높이)	280~290×60~85×60		바닥시설	부석
	평면형태	세장방형		천장형태	?
	시상/관대 (길이×너비×높이)	–		석재종류	판석·할석
유물	토 도 기	–			
	금 속 기	철제 관정(14), 철촉(3)			
	옥 석 기	–			
	기 타	인골(1)			
	특기사항	기단 존재. 인골 1개체(성별·연령불명). 유물 도면 축척이 확실하지 않음.			

[출토유물]

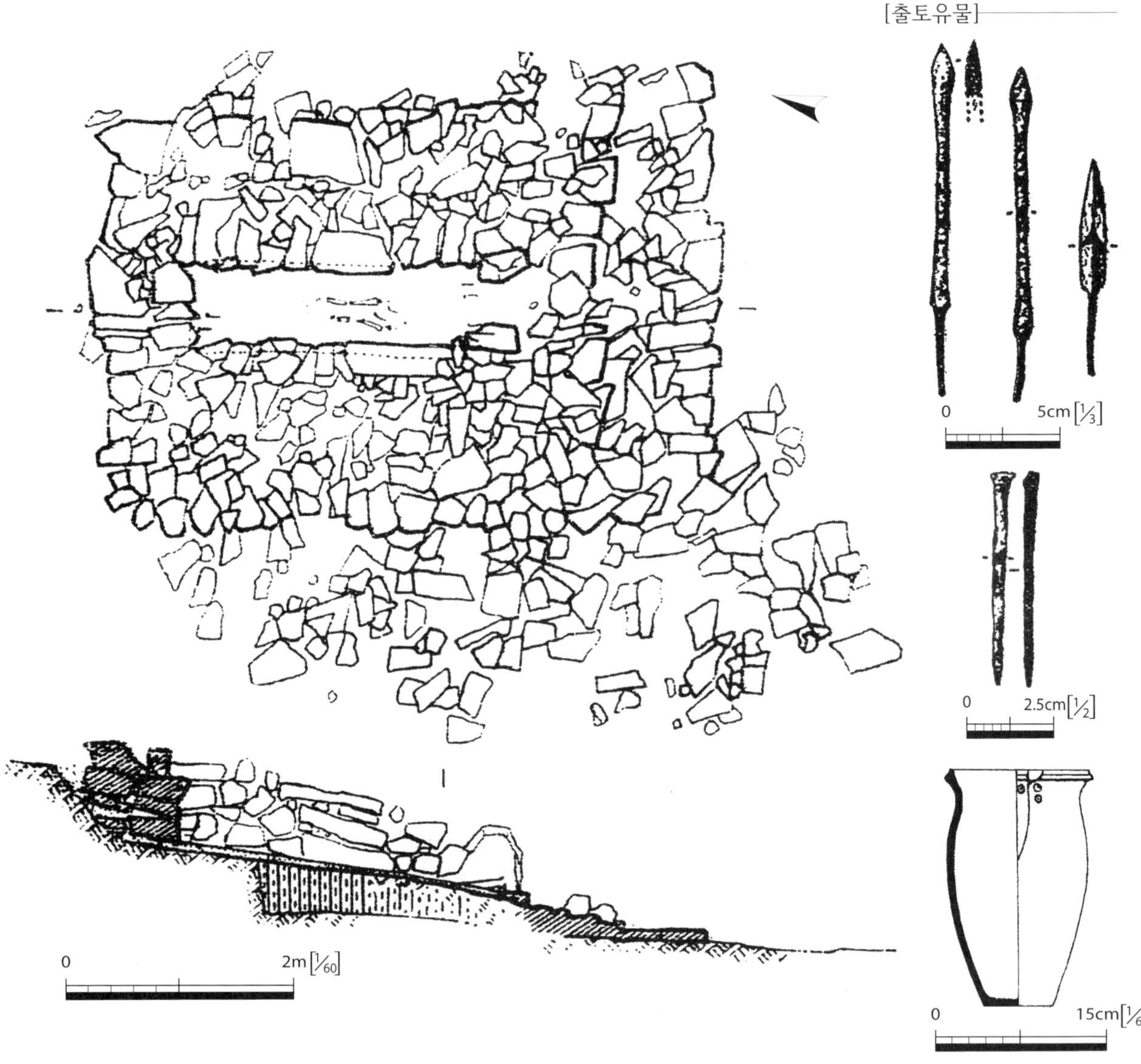

4호묘

(단위 : cm)

봉토	크 기 (길이×너비×높이)	?×?×(20~40+)	연도	크 기 (길이×너비×높이)	?×40×35
	평면형태	?		연도위치	–
현실	장축방향	168°	두 향	일차장 : 북향 이차장 : ?	
	규 모 (길이×너비×높이)	210×60~68×40~60		바닥시설	–
	평면형태	세장방형		천장형태	평
	시상/관대 (길이×너비×높이)	–		석재종류	화강암 판석·할석
유물	토 도 기	–			
	금 속 기	금동제 비녀(1), 동제 가랑비녀(2), 나선형 철기(1)			
	옥 석 기	–			
	기 타	인골(3), 골제 빗(1)			
	특기사항	인골은 3개체분(성별·연령불명)이며 이차장이다. 유물 도면 축척이 확실하지 않음.			

[출토유물]

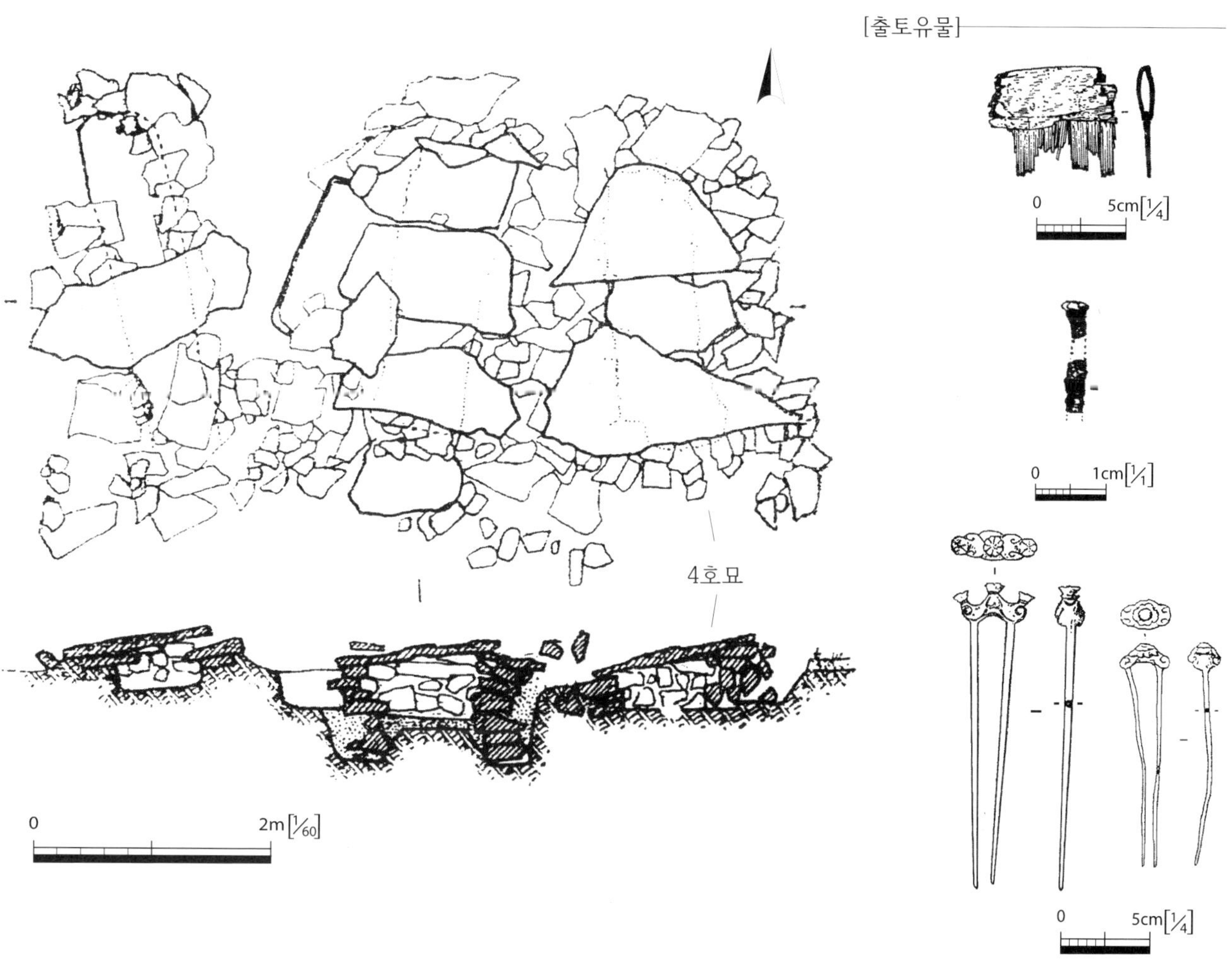

5호묘

(단위 : cm)

봉토	크 기 (길이×너비×높이)	?×?×10~30	연도	크 기 (길이×너비×높이)	?×70×40
	평면형태	?		연도위치	-
현실	장축방향	190°		두 향	?
	규 모 (길이×너비×높이)	210×60~65×54		바닥시설	황색 점토·부석
	평면형태	세장방형		천장형태	평
	시상/관대 (길이×너비×높이)	-		석재종류	판석·할석
유물	토 도 기	토기편(1)			
	금 속 기	철촉(1)			
	옥 석 기	-			
	기 타	치아			
	특기사항	인골은 부식되어 치아 몇 개만 발견되었다. 유물 도면 축척이 확실하지 않음.			

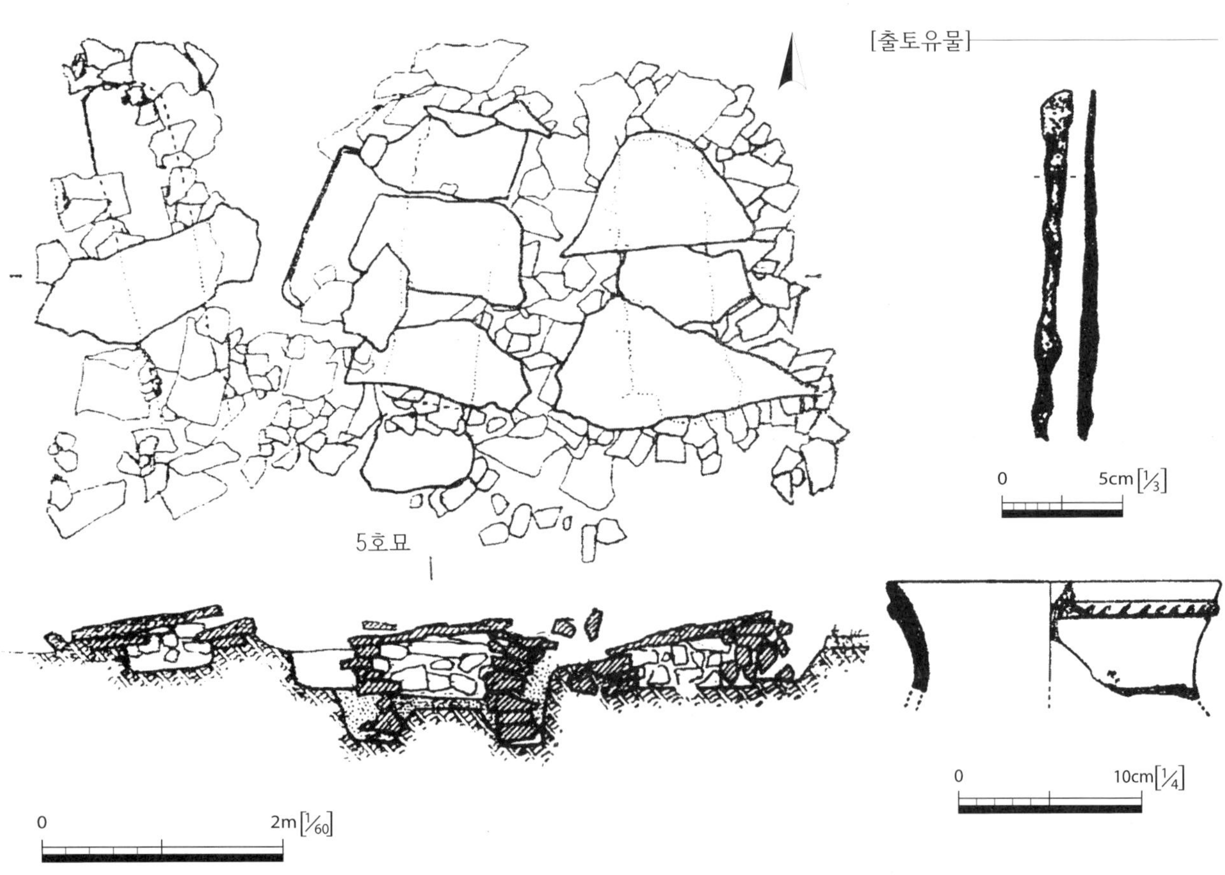

6호묘

(단위 : cm)

봉토	크 기 (길이×너비×높이)	?	연도	크 기 (길이×너비×높이)	100×60×60
	평면형태	?		연도위치	–
현실	장축방향	173°		두 향	?
	규 모 (길이×너비×높이)	220~230×30~75×60		바닥시설	부석
	평면형태	세장방형		천장형태	평
	시상/관대 (길이×너비×높이)	–		석재종류	판석·할석
유물	토 도 기	토기편			
	금 속 기		–		
	옥 석 기		–		
	기 타	인골(1)			
	특기사항				

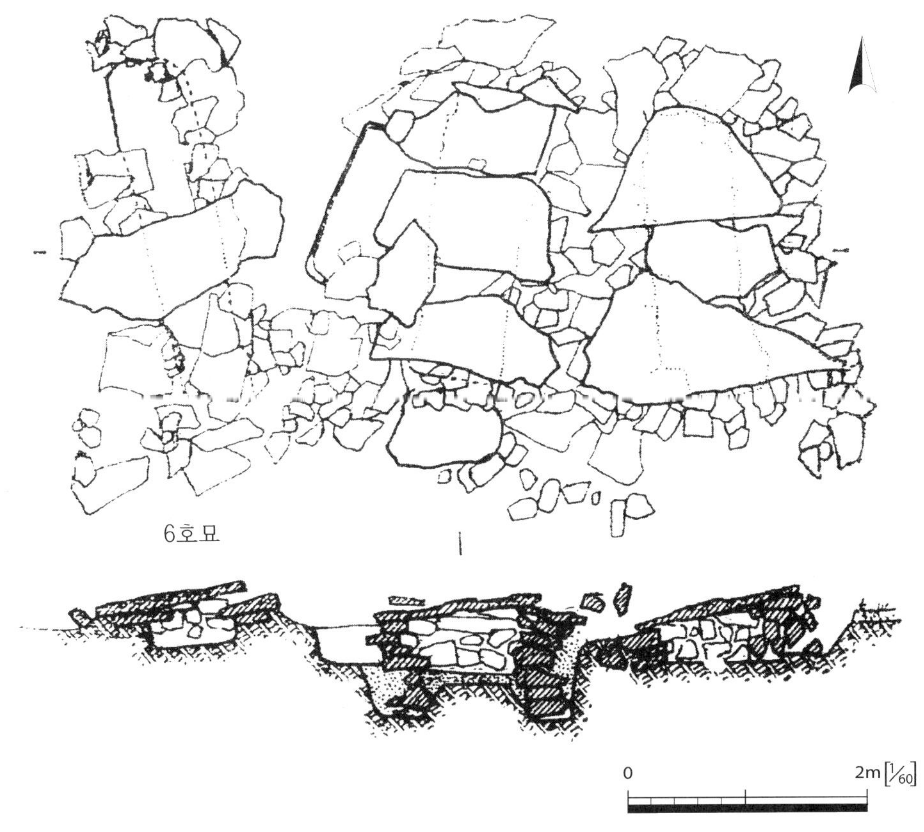

6호묘

0   2m [1/60]

7호묘

(단위 : cm)

묘광	크 기 (길이×너비×깊이)	120×45~55×(15~20+)	목관	크 기 (길이×너비×높이)	?
	장폭비	2.18:1		장폭비	?
	장축방향	195°	목곽	크 기 (길이×너비×높이)	-
	두 향	?		장폭비	-
유물	토 도 기	-			
	금 속 기	철제 관정(16)			
	옥 석 기	-			
	기 타	인골편, 목탄			
	특기사항	화장. 유물 도면 축척이 확실하지 않음.			

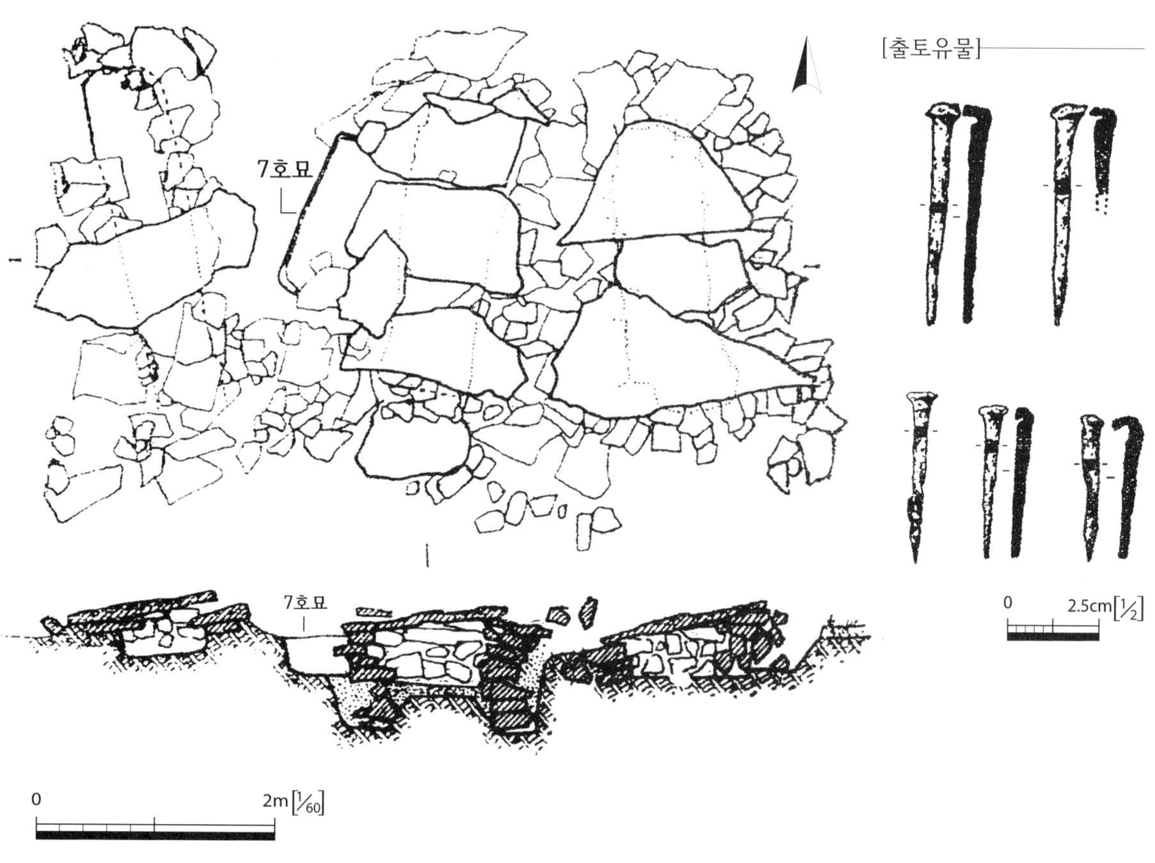

8호묘

(단위 : cm)

봉토	크 기 (길이×너비×높이)	800×770×100	연도	크 기 (길이×너비×높이)	?×80×?
	평면형태	방추형		연도위치	중앙
현실	장축방향	174°		두 향	?
	규 모 (길이×너비×높이)	280~290×250~270×(50~60+)		바닥시설	황토 · 부석
	평면형태	방형		천장형태	-
	시상/관대 (길이×너비×높이)	-		석재종류	화강암 판석 · 할석
유물	토 도 기	심발(3)			
	금 속 기	철제 관정			
	옥 석 기	-			
	기 타	인골편, 목탄			
	특기사항	계단식 방단석광적석묘로서 기단이 존재하며 화장의 흔적이 확인되었다. 유물 도면 축척이 확실하지 않음.			

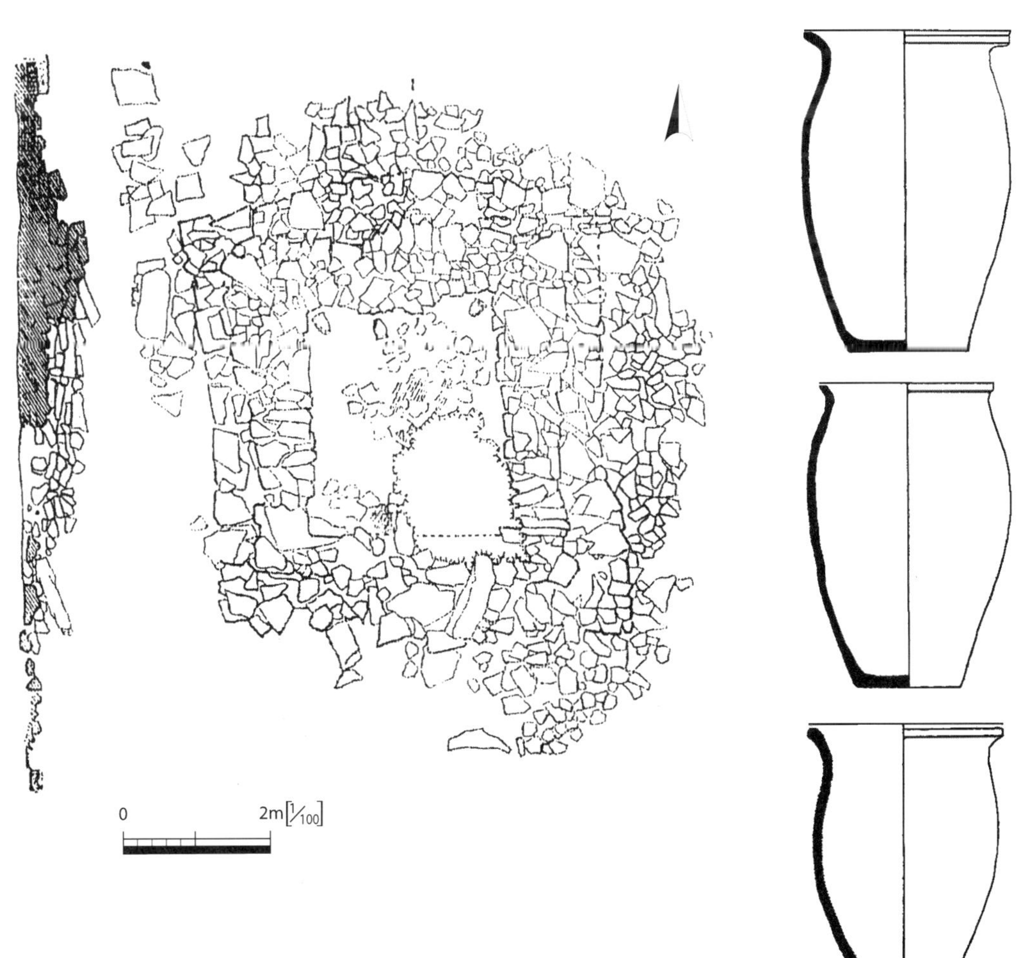

[출토유물]

0   2m [1/100]

0   15cm [1/6]

9호묘

(단위 : cm)

봉토	크 기 (길이×너비×높이)	460×400×50	연도	크 기 (길이×너비×높이)	?×100×(20+)
	평면형태	방형		연도위치	?
현실	장축방향	185°	두 향		일차장 : 남향·북향
					이차장 : ?
	규 모 (길이×너비×높이)	270~290×104~140×(25~35+)		바닥시설	황색 점토로 다짐
	평면형태	장방형		천장형태	평
	시상/관대 (길이×너비×높이)	–		석재종류	판석·할석
유물	토 도 기	토기편			
	금 속 기	철제 교구(1), 철제 대금구(3), 철제 사미(1), 철제 관정(1)			
	옥 석 기	–			
	기 타	인골(2+)			
	특기사항	일차장(인골2, 앙신직지)과 이차장(화장)이 공존한다. 무덤 바깥 ㄷ자형 시설물에서 말뼈가 출토되었다. 유물 도면 축척이 확실하지 않음.			

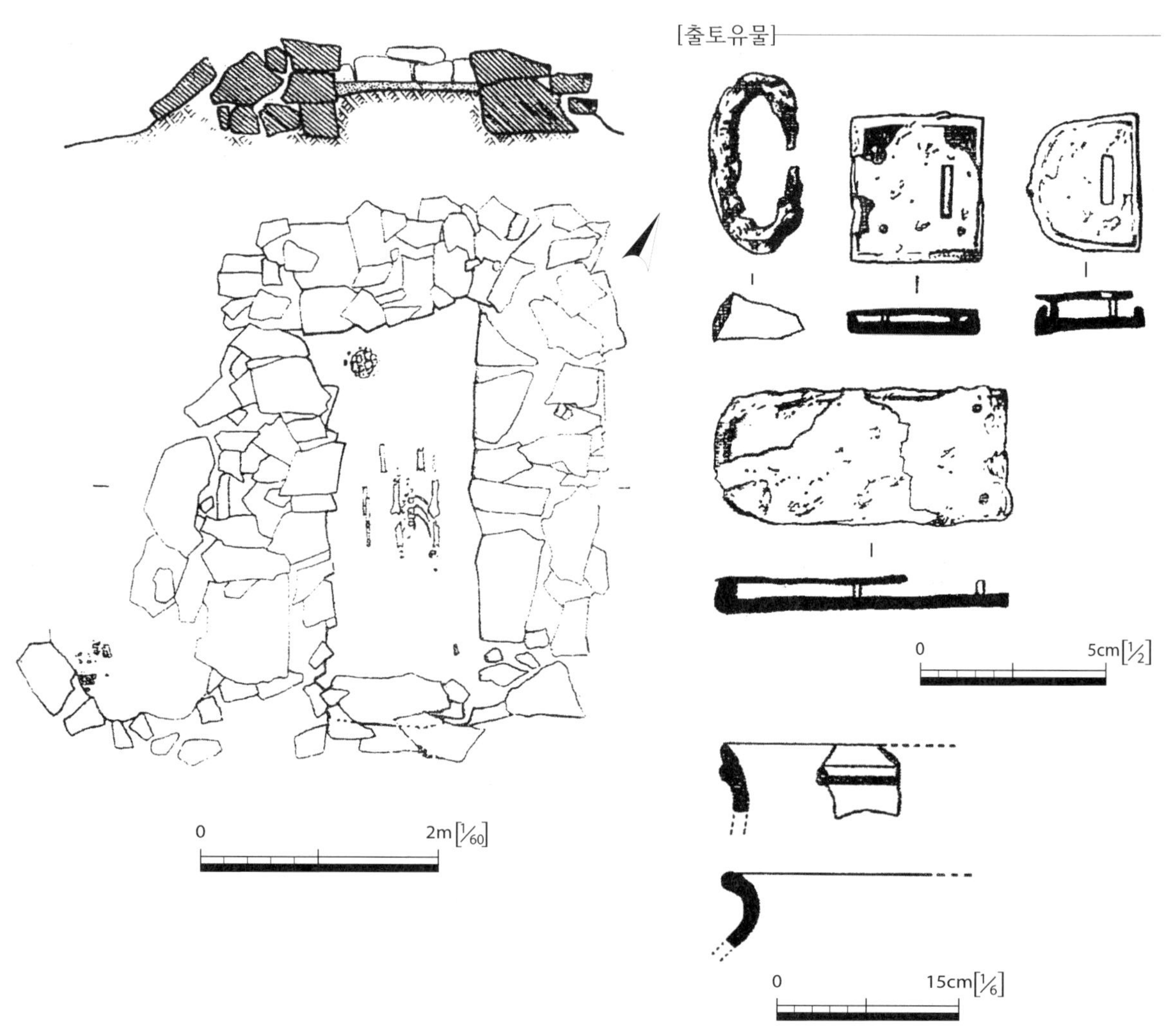

[출토유물]

10호묘

(단위 : cm)

봉토	크 기 (길이×너비×높이)	?	연도	크 기 (길이×너비×높이)	?
	평면형태	?		연도위치	-
현실	장축방향	185°		두 향	북향
	규 모 (길이×너비×높이)	225×80×40~60		바닥시설	황색 점토·부석
	평면형태	세장방형		천장형태	평
	시상/관대 (길이×너비×높이)	-		석재종류	판석·할석
유물	토 도 기	토기편			
	금 속 기	-			
	옥 석 기	-			
	기 타	인골(2)			
	특기사항	유물 도면 없음. 일차장이며 앙신직지.			

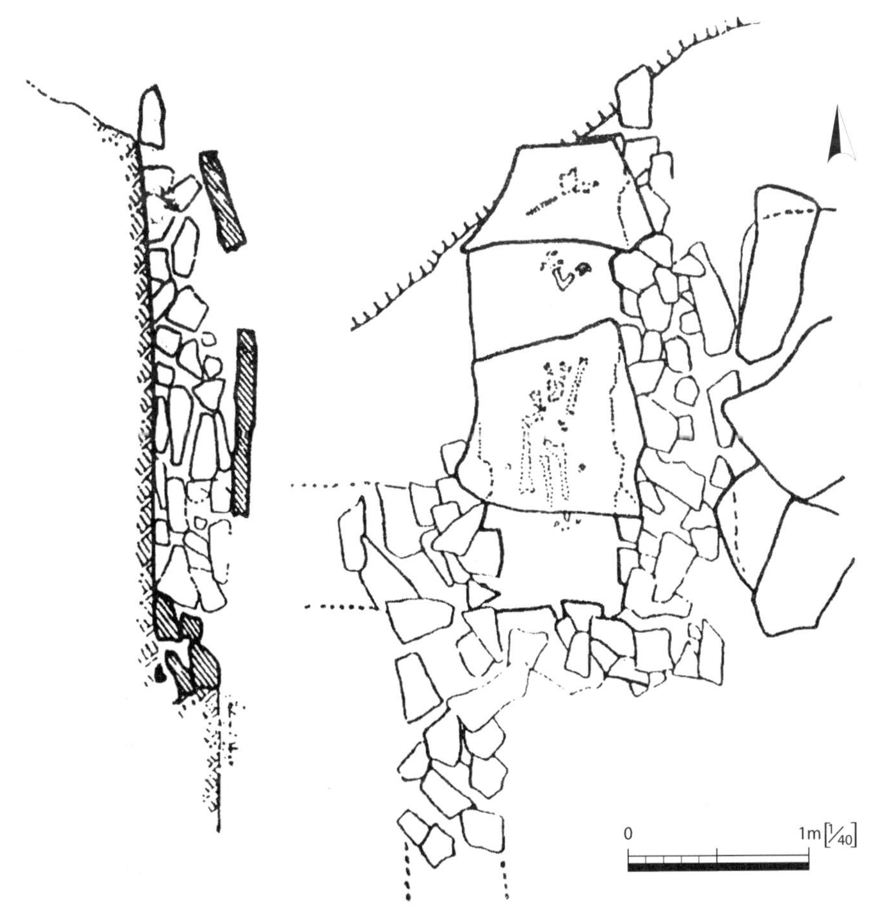

11호묘

(단위 : cm)

봉토	크 기 (길이×너비×높이)	?	연도	크 기 (길이×너비×높이)	?
	평면형태	?		연도위치	-
현실	장축방향	180°		두 향	북향
	규 모 (길이×너비×높이)	250×70×70		바닥시설	?
	평면형태	세장방형		천장형태	평
	시상/관대 (길이×너비×높이)	-		석재종류	판석·할석
유물	토 도 기	토기편(2)			
	금 속 기	동제 팔찌(2)			
	옥 석 기	-			
	기 타	인골(2)			
	특기사항	유구 도면 없음. 10호묘의 동벽을 서벽으로 이용함. 인골의 성별과 연령은 불분명한데 일차장이다. 유물 도면 축척이 확실하지 않음.			

[출토유물]

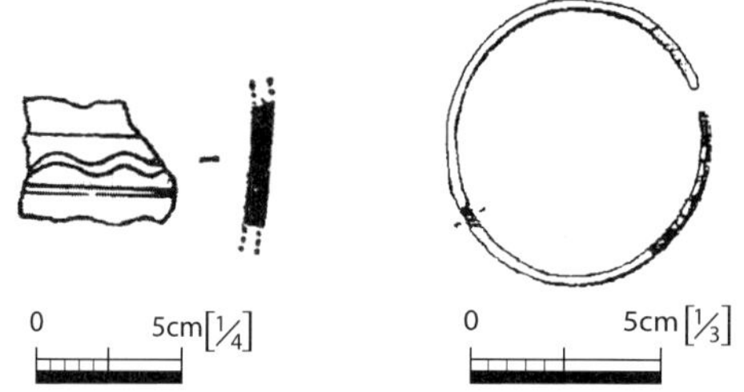

12호묘

(단위 : cm)

봉토	크 기 (길이×너비×높이)	?	연도	크 기 (길이×너비×높이)	?
	평면형태	?		연도위치	중앙
현실	장축방향	남향		두 향	북향
	규 모 (길이×너비×높이)	?		바닥시설	?
	평면형태	세장방형		천장형태	평
	시상/관대 (길이×너비×높이)	?		석재종류	할석
유물	토 도 기	-			
	금 속 기	철제 관정(1)			
	옥 석 기	-			
	기 타	인골(1)			
	특기사항	유구·유물 도면 없음. 인골의 성별과 연령은 불분명함.			

13호묘

(단위 : cm)

봉토	크 기 (길이×너비×높이)	?	연도	크 기 (길이×너비×높이)	?
	평면형태	?		연도위치	?
현실	장축방향	185°		두 향	?
	규 모 (길이×너비×높이)	(200+)×?×(20+)		바닥시설	?
	평면형태	?		천장형태	?
	시상/관대 (길이×너비×높이)	?		석재종류	할석
유물	토 도 기	-			
	금 속 기	철제 관정(3)			
	옥 석 기	-			
	기 타	-			
	특기사항	유구·유물 도면 없음. 10호묘의 남벽을 동북벽으로 이용함.			

길림성 안도현 용흥둔 고분군吉林省 安圖縣 龍興屯 古墳群

조사연혁	?
유적위치	길림성 안도현 석문진(石门镇) 용흥촌(龙兴村)에 위치한다.
유적입지	고분군 남쪽은 하곡평지이고, 북쪽은 산골짜기로 그 안쪽을 흐르는 작은 개울은 고분군의 동쪽 약 100m 지점을 지나 중평하(仲坪河)로 유입된다. 지세가 약간 높고 남쪽으로 비스듬하게 경사져 있다.
조사현황	고분군은 동서 길이 60m, 남북 너비 50m의 범위에 분포하는데, 주민들이 집을 지을 때 파헤쳐 파괴되었고 현재 거주지로 변해 있다.
내　용	주민들이 돌을 들어낼 당시의 정황을 보면 4벽을 돌로 쌓았고, 천장은 판석으로 덮었으며 인골이 출토되었다고 한다.
주요유물	-
참고사항	요, 금시기의 고분일 가능성도 있다.
참고문헌	吉林省文物志编委会, 1985, 『安图县文物志』. 김진광, 2012, 『북국 발해 탐험』, 박문사.

길림성 안도현 청구자 고분吉林城 安圖縣 靑溝子 古墳

조사연혁	?
유적위치	길림성 안도현 청구자촌(靑溝子村)에서 서북으로 1.5km 떨어진 곳에서 깃대봉으로 가는 길가에 위치한다.
유적입지	북으로 호두산(虎头山)과 750m 정도 떨어져 있고 호두산 아래에는 고동하(古洞河)가 동쪽에서 북쪽으로 방향을 바꾸어 서쪽으로 흘러간다. 남쪽으로 30m 떨어진 곳에는 동서향의 삼림철도가 위치한다.
조사현황	봉토묘 2기 발견
내　용	남북 길이 10m, 동서 너비 6m의 범위에서 동서로 나란하고 방향이 정남인 봉토묘 2기가 발견되었다. 봉토 높이는 약 1.2m, 지름은 약 4m이다. 서쪽에 있는 고분의북쪽은 파괴되었는데, 깊이 약 1m, 너비 약 0.8m의 커다란 도굴갱이 뚫려 있고, 관곽시설과 유물은 발견되지 않았다.
주요유물	-
참고사항	-
참고문헌	김진광, 2013, 『북국 발해 탐험』, 박문사.

길림성 연길시 남계 고분군吉林省 延吉市 南溪 古墳群

조사연혁	?
유적위치	길림성 연길시 연집향(烟集乡) 남계촌(南溪村) 1·5대에서 북쪽으로 약 1㎞ 떨어진 서산 동쪽 기슭에 위치한다.
유적입지	동쪽으로 1㎞ 떨어진 곳에는 연집하(烟集河)가 북쪽에서 남쪽으로 흘러간다. 그 사이는 넓은 하곡평지이다. 고분군 중간에는 동서향의 골짜기가 있어 고분군을 남쪽과 북쪽 두 부분으로 나눈다.
조사현황	?
내 용	산 위에서 흘러내린 돌에 덮혀서 봉토를 확인할 수 없다. 고분군 남쪽 구역의 길이는 약 50m, 북쪽 구역의 길이는 100여 m에 이른다. 예전에 현지 농민이 이곳에서 부식토를 파헤치다가 무덤 10여기가 파괴되었다. 돌덩어리·판석·깨진 돌덩어리가 곳곳에 흩어져 있어 석관묘로 생각된다. 무덤 구조는 분명하지 않지만 무덤에서 출토된 부장품은 비교적 많으며, 모두 도기 잔편이다.
주요유물	-
참고사항	-
참고문헌	김진광, 2013, 『북국 발해 탐험』, 박문사.

길림성 연길시 발전 고분吉林省 延吉市 發展 古墳

조사연혁	1982. 조사(延边博物馆)
유적위치	길림성 연길시 홍안향(兴安乡) 발전촌(发展村)의 연집하(烟集河) 서안 대지에 위치하는데 발전촌 2대 민가 안에 있다. 연집하와는 300m 정도 떨어져 있다.
유적입지	서쪽으로 남북 방향의 도로가 있고, 북쪽 20m에는 동서 방향의 작은 도랑이 있다. 연집하를 지나면 동쪽에 북대촌(北大村)이 있고, 북쪽 1.5km에는 대성촌(大成村)이 있다.
조사현황	1982년 조사에서 석곽묘 1기가 발견되었다.
내　　용	지하식이고 네 벽은 돌로 쌓았다. 천장은 5매의 판석으로 덮었고, 바닥도 5개의 판석으로 이루어졌다.
주요유물	-
참고사항	고분 남쪽 수십 미터 떨어진 곳에서도 비슷한 고분이 발견되었다.
참고문헌	吉林省文物志编委会, 1985, 『延吉市文物志』. 양시은, 2009, 「발전 고분」, 『한국고고학전문사전 - 고분편』, 국립문화재연구소. 김진광, 2012, 『북국 발해 탐험』, 박문사.

발전 고분

(단위 : cm)

봉토	크 기 (길이×너비×높이)	?	석관	크 기 (길이×너비×높이)	–
	평면형태	?		장 폭 비	–
	장축방향	?	석곽	크 기 (길이×너비×높이)	230×80×85
	두 향	–		장 폭 비	2.875:1
	벽석종류	판석·할석			
유물	토 도 기	–			
	금 속 기	–			
	옥 석 기	–			
	기 타	–			
	특기사항	지하식 석곽묘로 바닥은 부석되었으며 천장은 평천장이다.			

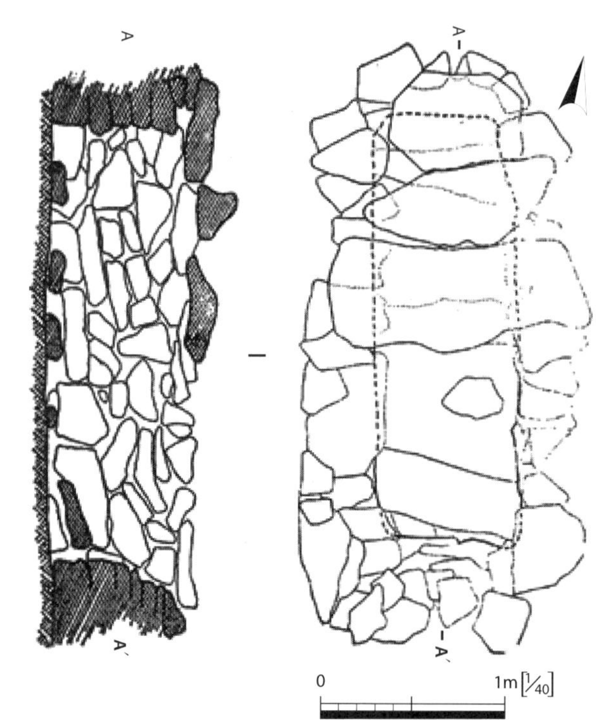

길림성 연길시 신광 고분군吉林省 延吉市 新光 古墳群

조사연혁	?
유적위치	길림성 연길시 장백향(長白乡) 신광구(新光沟) 양쪽 대지와 기슭에 위치한다.
유적입지	신광구하(新光沟河)가 남쪽에서 북쪽으로 흐르며, 북쪽 750m에는 연길(延吉)-하룡(河龙) 도로가 위치한다.
조사현황	고분군은 동서 300m 구간에 분포하는 것으로 여겨지는데 완전한 상태의 석곽묘 1기가 발견되었다.
내 용	길이 280cm, 너비 90~95cm, 깊이 50cm 정도의 장방형 석곽묘로서 6개체분의 인골이 발견되었다.
주요유물	-
참고사항	고분 대부분은 이미 파괴되었는데, 그 과정에서 철촉과 등자가 출토된 적이 있다고 한다.
참고문헌	林省文物志编委会, 1985, 『延吉市文物志』. 양시은, 2009, 「신광 고분군」, 『한국고고학전문사전 – 고분편』, 국립문화재연구소. 김진광, 2012, 『북국 발해 탐험』, 박문사.

석광묘

(단위 : cm)

봉토	크 기 (길이×너비×높이)	–	연도	크 기 (길이×너비×높이)	–
	평면형태	–		연도위치	–
현실	장축방향	?		두 향	남향
	규 모 (길이×너비×높이)	280×95×50		바닥시설	황갈색 점토
	평면형태	세장방형		천장형태	평
	시상/관대 (길이×너비×높이)	–		석재종류	할석
유물	토 도 기	–			
	금 속 기	–			
	옥 석 기	–			
	기 타	인골(6)			
특기사항		중앙에서 1개체, 북벽 아래에서 4개체, 남벽 아래에서 1개체가 발견되었는데, 중앙에 있는 1개체만 일차장이고 나머지는 모두 이차장이다.			

0   1m [1/40]

길림성 연길시 신풍 고분군 吉林省 延吉市 新豊 古墳群

조사연혁	?
유적위치	길림성 연길시 장백향(長白乡) 신풍촌(新丰村) 2대에 위치한다.
유적입지	남쪽에는 장춘(長春)-도문(图们) 철로가 있다. 서쪽에서 동쪽으로 흐르다가 북쪽으로 방향을 바꾼 도랑이 고분군을 갈라놓은 형태이다.
조사현황	오랫동안 논이나 밭으로 이용되어 지표면에 뚜렷한 흔적은 남아있지 않다. 도랑의 가장자리에 석관의 천장석, 판석 등이 흩어져 있다.
내　　용	현지인이 도랑을 파는 과정에서 지하 약 1.5m 지점에서 석관묘 1기가 발견되었다. 판석으로 축조한 석관묘로서 토기, 관고리, 반지 등이 출토되었다.
주요유물	-
참고사항	인골 발견
참고문헌	吉林省文物志编委会, 1985, 『延吉市文物志』. 김진광, 2012, 『북국 발해 탐험』, 박문사.

길림성 연길시 연하4대 고분군吉林省 延吉市 煙河四隊 古墳群

조사연혁	?
유적위치	길림성 연길시 연집향(烟集乡) 4대 서쪽 기슭에 위치한다.
유적입지	서쪽으로 금성소학교(锦城小学校)와 1km 떨어져 있으며 동북쪽 산 위에는 봉화대가 있다.
조사현황	모두 파괴된 상태이다.
내 용	이미 파괴되어 판석과 괴석이 흩어져 있어 형식과 구조가 불분명한데, 석축이며 판석으로 천장을 삼은 듯하다.
주요유물	-
참고사항	인골이 다수 출토되었는데 불로 태운 흔적이 있다고 한다.
참고문헌	吉林省文物志编委会, 1985, 『延吉市文物志』. 김진광, 2012, 『북국 발해 탐험』, 박문사.

길림성 연길시 하룡 고분군吉林省 延吉市 河龍 古墳群

조사연혁	-
유적위치	길림성 연길시의 해란강(海兰江)과 포이합통하(布尔哈通河)가 합류하는 곳 인근 대지인, 연길시(延吉市) 장백향(长白乡) 하룡삼사대(河龙三四队)에 위치한다.
유적입지	동쪽으로 200m 떨어진 곳에 해란강이 흐르고, 북쪽으로 300m 떨어진 곳에 포이합통하가 흐른다. 남쪽으로 250m 떨어진 곳에 하룡고성(河龙古城)이 위치한다.
조사현황	고분군은 대체로 동서 길이 200m, 남북 너비 150m 정도의 범위에 걸쳐 있는데 대부분 석관묘이다. 고분군은 이미 파괴되어 하룡촌 3·4대 주민의 앞마당으로 변했고, 북쪽은 넓은 논으로 개간되었다.
내 용	1978년 연변박물관에서 고분 1기를 수습하였는데 시루 등 토기 3점이 출토되었다.
주요유물	-
참고사항	현지일들이 땅을 팔 때 인골과 부장품이 발견되었다고 한다.
참고문헌	吉林省文物志編委會, 1985, 『延吉市文物志』. 김진광, 2012, 『북국 발해 탐험』, 박문사.

길림성 영길현 사리파 고분군吉林省 永吉縣 査里巴 古墳群

조사연혁	1985. 10. 11. 조사 및 정리(永吉県文物保管所) 1987. ~ 1988. 발굴(吉林省文物考古研究所·吉林市博物館·永吉県文物保管所)
유적위치	길림성 영길현 사리파촌(査里巴村) 남쪽 1km에 위치하고 있다.
유적입지	남쪽으로 약 50km 거리에 길림시가 있고, 영길현(永吉県) 오랍가진(烏拉街鎮) 관할에 속해 있다.
조사현황	1985년 영길현문물보관소에서 2기를 정리하였고 1987~1988년 길림성문물고고연구소와 길림시박물관, 영길현문물보관소에서 45기의 고분을 발굴조사하였다.
내　용	사리파 고분군은 영길(永吉) 대해맹(大海猛)의 제3기 문화층 유적, 유수(楡樹) 노하심(老河深)의 상층 무덤과 비교되는 대규모 고분군이다. 고분의 배치는 대체로 남북으로 길게 이어지며, 장축은 동서방향이 많고, 두향은 서쪽으로 치우친 것이 많다. 석광묘 3기와 토광묘 42기가 발굴조사되었다. 장법은 단인장, 이인장, 다인장으로 나눌 수 있으며, 다리를 곧게 편 신전장위주이다. 이차장이 일정한 비율을 차지하고, 화장이 성행했던 것으로 보인다. 상한은 수나라 말기에서 당나라 초기, 하한은 당나라 중기로 파악되고 있다.
주요유물	유리제 구슬, 옥벽, 동제 패식, 동제 대금구, 동제 팔찌
참고사항	중국에서는 사리파 고분군을 대해맹 고분군과 마찬가지로 속말갈이 남긴 것으로 추정하고 있다.
참고문헌	尹郁山, 1990, 「吉林永吉査里巴靺鞨墓地」, 『考古』 1990-6. 吉林省文物考古研究所, 1995, 「吉林永吉査里巴靺鞨墓地」, 『文物』 1995-7. 양시은, 2009, 「사리파 고분군」, 『한국고고학전문사전 - 고분편』, 국립문화재연구소.

[유적 위치도]

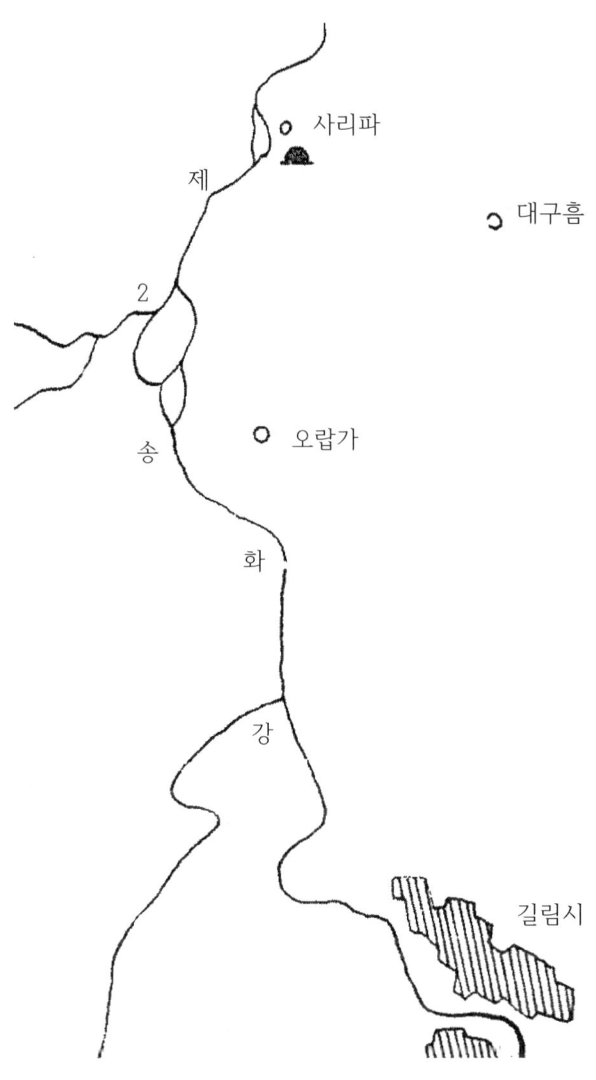
사리파
제
대구흠
2
송
오랍가
화
강
길림시

[유구 분포도]

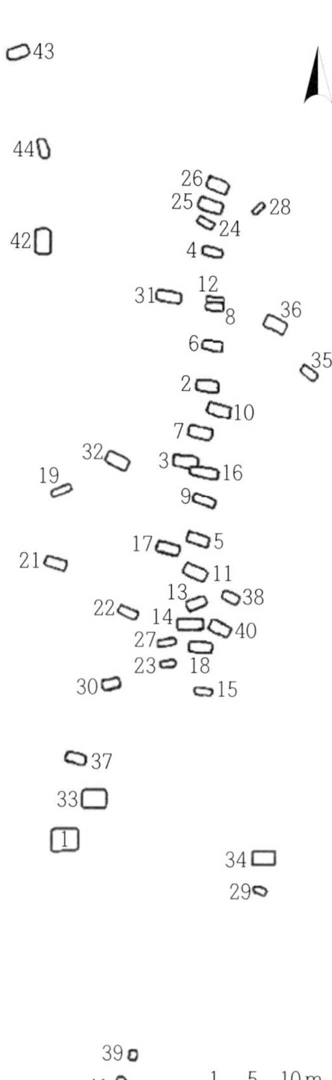
43
44
26
25
28
24
42
4
31
12
8
36
6
35
2
10
7
32
3
16
19
9
17
5
21
11
13
38
22
14
40
27
23
18
30
15
37
33
1
34
29
39
41
1   5   10m

1호묘

(단위 : cm)

봉토	크 기 (길이×너비×높이)	?	연도	크 기 (길이×너비×높이)	–
	평면형태	?		연도위치	–
현실	장축방향	271°		두 향	5개체 서향 2개체 동향
	규 모 (길이×너비×높이)	380×300×50		바닥시설	부석
	평면형태	방형		천장형태	–
	시상/관대 (길이×너비×높이)	–		석재종류	할석
유물	토 도 기	호(1)			
	금 속 기	동제 가랑비녀(2)			
	옥 석 기	–			
	기 타	인골(7), 골제비녀(2)			
	특기사항	석실묘. 인골은 모두 이차장이다.			

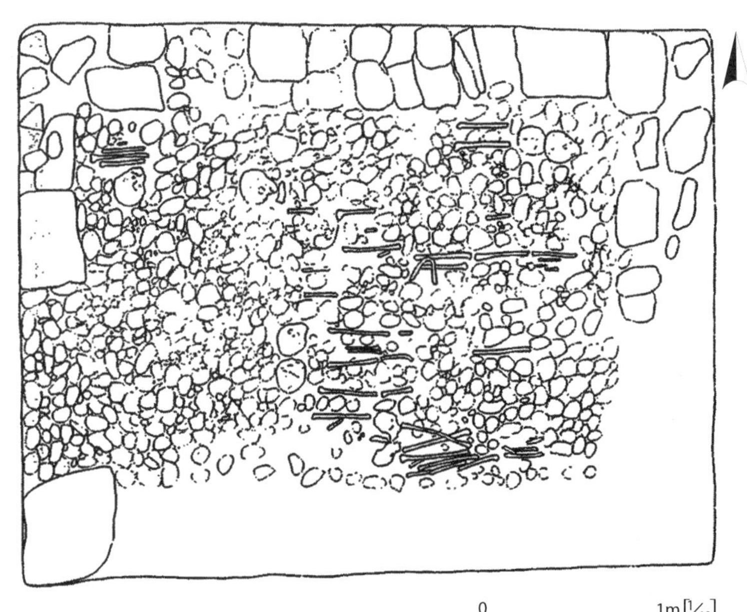

[남쪽에서 본 모습]

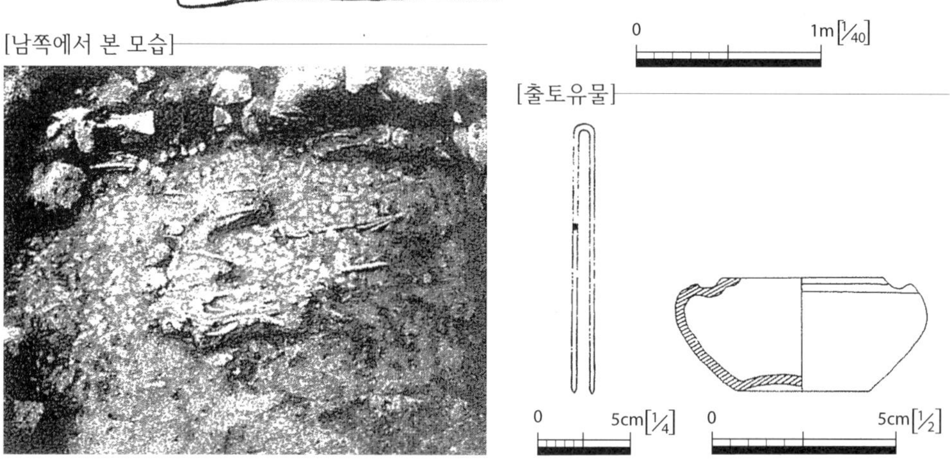

0   1m [1/40]

[출토유물]

0   5cm [1/4]   0   5cm [1/2]

2호묘

(단위 : cm)

묘광			목관		
묘광	크 기 (길이×너비×깊이)	290×140×31	목관	크 기 (길이×너비×높이)	-
	장 폭 비	2.07:1		장 폭 비	-
	장축방향	274°	목곽	크 기 (길이×너비×높이)	?
	두 향	?		장 폭 비	?
유물	토 도 기	-			
	금 속 기	철제 도(1), 철제 대금구(4), 철촉(6)			
	옥 석 기	-			
	기 타	인골(3)			
	특기사항	유구 도면 없음. 목곽묘로서 이차장이며 3개체분의 인골은 화장된 상태이다.			

[출토유물]

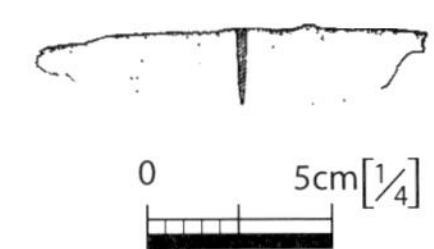

3호묘

(단위 : cm)

묘광	크 기 (길이×너비×깊이)	335×160×60	목관	크 기 (길이×너비×높이)	–
	장폭비	2.09:1		장폭비	–
	장축방향	283°	목곽	크 기 (길이×너비×높이)	?
	두 향	?		장폭비	?
유물	토도기	호(2), 심발(2)			
	금속기	동제 대금구(2), 동제 교구(2), 철모(1), 철촉(1), 철제 금구(4), 철제 교구(2)			
	옥석기	–			
	기 타	인골(1)			
	특기사항	유구 도면 없음. 목곽묘로서 1개체분의 인골은 화장된 상태이다.			

[출토유물]

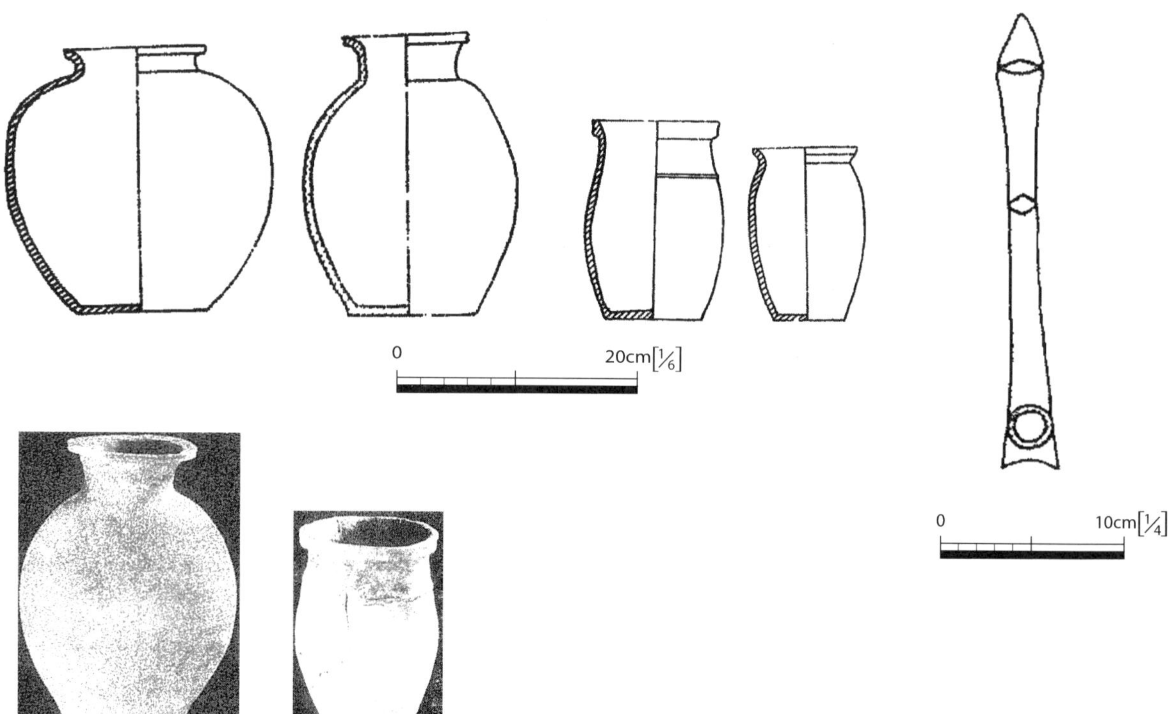

4호묘

(단위 : cm)

묘광	크 기 (길이×너비×깊이)	280×90×23	목관	크 기 (길이×너비×높이)	–
	장폭비	3.11:1		장폭비	–
	장축방향	279°	목곽	크 기 (길이×너비×높이)	?
	두 향	?		장폭비	?
유물	토도기	–			
	금속기	–			
	옥석기	–			
	기 타	–			
	특기사항	유구 도면 없음. 목곽묘로서 바닥에는 천석을 1겹 깔아 놓았다.			

[동쪽에서 본 모습]————

5호묘

(단위 : cm)

묘광	크 기 (길이×너비×깊이)	320×145×40	목관	크 기 (길이×너비×높이)	–
	장폭비	2.21:1		장폭비	–
	장축방향	280°	목곽	크 기 (길이×너비×높이)	?
	두 향	?		장폭비	?
유물	토도기	호(1), 토기(3)			
	금속기	동제 교구(2), 철제 대금구(1), 철촉(15)			
	옥석기	–			
	기 타	인골(2)			
	특기사항	유구 도면 없음. 목곽묘로서 2개체분의 인골은 화장된 상태이다.			

[출토유물]

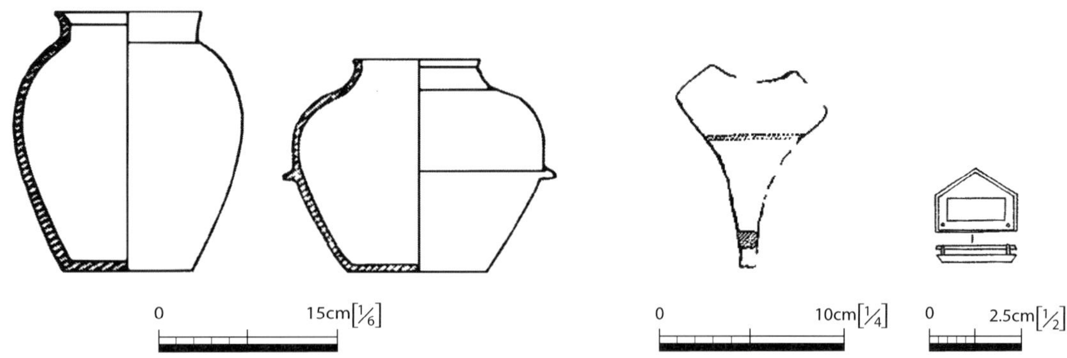

6호묘

(단위 : cm)

묘광	크 기 (길이×너비×깊이)	265×123×36	목관	크 기 (길이×너비×높이)	-
	장폭비	2.15:1		장폭비	-
	장축방향	280°	목곽	크 기 (길이×너비×높이)	?
	두 향	?		장폭비	?
유물	토도기	호(1)			
	금속기	동제 대금구(1), 동제 고리(1) , 철촉(3)			
	옥석기	옥제 벽(1)			
	기 타	인골(3)			
	특기사항	목곽묘로서 3개체분의 인골이 발견되었는데(성인 2, 유아 1), 모두 이차장이며 화장된 상태이다.			

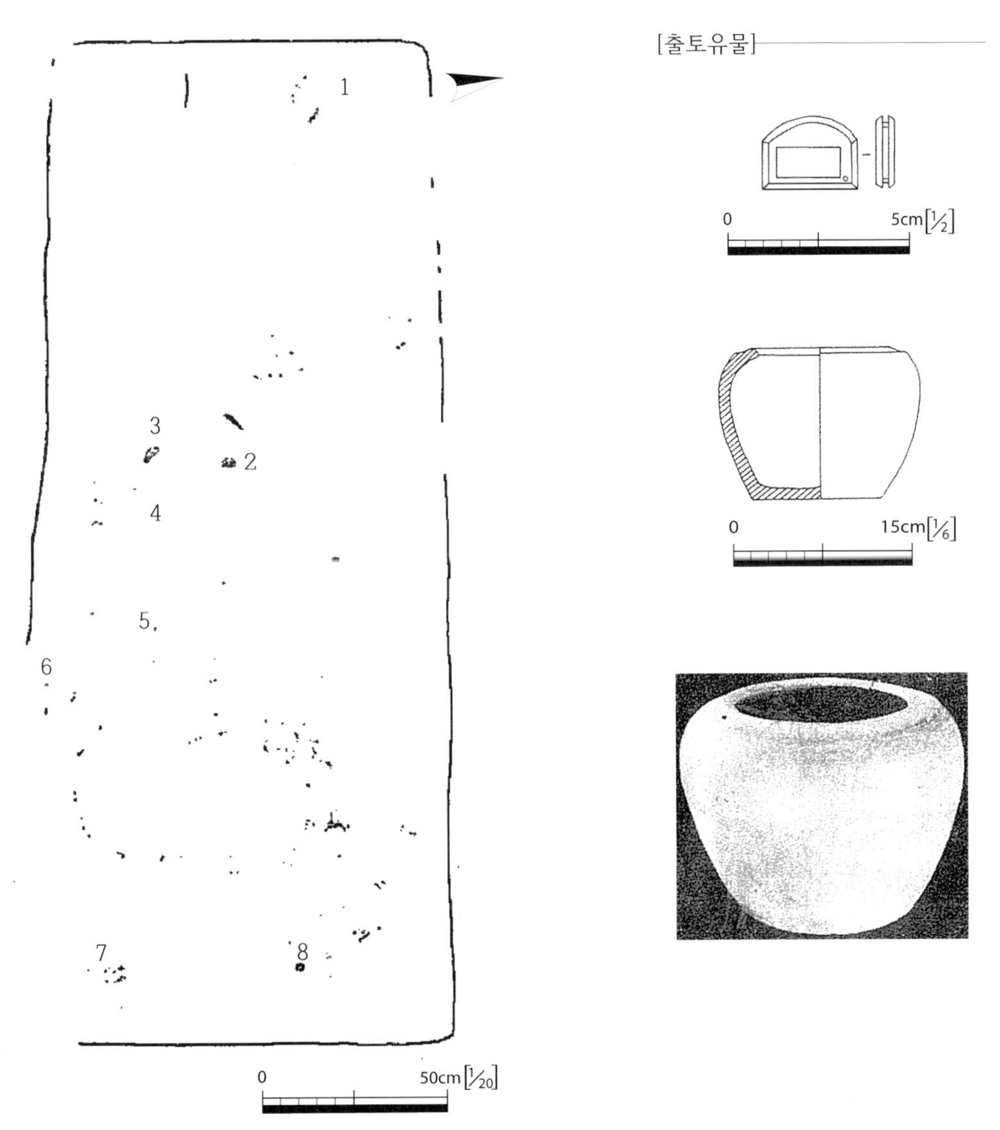

[출토유물]

7호묘

(단위 : cm)

묘광	크 기 (길이×너비×깊이)	330×160×40	목관	크 기 (길이×너비×높이)	-
	장폭비	2.06:1		장폭비	-
	장축방향	285°	목곽	크 기 (길이×너비×높이)	?
	두 향	?		장폭비	?
유물	토도기	토기(1)			
	금속기	동제 팔찌(1), 철제 등자(2), 철제 교구(1), 철촉(6)			
	옥석기	-			
	기 타	인골(1)			
	특기사항	유구 도면 없음. 인골은 화장된 상태이다. 철제 등자의 도면 상태가 극히 불량하여 게재하지 않았다.			

[출토유물]

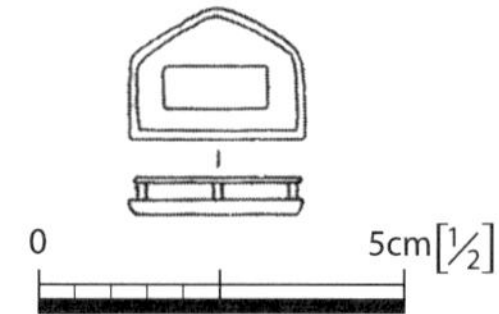

0   5cm[½]

<h1 style="text-align:center">8호묘</h1>

(단위 : cm)

묘광	크 기 (길이×너비×깊이)	210×92×24	목관	크 기 (길이×너비×높이)	-
	장폭비	2.28:1		장폭비	-
	장축방향	277°	목곽	크 기 (길이×너비×높이)	?
	두 향	?		장폭비	?
유물	토도기	-			
	금속기	동제 팔찌(1), 동제 교구(1), 철제 도(1), 철모(1), 철촉(3)			
	옥석기	숫돌(1)			
	기 타	인골(1)			
	특기사항	유구 도면 없음. 목곽묘로서 바닥에는 천석을 1겹 깔았다. 1개체분의 인골은 화장된 상태이다. 철제 도의 도면 상태가 극히 불량하여 게재하지 않았다.			

[출토유물]

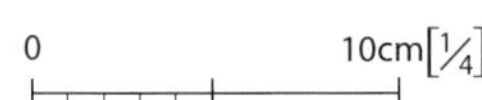

9호묘

(단위 : cm)

묘광	크 기 (길이×너비×깊이)	310×110×40	목관	크 기 (길이×너비×높이)	–
	장폭비	2.82:1		장폭비	–
	장축방향	285°	목곽	크 기 (길이×너비×높이)	?
	두 향	?		장폭비	?
유물	토도기	호(1)			
	금속기	동제 교구(1), 철제 교구(1), 철제 고리(1)			
	옥석기	–			
	기 타	인골(1)			
	특기사항	유구 도면 없음. 목곽묘로서 1개체분의 인골은 화장된 상태이다.			

[출토유물]

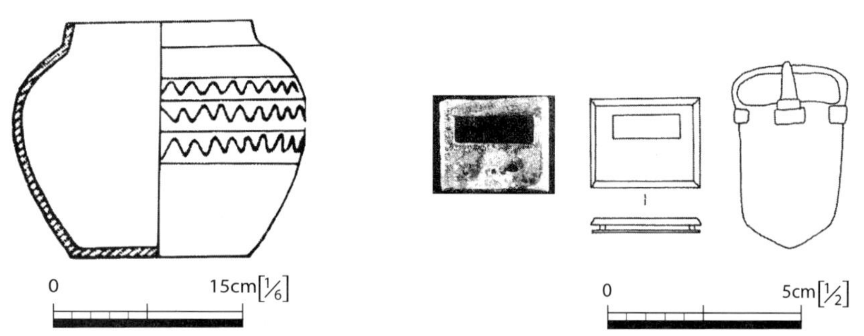

0   15cm[⅙]

0   5cm[½]

10호묘

(단위 : cm)

묘광	크 기 (길이×너비×깊이)	300×130×40	목관	크 기 (길이×너비×높이)	-
	장 폭 비	2.31:1		장 폭 비	-
	장축방향	285°	목곽	크 기 (길이×너비×높이)	?
	두 향	?		장 폭 비	?
유물	토 도 기	토기(2)			
	금 속 기	은제 팔찌(1), 동제 팔찌(2), 동제 반지(1), 동제 교구(1), 동제 고리(11), 철제 도(2), 철모(1), 철촉(9), 철제 재갈(1), 철제 교구(2)			
	옥 석 기	유리제 구슬(3), 마노제 구슬(20)			
	기 타	인골(4), 화살통(1)			
	특기사항	목곽묘로서 인골은 상층(1개체), 하층(3개체)으로 나뉘며 이차장, 화장된 상태이다.			

[출토유물]

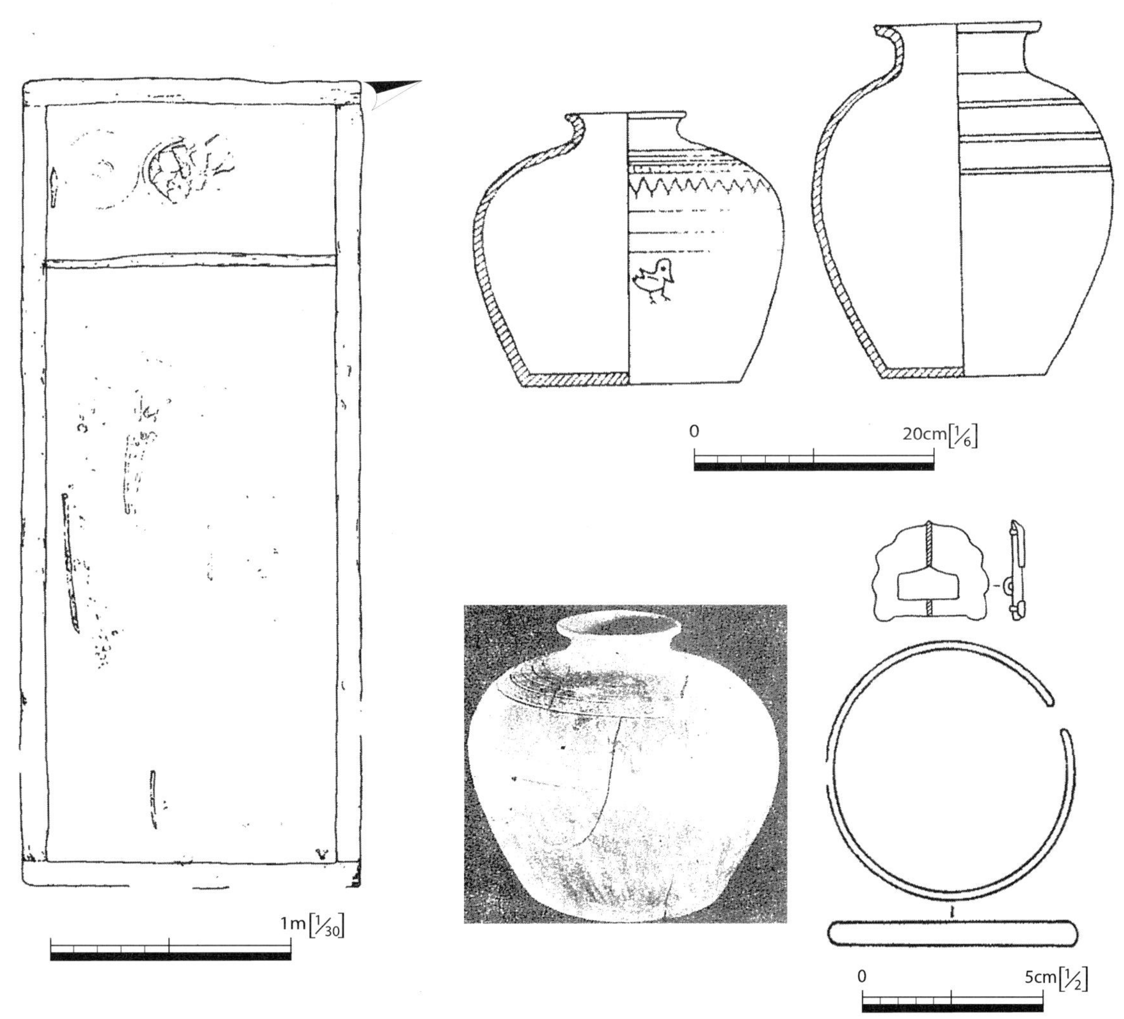

11호묘

(단위 : cm)

묘광	크 기 (길이×너비×깊이)	300×120×60	목관	크 기 (길이×너비×높이)	–
	장 폭 비	2.5:1		장 폭 비	–
	장축방향	330°	목곽	크 기 (길이×너비×높이)	?
	두 향	?		장 폭 비	?
유물	토 도 기	호(1), 심발(1)			
	금 속 기	–			
	옥 석 기	–			
	기 타	인골(1)			
	특기사항	유구 도면 없음. 목곽묘로서 1개체분의 인골이 화장된 상태이다.			

[출토유물]

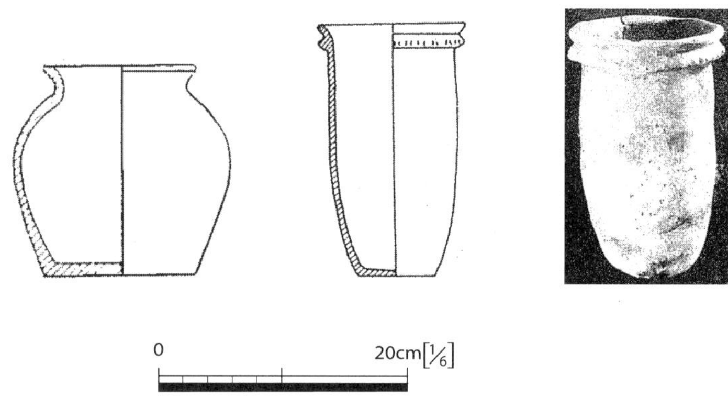

12호묘

(단위 : cm)

묘광	크 기 (길이×너비×깊이)	242×122×49	목관	크 기 (길이×너비×높이)	–
	장 폭 비	2.5:1		장 폭 비	–
	장축방향	277°	목곽	크 기 (길이×너비×높이)	?
	두 향	?		장 폭 비	?
유물	토 도 기	토기(1)			
	금 속 기	동제 교구(2), 철제 도(1)			
	옥 석 기	숫돌(1)			
	기 타	인골(1)			
	특기사항	유구 도면 없음. 목곽묘로서 1개체분의 인골이 발견되었다. 철제 도의 도면상태가 극히 불량하여 게재하지 않았다.			

13호묘

(단위 : cm)

묘광	크 기 (길이×너비×깊이)	263×122×49	목관	크 기 (길이×너비×높이)	–
	장폭비	2.16:1		장폭비	–
	장축방향	282°	목곽	크 기 (길이×너비×높이)	?
	두 향	?		장폭비	?
유물	토도기	호(1), 심발(1)			
	금속기	동제 팔찌(1), 동제 고리(15), 동제 방울(1), 동제 조두형 장식(2)			
	옥석기	마노제 구슬(31)			
	기 타	인골(1)			
	특기사항	목곽묘로서 1개체분의 인골이 화장된 상태이다.			

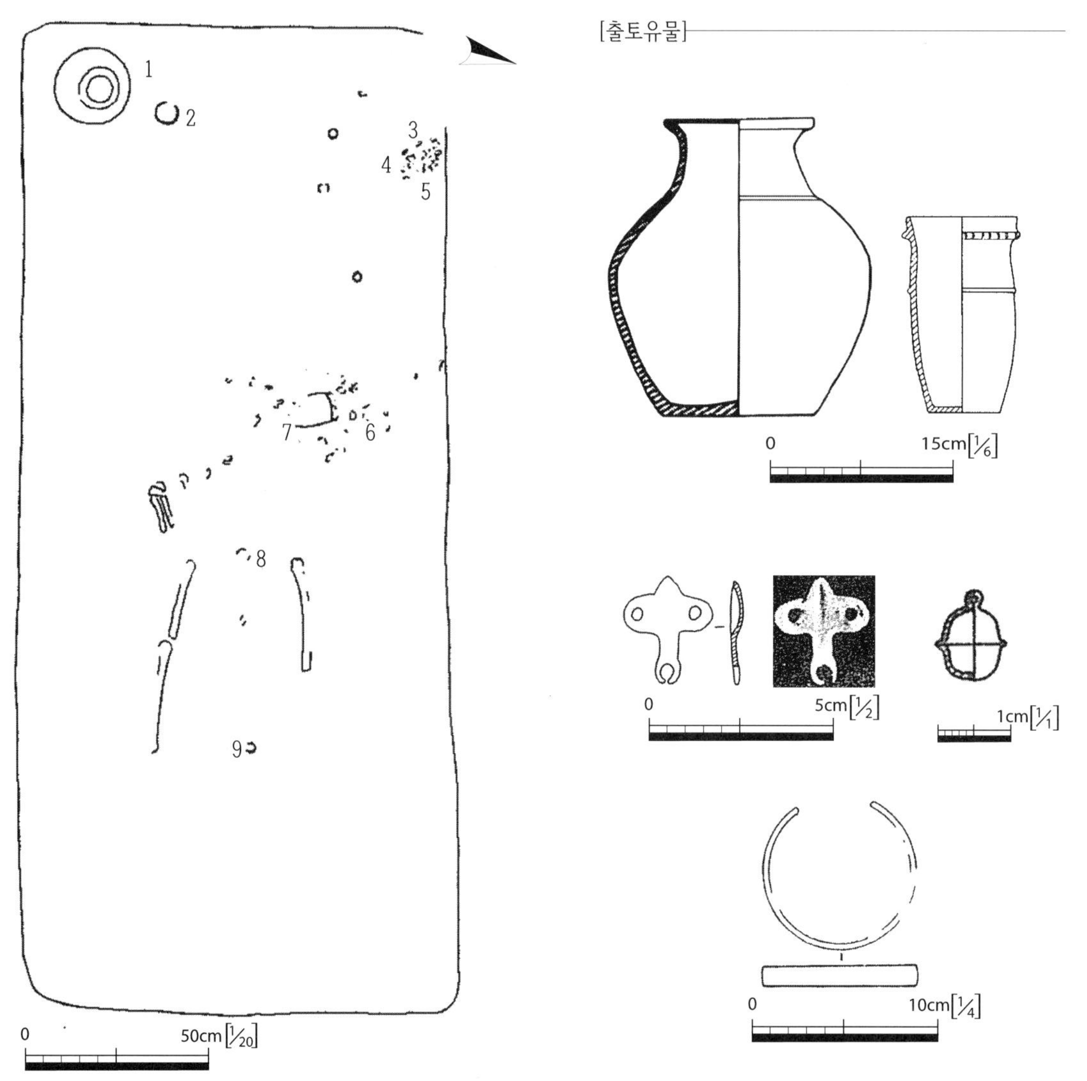

[출토유물]

14호묘

(단위 : cm)

묘광	크 기 (길이×너비×깊이)	332×126×46	목관	크 기 (길이×너비×높이)	-
	장폭비	2.63:1		장폭비	-
	장축방향	272°	목곽	크 기 (길이×너비×높이)	?
	두 향	?		장폭비	?
유물	토도기	심발(2)			
	금속기	동제 조두형 장식(2), 동제 고리(16), 동제 팔찌(1), 철제 교구(1), 철촉(1)			
	옥석기	유리제 구슬(3), 마노제 구슬(12)			
	기 타	인골(1)			
	특기사항	목곽묘로서 1개체분의 인골이 발견되었다.			

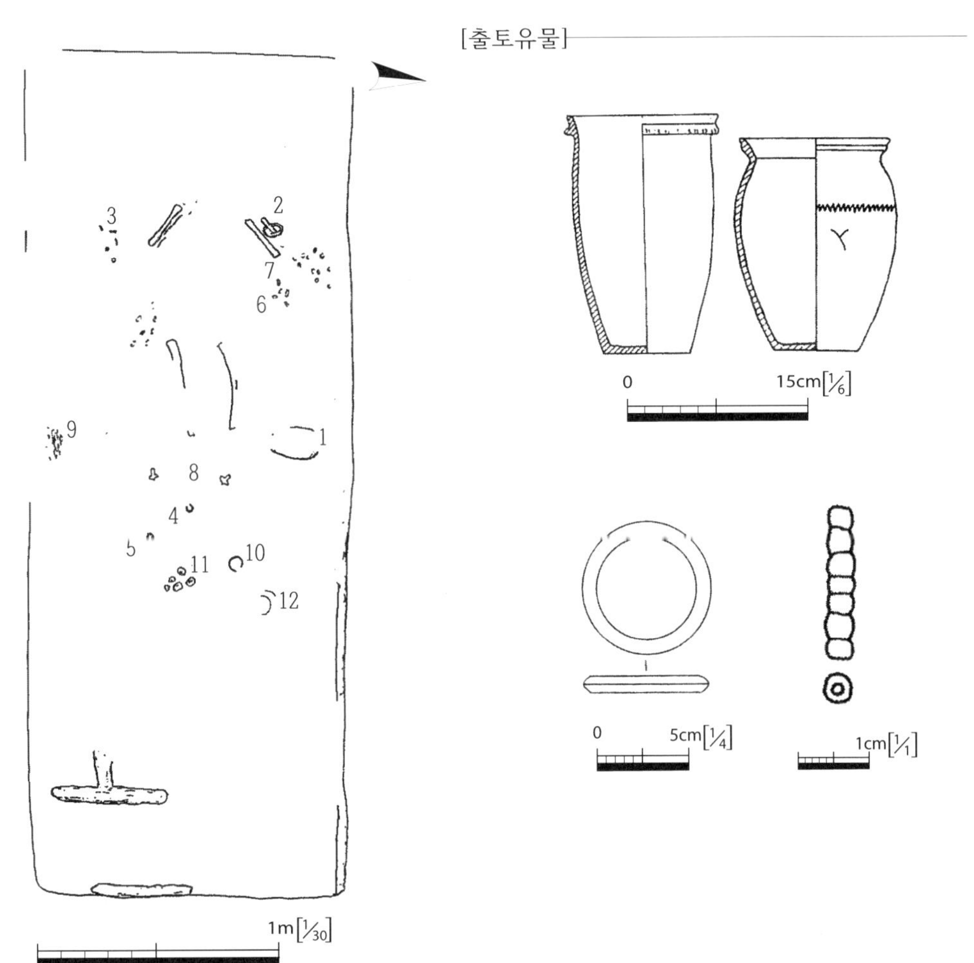

[출토유물]

0　　　　　　15cm[⅙]

0　　　5cm[¼]　　　1cm[⅟₁]

1m[⅟₃₀]

15호묘

(단위 : cm)

묘광				목관			
묘광	크 기 (길이×너비×깊이)	250×120×24		목관	크 기 (길이×너비×높이)		–
	장폭비	2.08:1			장폭비		–
	장축방향	279°		목곽	크 기 (길이×너비×높이)		?
	두 향	?			장폭비		?
유물	토도기	–					
	금속기	–					
	옥석기	–					
	기 타	인골(2), 말머리뼈(1)					
	특기사항	유구 도면 없음. 목곽묘로서 인골은 모두 이차장이다.					

16호묘

(단위 : cm)

묘광				목관			
묘광	크 기 (길이×너비×깊이)	380×160×60		목관	크 기 (길이×너비×높이)		–
	장폭비	2.38:1			장폭비		–
	장축방향	280°		목곽	크 기 (길이×너비×높이)		?
	두 향	?			장폭비		?
유물	토도기	–					
	금속기	미상철기(1)					
	옥석기	–					
	기 타	–					
	특기사항	유구·유물 도면 없음. 목곽묘로서 화장의 흔적이 확인된다.					

17호묘

(단위 : cm)

묘광	크 기 (길이×너비×깊이)	320×140×80	목관	크 기 (길이×너비×높이)	–
	장 폭 비	2.29:1		장 폭 비	–
	장축방향	320°	목곽	크 기 (길이×너비×높이)	?
	두 향	?		장 폭 비	?
유물	토 도 기	–			
	금 속 기	은제 팔찌(1), 동제 사미(1), 철제 관정(2)			
	옥 석 기	–			
	기 타	인골(2)			
	특기사항	유구 도면 없음. 목곽묘로서 2개체분의 인골이 이차장, 화장된 상태이다.			

[출토유물]

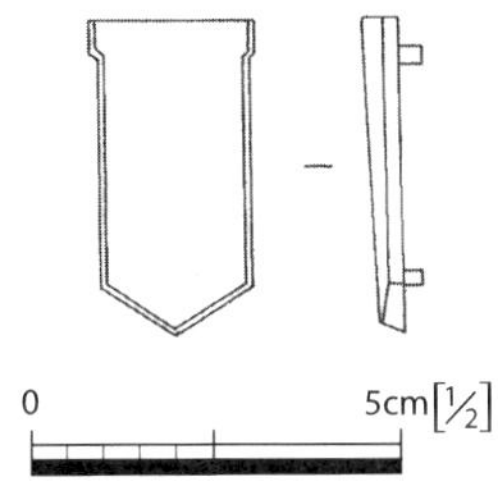

0   5cm[½]

18호묘

(단위 : cm)

묘광	크 기 (길이×너비×깊이)	340×145×60	목관	크 기 (길이×너비×높이)	-
	장폭비	2.34:1		장폭비	-
	장축방향	289°	목곽	크 기 (길이×너비×높이)	-
	두 향	?		장폭비	-
유물	토도기	병(1)			
	금속기	동제 대금구(2), 동제 패식(1), 동제 고리(5)			
	옥석기	마노제 구슬(10)			
	기 타	인골(1)			
	특기사항	유구 도면 없음. 토광묘. 인골 1개체분이 발견되었다.			

[출토유물]

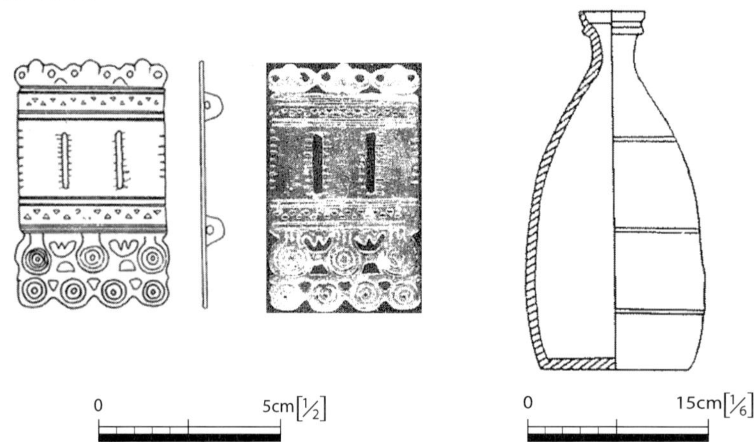

0   5cm[½]   0   15cm[⅙]

19호묘

(단위 : cm)

묘광	크 기 (길이×너비×깊이)	280×81×46	목관	크 기 (길이×너비×높이)	-
	장폭비	3.46:1		장폭비	-
	장축방향	254°	목곽	크 기 (길이×너비×높이)	?
	두 향	?		장폭비	?
유물	토도기	호(1), 토기(1)			
	금속기	동제 대금구(7), 철제 도(1), 철제 교구(1), 철촉(3), 철제 재갈(1)			
	옥석기	-			
	기 타	인골(1)			
	특기사항	유구 도면 없음. 목곽묘로서 1개체분의 인골이 화장된 상태이다.			

[출토유물]

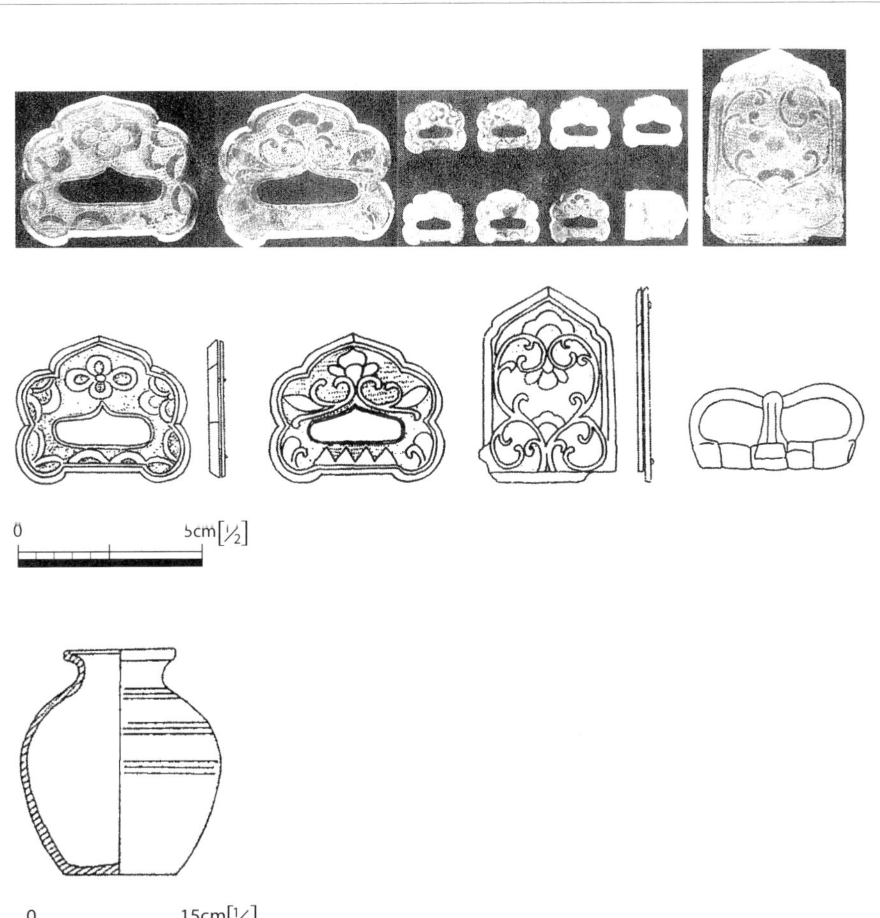

20호묘

(단위 : cm)

묘광			목관		
	크 기 (길이×너비×깊이)	340×160×60		크 기 (길이×너비×높이)	-
	장폭비	2.13:1		장폭비	-
	장축방향	290°	목곽	크 기 (길이×너비×높이)	?
	두 향	?		장폭비	?
유물	토도기	완(2), 토기(1)			
	금속기	은제 방울(1), 동제 교구(3), 동제 고리(27), 동제 조두형 장식(2)			
	옥석기	마노제 구슬(9), 골제 구슬(1)			
	기 타	인골(1)			
	특기사항	유구 도면 없음. 목곽묘로서 1개체분의 인골이 화장된 상태이다.			

[출토유물]

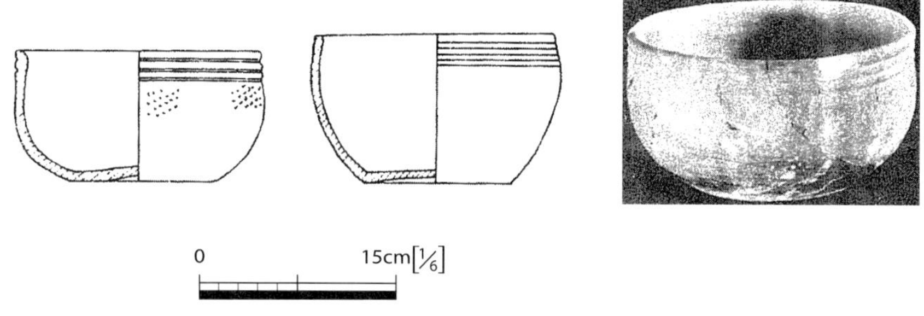

0　　　　　　15cm[⅙]

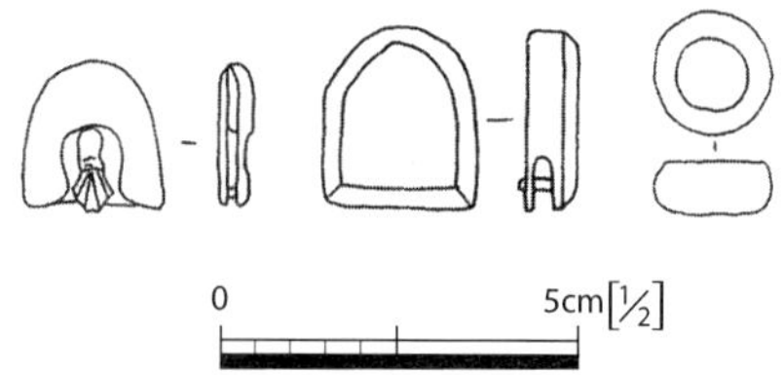

0　　　　　5cm[½]

21호묘

(단위 : cm)

묘광	크 기 (길이×너비×깊이)	300×130×30	목관	크 기 (길이×너비×높이)	-
	장 폭 비	2.31:1		장 폭 비	-
	장축방향	280°	목곽	크 기 (길이×너비×높이)	?
	두 향	?		장 폭 비	?
유물	토 도 기	-			
	금 속 기	동제 고리(4), 동제 조두형 장식(1), 동제 패식(1), 동제 교구(2), 철제 도(1), 철제 재갈(1)			
	옥 석 기	마노제 구슬(1), 석제 관옥(1)			
	기 타	인골(1)			
	특기사항	유구·유물 도면 없음. 목곽묘로서 1개체분의 인골이 화장된 상태이다.			

22호묘

(단위 : cm)

묘광	크 기 (길이×너비×깊이)	270×120×35	목관	크 기 (길이×너비×높이)	-
	장 폭 비	2.25:1		장 폭 비	-
	장축방향	350°	목곽	크 기 (길이×너비×높이)	?
	두 향	?		장 폭 비	?
유물	토 도 기	-			
	금 속 기	-			
	옥 석 기	-			
	기 타	인골(4)			
	특기사항	유구 도면 없음. 목곽묘로서 4개체분의 인골이 이차장, 화장된 상태이다.			

23호묘

(단위 : cm)

묘광	크 기 (길이×너비×깊이)	210×70×30	목관	크 기 (길이×너비×높이)	–
	장폭비	3:1		장폭비	–
	장축방향	265°	목곽	크 기 (길이×너비×높이)	?
	두 향	?		장폭비	?
유물	토도기	호(1), 심발(1)			
	금속기	–			
	옥석기	–			
	기 타	인골(1)			
	특기사항	유구 도면 없음. 목곽묘로서 1개체분의 인골이 화장된 상태이다.			

[출토유물] ────────────────

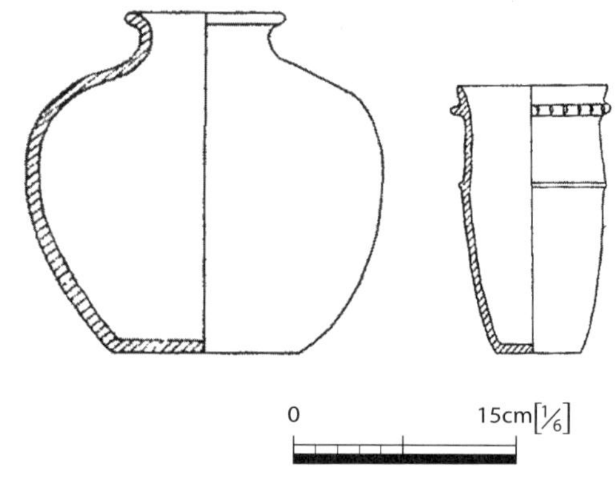

0   15cm[⅙]

24호묘

(단위 : cm)

묘광	크 기 (길이×너비×깊이)	230×90×20	목관	크 기 (길이×너비×높이)	–
	장 폭 비	2.56:1		장 폭 비	–
	장축방향	300°	목곽	크 기 (길이×너비×높이)	?
	두 향	?		장 폭 비	?
유물	토 도 기	심발(1)			
	금 속 기	철모(1), 철제 교구(5)			
	옥 석 기	숫돌(1)			
	기 타	인골(1)			
	특기사항	유구 도면 없음. 목곽묘로서 1개체분의 인골이 발견되었다.			

[출토유물]

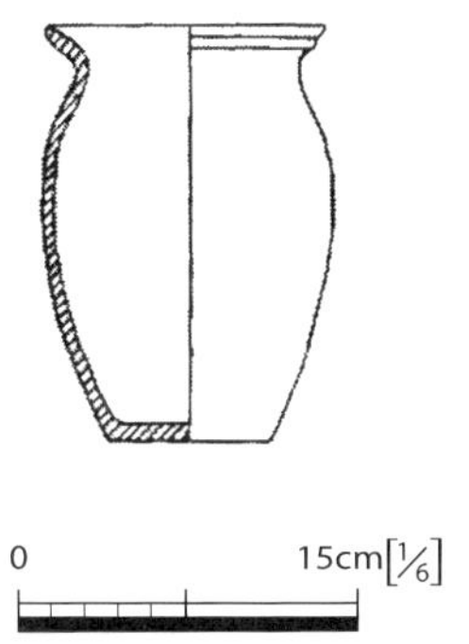

0   15cm[⅙]

25호묘

(단위 : cm)

묘광	크 기 (길이×너비×깊이)	300×180×40	목관	크 기 (길이×너비×높이)	–
	장 폭 비	1.67:1		장 폭 비	–
	장축방향	300°	목곽	크 기 (길이×너비×높이)	?
	두 향	?		장 폭 비	?
유물	토 도 기	–			
	금 속 기	동제 교구(2), 철모(1), 철제 교구(1), 철촉(2)			
	옥 석 기	숫돌(1), 어망추(2)			
	기 타	인골(1)			
	특기사항	유구 도면 없음. 목곽묘로서 1개체분의 인골이 화장된 상태이다.			

[출토유물]

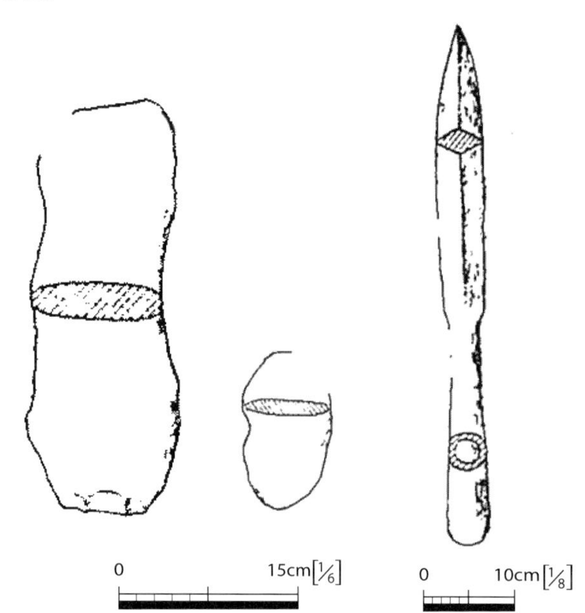

26호묘

(단위 : cm)

묘광	크 기 (길이×너비×깊이)	280×130×20	목관	크 기 (길이×너비×높이)	-
	장 폭 비	2.15:1		장 폭 비	-
	장축방향	300°	목곽	크 기 (길이×너비×높이)	?
	두 향	?		장 폭 비	?
유물	토 도 기	-			
	금 속 기	-			
	옥 석 기	-			
	기 타	인골(2)			
	특기사항	유구 도면 없음. 목곽묘로서 2개체분의 인골이 이차장, 화장된 상태이다.			

27호묘

(단위 : cm)

묘광	크 기 (길이×너비×깊이)	230×80×65	목관	크 기 (길이×너비×높이)	-
	장 폭 비	2.88:1		장 폭 비	-
	장축방향	280°	목곽	크 기 (길이×너비×높이)	?
	두 향	?		장 폭 비	?
유물	토 도 기	-			
	금 속 기	동제 고리(1), 개원통보(1) 철제 관정(1), 철촉(1)			
	옥 석 기	옥제 벽(1)			
	기 타	인골(1)			
	특기사항	유구 도면 없음. 목곽묘로서 1개체분의 인골이 화장된 상태이다.			

[출토유물]

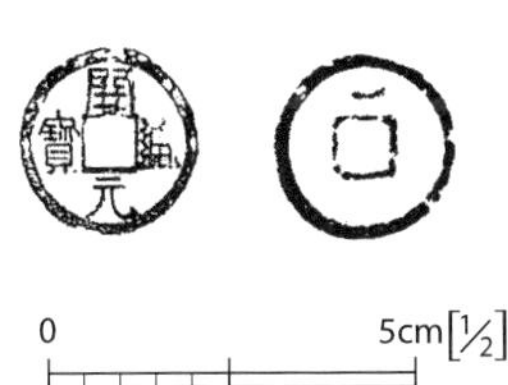

0   5cm[½]

28호묘

(단위 : cm)

묘광	크 기 (길이×너비×깊이)	175×90×30	목관	크 기 (길이×너비×높이)	–
	장폭비	1.94:1		장폭비	–
	장축방향	216°	목곽	크 기 (길이×너비×높이)	?
	두 향	?		장폭비	?
유물	토 도 기	심발(1)			
	금 속 기	–			
	옥 석 기	–			
	기 타	인골(1)			
	특기사항	유구 도면 없음. 목곽묘로서 1개체분의 인골이 화장된 상태이다.			

[출토유물]

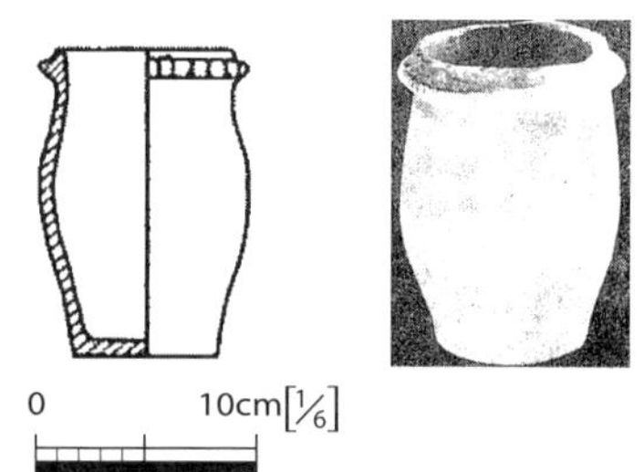

0 10cm[⅙]

29호묘

(단위 : cm)

묘광	크 기 (길이×너비×깊이)	210×69×34	목관	크 기 (길이×너비×높이)	-
	장폭비	3.04:1		장폭비	-
	장축방향	330°	목곽	크 기 (길이×너비×높이)	-
	두 향	?		장폭비	-
유물	토도기	-			
	금속기	-			
	옥석기	-			
	기 타	-			
	특기사항	유구 도면 없음.			

30호묘

(단위 : cm)

묘광	크 기 (길이×너비×깊이)	225×105×85	목관	크 기 (길이×너비×높이)	-
	장폭비	2.14:1		장폭비	-
	장축방향	265°	목곽	크 기 (길이×너비×높이)	?
	두 향	?		장폭비	?
유물	토도기	-			
	금속기	-			
	옥석기	-			
	기 타	인골(1)			
	특기사항	유구 도면 없음. 목곽묘로서 1개체분의 인골이 발견되었다.			

31호묘

(단위 : cm)

묘광	크 기 (길이×너비×깊이)	320×150×40	목관	크 기 (길이×너비×높이)	-
	장 폭 비	2.13:1		장 폭 비	-
	장축방향	280°	목곽	크 기 (길이×너비×높이)	?
	두 향	?		장 폭 비	?
유물	토 도 기	심발(2), 토기(1)			
	금 속 기	동제 팔찌(1), 동제 패식(17), 동제 고리(23), 동제 조두형 장식(2), 동제 교구(1)			
	옥 석 기	옥벽(1), 마노제 구슬			
	기 타	인골(1)			
	특기사항	목곽묘로서 인골 1개체분(여성)이 앙신직지 상태로 발견되었다.			

[동쪽에서 본 모습]

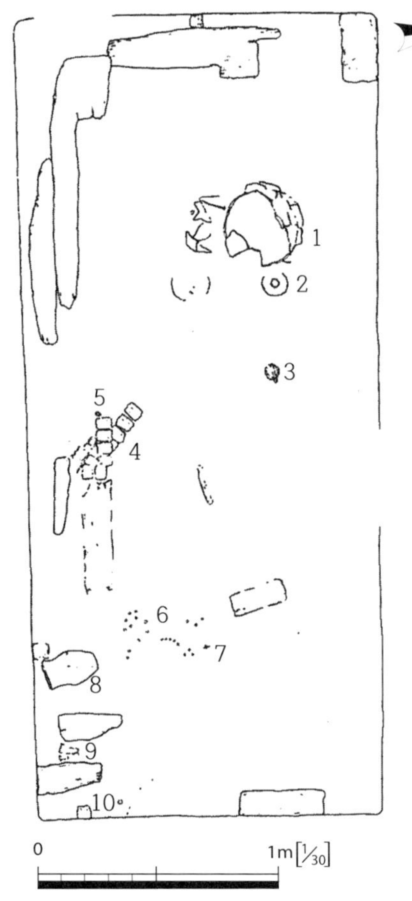

0   1m[1/30]

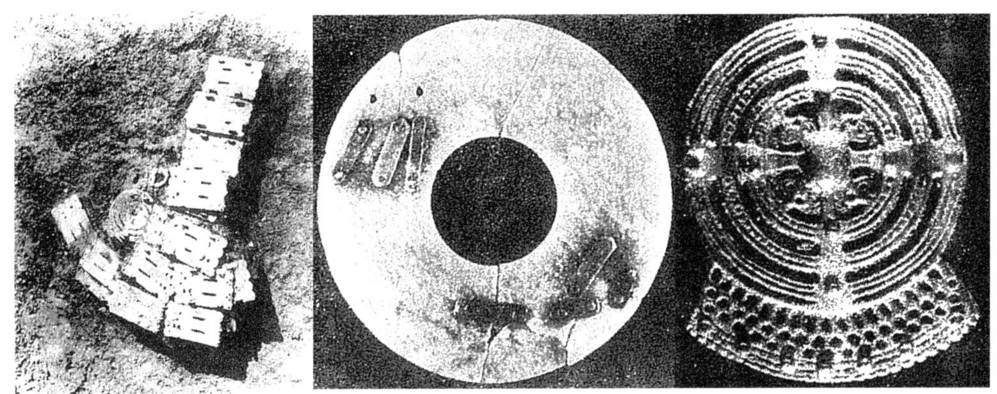

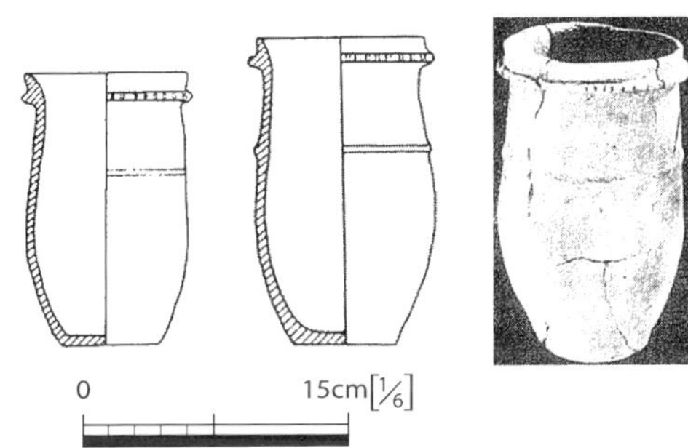

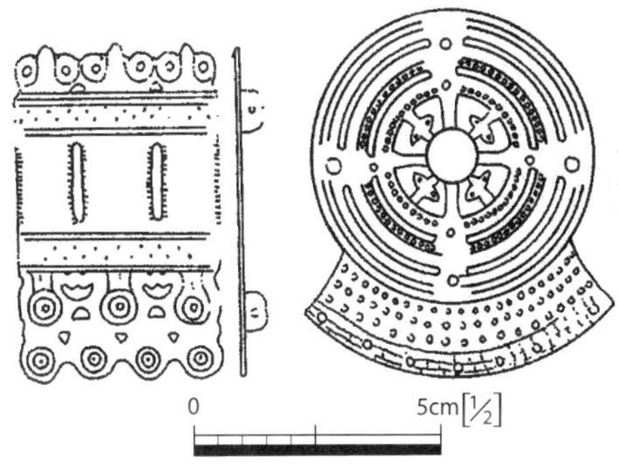

32호묘

(단위 : cm)

묘광	크 기 (길이×너비×깊이)	320×160×50	목관	크 기 (길이×너비×높이)	–
	장 폭 비	2:1		장 폭 비	–
	장축방향	330°	목곽	크 기 (길이×너비×높이)	?
	두 향	?		장 폭 비	?
유물	토 도 기	–			
	금 속 기	동제 교구(1)			
	옥 석 기	–			
	기 타	인골(1)			
	특기사항	유구·유물 도면 없음. 목곽묘로서 1개체분의 인골이 화장된 상태이다.			

33호묘

(단위 : cm)

봉토	크 기 (길이×너비×높이)	?	연도	크 기 (길이×너비×높이)	?
	평면형태	?		연도위치	?
현실	장축방향	265°		두 향	?
	규 모 (길이×너비×높이)	335×230×55		바닥시설	?
	평면형태	장방형		천장형태	?
	시상/관대 (길이×너비×높이)	–		석재종류	?
유물	토 도 기	–			
	금 속 기	–			
	옥 석 기	–			
	기 타	인골(1)			
	특기사항	유구 도면 없음. 석곽묘로서 1개체분의 인골이 화장된 상태이다.			

34호묘

(단위 : cm)

묘광	크 기 (길이×너비×깊이)	340×180×30	목관	크 기 (길이×너비×높이)	-
	장폭비	1.89:1		장폭비	-
	장축방향	325°	목곽	크 기 (길이×너비×높이)	?
	두 향	?		장폭비	?
유물	토도기	-			
	금속기	-			
	옥석기	-			
	기 타	인골(1)			
	특기사항	유구 도면 없음. 목곽묘로서 1개체분의 인골이 발견되었다.			

35호묘

(단위 : cm)

묘광	크 기 (길이×너비×깊이)	342×201×33	목관	크 기 (길이×너비×높이)	-
	장폭비	1.70:1		장폭비	-
	장축방향	285°	목곽	크 기 (길이×너비×높이)	?
	두 향	?		장폭비	?
유물	토도기	-			
	금속기	철제 교구(4), 철제 관정(3)			
	옥석기	-			
	기 타	인골(7)			
	특기사항	유구·유물 도면 없음. 목곽묘로서 7개체분의 인골이 이차장, 화장된 상태이다.			

36호묘

(단위 : cm)

묘광	크 기 (길이×너비×깊이)	322×174×35	목관	크 기 (길이×너비×높이)	–
	장폭비	1.85:1		장폭비	–
	장축방향	298°	목곽	크 기 (길이×너비×높이)	?
	두 향	?		장폭비	?
유물	토도기	심발(1)			
	금속기	철제 도(1), 철촉(4)			
	옥석기	–			
	기 타	인골(1)			
	특기사항	유구 도면 없음. 목곽묘로서 1개체분의 인골이 화장된 상태이다.			

[출토유물]

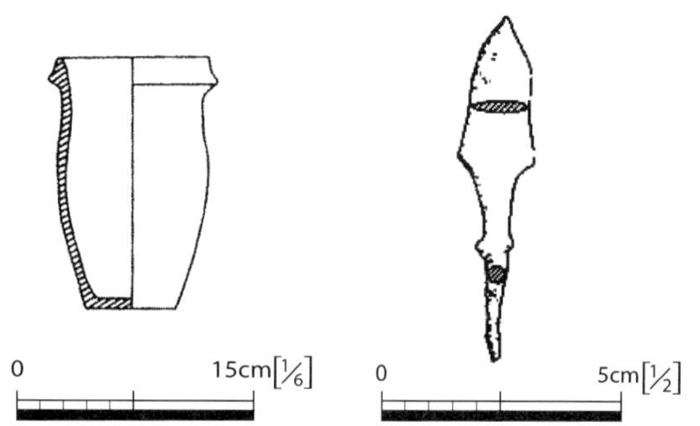

37호묘

(단위 : cm)

묘광	크 기 (길이×너비×깊이)	280×110×40	목관	크 기 (길이×너비×높이)	-
	장 폭 비	2.55:1		장 폭 비	-
	장축방향	283°	목곽	크 기 (길이×너비×높이)	?
	두 향	?		장 폭 비	?
유물	토 도 기	-			
	금 속 기	동제 고리(10), 철촉(5)			
	옥 석 기	-			
	기 타	-			
	특기사항	유구·유물 도면 없음. 목곽묘로서 개체수가 불분명한 인골들이 화장된 상태로 발견되었다.			

[출토유물]

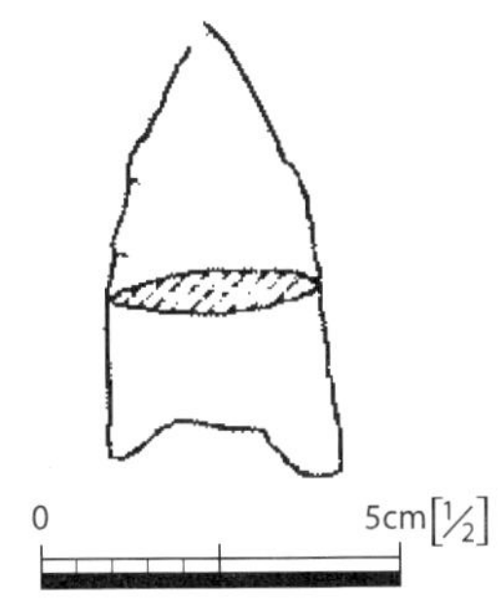

0　　　　　5cm[½]

38호묘

(단위 : cm)

묘광	크 기 (길이×너비×깊이)	218×130×30	목관	크 기 (길이×너비×높이)	-
	장 폭 비	1.68:1		장 폭 비	
	장축방향	285°	목곽	크 기 (길이×너비×높이)	?
	두 향	?		장 폭 비	?
유물	토 도 기	-			
	금 속 기	동제 고리(1), 철제 교구(1)			
	옥 석 기	-			
	기 타	인골(1)			
	특기사항	유구·유물 도면 없음. 목곽묘로서 1개체분의 인골이 발견되었다.			

39호묘

(단위 : cm)

묘광	크 기 (길이×너비×깊이)	140×105×43	목관	크 기 (길이×너비×높이)	–
	장폭비	1.33:1		장폭비	–
	장축방향	195°	목곽	크 기 (길이×너비×높이)	?
	두 향	?		장폭비	?
유물	토도기	–			
	금속기	–			
	옥석기	–			
	기 타	인골(4)			
특기사항		목곽묘로서 총 4개체분의 인골로 긴 사지골을 장방형으로 두른 다음, 그 안에 작은 뼈와 남쪽에 두개골을 가지런히 모은 형태로 집골하였다.			

[북쪽에서 본 모습]

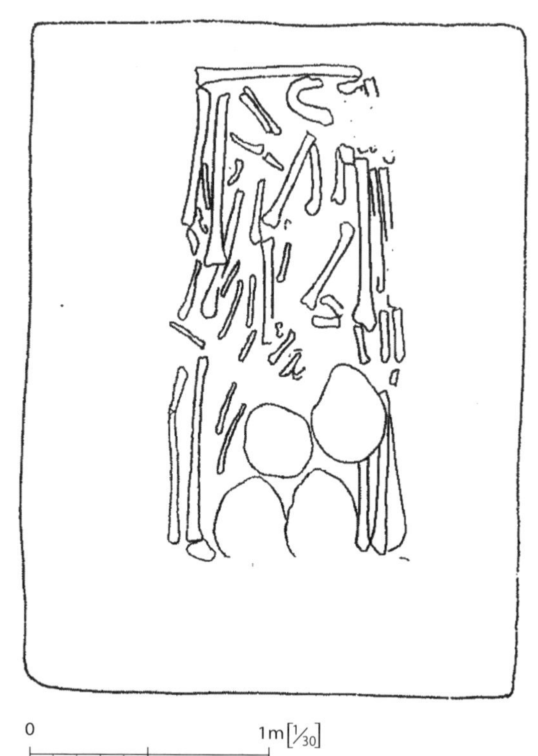

0   1m[⅟₃₀]

40호묘

(단위 : cm)

묘광	크 기 (길이×너비×깊이)	310×150×50	목관	크 기 (길이×너비×높이)	-
	장폭비	2.07:1		장폭비	-
	장축방향	335°	목곽	크 기 (길이×너비×높이)	?
	두 향	?		장폭비	?
유물	토도기	호(1)			
	금속기	동제 고리(8), 철모(1), 철제 교구(2), 철촉(2)			
	옥석기	-			
	기 타	인골(2)			
	특기사항	유구·유물 도면 없음. 목곽묘로서 2개체분의 인골이 상하로 중첩되어 화장된 상태이다.			

[출토유물]

41호묘

(단위 : cm)

묘광	크 기 (길이×너비×깊이)	260×151×36	목관	크 기 (길이×너비×높이)	–
	장폭비	1.72:1		장폭비	–
	장축방향	195°	목곽	크 기 (길이×너비×높이)	?
	두 향	?		장폭비	?
유물	토 도 기	–			
	금 속 기	–			
	옥 석 기	–			
	기 타	인골(2)			
	특기사항	유구 도면 없음. 목곽묘로서 2개체분의 인골이 이차장, 화장된 상태이다.			

42호묘

(단위 : cm)

봉토	크 기 (길이×너비×높이)	?	연도	크 기 (길이×너비×높이)	-
	평면형태	?		연도위치	중앙
현실	장축방향	0°		두 향	300°
	규 모 (길이×너비×높이)	305×205×60		바닥시설	?
	평면형태	장방형		천장형태	?
	시상/관대 (길이×너비×높이)	-		석재종류	판석·할석
유물	토 도 기	-			
	금 속 기	-			
	옥 석 기	-			
	기 타	인골(2)			
	특기사항	횡혈식석실묘로서 벽에는 회를 발랐다. 2개체분이 인골이 상(여성), 하(불명)로 중첩되어 있는데, 앙신직지이다.			

43호묘

(단위 : cm)

묘광	크 기 (길이×너비×깊이)	290×150×35	목관	크 기 (길이×너비×높이)	?
	장 폭 비	1.93:1		장 폭 비	?
	장축방향	258°	목곽	크 기 (길이×너비×높이)	?
	두 향	?		장 폭 비	?
유물	토 도 기	–			
	금 속 기	–			
	옥 석 기	–			
	기 타	인골(3)			
	특기사항	유구 도면 없음. 목곽묘로서 3개체분의 인골이 이차장, 화장된 상태이다.			

44호묘

(단위 : cm)

묘광	크 기 (길이×너비×깊이)	305×130×36	목관	크 기 (길이×너비×높이)	–
	장 폭 비	2.35:1		장 폭 비	–
	장축방향	282°	목곽	크 기 (길이×너비×높이)	?
	두 향	?		장 폭 비	?
유물	토 도 기	–			
	금 속 기	–			
	옥 석 기	–			
	기 타	인골(1)			
	특기사항	유구 도면 없음. 목곽묘로서 1개체분의 인골이 화장된 상태이다.			

45호묘

(단위 : cm)

묘광	크 기 (길이×너비×깊이)	310×180×40	목관	크 기 (길이×너비×높이)	-
	장 폭 비	1.72:1		장 폭 비	-
	장축방향	300°	목곽	크 기 (길이×너비×높이)	?
	두 향	?		장 폭 비	?
유물	토 도 기	토기(2)			
	금 속 기	미상철기(1)			
	옥 석 기	-			
	기 타	인골(1)			
	특기사항	유구 도면 없음. 목곽묘로서 1개체분의 인골이 화장된 상태이다.			

[출토유물]

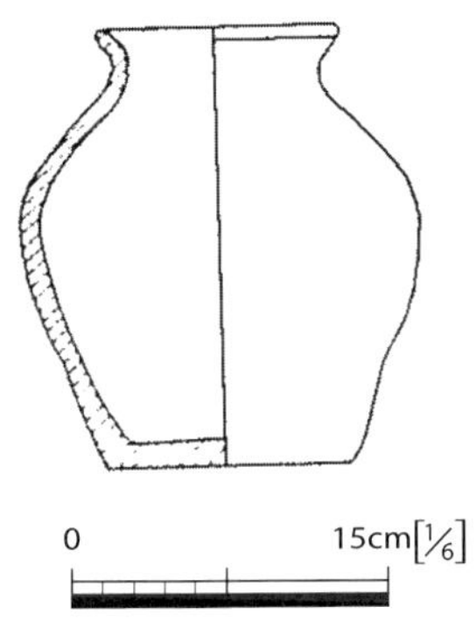

0   15cm[⅙]

길림성 왕청현 영벽 고분군吉林省 汪淸縣 影壁 古墳群

조사연혁	?
유적위치	길림성 왕청현 계관향(鸡冠乡) 영벽촌(影壁村)에서 동남쪽으로 1km 떨어진 공가점촌(公家店村)으로 향하는 도로 산기슭에 위치한다.
유적입지	도로 남쪽에는 남청하(南淸河)가 동남쪽에서 서북쪽으로 흘러 계관하(鸡冠河)로 들어가며, 북쪽은 높은 산으로 이어져 있다.
조사현황	고분군은 도로를 따라 80m에 걸쳐 수십 기가 노출되어 있다.
내　용	고분의 구조는 토광수혈봉토묘와 석광봉토묘로 나뉜다. 전자는 화장을 하지 않았으며 후자는 화장을 하는 경향이 현저하다.
주요유물	개원통보
참고사항	영벽 고분군은 말갈이 남긴 것으로 추정되며 양둔(杨屯) 고분군보다 시기적으로 약간 이르다.
참고문헌	吉林省文物志编委會, 1985, 『汪淸县文物志』. 김진광, 2012, 『북국 발해 탐험』, 박문사.

[출토유물]

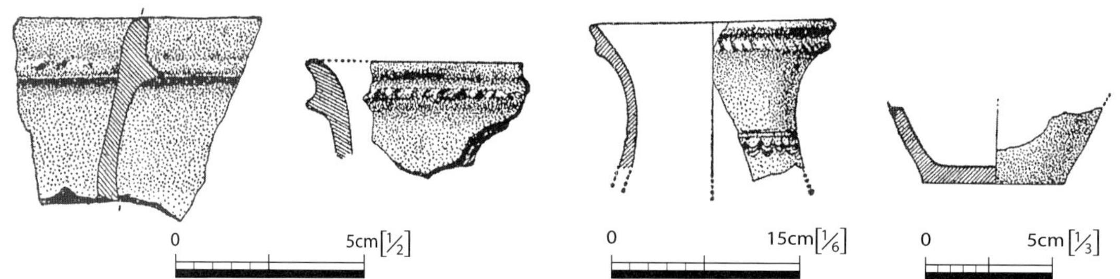

길림성 용정시 부민 고분군 吉林省 龍井市 富民 古墳群

조사연혁	1984. 조사(龙井县文物志编纂调查队)
유적위치	길림성 용정시 덕신향(德新乡) 부민촌5둔(富民村5屯)에서 동남쪽으로 100m 떨어진 지점인데, 향소재지와는 10km 정도 떨어져 있다.
유적입지	유적의 동쪽은 남북향으로 뻗어나간 산등성이이고, 그 동남쪽은 금곡(金谷)저수지이다. 남쪽은 지세가 비교적 좁고 북쪽으로 향하면서 점차 넓게 펼쳐지는데 팔도하(八道河) 지류가 고분군 동쪽으로 흐른다.
조사현황	10기 중에서 파괴된 고분 1기를 조사하였다. 번호는 84JLDFM1로 간단히 M1이라 부른다. M1은 무덤 구역의 중앙에서 약간 남쪽으로 치우친 지점 부근에 위치한다.
내 용	동서 길이 30m, 남북 너비 80m에 달하는 범위 안에서 10기의 무덤이 발견되었는데 배열은 남북 방향이다. M1은 석곽 안에 앙신직지의 인골 1개체가 들어 있는 목관이 발견되었다.
주요유물	철제 관고리
참고사항	부민 고분군의 연대는 발해 후기이며, 유물은 화룡 북대 고분군의 유물과 유사하다.
참고문헌	吉林省文物志编委会, 1983, 『龙井县文物志』. 李正鳳·李强, 1986, 「吉林龙井英城渤海古墓」, 『博物馆研究』1, 吉林省博物馆. 김진광, 2012, 『북국 발해 탐험』, 박문사.

M1 고분

(단위 : cm)

봉토	크 기 (길이×너비×높이)	-	목관	크 기 (길이×너비×높이)	169~198×30~40×30~40
	평면형태	-		장폭비	
묘광	장축방향	?	석곽	크 기 (길이×너비×높이)	227×64×6~48
	크 기 (길이×너비×깊이)			장폭비	
	장폭비		두 향		173°
유물	토도기	심발(1)			
	금속기	철제 관고리(4), 철제 원두관정(10), 철제 절두관정(4), 철제 무두관정(3)			
	옥석기	-			
	기 타	인골(1)			
특기사항		인골 1개체분이 앙신직지, 얼굴을 편동향 한 상태로 발견되었다. 목관의 재질은 적송이며 목판 두께는 5.5cm이다. 유구·유물의 축척을 알 수 없다.			

[출토유물]

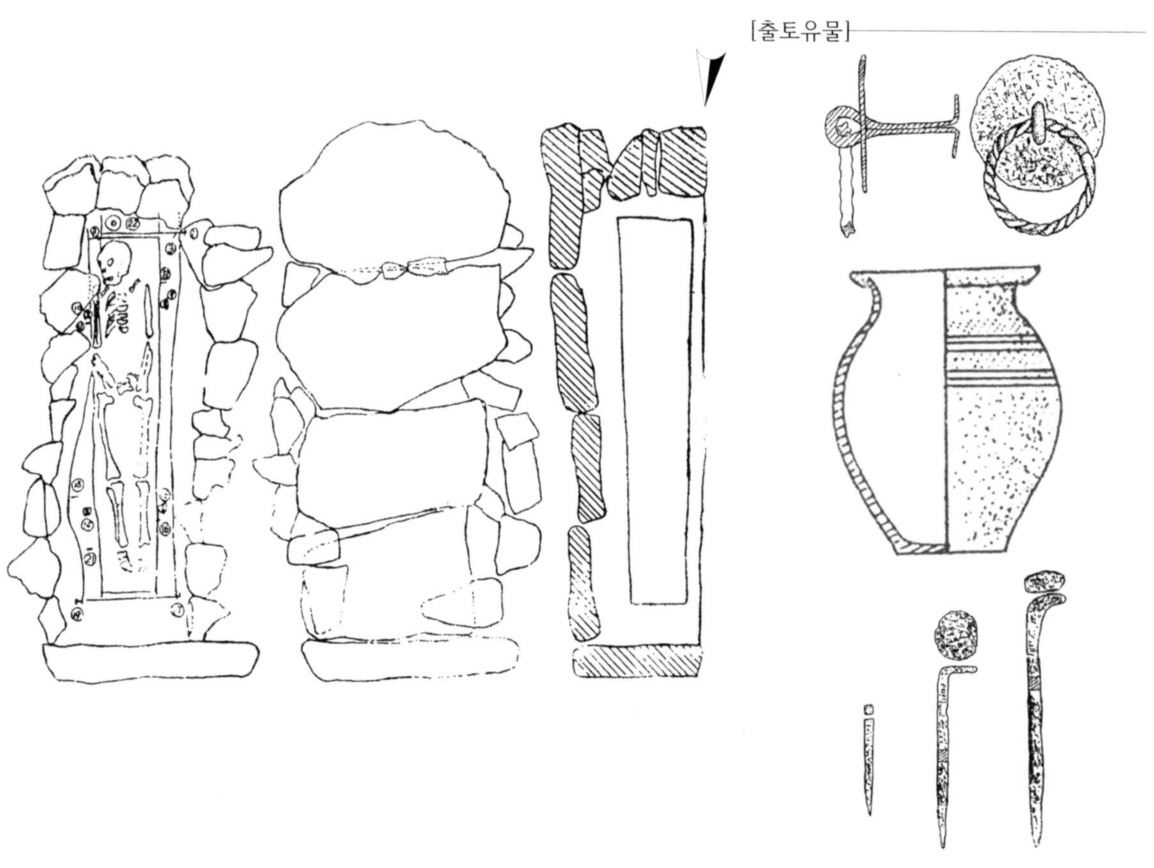

길림성 용정시 영성 고분군吉林省 龍井市 英城 古墳群

조사연혁	1983. 겨울. 조사(延边博物馆·延吉市文化馆) 1984. 05. 27. ~ 1984. 05. 28. 조사(龙井县文物志编史普查队)
유적위치	길림성 용정시 영성촌(英城村) 위생소에서 북쪽으로 10m 떨어진 곳에 위치한다.
유적입지	고분군은 북쪽으로 약간 높은 비탈 및 산등성이와 접해 있는데 산비탈에는 과수가 심어져 있고, 남쪽으로 동성평원, 동쪽으로 750m 떨어져 해란강(海兰江)이 흐른다. 고분군에서 동쪽으로 약 500m 떨어진 산비탈에서 발해 건축유적이 발견되었고, 남쪽 100m 떨어진 곳에 발해 평원성 북벽이 위치한다.
조사현황	1984년 용정현문물지 편사보사팀이 조사하고 그 중 1기를 기록하였다.
내　용	고분군은 토취로 인해 파괴되었으며, 높이 0.7~2m, 동서 길이 20m의 단애면에서 고분 7기가 노출되었다. 그 중 1기는 남쪽 천장석이 노출되었고, 1기는 천장석이 들려 있다. 석곽 안에 목관이 안치된 형태이다.
주요유물	철제 대금구, 철제 쌍환, 철제창, 철제도
참고사항	토기의 형태로 볼 때, 화룡 북대 고분군과 유사하다.
참고문헌	吉林省文物志编委会, 1983, 『龙井县文物志』. 李正鳳·李强, 1986, 「吉林龙井英城渤海古墓」, 『博物馆研究』 1, 吉林省博物馆. 김진광, 2012, 『북국 발해 탐험』, 박문사.

영성 고분

(단위 : cm)

봉토	크 기 (길이×너비×높이)	–	목관	크 기 (길이×너비×높이)	200×40~50×?
	평면형태	–		장폭비	
묘광	장축방향	?	석곽	크 기 (길이×너비×높이)	230×80×60
	크 기 (길이×너비×깊이)	230×80×60		장폭비	
	장폭비	230×80×60	두 향		210°
유물	토 도 기	심발(1)			
	금 속 기	철제 대구(1), 철제 고리(2), 철제 창(1), 철제 도(1), 미상철기(2)			
	옥 석 기	–			
	기 타	인골(1)			
특기사항		인골 1개체분이 일차장된 상태로 발견되었는데 신장은 약 180cm 정도이다. 석곽 가운데의 흑회선 흔적이 목관의 범위로 추측된다. 관정의 흔적이 발견되지 않아 나무로만 결합한 목관으로 추정된다.			

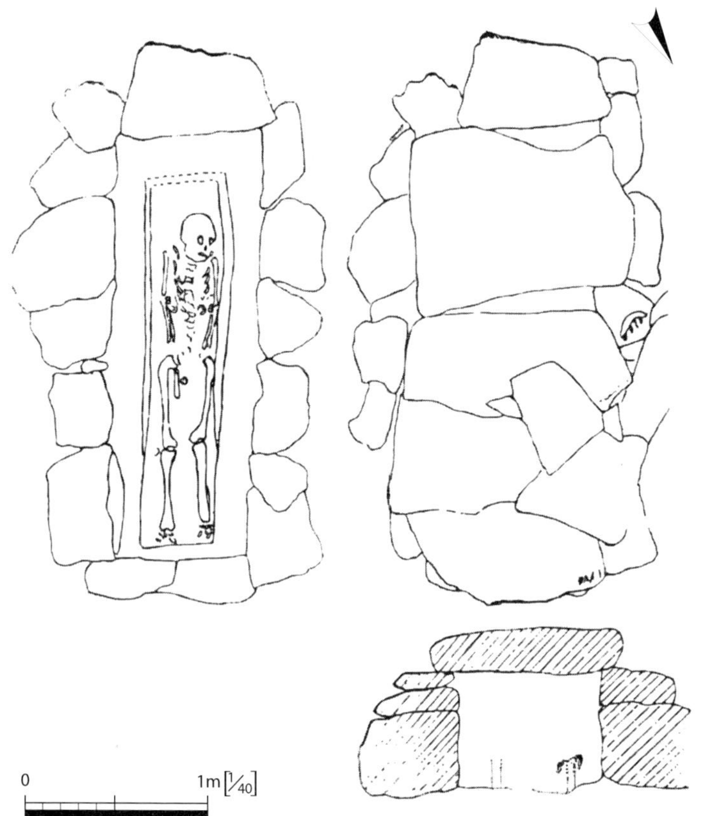

[출토유물]

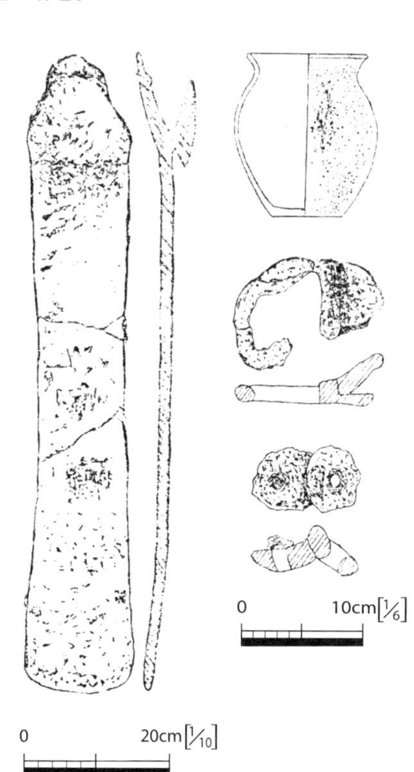

길림성 용정시 용암 고분군吉林省 龍井市 龍岩 古墳群

조사연혁	1979. 조사(吉林省考古训练班)
유적위치	길림성 용정시 덕신향(德新乡) 용암촌(龙岩村)에서 서남쪽으로 300m 떨어진 곳에 위치한다.
유적입지	고분군에서 150m 떨어진 곳에는 동북으로 팔도하(八道河)가 흐른다.
조사현황	1979년 길림성고고훈련반에서 무덤을 조사했으나 몇 기를 조사했는지 알 수 없다. 고분의 분포범위는 길이 220m, 너비 60m 정도이다. 현재 고분군 내에는 파헤쳐진 두 기의 무덤 이외에 나머지는 모두 지하에 묻혀 있다.
내 용	26기 이상 분포하는 것으로 판단된다. 계곡 중앙에서 약간 높은 곳에 직경 22m에 달하는 대형 봉토분이 확인된다.
주요유물	청동 인장, 화살촉(지표 및 주변 수습유물)
참고사항	서남쪽으로 500m 떨어진 중평 발해유적과 관련된 것으로 보인다.
참고문헌	吉林省文物志編委會, 1983, 『龙井县文物志』. 김진광, 2012, 『북국 발해 탐험』, 박문사.

용암 고분

(단위 : cm)

봉토	크 기 (길이×너비×높이)	?	연도	크 기 (길이×너비×높이)	?
	평면형태	?		연도위치	?
현실	장축방향	동남향 또는 남향		두 향	?
	규 모 (길이×너비×높이)	?		바닥시설	?
	평면형태	장방형		천장형태	평
	시상/관대 (길이×너비×높이)	?		석재종류	판석·할석
유물	토 도 기	?			
	금 속 기	?			
	옥 석 기	?			
	기 타	?			
	특기사항	유구 도면 없음.			

길림성 용정시 용천 고분군吉林省 龍井市 龍泉 古墳群

조사연혁	?
유적위치	길림성 용정시 석정향(石井乡) 구룡촌(九龙村) 용천둔(龙泉屯)에서 동쪽으로 약 300m 떨어진 곳에 위치한다.
유적입지	산맥을 등지고 남쪽으로는 해란강과 약 300m 떨어져 있다.
조사현황	?
내 용	길이 약 30m에 걸치는 범위 안에서 6~7기의 고분이 발견되었다. 그 중 1기는 길이 180cm, 너비 80cm, 깊이 90cm 정도로서 할석을 이용하여 축조하였다.
주요유물	-
참고사항	고분 내부에서 구연이 이중으로 처리된 호의 잔편이 출토되었다.
참고문헌	吉林省文物志編委會, 1983, 『龙井县文物志』. 김진광, 2012, 『북국 발해 탐험』, 박문사.

용천 고분

(단위 : cm)

봉토	**크 기** (길이×너비×높이)	?	**연도**	**크 기** (길이×너비×높이)	?
	평면형태	?		**연도위치**	?
현실	**장축방향**	?		**두 향**	?
	규 모 (길이×너비×높이)	(180+)×(80+)×(90+)		**바닥시설**	?
	평면형태	?		**천장형태**	?
	시상/관대 (길이×너비×높이)	–		**석재종류**	할석
유물	**토 도 기**	토기편			
	금 속 기	–			
	옥 석 기	–			
	기 타	–			
특기사항		유구·유물 도면 없음.			

길림성 유하현 강석 고분군吉林省 柳河縣 康石 古墳群

조사연혁	1982. 가을. 조사(通化地区文管会·柳河县文化局)
유적위치	길림성 유하현 태평천향(太平川乡) 강석둔(康石屯) 서쪽 과수원에 위치한다. 고분군은 마을과 300m 떨어져 있으며, 북쪽으로 태평천(太平川) 향 정부(乡 政府) 소재지와 약 1.5㎞ 정도 떨어져 있다.
유적입지	고분군은 야산의 북쪽 기슭에 입지한다.
조사현황	1974년 밭을 만들던 도중 훼손된 고분 1기를 1982년 통화지구문관회·유화현문화국에서 조사·기록하였다. 원래 100여 기의 고분이 있었지만 그 중 62기를 기록, 실측하고 훼손된 고분들은 조사하였다.
내　용	고분군은 동서 300m, 남북 500m의 범위에 분포한다. 조사된 고분은 직경 400cm, 높이 160cm 규모의 봉토로 포장된 횡혈식석실묘로서 동편재한 연도가 딸린 장방형의 현실을 갖추고 있다.
주요유물	토기 호, 철촉
참고사항	-
참고문헌	김진광, 2012, 『북국 발해 탐험』, 박문사.

강석 고분

(단위 : cm)

봉토	크 기 (길이×너비×높이)	400×400×160	연도	크 기 (길이×너비×높이)	?×40×?
	평면형태	원형		연도위치	우편재
현실	장축방향	180°		두 향	-
	규 모 (길이×너비×높이)	230~231×135~145×90		바닥시설	부석
	평면형태	장방형		천장형태	삼각고임
	시상/관대 (길이×너비×높이)	-		석재종류	할석
유물	토 도 기	호(1)			
	금 속 기	철촉(1)			
	옥 석 기	-			
	기 타	-			
	특기사항	유구·유물 도면 없음.			

길림성 장백현 영광탑 고분 吉林省 長白縣 靈光塔 古墳

조사연혁	1982. 06. 조사(中国科学院 自然科学史研究所 副研究员 张驭寰) ?. 여러 차례 조사(吉林省文物工作队)
유적위치	길림성 장백현 탑산(塔山)에 위치한다. 고분의 북쪽 약 200m에는 일람봉(一览峰)이 있고, 남쪽 약 1km에는 압록강이 있다. 서쪽은 골짜기로 작은 개울이 있는데, 압록강으로 흘러 들어간다. 장백(长白)-임강(临江) 도로가 탑산 산기슭 아래를 지나간다.
유적입지	고분은 탑산 서남단의 평탄한 대지 위에 입지한다.
조사현황	1982년 6월에 과학원 자연과학사연구소 부연구원 장어환(张驭寰)이 영광탑을 조사하였고, 길림성문물공작대도 여러 차례 영광탑과 현실을 조사하였다. 오랜 훼손으로 붕괴 위험이 있어 길림성 인민정부에서 1984년 5월에서 9월까지 보수하였다. 현실은 전부 파괴되어 보존가치가 없다고 판단하여 시멘트로 메우고 그 위에 강철을 세워 탑신을 지탱시킨 상태이다.
내 용	영광탑은 전돌로 축조한 누각형태의 공심방탑으로 묘도, 연도, 현실, 탑신, 탑찰 등 5개의 부분으로 구성되었다. 묘도는 11개의 계단으로 구성되었고 연도는 바닥에 3층의 전돌을 깔았으나 천장에는 판석을 덮지 않았다.
주요유물	풍경
참고사항	탑의 성격에 대해 현실 북쪽에서 동쪽에 치우친 지점의 바닥에 관대가 있던 것에 주목하여 사리함을 놓는 사리탑이라는 주장도 있지만 훈춘 마적달탑 현실과 화룡 정효공주묘에서 출토된 인골을 감안해 묘탑일 가능성이 있다.
참고문헌	吉林省文物志编委会, 1986, 『長白朝鮮族自治县文物志』. 김진광, 2012, 『북국 발해 탐험』, 박문사.

영광탑 고분

(단위 : cm)

봉토	크 기 (길이×너비×높이)	–	연도	크 기 (길이×너비×높이)	–
	평면형태	–		연도위치	–
현실	장축방향	200°		두 향	?
	규 모 (길이×너비×높이)	190×142×149		바닥시설	3층으로 전돌을 깔았음
	평면형태	장방형		천장형태	?
	시상/관대 (길이×너비×높이)	?		석재종류	판석·전돌
유물	토 도 기	토기편			
	금 속 기	풍경(2)			
	옥 석 기		–		
	기 타		–		
	특기사항	현실 벽면과 천장에 백회를 바름. 일부 벽면에 붉은색이 칠해져 있어 간단한 벽화로 추정. 현실 뒷벽 중앙 동쪽 바닥에 돌로 쌓은 관대가 있는데 평면이 평평하여 사리합을 두는 곳으로 추측된다.			

길림성 통화시 강남스키장 고분군吉林省 通化市 江南滑雪場 古墳群

조사연혁	1957. ~ 1958. 조사(通化市文物普查队) 1985. 조사(通化市文物普查队)
유적위치	길림성 통화시 강남촌(江南村) 석판구문(石板沟门)에 위치하며 시 중심과는 2.5km 떨어져 있다.
유적입지	고분군이 위치한 지점은 원래 시 강남스키장 건물이 있는 곳인데 그 남쪽 산이 스키장이다. 동쪽과 북쪽은 비교적 가파른 산봉우리이며, 통화(通化)~집안(集安)의 도로가 지나간다. 서북쪽은 혼강과 1km 떨어져 있으며, 서쪽은 넓게 트인 채소밭이다.
조사현황	1957년, 1958년에 통화시문물보사대가 조사하여 유물을 수습하였다. 1985년 통화시문물보사대가 유물에 대한 조사를 실시하였으나 지표에서 고분의 흔적은 확인하지 못하였다.
내　　용	발해와 요, 금시기의 고분이 분포하는 것으로 추정된다.
주요유물	동제 대금구(20), 철제 세발솥(1)
참고사항	-
참고문헌	吉林省文物志編委会, 1985, 「江南滑雪场古墓葬」, 『通化市文物志』. 김진광, 2012, 『북국 발해 탐험』, 박문사.

[출토유물]

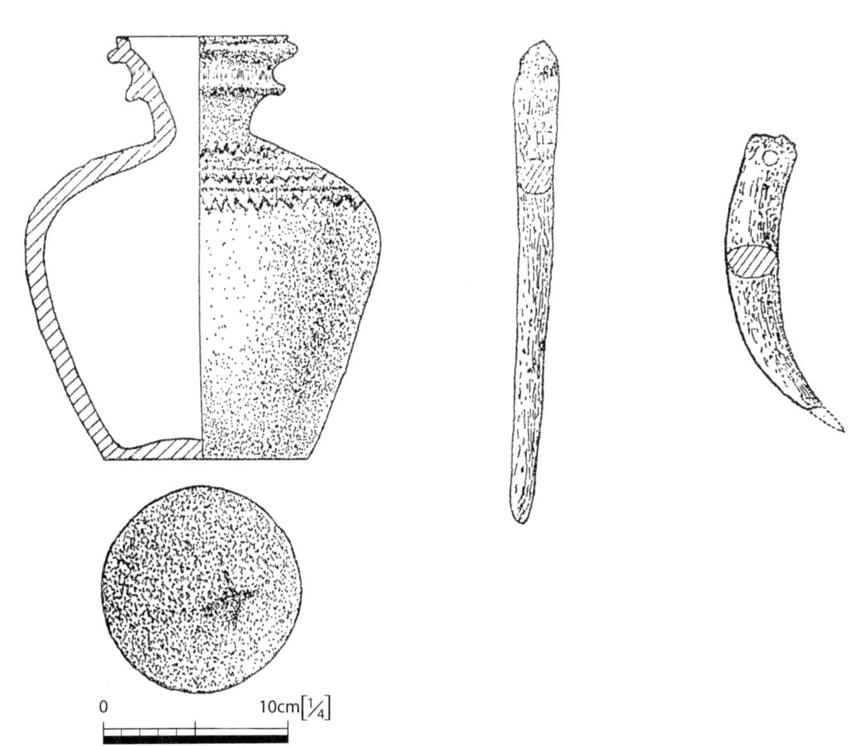

0　　　　　10cm[¼]

길림성 화룡시 득미 고분군 吉林省 和龍市 得味 古墳群

조사연혁	1979. 시굴(吉林省考古训练班). 1984. 재조사(延边朝鲜族自治州文物普查队).
유적위치	길림성 화룡시 와룡향(臥龙乡) 득미촌(得味村)에서 동쪽으로 1.5km 떨어진 산기슭 아래 위치한다.
유적입지	북쪽에는 높은 산이 있고 남쪽은 평지이다. 그 사이에는 고동하(古洞河)가 서쪽에서 동쪽으로 흘러가며 고분군 남쪽으로 10m 떨어진 곳에 도로가 있다. 다시 남쪽으로 5m 떨어진 곳에 삼림철도가 있다.
조사현황	고분군의 범위는 동서 길이 약 30m, 남북 너비 약 10m이다. 석실봉토분의 봉토가 매우 낮아서 수많은 천장 석들이 이미 노출되었다. 그 중 1기를 조사하였다.
내 용	조사된 고분은 평면 장방형에 동, 서, 북벽을 돌로 쌓고 남쪽에 딸린 입구를 작은 돌로 막은 구조이다. 천장은 판석 3개로 덮었다.
주요유물	-
참고사항	만주국 시기 일본인들이 삼림도로를 닦을 때, 고분 3기를 도굴했다고 한다. 현재 고분군에는 파괴된 무덤 이외에 비교적 보존이 잘 된 8기의 무덤이 남아있다.
참고문헌	吉林省文物志編委會, 1984, 『和龍县文物志』. 김진광, 2012, 『북국 발해 탐험』, 박문사.

석실묘

(단위 : cm)

봉토	크 기 (길이×너비×높이)	?	연도	크 기 (길이×너비×높이)	–
	평면형태	?		연도위치	–
현실	장축방향	198°		두 향	?
	규 모 (길이×너비×높이)	250×140×50		바닥시설	?
	평면형태	세장방형		천장형태	?
	시상/관대 (길이×너비×높이)	–		석재종류	판석
유물	토 도 기	–			
	금 속 기	–			
	옥 석 기	–			
	기 타	–			
특기사항		유구 도면 없음.			

길림성 화룡시 명암 고분군 吉林省 和龍市 明岩 古墳群

조사연혁	?
유적위치	길림성 화룡시 서성향(西城乡) 명암촌6대(明岩村6队)에 위치한다.
유적입지	남쪽은 산지구릉이며, 북쪽은 화룡(和龙)~연길(延吉)도로가 있고, 북쪽으로 약 500m 떨어진 곳에는 이도하(二道河)가 서쪽에서 동쪽으로 흘러간다. 지세가 평탄하며 지금은 경작지로 개간되고 있다.
조사현황	고분군의 범위는 동서 100m, 남북 150m이며 중간에 시설된 농업용 관개수로로 인해 동·서 구역으로 나뉜다. 서쪽 구역의 북쪽 부분에 10여 기, 동쪽 구역의 북쪽 부분 4기의 보존상태가 비교적 좋다.
내　용	대부분 봉토석실묘이다. 서쪽 구역의 고분은 규모가 대부분 500×400cm 정도인데 천장석이 노출되어 있으며 봉토가 남아 있는 것은 드물다. 동쪽 구역의 4기는 봉토가 작고 개석이 노출되어 있다.
주요유물	토기 호
참고사항	동남쪽으로 약 2.5km 떨어진 곳에 북대 고분군이 위치한다.
참고문헌	吉林省文物志编委会, 1984, 『和龍县文物志』. 김진광, 2012, 『북국 발해 탐험』, 박문사.

길림성 화룡시 복동 고분군吉林省 和龍市 福洞 古墳群

조사연혁	?
유적위치	길림성 화룡시 복동진(福洞鎭) 중심촌(中心村) 서북쪽 산 완만한 기슭에 위치한다.
유적입지	고분군의 동쪽으로 약 100m 떨어진 곳에 복동진소학교가 있고 북쪽은 높은 산으로 이어진다. 남쪽은 비교적 평탄하고, 500m 떨어진 곳에 복동하(福洞河)가 서남쪽에서 동북쪽으로 흐른다.
조사현황	현대 무덤으로 파괴되어 서쪽에 3기만 남아 있다.
내　용	잔존한 3기 중 가장 큰 고분은 동쪽에 있는 1기이다. 고분 상부에 기와편이 많이 남아 있던 것으로 보아 건축물이 있었을 것으로 추정된다. 나머지 2기에서도 장부에 약간의 기와편이 남아 있다.
주요유물	기와
참고사항	-
참고문헌	吉林省文物志編委会, 1984, 『和龍县文物志』. 김진광, 2012, 『북국 발해 탐험』, 박문사.

길림성 화룡시 북대 고분군 吉林省 和龍市 北大 古墳群

조사연혁	1941. 이전 발굴(竹下) 1960. 발굴(延边朝鮮族自治州文物普查队) 1963. 발굴(朝中联合考古队) 1973. 발굴(延边博物馆·和龙县文化馆) 1974. 발굴(延边博物馆) 1984. 조사(延边朝鮮族自治州和龙县文物普查队) 1988. 발굴(延边博物馆·和龙县文物管理所) 1990. 조사(엄장록)
유적위치	길림성 화룡시 팔가자진(八家子鎭) 상남촌(上南村) 북쪽에 위치한다.
유적입지	현재 팔가자임업국(八家子林業局) 삼림철도가 고분군 동쪽 약 400m 지점을 남쪽에서 북쪽으로 관통하며, 남쪽으로 약 500m 떨어진 곳에는 해란강이 서쪽에서 동쪽으로 흐른다. 고분군에서 동북쪽으로 약 5km 떨어진 곳에 발해의 중경현덕부 유적이 있다. 1990년 조사결과 길이 800m, 너비 300m, 면적 약 40,000㎡에 달하는 범위에 400여 기의 고분이 분포하는 사실을 확인하였다.
조사현황	1941년 이전에 다케시다가 1기 발굴, 1960년 연변조선족자치주 문물보사대가 1기 발굴, 1963년 조중연합고고대가 1기 발굴, 1973년 연변박물관과 화룡현문화관에서 60여기 발굴, 1974년 연변박물관에서 2기 발굴, 1988년 연변박물관과 화룡현문물관리소에서 공동으로 11기를 발굴하였다. 현재까지 약 80여 기가 발굴되었는데 현재 도시로 개발되어 고분군의 흔적을 찾을 수 없다.
내　용	석관묘, 석곽묘, 석광묘, 석실묘, 토광묘 등 다양한 구조의 고분이 혼재한다.
주요유물	삼채 병, 삼채 보시기, 동경.
참고사항	-
참고문헌	延边朝鮮族自治州博物馆·和龙县文化馆, 1982,「和龙北大渤海墓葬清理簡報」,『東北考古與历史』1期, 延边朝鮮族自治州博物馆·和龙县文化馆. 吉林省文物志编委会, 1984,『和龙县文物志』. 延边博物馆·和龙县文物管理所, 1994,「吉林省和龙县北大渤海墓葬」,『文物』一期, 延边博物馆·和龙县文物管理所. 정영진, 1991,「1988년도에 발굴한 북대발해무덤 및 3채그릇」,『발해사연구』제2집, 연변대학출판사. 엄장록·박룡연, 1991,「북대발해무덤연구」,『발해사연구』제2집, 연변대학출판사. 사회과학원 고고학연구소, 2009,「발해의 무덤」,『조선고고학전서』24, 진인진.

[전경]

[유적 위치도]

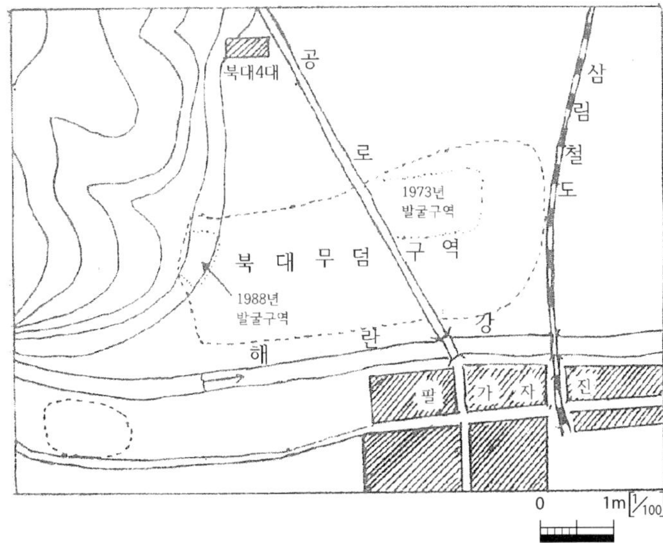
북대4대
공
로
삼
림
철
도
1973년
발굴구역
북 대 무 덤 구 역
1988년
발굴구역
해 란 강
땅 가 자 진
0   1m 1/100

[유구 분포도(73년)]

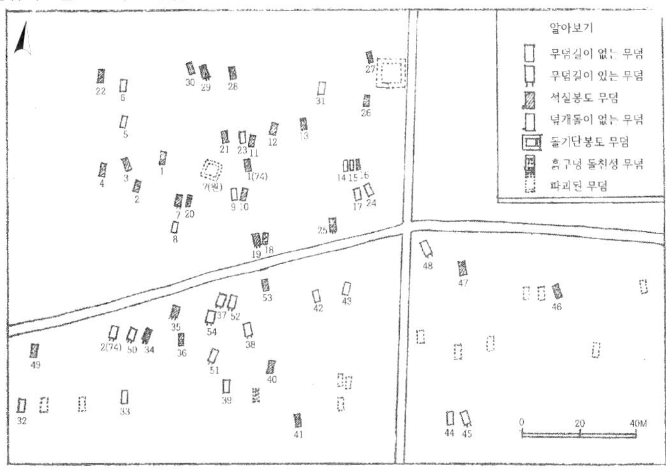
알아보기
무덤길이 없는 무덤
무덤길이 있는 무덤
석실봉토 무덤
넋개돌이 없는 무덤
돌기단봉토 무덤
흙구녕 돌칠성 무덤
파괴된 무덤
22 6
30 29 28
31
27
26
5
21 23 11
12
3
4
3
1
1(74)
14 15 6
2
7 20
9 0
17 24
8
19 18
25
48
47
35
37 52
53
42 43
46
54
2(74) 50 34 36
38
49
51
40
39
33
32
59
40
41
44 45
0   20   40M

[유구 분포도(88년)]

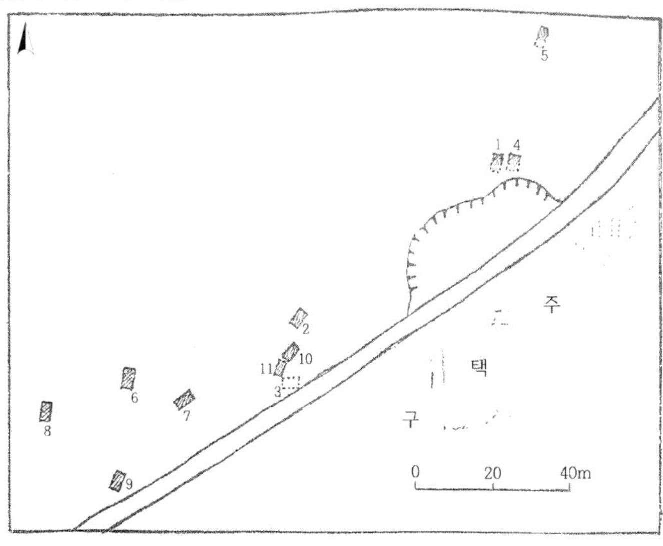
5
1 4
주
2
11 10
택
3
6
구
7
8
9
0   20   40m

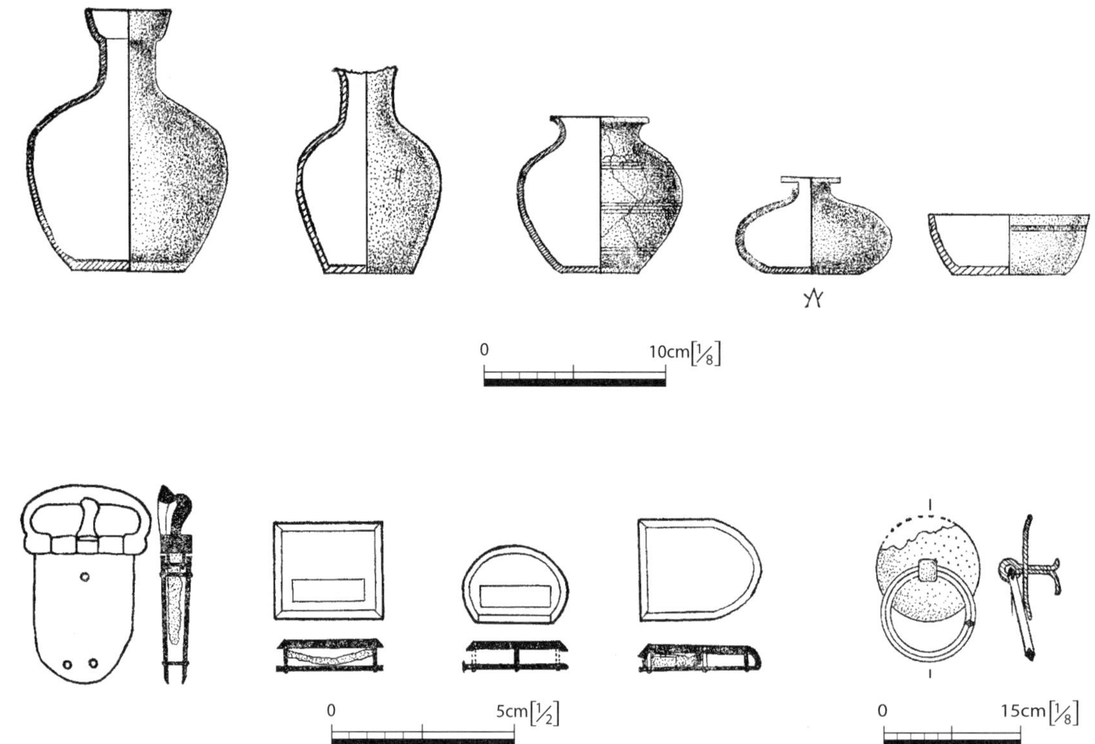

1호묘

(단위 : cm)

봉토	크 기 (길이×너비×높이)	?	연도	크 기 (길이×너비×높이)	320×140×(170+)
	평면형태	방형		연도위치	중앙
현실	장축방향	N−15°−E		두 향	?
	규 모 (길이×너비×높이)	350×200×(175~190+)		바닥시설	?
	평면형태	장방형		천장형태	모줄임
	시상/관대 (길이×너비×높이)	–		석재종류	판석·할석
유물	토 도 기		–		
	금 속 기		–		
	옥 석 기		–		
	기 타		–		
	특기사항		–		

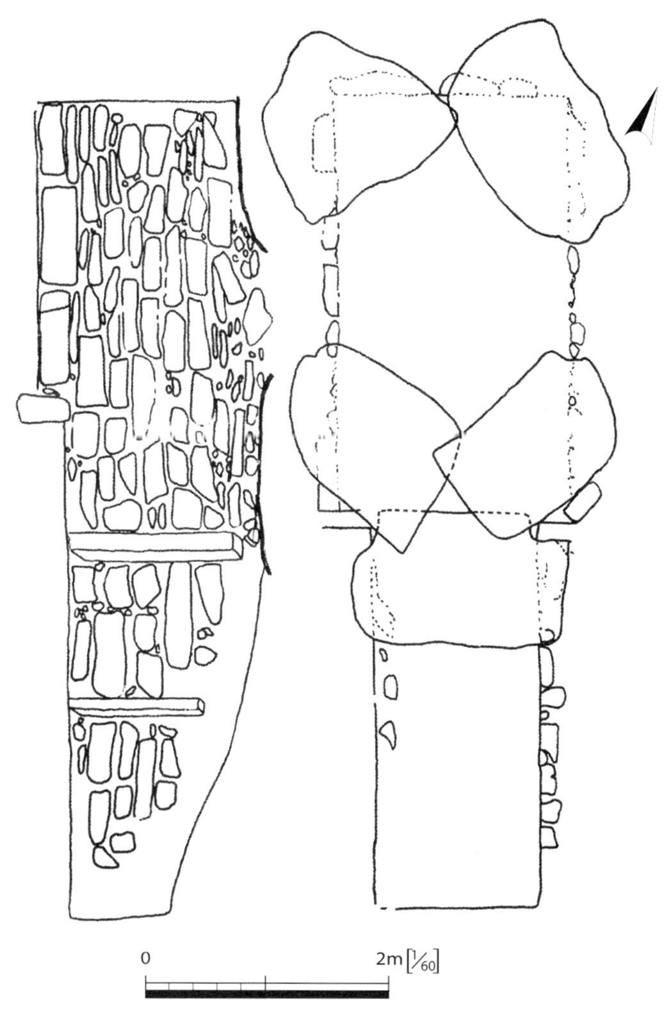

0   2m [¹⁄₆₀]

2호묘

(단위 : cm)

봉토	크 기 (길이×너비×높이)	?	연도	크 기 (길이×너비×높이)	?
	평면형태	?		연도위치	?
현실	장축방향	174°	두 향		1차장 : 남향(2) 2차장 : ?(7)
	규 모 (길이×너비×높이)	290×110×90	바닥시설		?
	평면형태	세장방형	천장형태		평
	시상/관대 (길이×너비×높이)	–	석재종류		할석
유물	토도기	토기편			
	금속기	철제 관정			
	옥석기	–			
	기 타	인골(9)			
	특기사항	유물 도면 없음. 측실(장방형 70×40×30). 계단식 연도. 인골 9개체 중 일차장(노년 부부합장-남좌녀우)과 이차장(노년 남성1, 중년 남성2, 유아4)이 공존한다.			

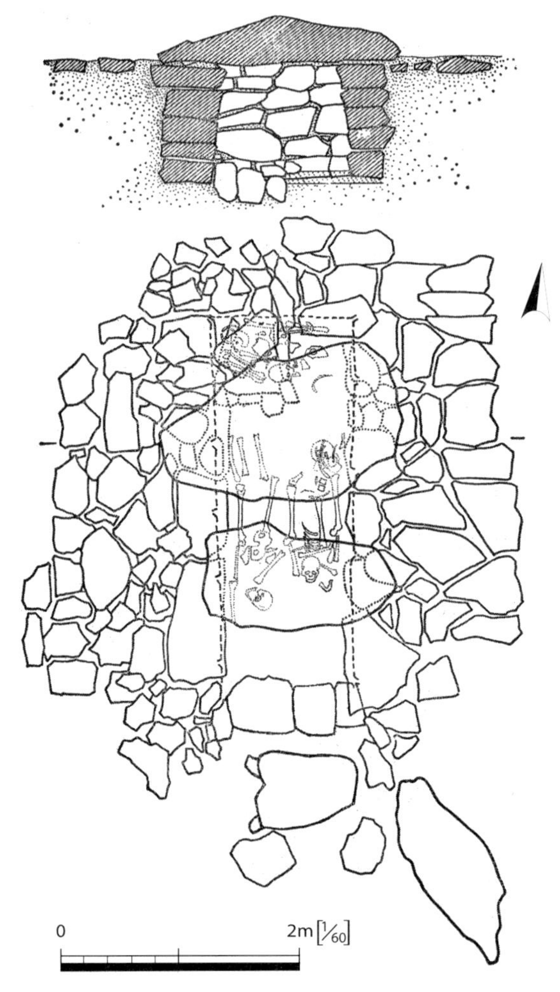

0   2m [¹⁄₆₀]

3호묘

(단위 : cm)

봉토			연도		
	크 기 (길이×너비×높이)	?		크 기 (길이×너비×높이)	?
	평면형태	?		연도위치	일체형
현실	장축방향	180°		두 향	남향
	규 모 (길이×너비×높이)	270×95×85		바닥시설	?
	평면형태	세장방형		천장형태	평
	시상/관대 (길이×너비×높이)	–		석재종류	?
유물	토 도 기	–			
	금 속 기	철제 관정			
	옥 석 기	–			
	기 타	인골(2)			
특기사항		유구·유물 도면 없음. 인골은 2개체분(노년 부부합장 : 남좌녀우)이며 목관(?×40×?) 흔적이 확인되었다.			

<h1 align="center">4호묘</h1>

(단위 : cm)

봉토	크 기 (길이×너비×높이)	?	연도	크 기 (길이×너비×높이)	?
	평면형태	?		연도위치	일체형
현실	장축방향	162°		두 향	남향
	규 모 (길이×너비×높이)	235×105×80		바닥시설	부석
	평면형태	장방형		천장형태	평
	시상/관대 (길이×너비×높이)	–		석재종류	할석
유물	토 도 기	–			
	금 속 기	철제 관정			
	옥 석 기	–			
	기 타	인골(1)			
특기사항		인골 1개체분(중년 여성)이 일차장되어 있고 목관(180×40×?)의 흔적이 발견되었다.			

0   50cm [1/20]

5호묘

(단위 : cm)

봉토	크 기 (길이×너비×높이)	?	연도	크 기 (길이×너비×높이)	?
	평면형태	?		연도위치	일체형
현실	장축방향	184°	두 향		남향
	규 모 (길이×너비×높이)	287×100×70	바닥시설		?
	평면형태	세장방형	천장형태		평
	시상/관대 (길이×너비×높이)	–	석재종류		할석
유물	토 도 기	병(1), 벼루(1)			
	금 속 기	철제 관정			
	옥 석 기		–		
	기 타	인골(1)			
	특기사항	인골 1개체분(장년 남성)이 일차장되어 있다. 목관(210×40×?)의 흔적이 확인되었다.			

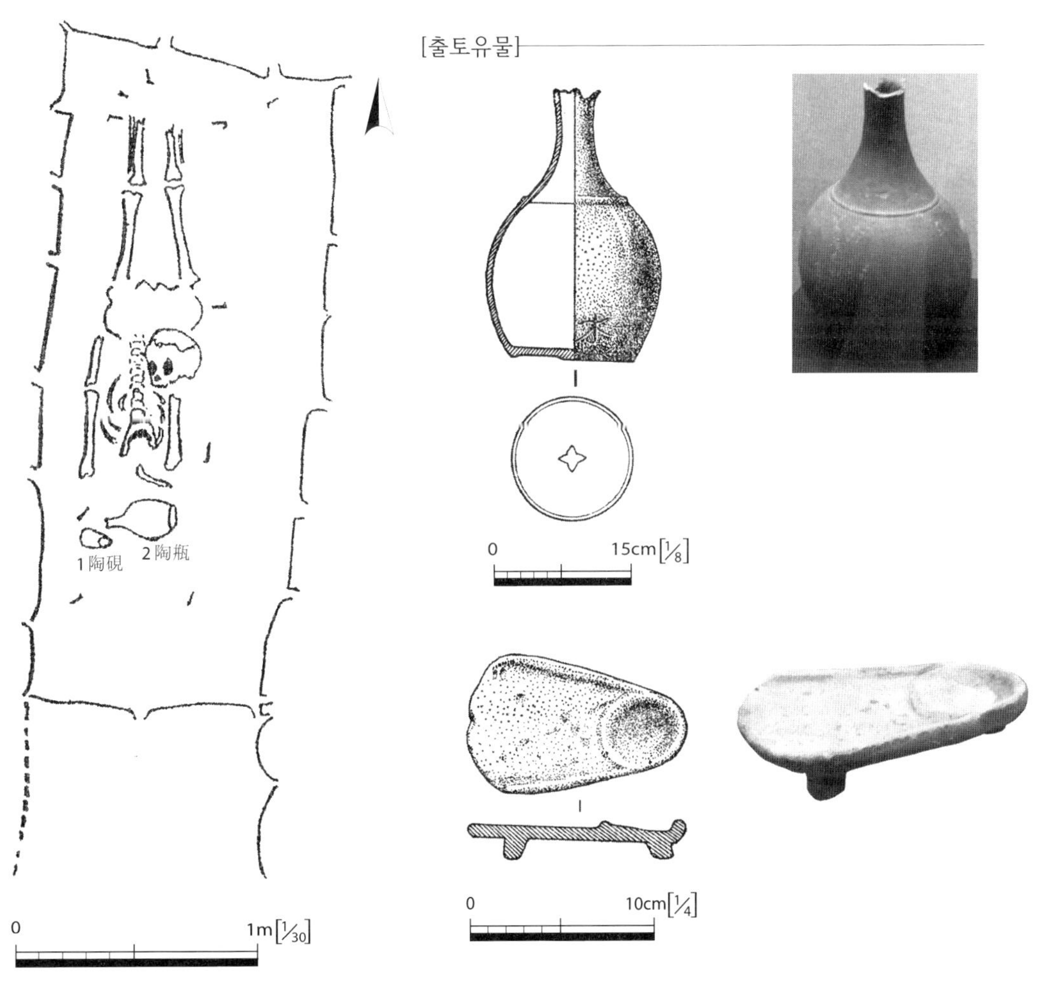

6호묘

(단위 : cm)

봉토	크 기 (길이×너비×높이)	?	연도	크 기 (길이×너비×높이)	?
	평면형태	?		연도위치	?
현실	장축방향	200°		두 향	?
	규 모 (길이×너비×높이)	230×84×?		바닥시설	?
	평면형태	세장방형		천장형태	?
	시상/관대 (길이×너비×높이)	-		석재종류	할석
유물	토 도 기	-			
	금 속 기	-			
	옥 석 기	-			
	기 타	-			
	특기사항	유구 도면 없음. 심하게 파괴되었음.			

7호묘

(단위 : cm)

봉토	크 기 (길이×너비×높이)	?	연도	크 기 (길이×너비×높이)	?
	평면형태	?		연도위치	?
현실	장축방향	180°		두 향	?
	규 모 (길이×너비×높이)	260×110×53		바닥시설	?
	평면형태	장방형		천장형태	?
	시상/관대 (길이×너비×높이)	-		석재종류	할석
유물	토 도 기	-			
	금 속 기	-			
	옥 석 기	-			
	기 타	-			
	특기사항	유구 도면 없음. 심하게 파괴되었음.			

8호묘

(단위 : cm)

봉토			연도		
봉토	크 기 (길이×너비×높이)	?	연도	크 기 (길이×너비×높이)	60×60×?
	평면형태	?		연도위치	우편재
현실	장축방향	182°		두 향	남향
	규 모 (길이×너비×높이)	250×105×65		바닥시설	?
	평면형태	장방형		천장형태	?
	시상/관대 (길이×너비×높이)	–		석재종류	할석
유물	토 도 기	토기편			
	금 속 기	–			
	옥 석 기	–			
	기 타	인골(1)			
	특기사항	유구·유물 도면 없음. 인골 1개체(노년 남성)분이 일차장되어 있고 목관의 흔적이 확인되었다.			

9호묘

(단위 : cm)

봉토	크 기 (길이×너비×높이)	?	연도	크 기 (길이×너비×높이)	?
	평면형태	?		연도위치	?
현실	장축방향	188°	두 향		일차장 : 남향
					이차장 : ?
	규 모 (길이×너비×높이)	245×95×65		바닥시설	?
	평면형태	장방형		천장형태	?
	시상/관대 (길이×너비×높이)	–		석재종류	활석
유물	토 도 기	–			
	금 속 기	철제 관정			
	옥 석 기	–			
	기 타	인골(2)			
	특기사항	유물 도면 없음. 인골 2개체(남1녀1)분이 발견되었는데 남성은 일차장, 여성은 이차장 상태이다.			

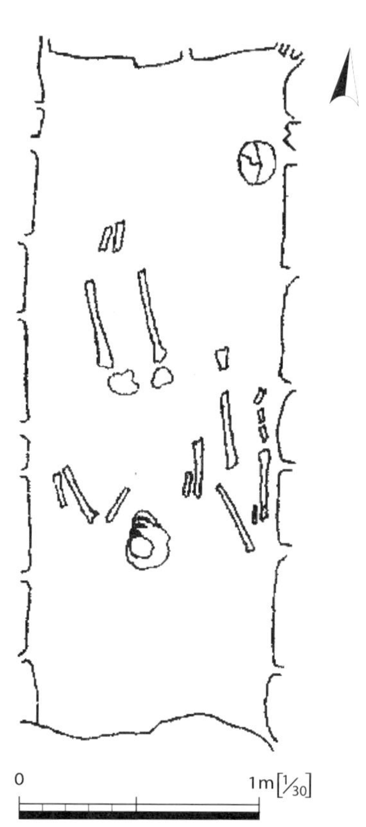

0   1m [1/30]

10호묘

(단위 : cm)

봉토	크 기 (길이×너비×높이)	?	연도	크 기 (길이×너비×높이)	?
	평면형태	?		연도위치	?
현실	장축방향	169°		두 향	?
	규 모 (길이×너비×높이)	260×85×87		바닥시설	모래를 깔아놓음
	평면형태	세장방형		천장형태	?
	시상/관대 (길이×너비×높이)	–		석재종류	할석
유물	토 도 기	–			
	금 속 기	철제 관정			
	옥 석 기	–			
	기 타	인골편			
	특기사항	유구·유물 도면 없음.			

11호묘

(단위 : cm)

봉토	크 기 (길이×너비×높이)	?	연도	크 기 (길이×너비×높이)	?
	평면형태	?		연도위치	?
현실	장축방향	188°		두 향	남향
	규 모 (길이×너비×높이)	220×80×99		바닥시설	모래를 깔아놓음
	평면형태	세장방형		천장형태	평
	시상/관대 (길이×너비×높이)	–		석재종류	활석
유물	토 도 기	–			
	금 속 기	동경, 철제 대금구, 철제 검, 철제 촉			
	옥 석 기	–			
	기 타	인골(2)			
	특기사항	유구 도면 없음. 인골은 남좌녀우의 배치로 일차장되어 있는데 부부로 판단된다.			

[출토유물]

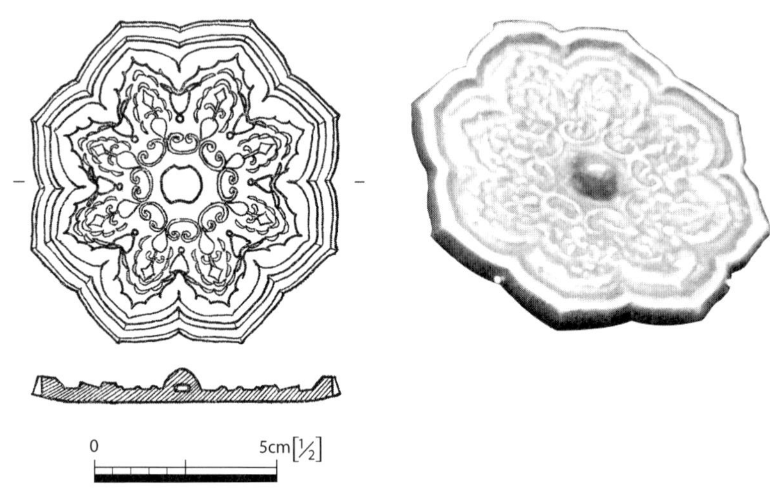

12호묘

(단위 : cm)

봉토	크 기 (길이×너비×높이)	?	연도	크 기 (길이×너비×높이)	?
	평면형태	?		연도위치	?
현실	장축방향	178°		두 향	남향
	규 모 (길이×너비×높이)	249×85×70		바닥시설	부석
	평면형태	장방형		천장형태	평
	시상/관대 (길이×너비×높이)	-		석재종류	할석
유물	토 도 기	-			
	금 속 기	철제 관정			
	옥 석 기	-			
	기 타	인골(1)			
	특기사항	유물 도면 없음. 중년 남성의 인골이 일차장 상태로 놓여 있다.			

0   50cm 1/20

13호묘

(단위 : cm)

봉토	크 기 (길이×너비×높이)	?	연도	크 기 (길이×너비×높이)	?
	평면형태	?		연도위치	?
현실	장축방향	184°		두 향	?
	규 모 (길이×너비×높이)	228×104×57		바닥시설	?
	평면형태	장방형		천장형태	평
	시상/관대 (길이×너비×높이)	-		석재종류	?
유물	토 도 기	-			
	금 속 기	-			
	옥 석 기	-			
	기 타	-			
	특기사항	유구 도면 없음.			

14호묘

(단위 : cm)

봉토	크 기 (길이×너비×높이)	?	연도	크 기 (길이×너비×높이)	?
	평면형태	?		연도위치	?
현실	장축방향	168°		두 향	?
	규 모 (길이×너비×높이)	184×?×?		바닥시설	?
	평면형태	?		천장형태	평
	시상/관대 (길이×너비×높이)	-		석재종류	?
유물	토 도 기	-			
	금 속 기	-			
	옥 석 기	-			
	기 타	-			
	특기사항	유구 도면 없음. 동서의 벽석이 없음.			

15호묘

(단위 : cm)

봉토	크 기 (길이×너비×높이)	?	연도	크 기 (길이×너비×높이)	?
	평면형태	?		연도위치	?
현실	장축방향	162°		두 향	남향
	규 모 (길이×너비×높이)	257×88×61		바닥시설	?
	평면형태	세장방형		천장형태	평
	시상/관대 (길이×너비×높이)	–		석재종류	?
유물	토 도 기	–			
	금 속 기	동제 대금구(4)			
	옥 석 기	–			
	기 타	인골(1)			
	특기사항	유구·유물 도면 없음. 인골 1개체(노년 남성)분이 일차장된 상태이다.			

16호묘

(단위 : cm)

봉토	크 기 (길이×너비×높이)	?	연도	크 기 (길이×너비×높이)	?
	평면형태	?		연도위치	?
현실	장축방향	168°		두 향	일차장 : 남향 이차장 : ?
	규 모 (길이×너비×높이)	250×86×58		바닥시설	?
	평면형태	세장방형		천장형태	?
	시상/관대 (길이×너비×높이)	?		석재종류	?
유물	토 도 기	–			
	금 속 기	철제 관정			
	옥 석 기	–			
	기 타	인골(1)			
	특기사항	유구·유물 도면 없음. 인골 2개체분이 발견되었는데 여성은 일차장, 노년 남성은 이차장 상태이다.			

17호묘

(단위 : cm)

봉토	크 기 (길이×너비×높이)	?	연도	크 기 (길이×너비×높이)	?
	평면형태	?		연도위치	?
현실	장축방향	165°		두 향	북향
	규 모 (길이×너비×높이)	266×70×55		바닥시설	부석
	평면형태	세장방형		천장형태	평
	시상/관대 (길이×너비×높이)	-		석재종류	?
유물	토 도 기	-			
	금 속 기	철제 관정			
	옥 석 기	-			
	기 타	-			
	특기사항	유구·유물 도면 없음. 노년 여성의 인골 1개체분이 일차장된 상태이다.			

18호묘

(단위 : cm)

봉토	크 기 (길이×너비×높이)	?	연도	크 기 (길이×너비×높이)	?
	평면형태	?		연도위치	?
현실	장축방향	156°		두 향	북향
	규 모 (길이×너비×높이)	260×100×80		바닥시설	부석
	평면형태	장방형		천장형태	?
	시상/관대 (길이×너비×높이)	-		석재종류	?
유물	토 도 기	병(1)			
	금 속 기	철제 관고리(4), 철제 관정			
	옥 석 기	-			
	기 타	인골(1)			
	특기사항	유구 도면 없음. 인골 1개체분이 일차장된 상태이다. 목관(?×50×?) 흔적이 발견되었다.			

[출토유물]

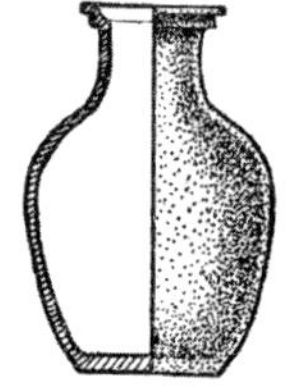

0   10cm [⅛]

19호묘

(단위 : cm)

봉토	크 기 (길이×너비×높이)	?	연도	크 기 (길이×너비×높이)	?
	평면형태	?		연도위치	?
현실	장축방향	180°		두 향	?
	규 모 (길이×너비×높이)	213×133×65		바닥시설	?
	평면형태	장방형		천장형태	평
	시상/관대 (길이×너비×높이)	–		석재종류	?
유물	토 도 기	–			
	금 속 기	–			
	옥 석 기	–			
	기 타	–			
	특기사항	유구 도면 없음. 벽석이 없고 개석만 존재한다.			

20호묘

(단위 : cm)

봉토	크 기 (길이×너비×높이)	?	연도	크 기 (길이×너비×높이)	40×102×?
	평면형태	?		연도위치	중앙
현실	장축방향	162°		두 향	남향
	규 모 (길이×너비×높이)	270×145×78		바닥시설	?
	평면형태	장방형		천장형태	평
	시상/관대 (길이×너비×높이)	–		석재종류	?
유물	토 도 기	–			
	금 속 기	–			
	옥 석 기	–			
	기 타	인골(7)			
	특기사항	인골 7개체(남6녀1)분이 확인되었는데 부부(남좌녀우)는 일차장, 남성 5인은 이차장 상태이다.			

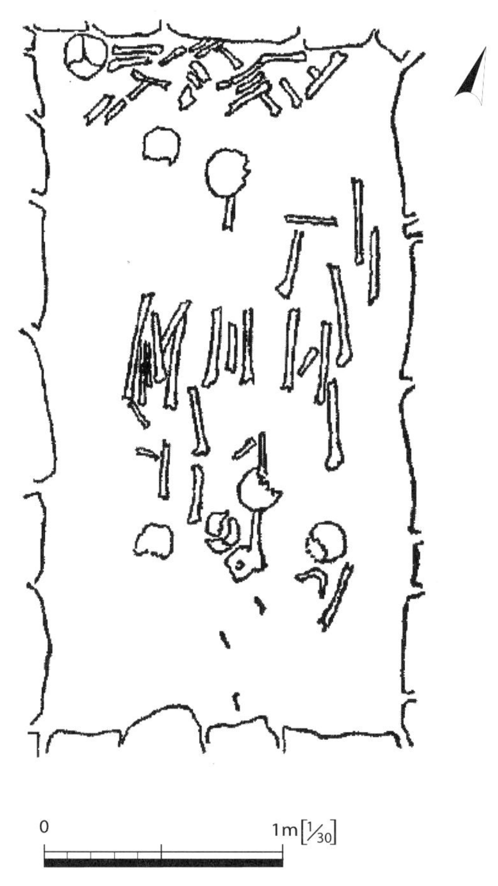

0   1m [1/30]

21호묘

(단위 : cm)

봉토	크 기 (길이×너비×높이)	?	연도	크 기 (길이×너비×높이)	?
	평면형태	?		연도위치	?
현실	장축방향	185°		두 향	북향
	규 모 (길이×너비×높이)	290×120×45		바닥시설	?
	평면형태	장방형		천장형태	평
	시상/관대 (길이×너비×높이)	-		석재종류	?
유물	토 도 기	세발솥(1)			
	금 속 기	동제 대금구, 철제 관정			
	옥 석 기	-			
	기 타	인골(2)			
	특기사항	노년 인골 2개체분(남좌녀우)이 일차장된 상태이다.			

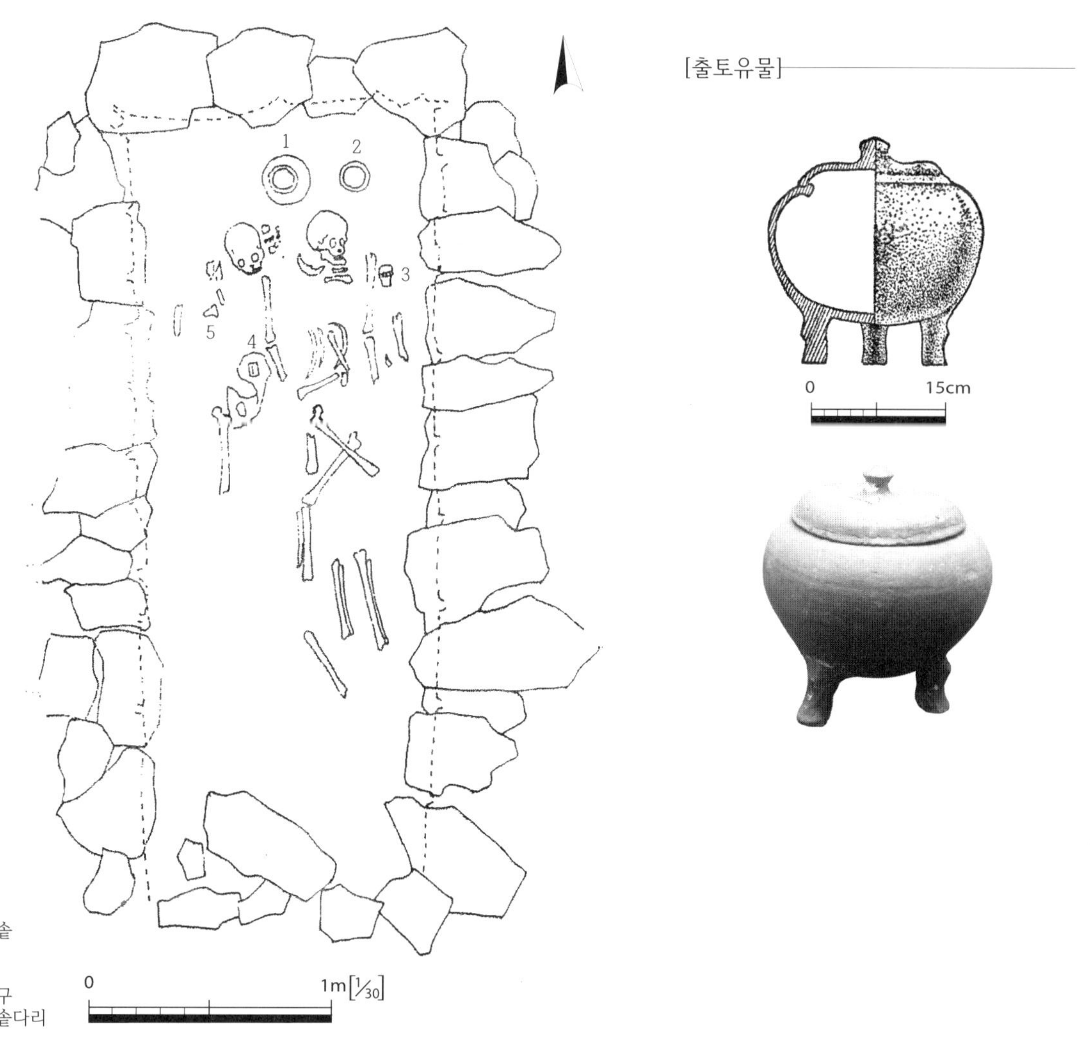

1 세발솥
2 뚜껑
3 교구
4 대금구
5 세발솥다리

<h2 align="center">22호묘</h2>

(단위 : cm)

봉토	크 기 (길이×너비×높이)	?	연도	크 기 (길이×너비×높이)	?
	평면형태	?		연도위치	?
현실	장축방향	160°		두 향	북향
	규 모 (길이×너비×높이)	240×92×65		바닥시설	?
	평면형태	장방형		천장형태	평
	시상/관대 (길이×너비×높이)	–		석재종류	?
유물	토 도 기	토기편			
	금 속 기	–			
	옥 석 기	–			
	기 타	인골(1)			
특기사항		유구·유물 도면 없음. 인골 1개체분(중년 남성)이 일차장된 상태이다.			

<h2 align="center">23호묘</h2>

(단위 : cm)

봉토	크 기 (길이×너비×높이)	?	연도	크 기 (길이×너비×높이)	?
	평면형태	?		연도위치	?
현실	장축방향	180°		두 향	남향
	규 모 (길이×너비×높이)	220×100×74		바닥시설	?
	평면형태	장방형		천장형태	평
	시상/관대 (길이×너비×높이)	–		석재종류	?
유물	토 도 기	–			
	금 속 기	동제 대금구(5)			
	옥 석 기	–			
	기 타	인골(2)			
특기사항		유구·유물 도면 없음. 인골 2개체분이 일차장된 상태이다.			

24호묘

(단위 : cm)

봉토	크 기 (길이×너비×높이)	?	연도	크 기 (길이×너비×높이)	?
	평면형태	?		연도위치	?
현실	장축방향	168°		두 향	남향
	규 모 (길이×너비×높이)	265×95×65		바닥시설	?
	평면형태	세장방형		천장형태	?
	시상/관대 (길이×너비×높이)	-		석재종류	?
유물	토 도 기	-			
	금 속 기	동제 대금구(12)			
	옥 석 기	-			
	기 타	인골(2)			
특기사항		유물 도면 없음. 개석 없음. 인골 2개체가 확인되었는데 중년 남성이 일차장, 여성이 이차장 상태이다.			

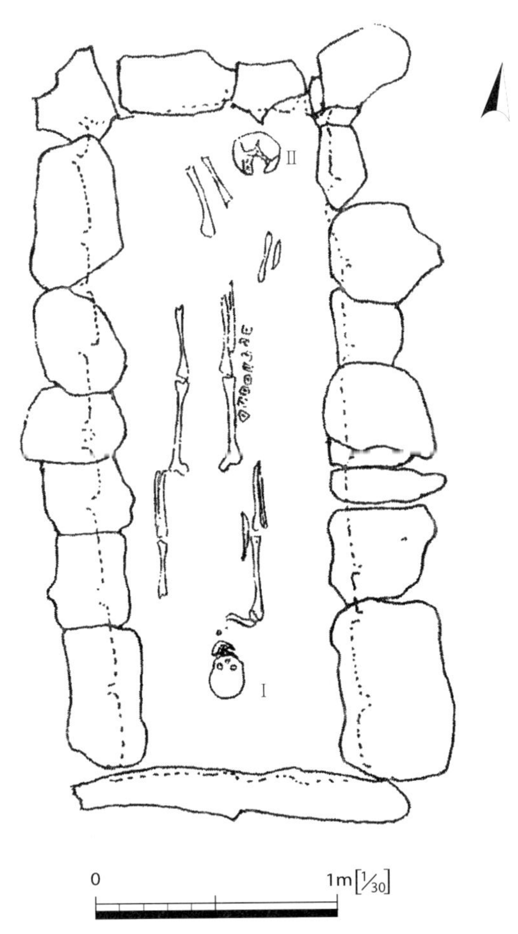

0　　　　　　　1m[1/30]

25호묘

(단위 : cm)

봉토	크 기 (길이×너비×높이)	?	연도	크 기 (길이×너비×높이)	?
	평면형태	?		연도위치	?
현실	장축방향	145°		두 향	?
	규 모 (길이×너비×높이)	230×100×78		바닥시설	부석
	평면형태	장방형		천장형태	?
	시상/관대 (길이×너비×높이)	-		석재종류	?
유물	토 도 기	-			
	금 속 기	철제 관고리(3), 철제 관정			
	옥 석 기	-			
	기 타	-			
	특기사항	유구·유물 도면 없음. 파괴가 심함.			

26호묘

(단위 : cm)

봉토	크 기 (길이×너비×높이)	?	연도	크 기 (길이×너비×높이)	90×40×?
	평면형태	?		연도위치	중앙
현실	장축방향	166°		두 향	남향
	규 모 (길이×너비×높이)	230×100×85		바닥시설	?
	평면형태	장방형		천장형태	평
	시상/관대 (길이×너비×높이)	-		석재종류	?
유물	토 도 기	-			
	금 속 기	-			
	옥 석 기	-			
	기 타	인골(1)			
	특기사항	유구 도면 없음. 인골(남성) 1개체분이 일차장된 상태이다.			

27호묘

(단위 : cm)

봉토	**크 기** (길이×너비×높이)	?	**연도**	**크 기** (길이×너비×높이)	-
	평면형태	?		**연도위치**	-
현실	**장축방향**	156°		**두 향**	남향
	규 모 (길이×너비×높이)	250×75×60		**바닥시설**	?
	평면형태	세장방형		**천장형태**	평
	시상/관대 (길이×너비×높이)	-		**석재종류**	판석
유물	**토 도 기**	-			
	금 속 기	동제 대금구(10)			
	옥 석 기	-			
	기 타	인골(3)			
	특기사항	유물 도면 없음. 인골 3개체분이 확인되었는데 중년 여성 1인이 일차장, 남성 2인이 이차장된 상태이다.			

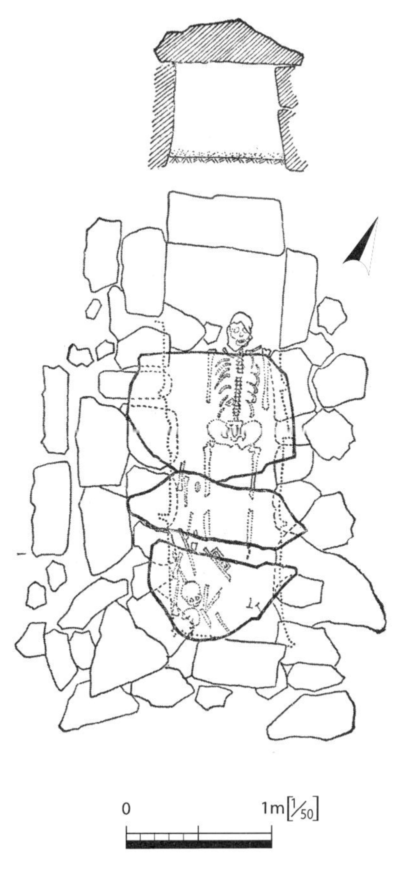

0　　　　　1m[1/50]

28호묘

(단위 : cm)

봉토	크 기 (길이×너비×높이)	?	연도	크 기 (길이×너비×높이)	?
	평면형태	?		연도위치	?
현실	장축방향	154°		두 향	?
	규 모 (길이×너비×높이)	250×76×83		바닥시설	?
	평면형태	세장방형		천장형태	평
	시상/관대 (길이×너비×높이)	–		석재종류	할석
유물	토 도 기	–			
	금 속 기	–			
	옥 석 기	–			
	기 타	–			
	특기사항	유구 도면 없음.			

29호묘

(단위 : cm)

봉토	크 기 (길이×너비×높이)	?	연도	크 기 (길이×너비×높이)	?
	평면형태	?		연도위치	?
현실	장축방향	164°	두 향		일차장 : 남향
					이차장 : ?
	규 모 (길이×너비×높이)	240×130×90		바닥시설	노란 진흙을 깔았음
	평면형태	장방형		천장형태	평
	시상/관대 (길이×너비×높이)	–		석재종류	?
유물	토 도 기	양이부 자기 호(1)			
	금 속 기	동제 대금구(14), 동제 가랑비녀(1), 연꽃모양 장식, 철제 관정			
	옥 석 기	–			
	기 타	인골(3)			
	특기사항	인골 3개체분이 확인되었는데 노년 부부(남좌녀우)가 합장, 여성 1인이 이차장된 상태이다. 목관편이 확인됨.			

[출토유물]

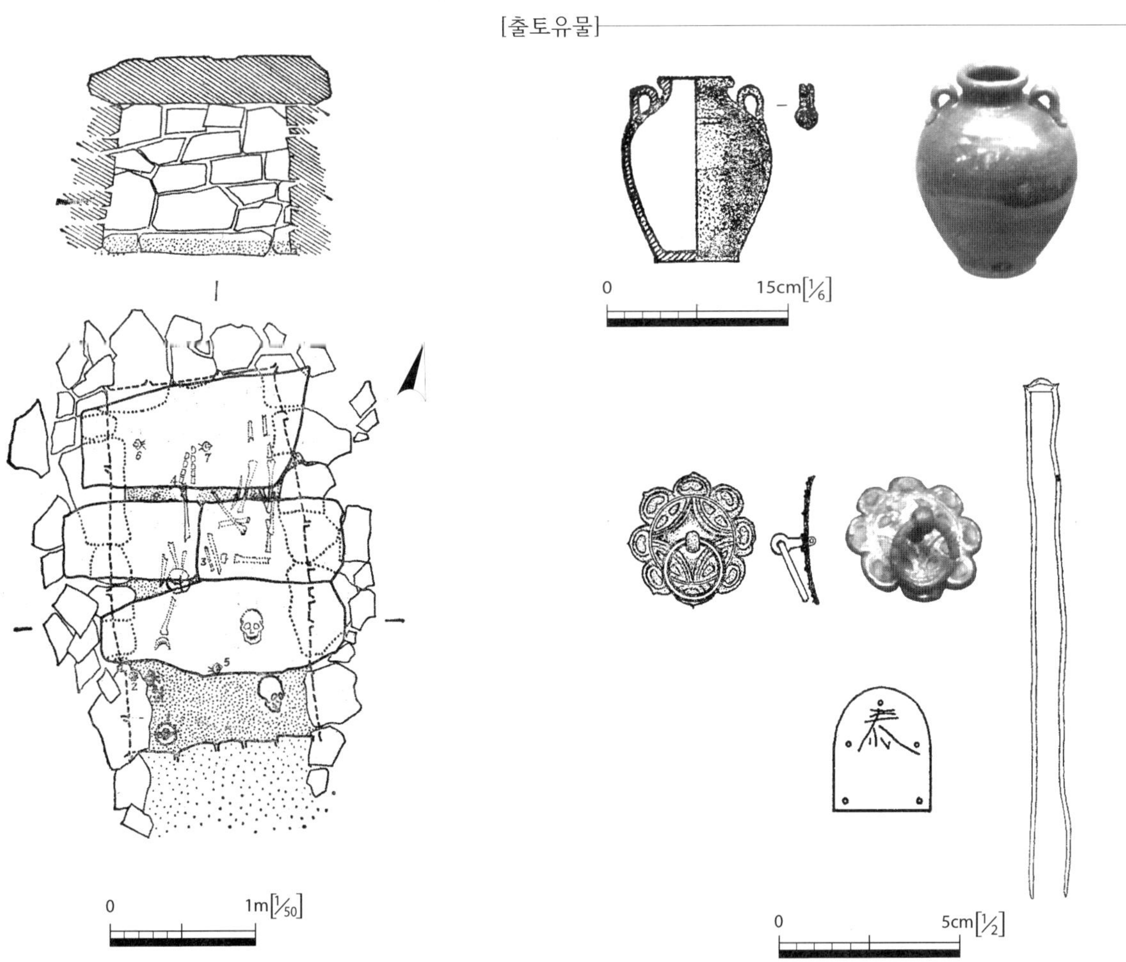

30호묘

(단위 : cm)

봉토	크 기 (길이×너비×높이)	?	연도	크 기 (길이×너비×높이)	40×75×?
	평면형태	?		연도위치	중앙
현실	장축방향	150°	두 향		일차장 : 남향
					이차장 : ?
	규 모 (길이×너비×높이)	245×155×70		바닥시설	?
	평면형태	장방형		천장형태	평
	시상/관대 (길이×너비×높이)	-		석재종류	할석
유물	토 도 기	-			
	금 속 기	동제 대금구(9), 철제 관정			
	옥 석 기	-			
	기 타	인골(3), 골제 비녀(1)			
	특기사항	인골 3개체분이 확인되었는데 노년 부부(남좌녀우)가 합장, 남성 1인이 이차장된 상태이다. 목관 흔적 확인됨.			

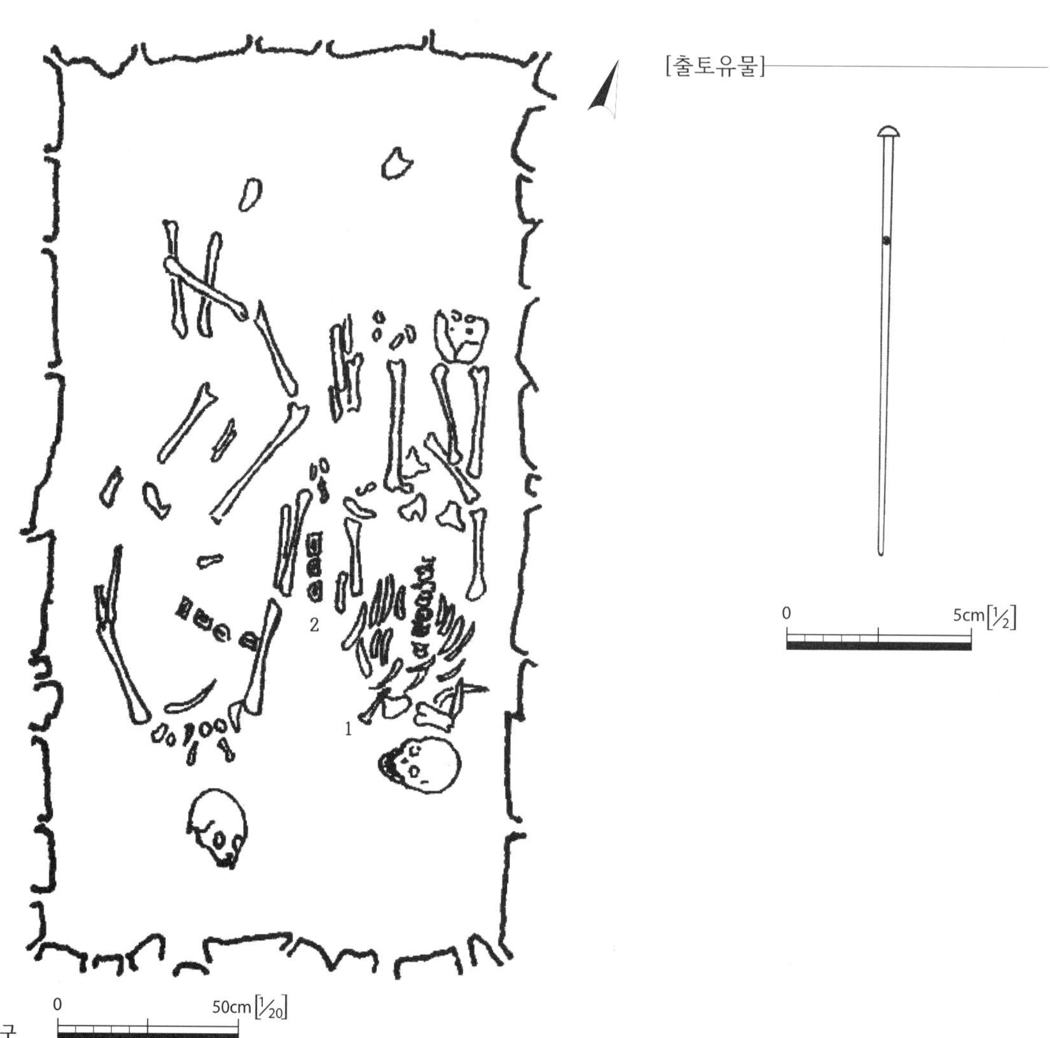

31호묘

(단위 : cm)

봉토	크 기 (길이×너비×높이)	?	연도	크 기 (길이×너비×높이)	?
	평면형태	?		연도위치	?
현실	장축방향	154°		두 향	남향
	규 모 (길이×너비×높이)	260×80×80		바닥시설	?
	평면형태	세장방형		천장형태	평
	시상/관대 (길이×너비×높이)	–		석재종류	?
유물	토 도 기	–			
	금 속 기	철제 관고리(4)			
	옥 석 기	–			
	기 타	인골(1)			
특기사항		유구·유물 도면 없음. 인골 1개체분(남성)이 일차장된 상태이다.			

32호묘

(단위 : cm)

봉토	**크 기** (길이×너비×높이)	?	**연도**	**크 기** (길이×너비×높이)	?
	평면형태	?		**연도위치**	?
현실	**장축방향**	180°	**두 향**		일차장 : 남향
					이차장 : ?
	규 모 (길이×너비×높이)	245×90×45		**바닥시설**	?
	평면형태	세장방형		**천장형태**	?
	시상/관대 (길이×너비×높이)	–		**석재종류**	?
유물	**토 도 기**	–			
	금 속 기	–			
	옥 석 기	–			
	기 타	인골(2)			
특기사항	인골 2개체분이 확인되었는데 노년 여성이 일차장, 노년 남성이 이차장된 상태이다.				

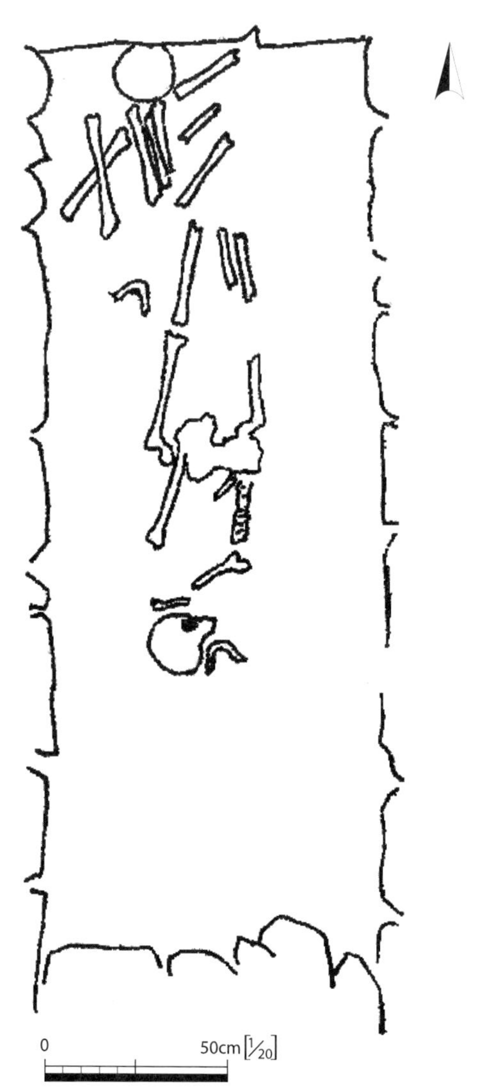

0   50cm 1/20

33호묘

(단위 : cm)

봉토	크 기 (길이×너비×높이)	?	연도	크 기 (길이×너비×높이)	?
	평면형태	?		연도위치	?
현실	장축방향	182°		두 향	남향
	규 모 (길이×너비×높이)	255×100×50		바닥시설	?
	평면형태	장방형		천장형태	?
	시상/관대 (길이×너비×높이)	–		석재종류	?
유물	토 도 기	–			
	금 속 기	철제 관정			
	옥 석 기	–			
	기 타	인골(1)			
	특기사항	유물 도면 없음. 인골 1개체분이 확인되었는데 노년 남성이 일차장된 상태이다.			

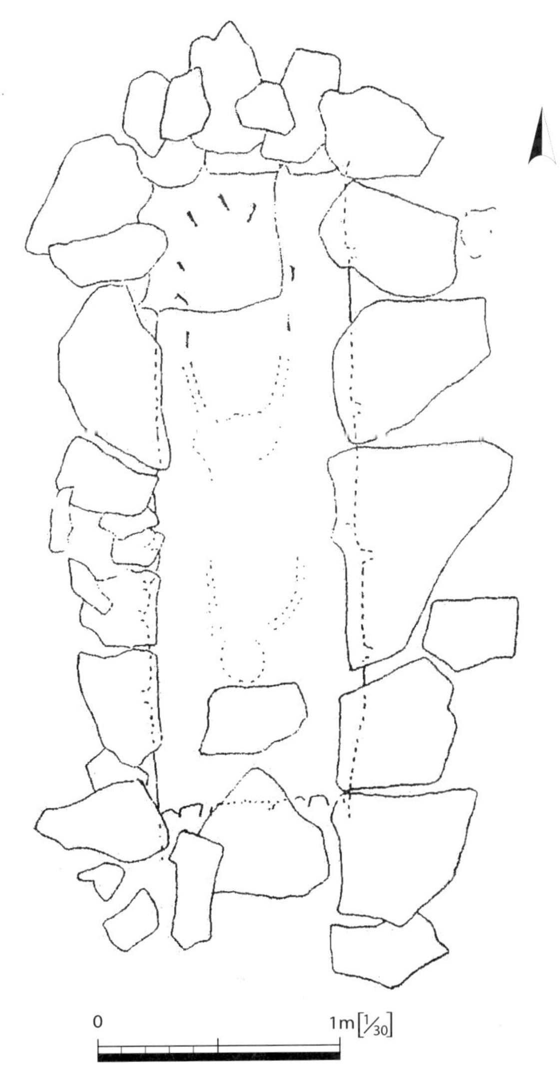

0   1m[1/30]

34호묘

(단위 : cm)

봉토	크 기 (길이×너비×높이)	?	연도	크 기 (길이×너비×높이)	?
	평면형태	?		연도위치	?
현실	장축방향	186°		두 향	남향
	규 모 (길이×너비×높이)	250×100×65		바닥시설	?
	평면형태	장방형		천장형태	?
	시상/관대 (길이×너비×높이)	–		석재종류	활석
유물	토 도 기	–			
	금 속 기	–			
	옥 석 기	–			
	기 타	인골(1)			
특기사항		유구 도면 없음. 인골 1개체분이 확인되었는데 노년 남성이 일차장된 상태이다.			

35호묘

(단위 : cm)

봉토	크 기 (길이×너비×높이)	?	연도	크 기 (길이×너비×높이)	85×70×?
	평면형태	?		연도위치	우편재
현실	장축방향	200°		두 향	북향
	규 모 (길이×너비×높이)	230×149×66		바닥시설	황갈색 진흙을 깔았음
	평면형태	장방형		천장형태	평
	시상/관대 (길이×너비×높이)	–		석재종류	판석·할석
유물	토 도 기	–			
	금 속 기	금동제 물고기장식(1), 동제 대금구(14), 동제 가위(1), 동제 가랑비녀(1), 철제 관정			
	옥 석 기	–			
	기 타	인골(2)			
	특기사항	부부로 추정되는 인골 2개체분이 남우녀좌의 배치로 일차장된 상태이다. 목관(195×40×?)의 흔적이 확인됨.			

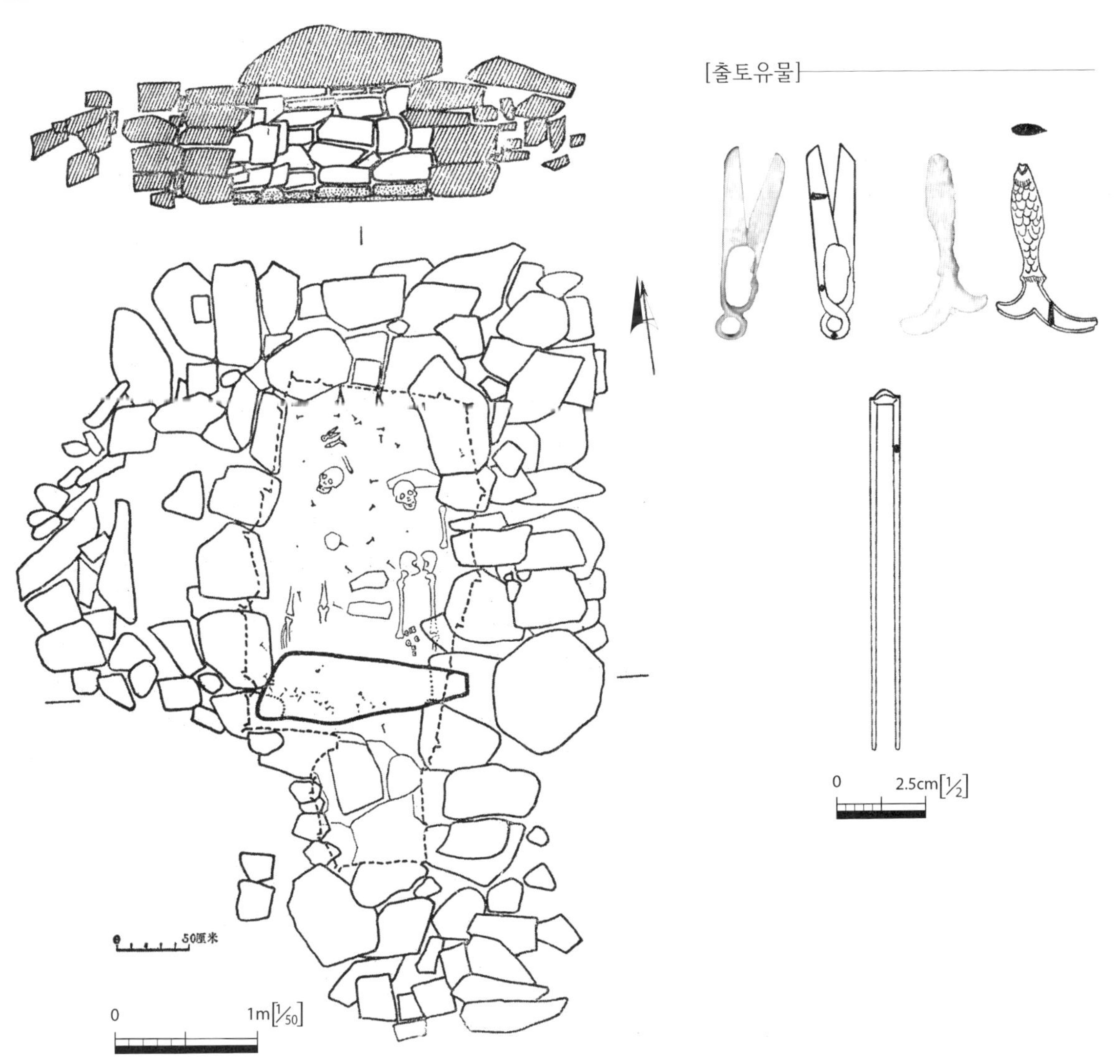

36호묘

(단위 : cm)

봉토	크 기 (길이×너비×높이)	?	연도	크 기 (길이×너비×높이)	110×70×?
	평면형태	?		연도위치	중앙
현실	장축방향	195°	두 향		일차장 : 북향
					이차장 : ?
	규 모 (길이×너비×높이)	290×170×80		바닥시설	황갈색 진흙을 깔았음
	평면형태	장방형		천장형태	삼각고임
	시상/관대 (길이×너비×높이)	–		석재종류	판석·할석
유물	토 도 기	병(1)			
	금 속 기	금동제 장식(2), 은제 가랑비녀(1), 동제 대금구(11), 철제 관고리(3)			
	옥 석 기	–			
	기 타	인골(4), 직물편			
	특기사항	인골 4개체분이 확인되었는데 장년 남성과 노년 여성이 합장(남우녀좌), 유아는 2인이 이차장된 상태이다. 목관(?×60×?) 흔적이 확인됨.			

[출토유물]

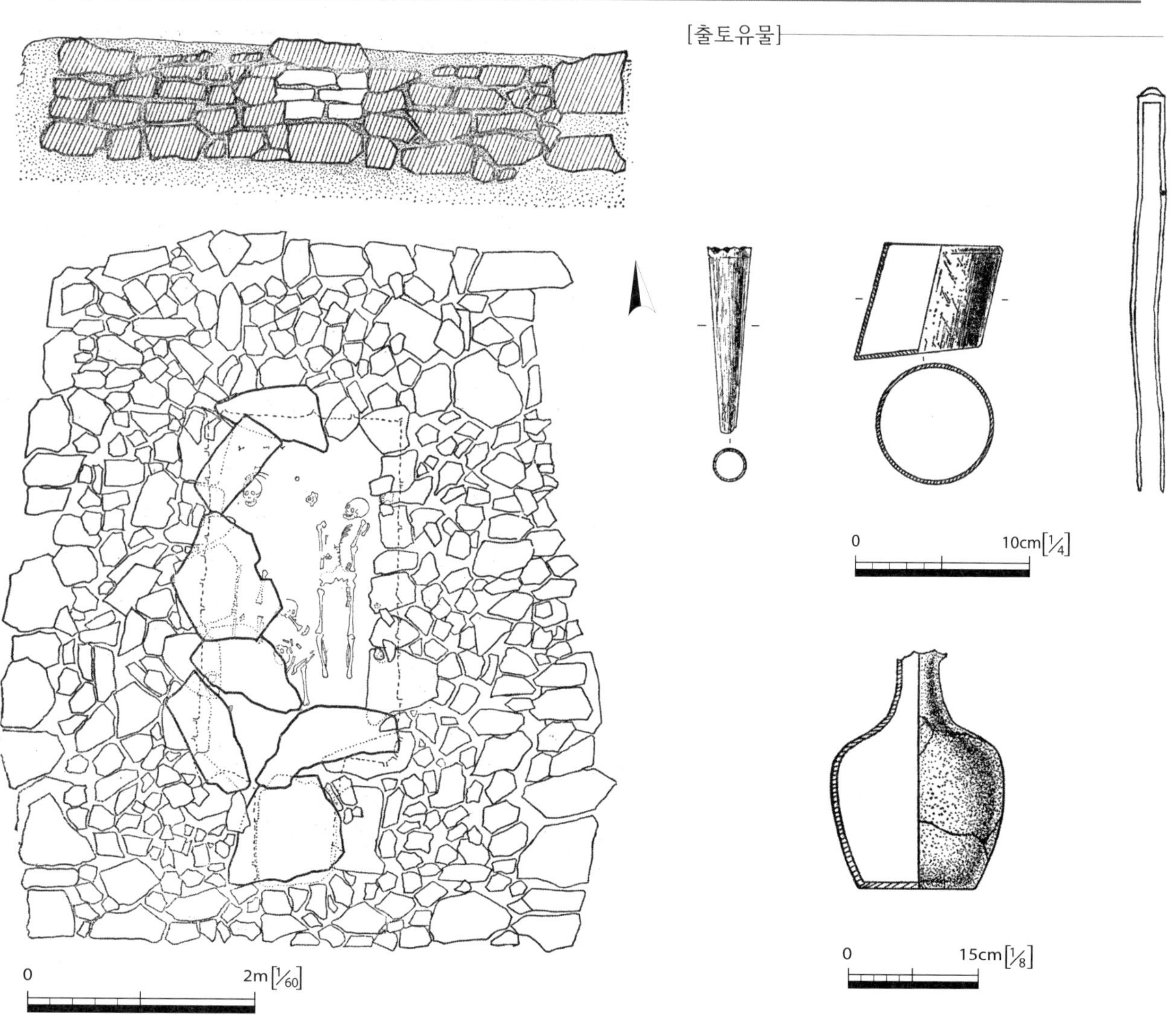

37호묘

(단위 : cm)

봉토	크 기 (길이×너비×높이)	?	연도	크 기 (길이×너비×높이)	?
	평면형태	?		연도위치	?
현실	장축방향	170°		두 향	남향
	규 모 (길이×너비×높이)	210×78×85		바닥시설	?
	평면형태	세장방형		천장형태	평
	시상/관대 (길이×너비×높이)	–		석재종류	?
유물	토 도 기	–			
	금 속 기	–			
	옥 석 기	–			
	기 타	인골(1)			
특기사항		유구 도면 없음. 인골 1개체분이 확인되었는데 장년 남성이 일차장된 상태이다.			

38호묘

(단위 : cm)

봉토	크 기 (길이×너비×높이)	?	연도	크 기 (길이×너비×높이)	60×80×?
	평면형태	?		연도위치	중앙
현실	장축방향	196°	두 향		일차장 : 남향
					이차장 : ?
	규 모 (길이×너비×높이)	250×130×60		바닥시설	?
	평면형태	장방형		천장형태	?
	시상/관대 (길이×너비×높이)	-		석재종류	?
유물	토도기	심발(1)			
	금속기	동제 대금구(4)			
	옥석기		-		
	기 타	인골(6)			
	특기사항	인골 6개체분이 확인되었는데 부부가 합장(남좌녀우), 남성 1인, 여성 3인이 이차장된 상태이다. 목관 편이 확인됨.			

[출토유물]

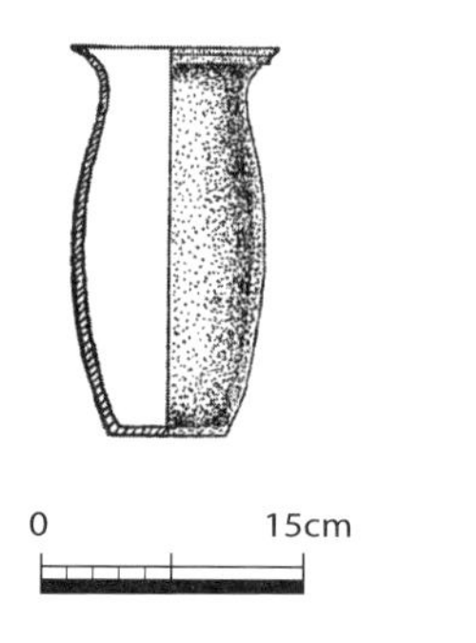

39호묘

(단위 : cm)

봉토	**크 기** (길이×너비×높이)	?	**연도**	**크 기** (길이×너비×높이)	40×70×?
	평면형태	?		**연도위치**	중앙
현실	**장축방향**	168°	**두 향**		일차장 : 남향
					이차장 : ?
	규 모 (길이×너비×높이)	290×170×65		**바닥시설**	?
	평면형태	장방형		**천장형태**	?
	시상/관대 (길이×너비×높이)	–		**석재종류**	?
유물	**토 도 기**	–			
	금 속 기	–			
	옥 석 기	–			
	기 타	인골(10)			
	특기사항	인골 10개체분이 확인되었는데 노년의 남성과 여성이 합장(남좌녀우)되고, 남성 6인, 여성 4인이 이차장된 상태이다. 목관편이 확인됨.			

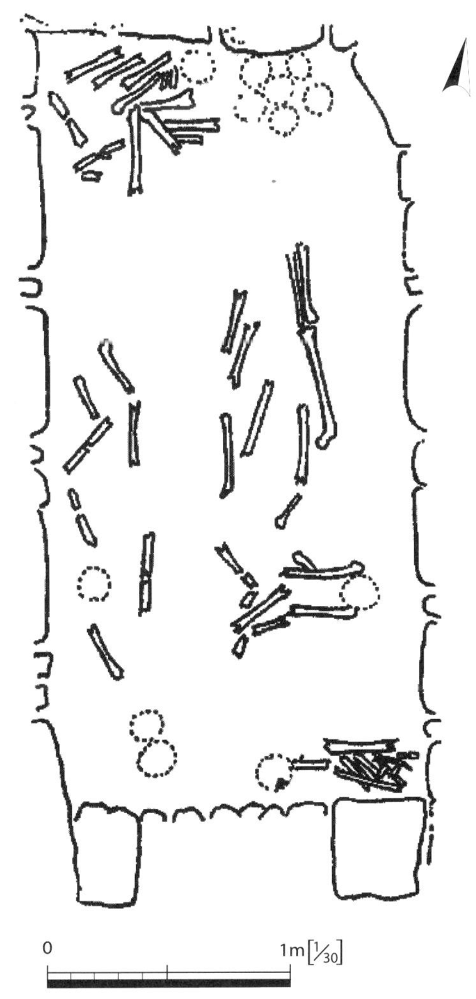

0   1m[1/30]

40호묘

(단위 : cm)

봉토	크 기 (길이×너비×높이)	?	연도	크 기 (길이×너비×높이)	?
	평면형태	?		연도위치	?
현실	장축방향	170°	두 향		일차장 : 남향
					이차장 : ?
	규 모 (길이×너비×높이)	280×110×90		바닥시설	부석
	평면형태	세장방형		천장형태	?
	시상/관대 (길이×너비×높이)	–		석재종류	?
유물	토 도 기	–			
	금 속 기	–			
	옥 석 기	–			
	기 타	인골(2)			
특기사항		인골 2개체분이 확인되었는데 노년 여성 1인이 일차장, 미성년 여성 1인이 이차장된 상태이다.			

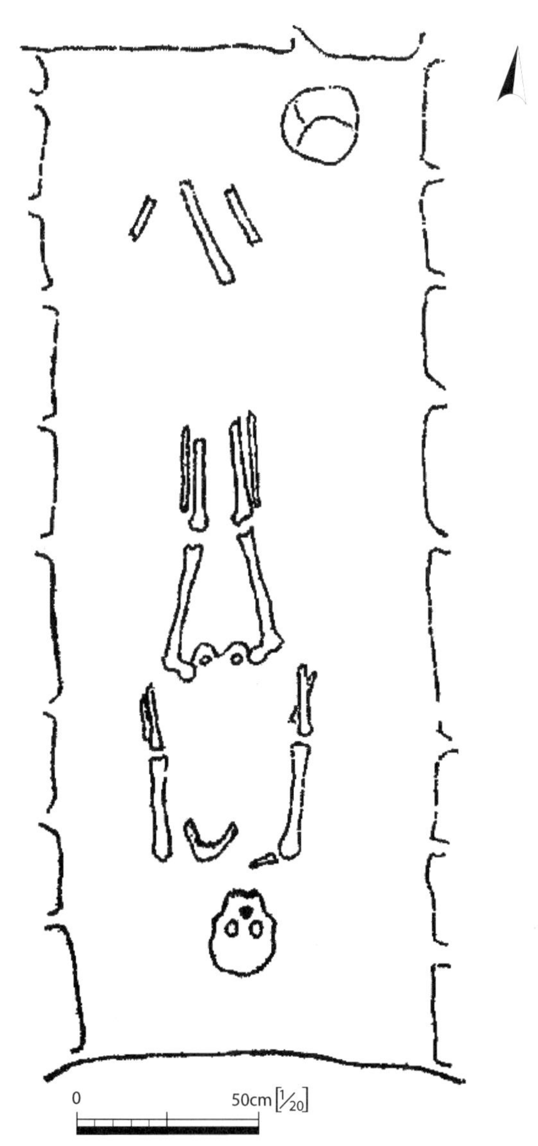

<h1 style="text-align:center">41호묘</h1>

(단위 : cm)

봉토	크 기 (길이×너비×높이)	?	연도	크 기 (길이×너비×높이)	?
	평면형태	?		연도위치	?
현실	장축방향	188°		두 향	남향
	규 모 (길이×너비×높이)	230×100×80		바닥시설	?
	평면형태	장방형		천장형태	평
	시상/관대 (길이×너비×높이)	–		석재종류	?
유물	토 도 기	–			
	금 속 기	–			
	옥 석 기	–			
	기 타	인골(1)			
특기사항		유구 도면 없음. 인골 1개체분이 확인되었는데 여성이 일차장된 상태이다.			

<h1 style="text-align:center">42호묘</h1>

(단위 : cm)

봉토	크 기 (길이×너비×높이)	?	연도	크 기 (길이×너비×높이)	?
	평면형태	?		연도위치	?
현실	장축방향	155°		두 향	북향
	규 모 (길이×너비×높이)	270×100×70		바닥시설	?
	평면형태	장방형		천장형태	평
	시상/관대 (길이×너비×높이)	–		석재종류	?
유물	토 도 기	–			
	금 속 기	–			
	옥 석 기	–			
	기 타	인골(1)			
특기사항		유구 도면 없음. 인골 1개체분이 확인되었는데 여성이 일차장된 상태이다.			

길림성 화룡시 북대 고분군

43호묘

(단위 : cm)

봉토	크 기 (길이×너비×높이)	?	연도	크 기 (길이×너비×높이)	?
	평면형태	?		연도위치	?
현실	장축방향	164°	두 향		일차장 : 남향
					이차장 : ?
	규 모 (길이×너비×높이)	290×90×80		바닥시설	?
	평면형태	세장방형		천장형태	?
	시상/관대 (길이×너비×높이)	–		석재종류	?
유물	토 도 기	–			
	금 속 기	철제 관정			
	옥 석 기	–			
	기 타	인골(2)			
특기사항		유물 도면 없음. 인골 2개체분이 확인되었는데 노년 남성 1인이 일차장, 여성 1인이 이차장된 상태이다.			

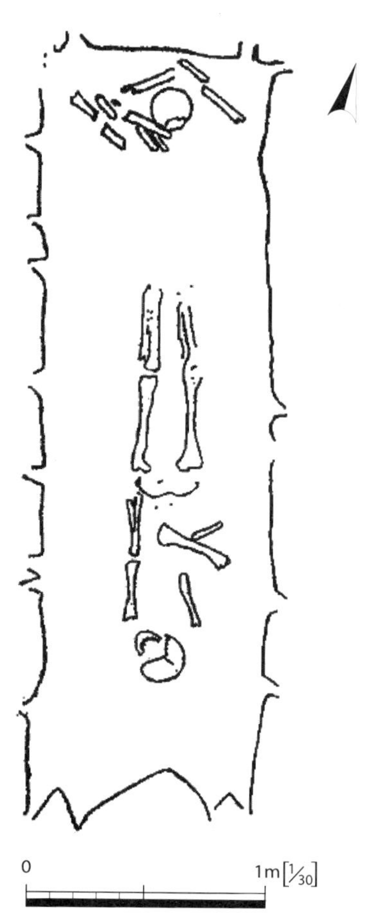

44호묘

(단위 : cm)

봉토	크 기 (길이×너비×높이)	?	연도	크 기 (길이×너비×높이)	?
	평면형태	?		연도위치	?
현실	장축방향	185°		두 향	-
	규 모 (길이×너비×높이)	285×110×40		바닥시설	?
	평면형태	세장방형		천장형태	?
	시상/관대 (길이×너비×높이)	-		석재종류	?
유물	토 도 기	-			
	금 속 기	-			
	옥 석 기	-			
	기 타	-			
	특기사항	유구 도면 없음.			

45호묘

(단위 : cm)

봉토	크 기 (길이×너비×높이)	?	연도	크 기 (길이×너비×높이)	?
	평면형태	?		연도위치	?
현실	장축방향	162°		두 향	남향
	규 모 (길이×너비×높이)	230×80×95		바닥시설	?
	평면형태	세장방형		천장형태	?
	시상/관대 (길이×너비×높이)	-		석재종류	?
유물	토 도 기	-			
	금 속 기	동제 비녀(1)			
	옥 석 기	-			
	기 타	인골(1)			
	특기사항	유구·유물 도면 없음. 인골 1개체분이 확인되었는데 여성이 일차장된 상태이다.			

46호묘

(단위 : cm)

봉토	크 기 (길이×너비×높이)	?	연도	크 기 (길이×너비×높이)	40×75×?
	평면형태	?		연도위치	중앙
현실	장축방향	148°		두 향	남향
	규 모 (길이×너비×높이)	230×130×60		바닥시설	?
	평면형태	장방형		천장형태	?
	시상/관대 (길이×너비×높이)	-		석재종류	?
유물	토 도 기	-			
	금 속 기	-			
	옥 석 기	-			
	기 타	인골(5)			
특기사항		유구 도면 없음. 인골 5개체분이 확인되었는데 중년 남성과 여성이 합장(남좌녀우), 남성 2인, 여성 1인이 이차장된 상태이다. 목관편이 확인됨.			

47호묘

(단위 : cm)

봉토	크 기 (길이×너비×높이)	?	연도	크 기 (길이×너비×높이)	?
	평면형태	?		연도위치	?
현실	장축방향	144°		두 향	남향
	규 모 (길이×너비×높이)	255×145×120		바닥시설	?
	평면형태	장방형		천장형태	?
	시상/관대 (길이×너비×높이)	-		석재종류	?
유물	토 도 기	-			
	금 속 기	동제 대금구(10), 철제 관정			
	옥 석 기	-			
	기 타	인골(2)			
특기사항		유구·유물 도면 없음. 인골 2개체분이 확인되었는데 남성 1인(우)과 여성 1인(좌)이 모두 일차장된 상태이다.			

48호묘

(단위 : cm)

봉토	크 기 (길이×너비×높이)	?	연도	크 기 (길이×너비×높이)	?
	평면형태	?		연도위치	?
현실	장축방향	156°		두 향	?
	규 모 (길이×너비×높이)	200×100×60		바닥시설	?
	평면형태	장방형		천장형태	?
	시상/관대 (길이×너비×높이)	–		석재종류	할석
유물	토 도 기	심발(1), 대야(1)			
	금 속 기	–			
	옥 석 기	–			
	기 타	인골(4)			
특기사항	인골 4개체분이 확인되었는데 성별 불명 1인이 일차장, 남성 1인과 여성 2인이 이차장된 상태이다.				

1 토기 대야
2 심발

0   1m[1/30]

[출토유물]

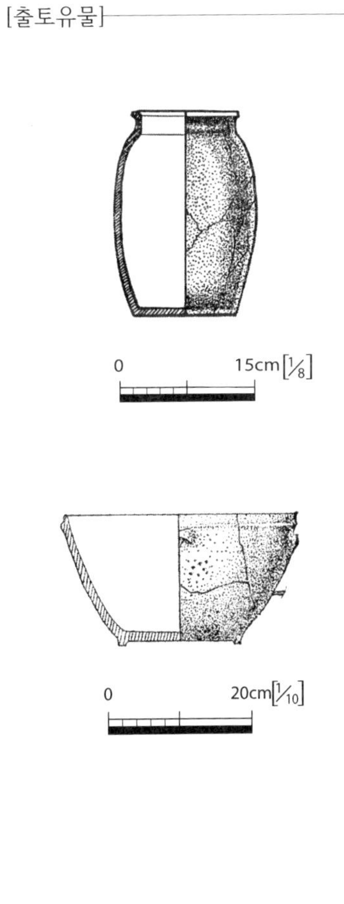

0   15cm[1/8]

0   20cm[1/10]

49호묘

(단위 : cm)

	크 기 (길이×너비×높이)	?	연도	크 기 (길이×너비×높이)	50×95×?
봉토	평면형태	?		연도위치	중앙
	장축방향	148°		두 향	?
현실	규 모 (길이×너비×높이)	240×140×62		바닥시설	?
	평면형태	장방형		천장형태	?
	시상/관대 (길이×너비×높이)	-		석재종류	활석
유물	토 도 기	-			
	금 속 기	-			
	옥 석 기	-			
	기 타	인골(1)			
특기사항		인골 1개체분이 확인되었는데, 일차장(인골 없음)이 이루어진 후, 이차장(노년 남성)이 치러졌다.			

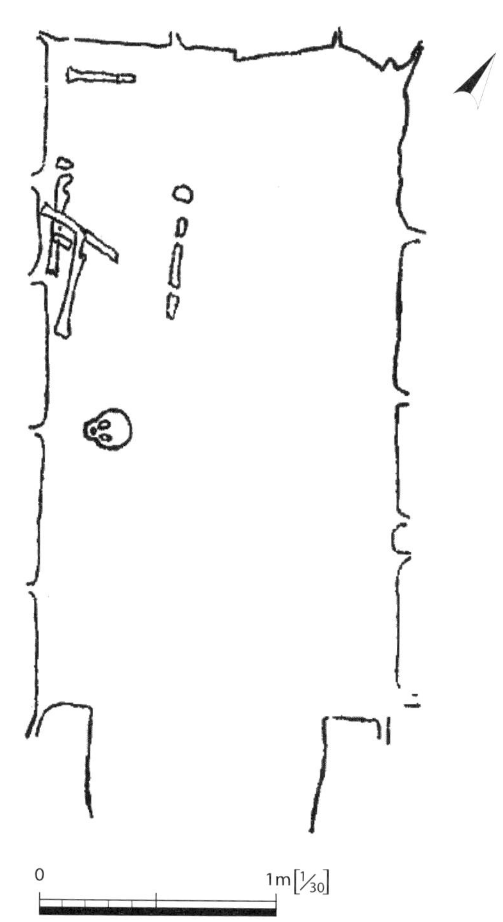

50호묘

(단위 : cm)

봉토	크 기 (길이×너비×높이)	?	연도	크 기 (길이×너비×높이)	?
	평면형태	?		연도위치	?
현실	장축방향	180°		두 향	남향
	규 모 (길이×너비×높이)	220×80×87		바닥시설	?
	평면형태	세장방형		천장형태	?
	시상/관대 (길이×너비×높이)	–		석재종류	?
유물	토 도 기	토기편			
	금 속 기	철제 관정			
	옥 석 기	–			
	기 타	인골(2)			
특기사항		유구·유물 도면 없음. 장년의 남성과 여성이 합장(남우녀좌)되었는데 일차장이다. 목관(200×40×?)흔적이 확인됨.			

51호묘

(단위 : cm)

봉토	크 기 (길이×너비×높이)	?	연도	크 기 (길이×너비×높이)	40×85×?
	평면형태	?		연도위치	중앙
현실	장축방향	190°		두 향	남향
	규 모 (길이×너비×높이)	260×125×80		바닥시설	?
	평면형태	장방형		천장형태	?
	시상/관대 (길이×너비×높이)	–		석재종류	할석
유물	토 도 기	–			
	금 속 기	동제 대금구(13)			
	옥 석 기	–			
	기 타	인골(2)			
	특기사항	유물 도면 없음. 남성 1인과 여성 1인이 합장(남우녀좌)되었는데 일차장 상태이다. 목관(200×40×?) 흔적이 확인됨.			

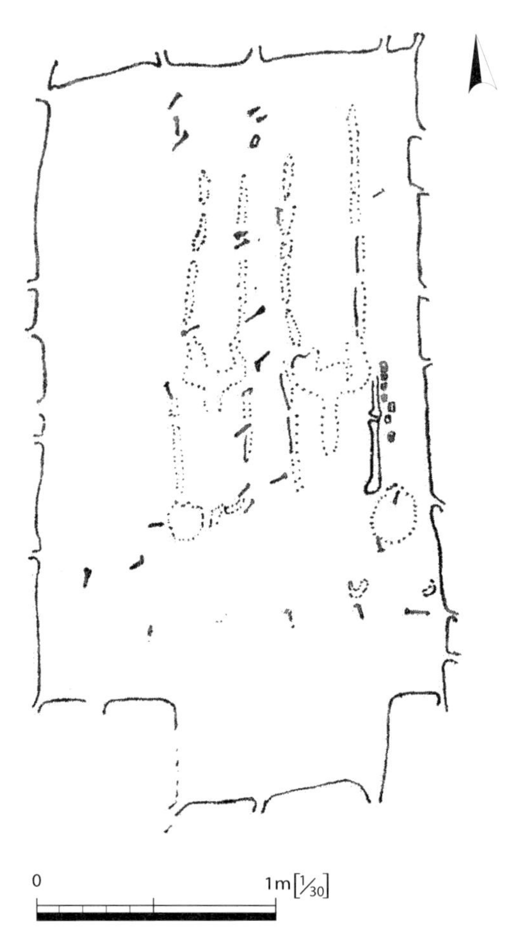

0   1m[1/30]

52호묘

(단위 : cm)

봉토	크 기 (길이×너비×높이)	?	연도	크 기 (길이×너비×높이)	60×97×?
	평면형태	?		연도위치	중앙
현실	장축방향	196°		두 향	남향
	규 모 (길이×너비×높이)	245×135×65		바닥시설	?
	평면형태	장방형		천장형태	?
	시상/관대 (길이×너비×높이)	–		석재종류	?
유물	토 도 기	–			
	금 속 기	동제 대금구(6), 철제 관정			
	옥 석 기	–			
	기 타	인골(2)			
특기사항		유구·유물 도면 없음. 노년 남성 1인과 여성 1인이 합장(남우녀좌)되었는데 일차장된 상태이다.			

53호묘

(단위 : cm)

봉토	크 기 (길이×너비×높이)	?	연도	크 기 (길이×너비×높이)	50×85×?
	평면형태	?		연도위치	중앙
현실	장축방향	100°	두 향		일차장 : 남향
					이차장 : ?
	규 모 (길이×너비×높이)	230×130×60		바닥시설	?
	평면형태	장방형		천장형태	?
	시상/관대 (길이×너비×높이)	-		석재종류	?
유물	토 도 기	-			
	금 속 기	철제 관정			
	옥 석 기	-			
	기 타	인골(3)			
	특기사항	인골 개체 수 이외의 매장 순서 및 장법의 내용이 보고서마다 다름.			

0   1m[1/30]

54호묘

(단위 : cm)

봉토				연도		
봉토	크 기 (길이×너비×높이)	?		연도	크 기 (길이×너비×높이)	?
봉토	평면형태	?		연도	연도위치	?
현실	장축방향	156°			두 향	남향
현실	규 모 (길이×너비×높이)	230×130×50			바닥시설	?
현실	평면형태	장방형			천장형태	?
현실	시상/관대 (길이×너비×높이)	–			석재종류	?
유물	토 도 기	–				
유물	금 속 기	–				
유물	옥 석 기	–				
유물	기 타	–				
특기사항		유구 도면 없음.				

55호묘

(단위 : cm)

봉토	크 기 (길이×너비×높이)	?	연도	크 기 (길이×너비×높이)	50×50×?
	평면형태	?		연도위치	중앙
현실	장축방향	184°	두 향		남향
	규 모 (길이×너비×높이)	230×130×70	바닥시설		?
	평면형태	장방형	천장형태		?
	시상/관대 (길이×너비×높이)	-	석재종류		?
유물	토 도 기	-			
	금 속 기	동제 팔찌(2), 철제 관정			
	옥 석 기	-			
	기 타	인골(6)			
	특기사항	남성 1인과 여성 1인이 일차장(남좌녀우)되고, 남성 3인과 여성 1인이 이차장된 상태이다. 목관편이 확인됨.			

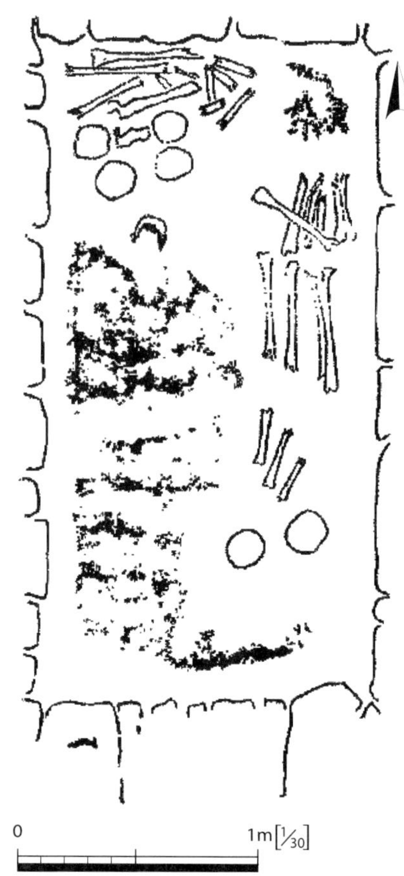

[출토유물]

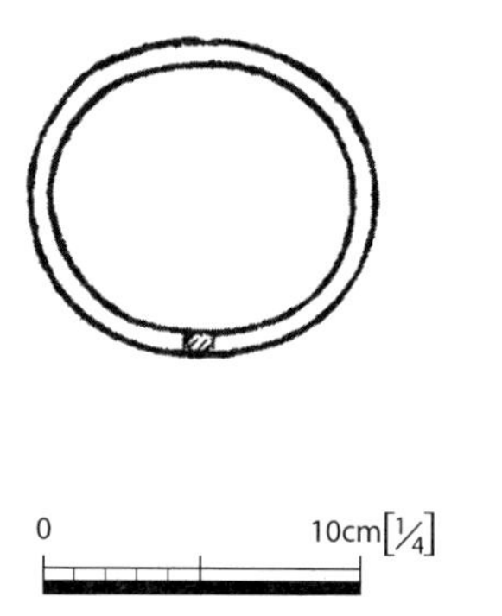

56호묘

(단위 : cm)

봉토	크 기 (길이×너비×높이)	?	연도	크 기 (길이×너비×높이)	?
	평면형태	?		연도위치	?
현실	장축방향	220°		두 향	남향
	규 모 (길이×너비×높이)	240×80×65		바닥시설	진흙을 깔아놓음
	평면형태	세장방형		천장형태	평
	시상/관대 (길이×너비×높이)	–		석재종류	판석·할석
유물	토 도 기	–			
	금 속 기	철제 관정(22), 금동제 고리(2), 동제 대금구(9)			
	옥 석 기	–			
	기 타	인골 (1)			
특기사항		인골은 일차장 상태이다. 유물의 축척을 알 수 없다.			

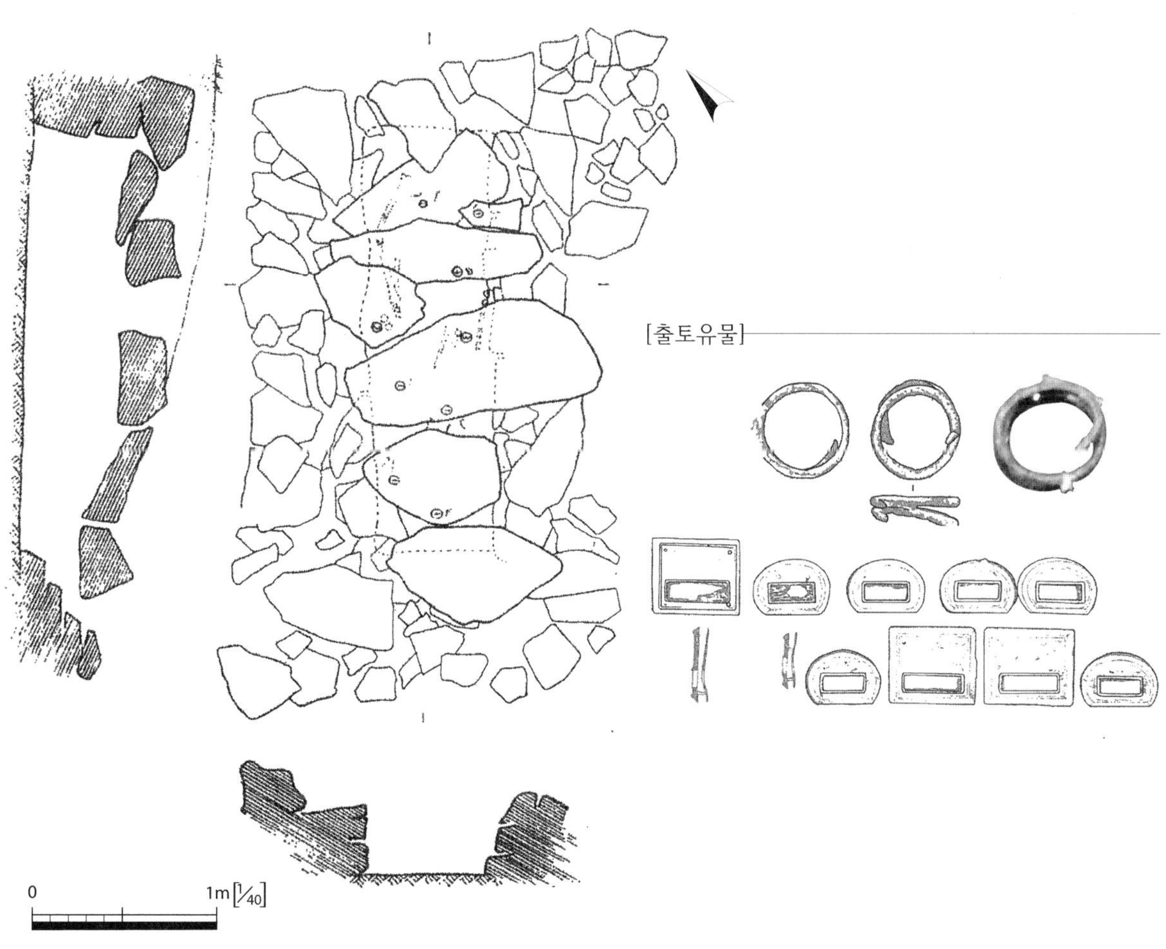

57호묘

(단위 : cm)

봉토	크 기 (길이×너비×높이)	?	연도	크 기 (길이×너비×높이)	?
	평면형태	?		연도위치	?
현실	장축방향	185°		두 향	?
	규 모 (길이×너비×높이)	235×65~80×90		바닥시설	진흙을 깔아놓음
	평면형태	세장방형		천장형태	평
	시상/관대 (길이×너비×높이)	–		석재종류	판석·할석
유물	토 도 기	–			
	금 속 기	철제 관정(13)			
	옥 석 기				
	기 타	인골편			
	특기사항	유물 도면 없음.			

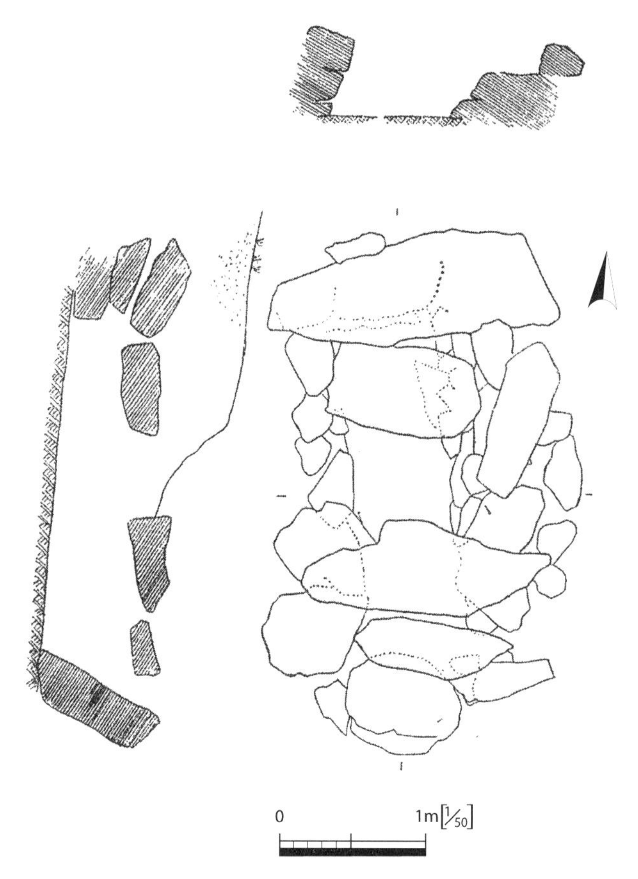

0   1m [1/50]

58호묘

(단위 : cm)

봉토	크 기 (길이×너비×높이)	?	연도	크 기 (길이×너비×높이)	?
	평면형태	?		연도위치	?
현실	장축방향	225°	두 향		남향
	규 모 (길이×너비×높이)	275×90~120×120	바닥시설		목탄을 깔아놓음
	평면형태	세장방형	천장형태		평
	시상/관대 (길이×너비×높이)	목제 관받침 : 45×15×?	석재종류		판석·할석
유물	토 도 기	삼채병(1), 삼채대부완(1)			
	금 속 기	관 고리(2)			
	옥 석 기	-			
	기 타	인골(2), 패각(5), 목관 흔적			
	특기사항	성년 여성 1인과 유아 1인이 일차장된 상태이다. 유물의 축척을 알 수 없다.			

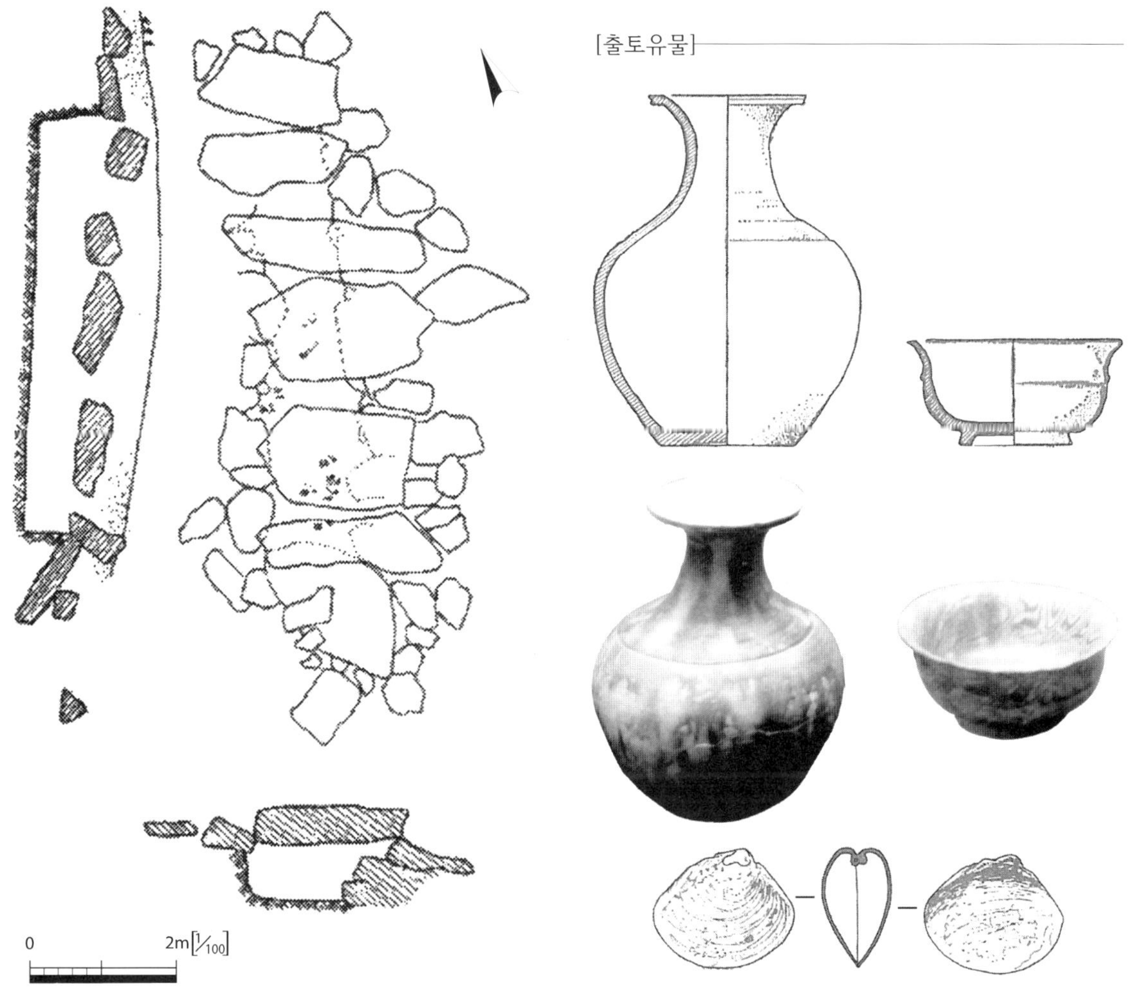

[출토유물]

0   2m [1/100]

59호묘

(단위 : cm)

봉토	크 기 (길이×너비×높이)	?	연도	크 기 (길이×너비×높이)	?
	평면형태	?		연도위치	?
현실	장축방향	201°	두 향		?
	규 모 (길이×너비×높이)	230×50~65×45	바닥시설		진흙을 깔아놓음
	평면형태	세장방형	천장형태		평
	시상/관대 (길이×너비×높이)	-	석재종류		판석·할석
유물	토도기	-			
	금속기	관정			
	옥석기	인골편			
	기 타	-			
특기사항		유구·유물 도면 없음.			

60호묘

(단위 : cm)

봉토	크 기 (길이×너비×높이)	?	연도	크 기 (길이×너비×높이)	?
	평면형태	?		연도위치	?
현실	장축방향	205°		두 향	?
	규 모 (길이×너비×높이)	260×60~90×90		바닥시설	목탄을 깔아놓음
	평면형태	세장방형		천장형태	평
	시상/관대 (길이×너비×높이)	–		석재종류	판석 · 할석
유물	토 도 기	–			
	금 속 기	금동제 대금구(1조). 금동제 관정, 철제 관고리(2)			
	옥 석 기	–			
	기 타	인골편, 직물편			
특기사항		유구 도면 없음. 紅松 목관(220×50×?)을 사용함. 유물의 축척을 알 수 없다.			

[출토유물]

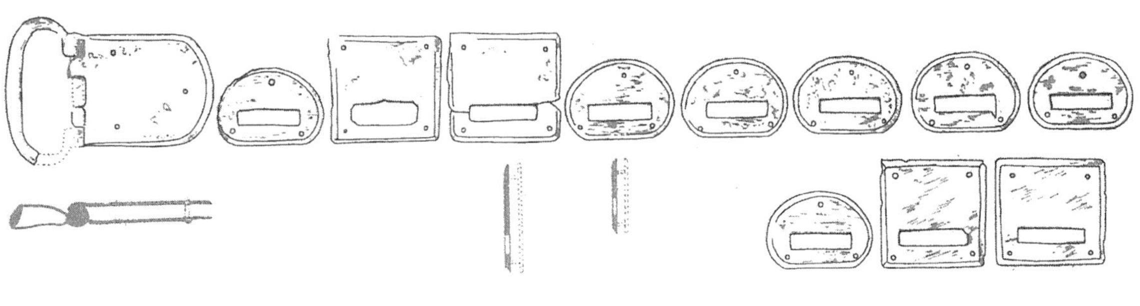

61호묘

(단위 : cm)

봉토	크 기 (길이×너비×높이)	?	연도	크 기 (길이×너비×높이)	?
	평면형태	?		연도위치	?
현실	장축방향	215°		두 향	남향
	규 모 (길이×너비×높이)	217×75~80×80		바닥시설	진흙을 깔아놓음
	평면형태	세장방형		천장형태	평
	시상/관대 (길이×너비×높이)	-		석재종류	판석·할석
유물	토 도 기	-			
	금 속 기	철제 관고리(4), 철제 관정			
	옥 석 기	-			
	기 타	인골(1)			
	특기사항	유구 도면 없음. 유물의 축척을 알 수 없다.			

62호묘

(단위 : cm)

봉토	크 기 (길이×너비×높이)	?	연도	크 기 (길이×너비×높이)	?
	평면형태	?		연도위치	?
현실	장축방향	215°		두 향	?
	규 모 (길이×너비×높이)	220×85~110×85		바닥시설	진흙을 깔아놓음
	평면형태	세장방형		천장형태	평
	시상/관대 (길이×너비×높이)	-		석재종류	판석·할석
유물	토 도 기	-			
	금 속 기	철제 관고리(4), 철제 관정			
	옥 석 기	-			
	기 타	인골(1)			
	특기사항	인골은 하지골이며 일차장 상태이다. 유물의 축척을 알 수 없다.			

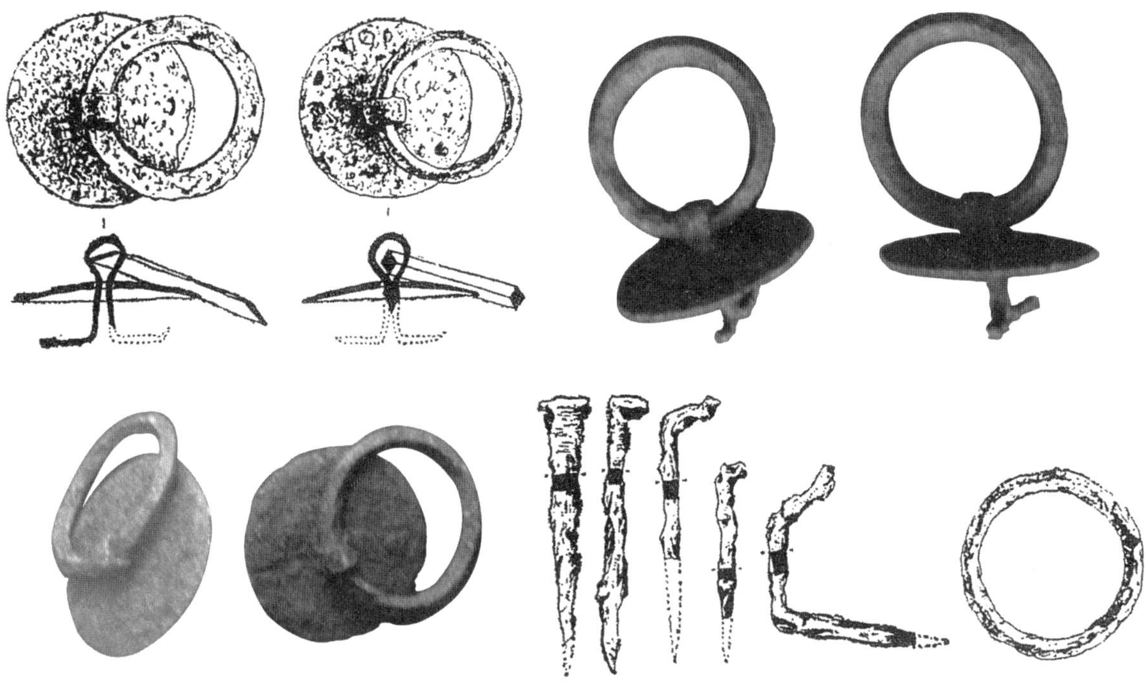

길림성 화룡시 북대 고분군

74년 1호묘

(단위 : cm)

봉토	크 기 (길이×너비×높이)	?	연도	크 기 (길이×너비×높이)	?
	평면형태	?		연도위치	?
현실	장축방향	186°	두 향		일차장 : 남향
					이차장 : ?
	규 모 (길이×너비×높이)	?		바닥시설	?
	평면형태	?		천장형태	?
	시상/관대 (길이×너비×높이)	–		석재종류	?
유물	토 도 기	–			
	금 속 기	–			
	옥 석 기	–			
	기 타	인골(2)			
특기사항		유구 도면 없음. 여성 1인은 일차장, 남성 1인은 이차장 상태이다.			

74년 2호묘

(단위 : cm)

봉토	크 기 (길이×너비×높이)	?	연도	크 기 (길이×너비×높이)	?
	평면형태	?		연도위치	중앙
현실	장축방향	187°		두 향	남향
	규 모 (길이×너비×높이)	?		바닥시설	?
	평면형태	?		천장형태	?
	시상/관대 (길이×너비×높이)	–		석재종류	?
유물	토 도 기	–			
	금 속 기	철제 관정			
	옥 석 기	–			
	기 타	인골(2)			
특기사항		유구·유물 도면 없음. 인골 2개체분 모두 일차장 상태이다.			

88년 1호묘

(단위 : cm)

봉토	크 기 (길이×너비×높이)	?	연도	크 기 (길이×너비×높이)	?
	평면형태	?		연도위치	?
현실	장축방향	186°		두 향	?
	규 모 (길이×너비×높이)	?		바닥시설	?
	평면형태	?		천장형태	?
	시상/관대 (길이×너비×높이)	–		석재종류	?
유물	토 도 기		–		
	금 속 기	철제 관정			
	옥 석 기		–		
	기 타		–		
	특기사항	유구·유물 도면 없음. 파괴가 심함.			

88년 3호묘

(단위 : cm)

봉토	크 기 (길이×너비×높이)	?	연도	크 기 (길이×너비×높이)	?
	평면형태	?		연도위치	?
현실	장축방향	?		두 향	?
	규 모 (길이×너비×높이)	?		바닥시설	?
	평면형태	?		전상형태	?
	시상/관대 (길이×너비×높이)	–		석재종류	?
유물	토 도 기		–		
	금 속 기		–		
	옥 석 기		–		
	기 타		–		
	특기사항	유구 도면 없음. 파괴가 심함.			

88년 4호묘

(단위 : cm)

봉토	크 기 (길이×너비×높이)	?	연도	크 기 (길이×너비×높이)	?
	평면형태	?		연도위치	?
현실	장축방향	185°		두 향	?
	규 모 (길이×너비×높이)	?		바닥시설	?
	평면형태	?		천장형태	?
	시상/관대 (길이×너비×높이)	–		석재종류	?
유물	토 도 기		–		
	금 속 기		–		
	옥 석 기		–		
	기 타		–		
	특기사항	유구 도면 없음.			

88년 5호묘

(단위 : cm)

봉토	크 기 (길이×너비×높이)	?	연도	크 기 (길이×너비×높이)	?
	평면형태	?		연도위치	?
현실	장축방향	183°		두 향	북향
	규 모 (길이×너비×높이)	?		바닥시설	?
	평면형태	?		천장형태	평
	시상/관대 (길이×너비×높이)	?		석재종류	활석
유물	토 도 기		–		
	금 속 기	철제 관정			
	옥 석 기		–		
	기 타	인골(1)			
	특기사항	유구·유물 도면 없음. 인골은 일차장 상태이다.			

화룡시 용두산 고분군 和龍市 龍頭山 古墳群

조사연혁	1980. ~ 1981. 발굴(延边博物馆) – 용호구역 1982. 05. 조사(延边博物馆) – 용해구역 1987. 05. 08. ~ 1987. 05. 13. 정리(延边朝鮮族自治州文化遺物管理委員会·延边博物馆·和龙县文化 遺物管理所) – 용호구역 1988. 발견(?) – 석국구역 2004. 07. ~ 2004. 11. 발굴(吉林省文物考古研究所·延边朝鮮族自治州文物管理委員会办公室) – 용해구역 2005. 06. ~ 2005. 11. 발굴(吉林省文物考古研究所·延边朝鮮族自治州文物管理委員会办公室) – 용해구역
유적위치	용호구역: 길림성 화룡시두도진. 용해구역: 길림성 화룡시 용수향.
유적입지	용호구역: 서고성(西古城)에서 동남쪽으로 약 6.5km 떨어진 복동하 서쪽의 용두산 동쪽과 북쪽의 산사면에 위치한다. 부근에 화룡현 서고성, 하남둔 고성, 장항 고성, 북대 고분군 등 발해 유적이 많이 분포한다. 용해구역: 용해중학 서북쪽 모서리와 동쪽 논 가운데에 위치한다. 두도~복동 도로가 고분군 중간을 남북으로 관통한다. 고분군 북쪽에는 잠두성이 있고, 서쪽으로 500m 떨어진 곳에 용호구역이 위치한다.
조사현황	용호구역: 1,2호 석실묘. 토광묘 4기. 용해구역: 정효공주묘(전실묘), 봉토석실묘 7기를 포함하여 총 20기의 고분 및 건축유구 1기, 우물 1기가 확인되고 그 중에서 15기를 발굴하였다. 석국구역: 22기의 고분이 발견되었다.
내용	용호구역의 고분은 석실묘와 토광묘로 구성되어 있다. 용해구역은 발해의 왕실 및 귀족묘지로 추정되며 육정산 고분군보다 조성 시기가 늦다. 정효공주묘, 문왕의 비인 효의황후, 간왕의 비인 순목황후 무덤이 발굴되었고, 13호묘, 14호묘에서 순금제 장신구들이 출토되어 발해의 최고위 신분의 인물이 묻힌 것으로 판단된다. 석국구역에서는 22기의 고분이 확인되었는데 발굴된 고분 중 하나에서 도용과 삼채가 출토되었다.
주요유물	용호구역 서신묘: 금제 장시품, 은제 장식품, 동제 관고리, 척제 무고리, 철제 자물쇠 용해구역 정효공주묘: 도용, 금동제 관정, 동제 비녀, 동제 팔찌, 수정제 구슬, 마노제 구슬. 석국구역: 도용, 삼채
참고사항	–
참고문헌	延边博物馆, 1983, 「和龙县龙海達渤墓葬」, 『博物館研究』2, 吉林省博物馆. 吉林省文物志編委會, 1985, 『圖們市文物志』, 吉林省文物志編委會. 박윤무, 1993, 「룡두산발해구역내의 룡호무덤떼에 대한 고찰과 발굴」, 『발해사연구 제4집』, 연변대학출판사. 吉林省文物考古研究所·延边朝鮮族自治州文物管理委員会办公室, 2009, 「吉林和龙市龙海渤海王室墓葬发掘简报」, 『考古』6, 中国社会科学院考古研究所. 사회과학원 고고학연구소, 2009, 「발해의 무덤」, 『조선고고학전서 24』, 진인진. 송기호, 2011, 「용해구역 고분 발굴에서 드러난 발해국의 성격」, 『발해 사회문화사 연구』, 서울대학교출판문화원.

발해의 고분 문화 II - 길림성 -

[유적 위치도]

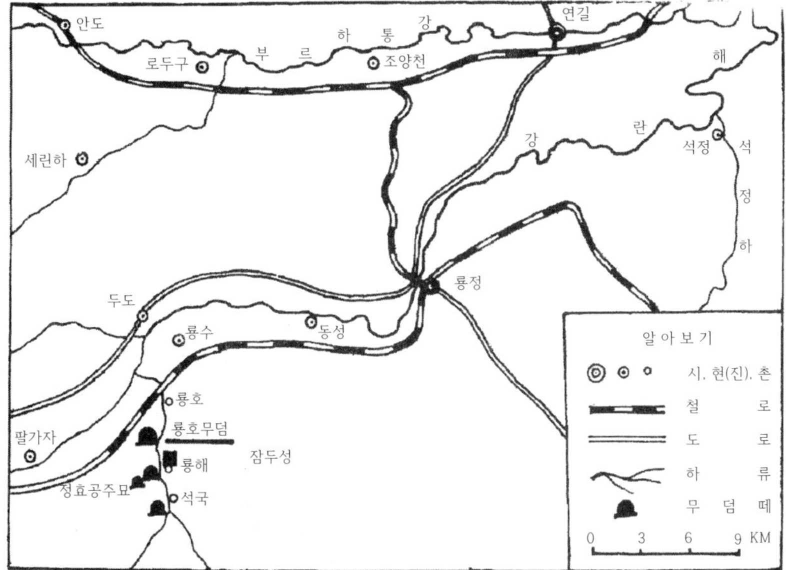

[용두산 고분군 위치도(1982년)]

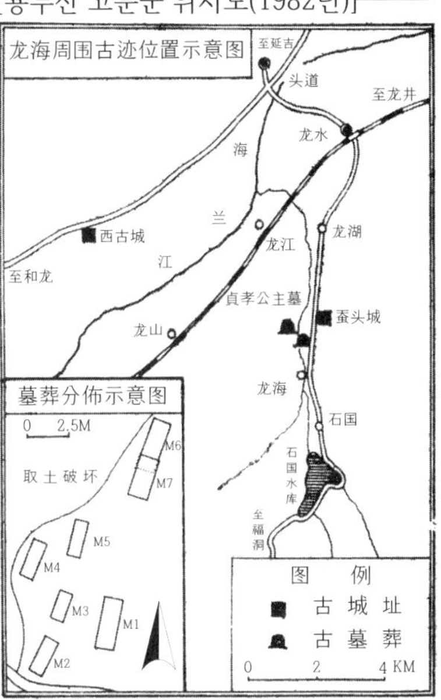

[용해구역 유구 분포도(2004~05년)]

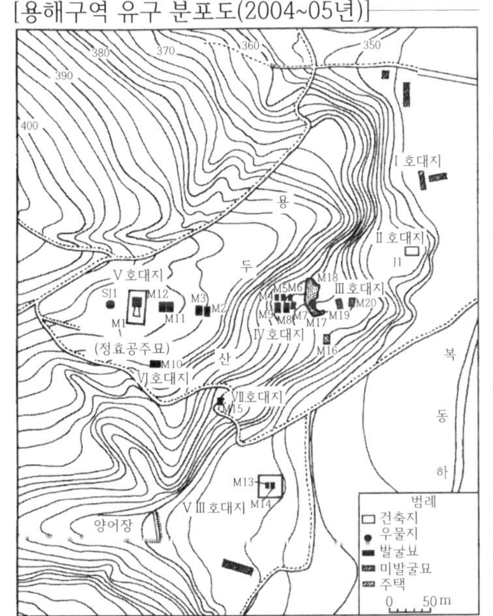

[용호구역 유구 분포도]

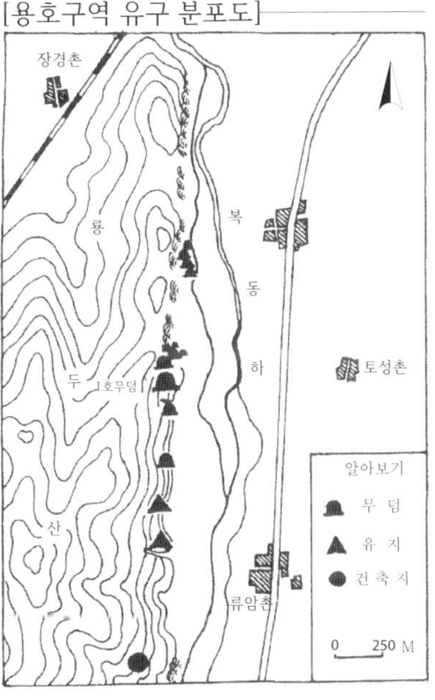

[82년 일괄 출토유물]

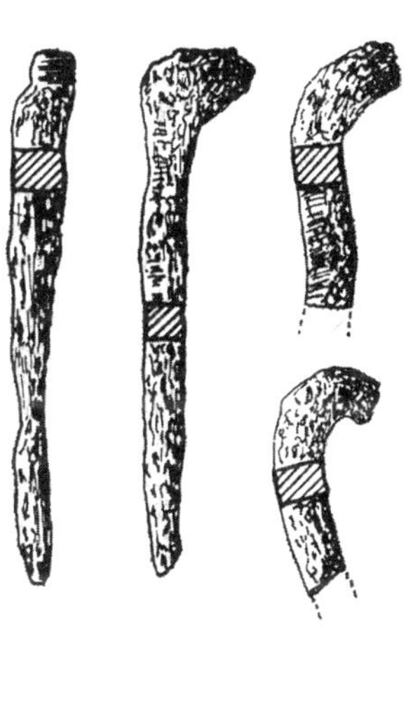

[석국구역-도용(남용, 여용)]

정효공주묘

(단위 : cm)

봉토	크 기 (길이×너비×높이)	-	연도	크 기 (길이×너비×높이)	190×160×180
	평면형태	-		연도위치	중앙
현실	장축방향	남향		두 향	?
	규 모 (길이×너비×높이)	310×210×190		바닥시설	전돌
	평면형태	장방형		천장형태	전돌 3단 평행고임+ 판석
	시상/관대 (길이×너비×높이)	240×145×40		석재종류	전돌
유물	토 도 기	도용편(2), 칠기편(1), 토기편			
	금 속 기	금동제 장식 관정편(8), 금동제 관정(7), 철제 관정, 미상철기편(3)			
	옥 석 기	-			
	기 타	인골편			
특기사항		지하식의 벽돌무덤. 벽면과 천장 내면에 회미장이 남아 있으며 남녀 인골이 발견되었다. 무덤 위에 검은 벽돌로 쌓은 정방형 탑터가 발견됨. 남녀 인골. 탑의 기초부 크기는 565×550이고, 중심부는 비어 있다(270×260×150). 연도 : 동·서벽은 전돌로 축조. 상부에 1단 평행고임 후 판석 덮음. 판석으로 만든 문이 있고 입구를 전돌로 막음. 묘도 : 계단식. 수평길이 700cm. 벽화 : 현실 동·서·북벽, 연도 동·서벽에 12명의 인물이 그려짐. 묘비 : 연도에 세워져 있음. 18행 총 728자.			

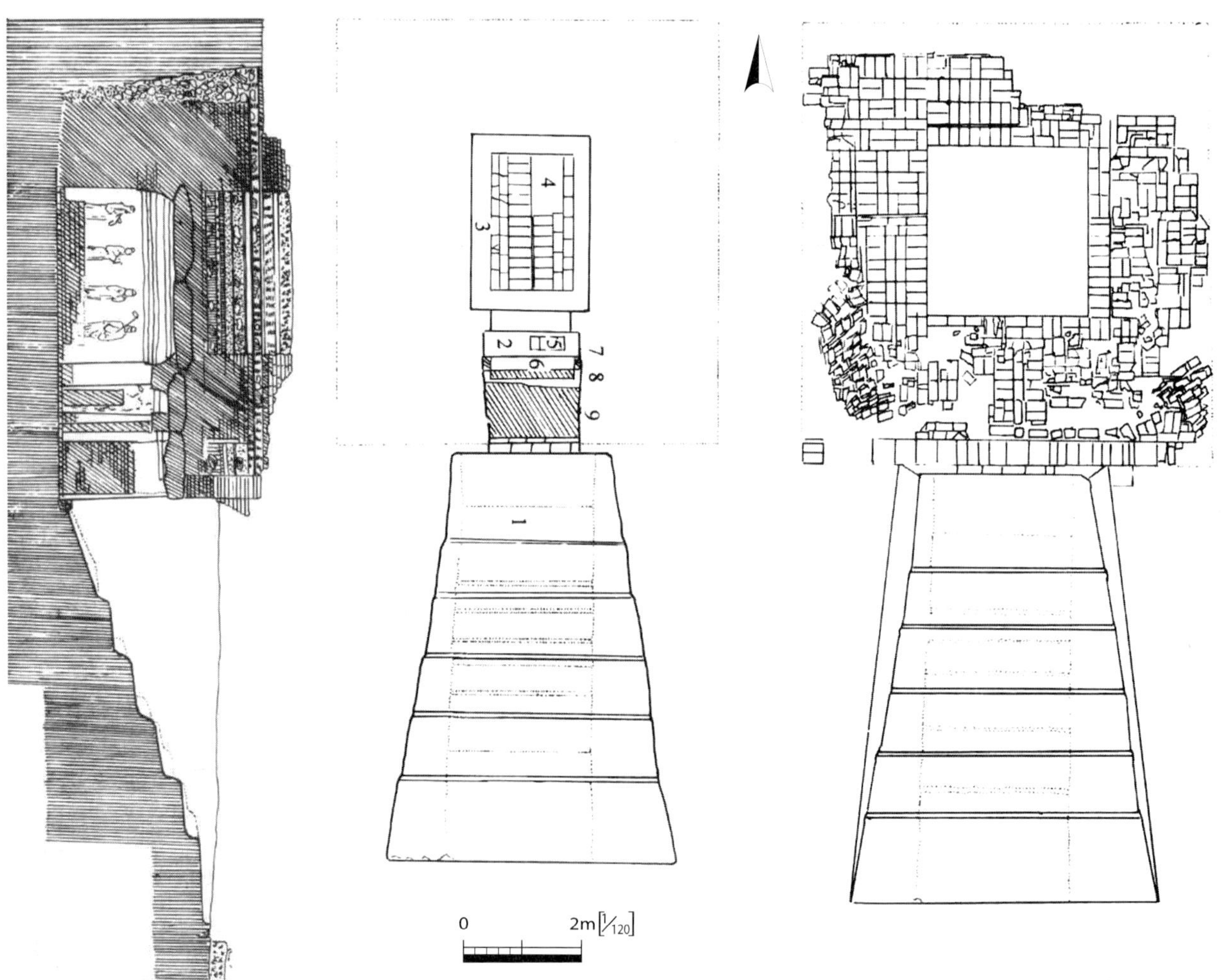

[입구]

[묘비]

[벽화]

[서벽 제1·2인]

용해구역 1호묘(82년)

(단위 : cm)

봉토	크 기 (길이×너비×높이)	?	연도	크 기 (길이×너비×높이)	150×112×85
	평면형태	?		연도위치	중앙
현실	장축방향	200°	두 향		?
	규 모 (길이×너비×높이)	230×110~127×105	바닥시설		석대
	평면형태	장방형	천장형태		평
	시상/관대 (길이×너비×높이)	석대 : 196×43~56×16~21	석재종류		판석·할석
유물	토 도 기	호(1)			
	금 속 기	관고리(1), 철제 관정(15)			
	옥 석 기		-		
	기 타	인골(4)			
	특기사항	유물의 축척을 알 수 없다. 남성 인골(A)는 장년으로 일차장, 남성 인골(B)·(C), 여성 인골(D)는 중년으로 이차장 상태이다. 목관의 흔적이 발견됨.			

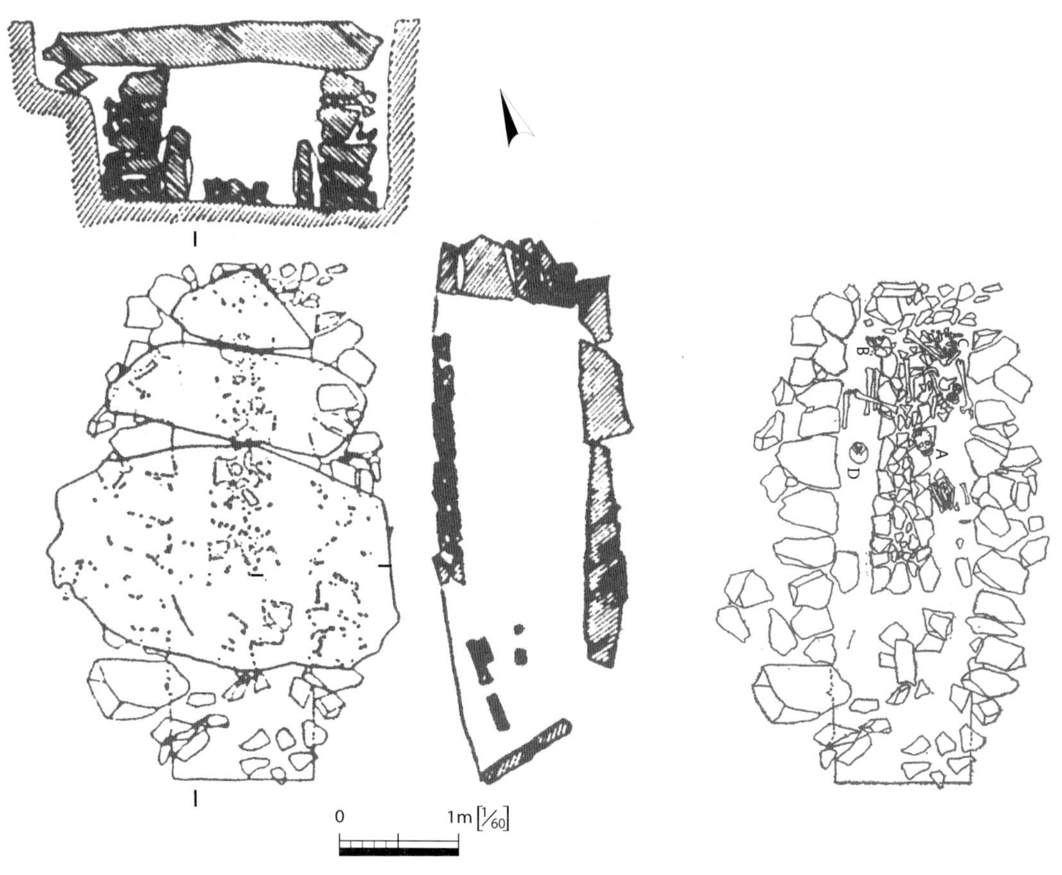

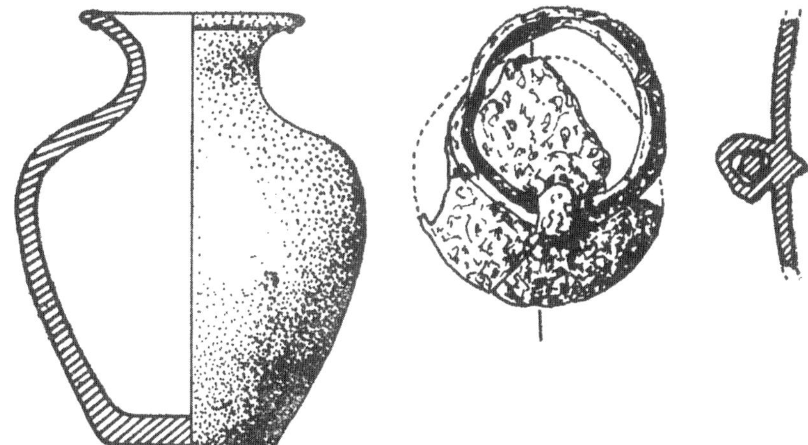

용해구역 2호묘(82년)

(단위 : cm)

봉토	크 기 (길이×너비×높이)	?	연도	크 기 (길이×너비×높이)	?
	평면형태	?		연도위치	?
현실	장축방향	200°		두 향	남향
	규 모 (길이×너비×높이)	245×80~87×60		바닥시설	황색 사질토
	평면형태	세장방형		천장형태	평
	시상/관대 (길이×너비×높이)	–		석재종류	판석·할석
유물	토도기	–			
	금속기	관정(11)			
	옥석기	수정 장식(1)			
	기 타	인골(2)			
	특기사항	유물의 축척을 알 수 없다. 인골(A)는 장년 여성으로 일차장, 인골(B)는 중년 여성으로 이차장 상태이다.			

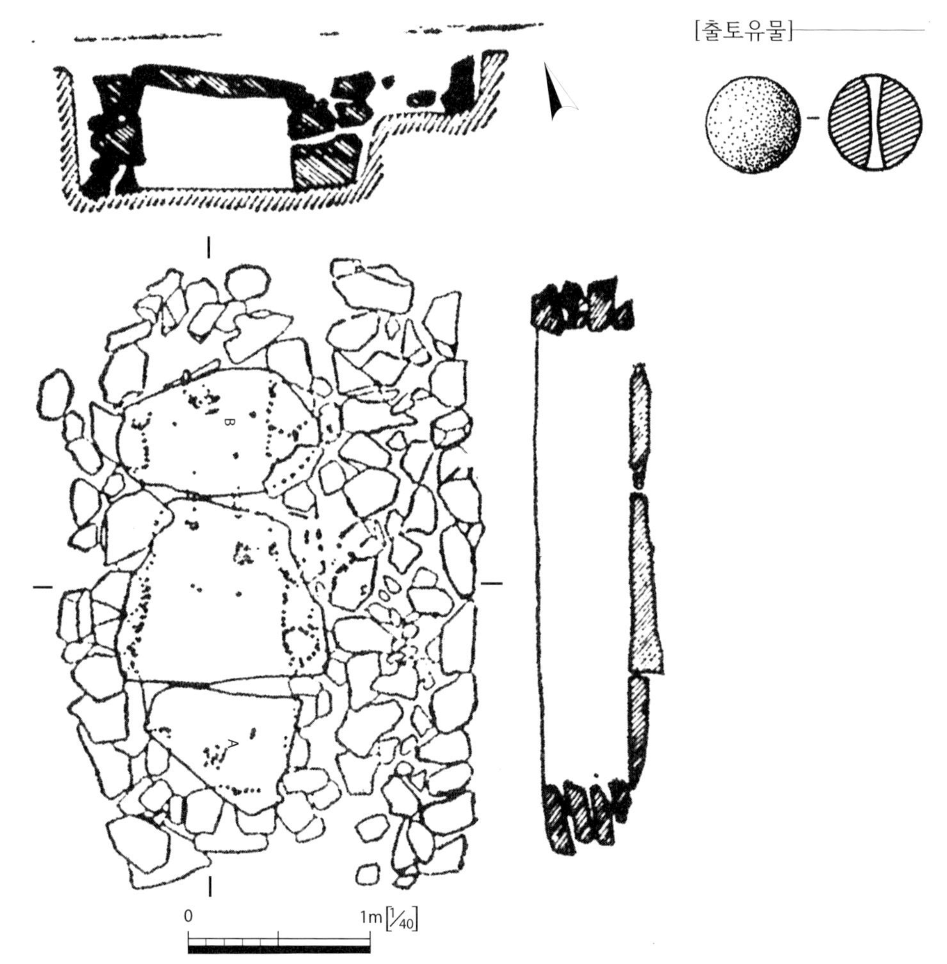

용해구역 3호묘(82년)

(단위 : cm)

봉토	크 기 (길이×너비×높이)	?	연도	크 기 (길이×너비×높이)	?
	평면형태	?		연도위치	?
현실	장축방향	200°		두 향	?
	규 모 (길이×너비×높이)	175×50~55×45		바닥시설	황색 사질토
	평면형태	세장방형		천장형태	평
	시상/관대 (길이×너비×높이)	–		석재종류	활석
유물	토 도 기	호(1)			
	금 속 기	–			
	옥 석 기	–			
	기 타	인골(2)			
	특기사항	유구·유물 도면 없음. 인골은 2개체분이 발견되었는데 A·B층으로 구분되며 모두 두개골편만 발견되어 장법과 성별은 알 수 없다. B는 모두 어린이의 두골이다.			

용해구역 4호묘(82년)

(단위 : cm)

봉토	**크 기** (길이×너비×높이)	?	**연도**	**크 기** (길이×너비×높이)	?
	평면형태	?		**연도위치**	?
현실	**장축방향**	200°		**두 향**	남향
	규 모 (길이×너비×높이)	282×76~85×82		**바닥시설**	황색 사질토
	평면형태	세장방형		**천장형태**	평
	시상/관대 (길이×너비×높이)	-		**석재종류**	판석·할석
유물	**토 도 기**	-			
	금 속 기	관정(1)			
	옥 석 기	-			
	기 타	인골(2)			
특기사항		유물 도면 없음. 장년 여성 인골(A)와 주변 남성 인골 (B)는 모두 일차장, 앙신직지 상태로 마주 보고 있다.			

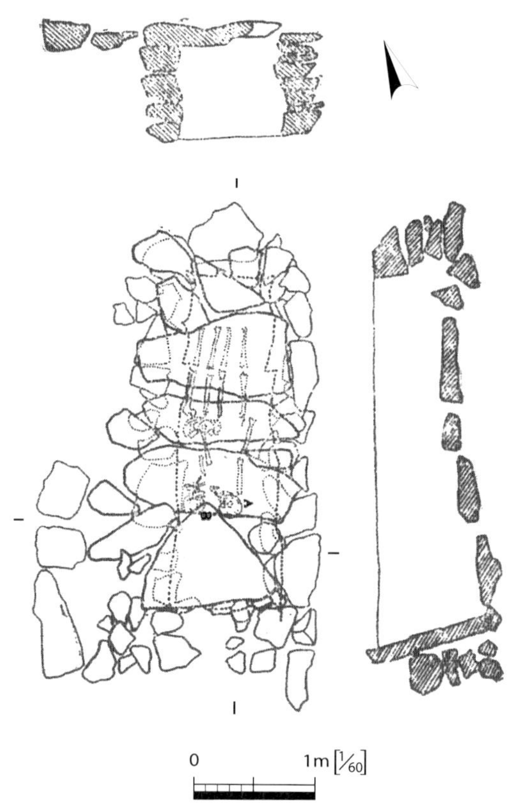

0   1m [1/60]

용해구역 5호묘(82년)

(단위 : cm)

봉토	크 기 (길이×너비×높이)	?	연도	크 기 (길이×너비×높이)	?
	평면형태	?		연도위치	?
현실	장축방향	185°		두 향	남향
	규 모 (길이×너비×높이)	255×68~80×58		바닥시설	황색 사질토
	평면형태	세장방형		천장형태	평
	시상/관대 (길이×너비×높이)	–		석재종류	활석
유물	토 도 기	–			
	금 속 기	동제 가랑비녀(1), 철제 관정(1)			
	옥 석 기	–			
	기 타	인골(2)			
	특기사항	유구 도면 없음. 장년 여성 인골(A)는 일차장, 앙신직지 상태로 두개골과 하반신이, 연령 불명 남성 인골(B)는 이차장으로 두개골과 사지골이 발견되었다.			

[출토유물]

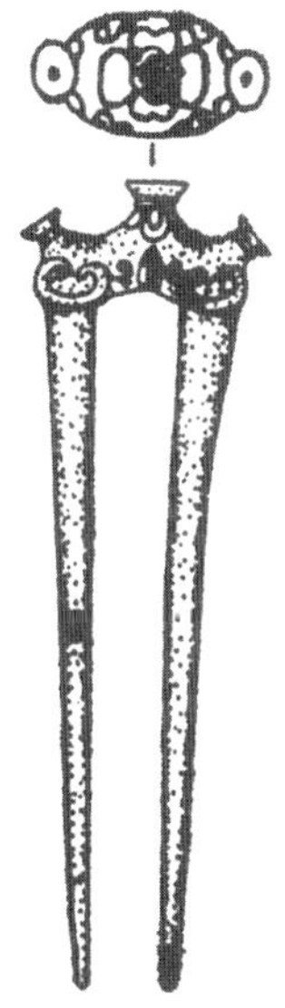

용해구역 6호묘(82년)

(단위 : cm)

봉토	크 기 (길이×너비×높이)	?	연도	크 기 (길이×너비×높이)	65×115×?
	평면형태	?		연도위치	?
현실	장축방향	200°		두 향	남향
	규 모 (길이×너비×높이)	242×110~120×83		바닥시설	황색 사질토
	평면형태	장방형		천장형태	평
	시상/관대 (길이×너비×높이)	−		석재종류	할석
유물	토 도 기	−			
	금 속 기	−			
	옥 석 기	−			
	기 타	인골(2)			
	특기사항	연령 불명 남성 인골(A) 와 중년 여성 인골(B)가 모두 일차장, 앙신직지 상태이다.			

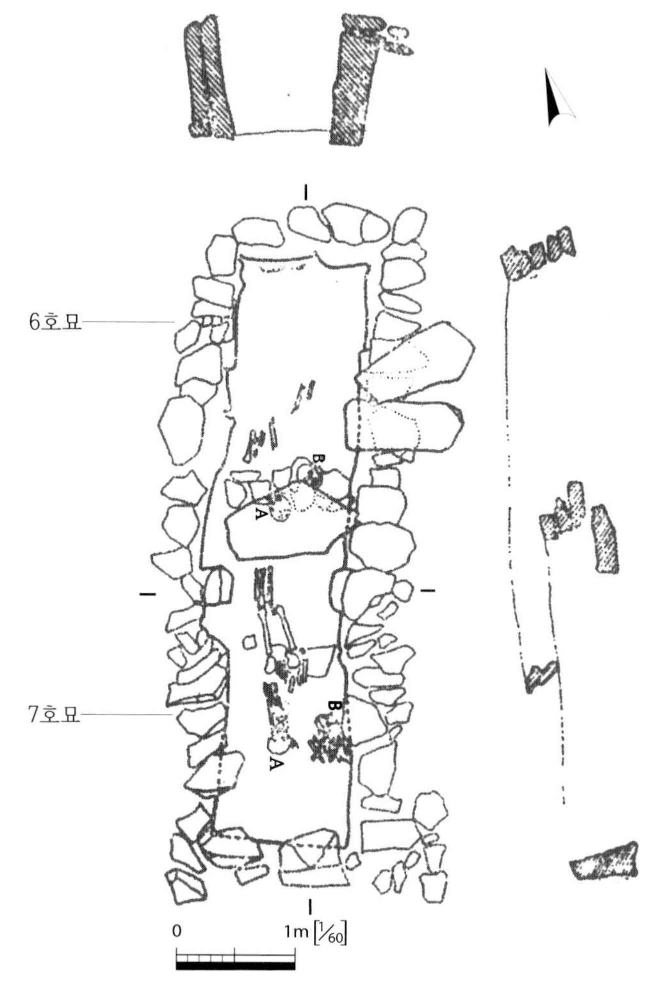

용해구역 7호묘(82년)

(단위 : cm)

봉토	크 기 (길이×너비×높이)	?	연도	크 기 (길이×너비×높이)	?
	평면형태	?		연도위치	?
현실	장축방향	195°		두 향	남향
	규 모 (길이×너비×높이)	255×95~117×52		바닥시설	황색 사질토
	평면형태	세장방형		천장형태	평
	시상/관대 (길이×너비×높이)	?		석재종류	판석·할석
유물	토 도 기				-
	금 속 기	동제 팔찌(1), 철제 관정(1)			
	옥 석 기	마노제 구슬(1), 수정제 구슬(2)			
	기 타	인골(2)			
	특기사항	장년 여성(A)는 앙신직지, 오른쪽 손에 동제 팔찌, 목과 가슴에 수정제 구슬을 착장한 채 앙신직지, 중년 여성(B)는 이차장 상태이다. 유물의 축척을 알 수 없다.			

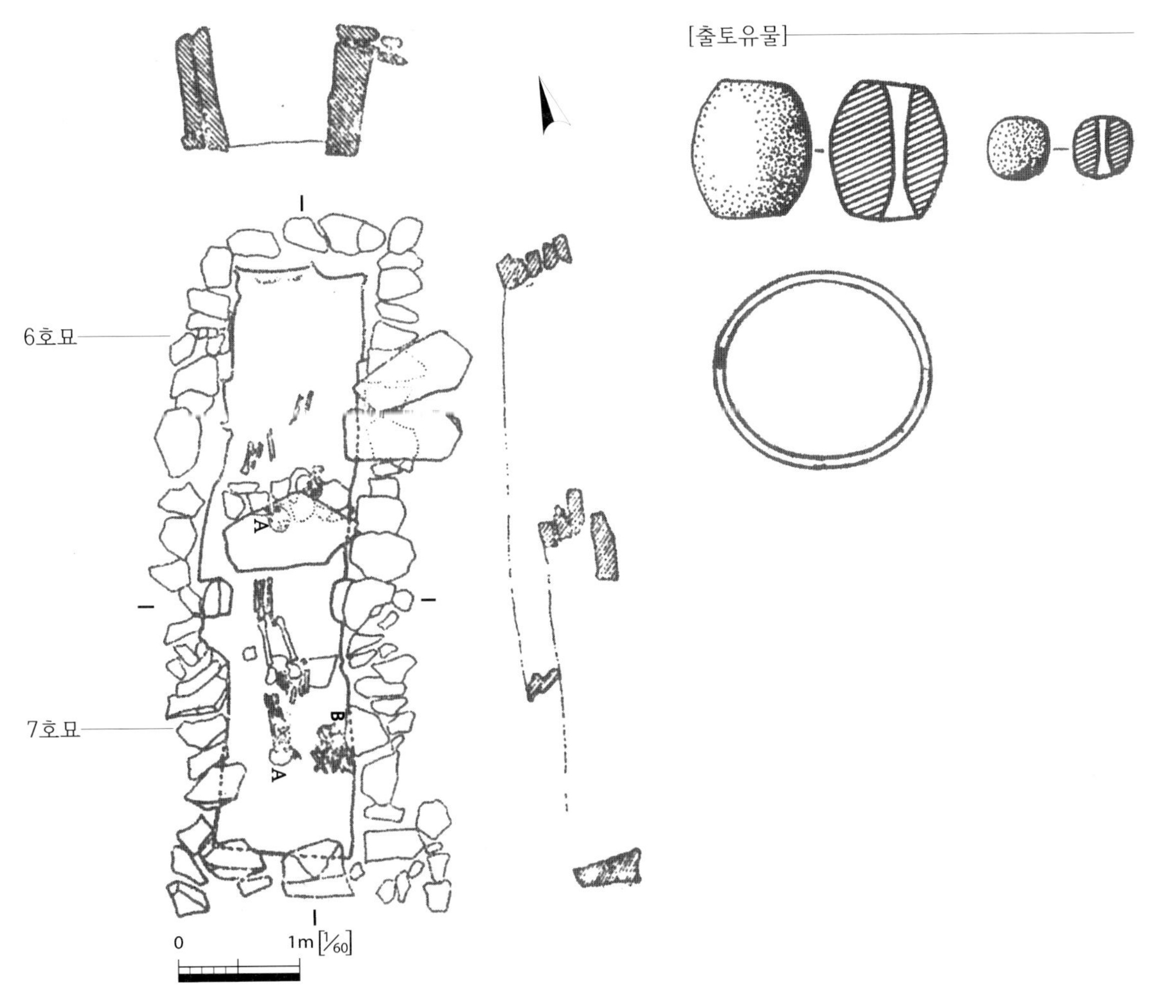

용해구역 2호묘(04~05년)

(단위 : cm)

봉토	**크 기** (길이×너비×높이)	?	**연도**	**크 기** (길이×너비×높이)	720×170~390×230
	평면형태	삭평됨		**연도위치**	중앙
현실	**장축방향**	N-S		**두 향**	?
	규 모 (길이×너비×높이)	560×180×170~180		**바닥시설**	판석+회미장
	평면형태	세장방형		**천장형태**	평
	시상/관대 (길이×너비×높이)	250×80×?		**석재종류**	판석·할석
유물	**토 도 기**	토기편, 자기편			
	금 속 기				
	옥 석 기				
	기 타	인골편			
특기사항		유물 도면 없음. 순목황후릉으로 비정되는 3호묘와 짝을 이루고 있어 간왕의 무덤일 가능성이 높다.			

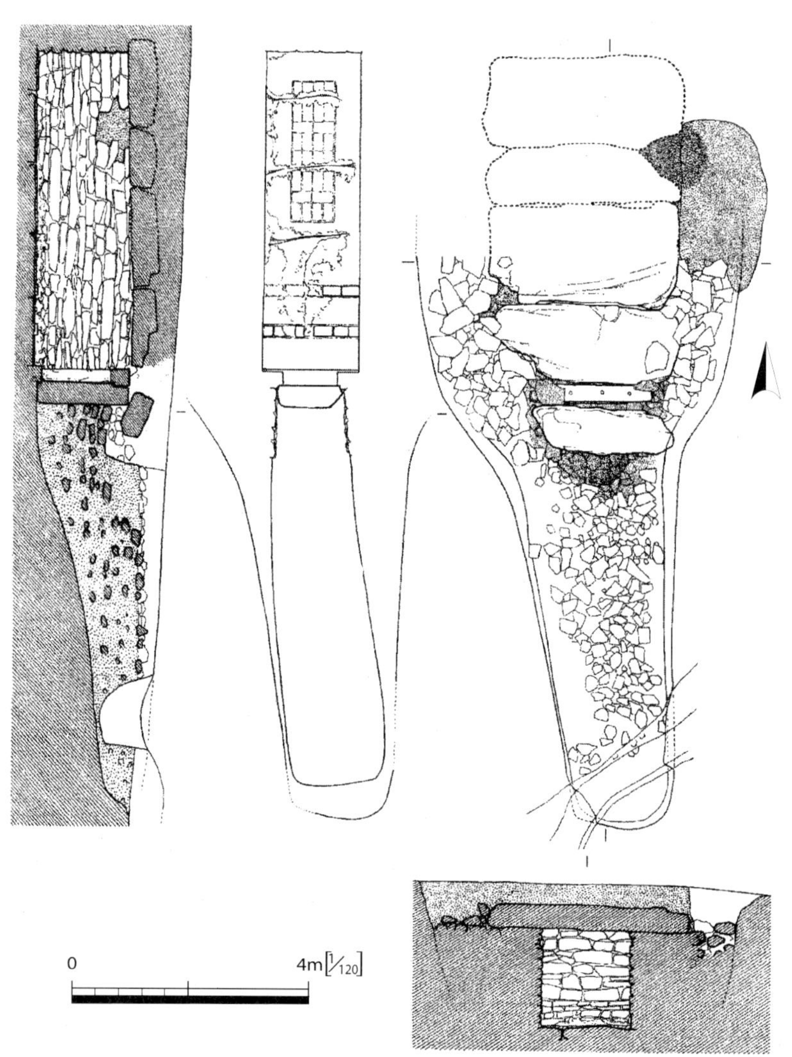

0   4m [¹/₁₂₀]

"

용해구역 3호묘(04~05년)

(단위 : cm)

봉토	크 기 (길이×너비×높이)	?	연도	크 기 (길이×너비×높이)	640×230~270×263
	평면형태	삭평됨		연도위치	중앙
현실	장축방향	185°		두 향	?
	규 모 (길이×너비×높이)	400×190~240×165		바닥시설	판석·황색니질토·회미장의 순 서로 시설함
	평면형태	세장방형		천장형태	평
	시상/관대 (길이×너비×높이)	250×112~118×20		석재종류	판석·할석
유물	토 도 기	삼채 말머리(1), 삼채 말몸체(1), 삼채 짐승(1),			
	금 속 기	누금제 장식(1), 누금제 관정(2), 누금제 목관장식(1)			
	옥 석 기	순목황후 묘지			
	기 타	인골편			
	특기사항	순목황후릉. 묘도(130×?×?). 제대(80×30×10). 일부 유물의 축척을 알 수 없다.			

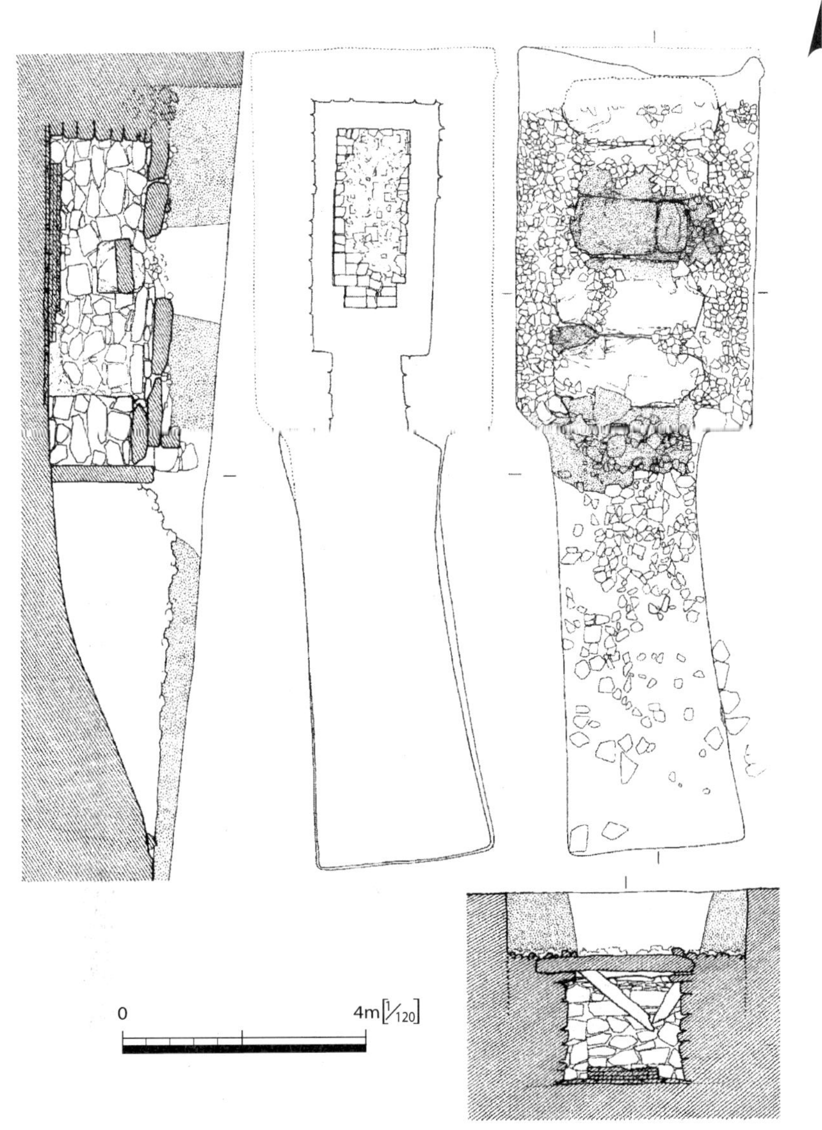

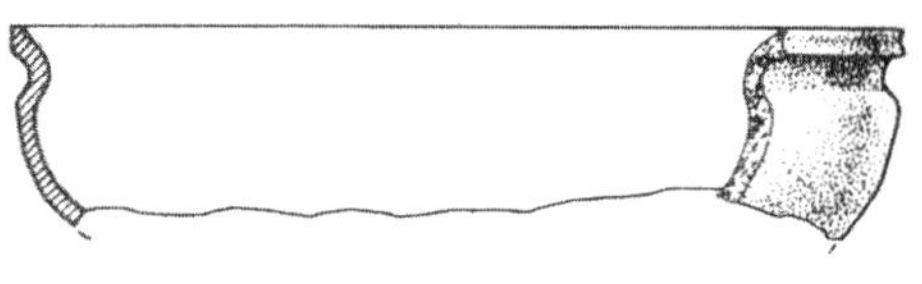

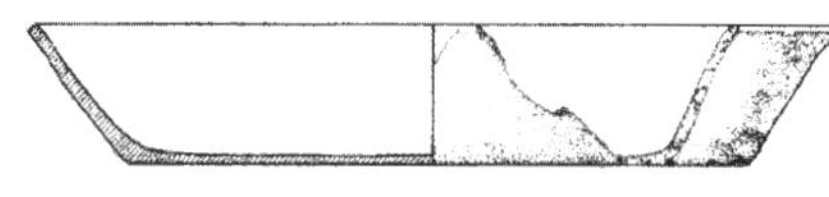

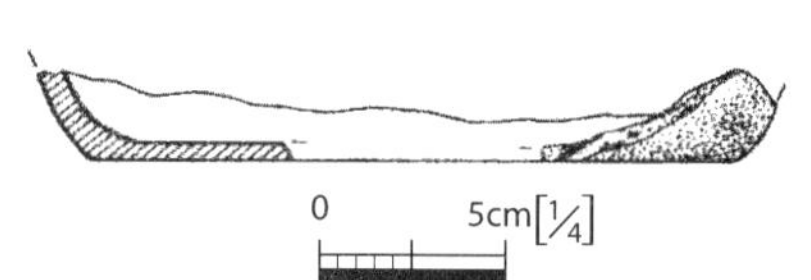

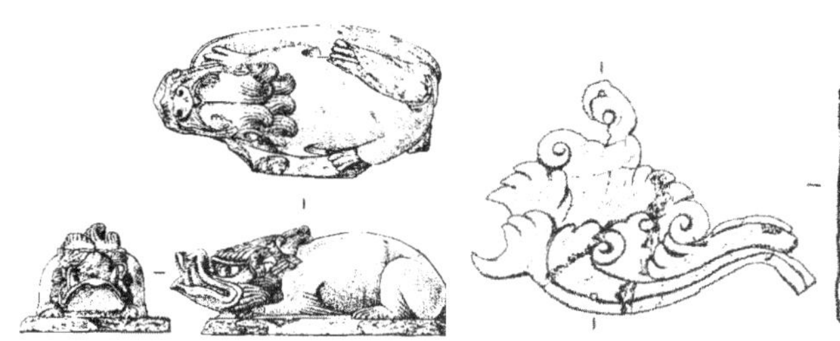

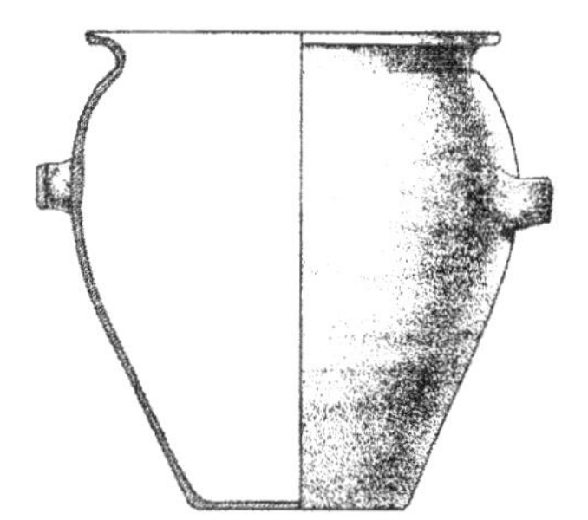

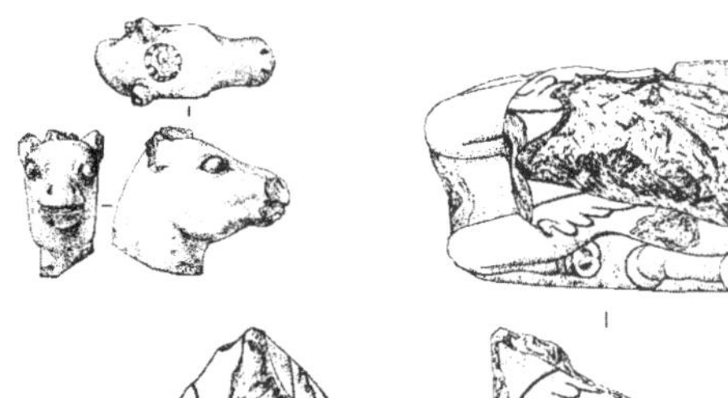

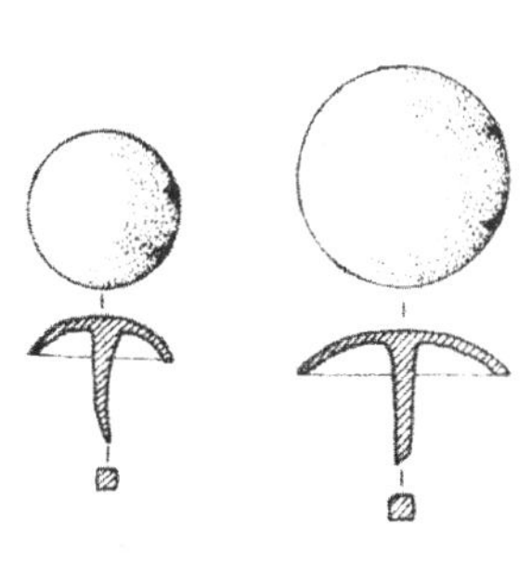

용해구역 7호묘

(단위 : cm)

봉토	크 기 (길이×너비×높이)	?	연도	크 기 (길이×너비×높이)	320×80~170×(100+)
	평면형태	?		연도위치	?
현실	장축방향	188°		두 향	남향
	규 모 (길이×너비×높이)	340×110×(60~100+)		바닥시설	판석·황색점토·황회색 사질토· 판석의 순서로 시설됨
	평면형태	세장방형		천장형태	평
	시상/관대 (길이×너비×높이)	?		석재종류	판석·할석
유물	토 도 기	-			
	금 속 기	-			
	옥 석 기	-			
	기 타	인골편			
	특기사항	묘도.			

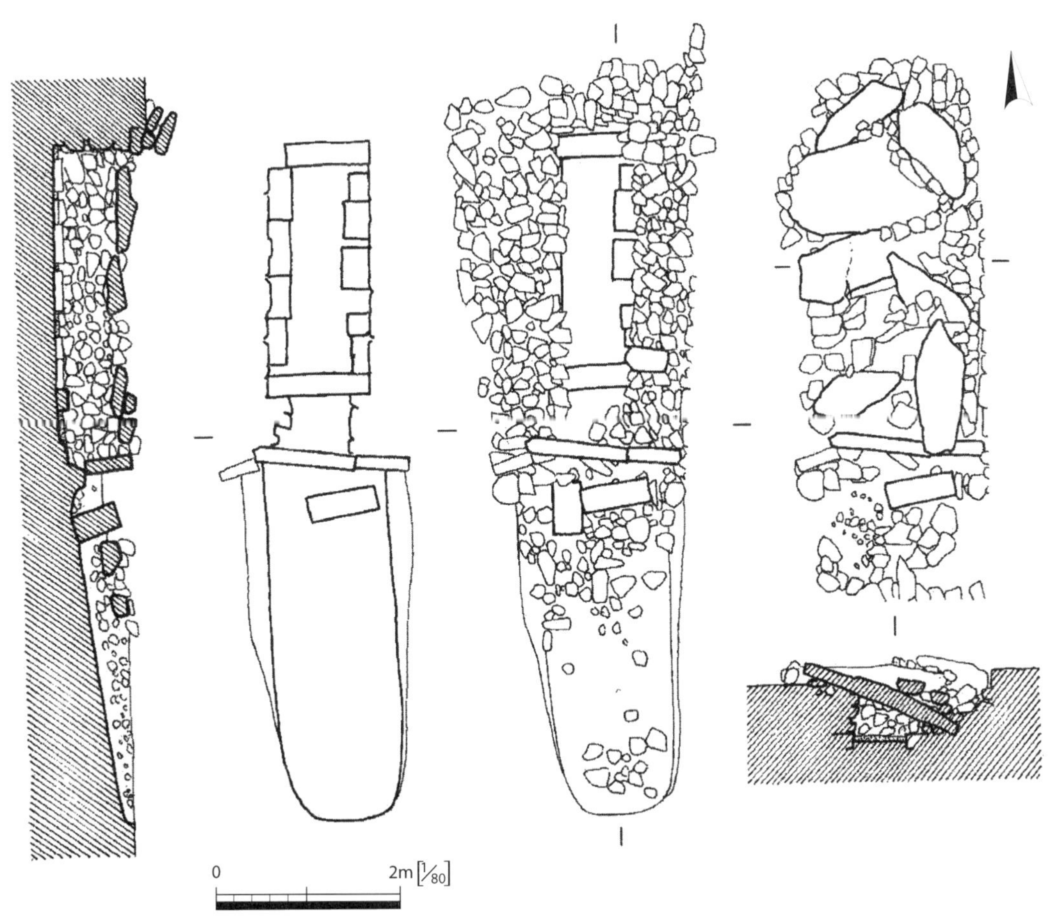

용해구역 8호묘(04~05년)

(단위 : cm)

봉토	크 기 (길이×너비×높이)	-	연도	크 기 (길이×너비×높이)	540×130~170×(160+)
	평면형태	-		연도위치	중앙
현실	장축방향	?		두 향	?
	규 모 (길이×너비×높이)	320×185×(80~165+)		바닥시설	전돌·회미장의 순서로 시설됨
	평면형태	장방형		천장형태	평
	시상/관대 (길이×너비×높이)	-		석재종류	전돌
유물	토 도 기	암키와			
	금 속 기	숭녕중보(1)			
	옥 석 기		-		
	기 타		-		
특기사항		유물 도면 없음. 전실묘. 고분 상부에서 묘역(700×600×?)이 확인된다.			

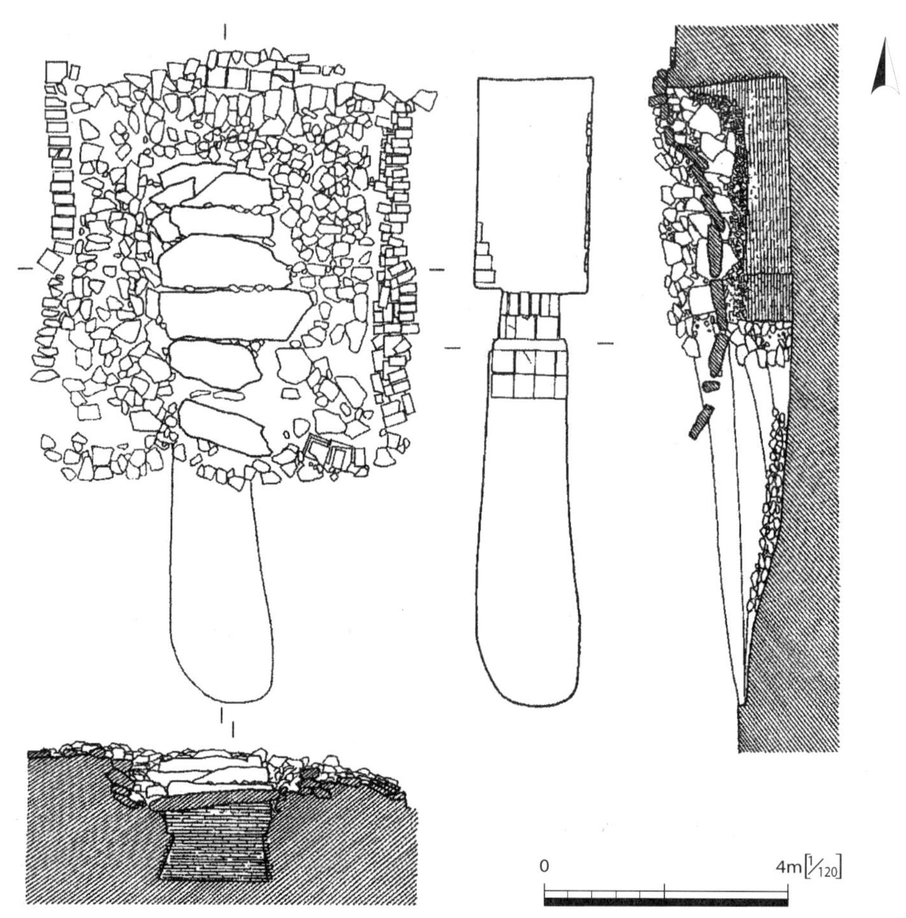

[북쪽에서 본 모습]

용해구역 10호묘(04~05년)

(단위 : cm)

봉토	크 기 (길이×너비×높이)	–	연도	크 기 (길이×너비×높이)	470×240×(280+)
	평면형태	–		연도위치	중앙
현실	장축방향	186°		두 향	?
	규 모 (길이×너비×높이)	340×180×200		바닥시설	전돌
	평면형태	세장방형		천장형태	평
	시상/관대 (길이×너비×높이)	?×?×10?		석재종류	전돌·할석·판석
유물	토 도 기	삼채 남녀도용			
	금 속 기		–		
	옥 석 기		–		
	기 타		–		
특기사항		전실탑묘. 묘도(50×?×?). 고분 상부에서 전탑의 기초부가 확인되며 묘도는 계단식으로 축조되어 있다. 청색 전돌의 관대(현실 면적의 3/4)가 확인되었다.			

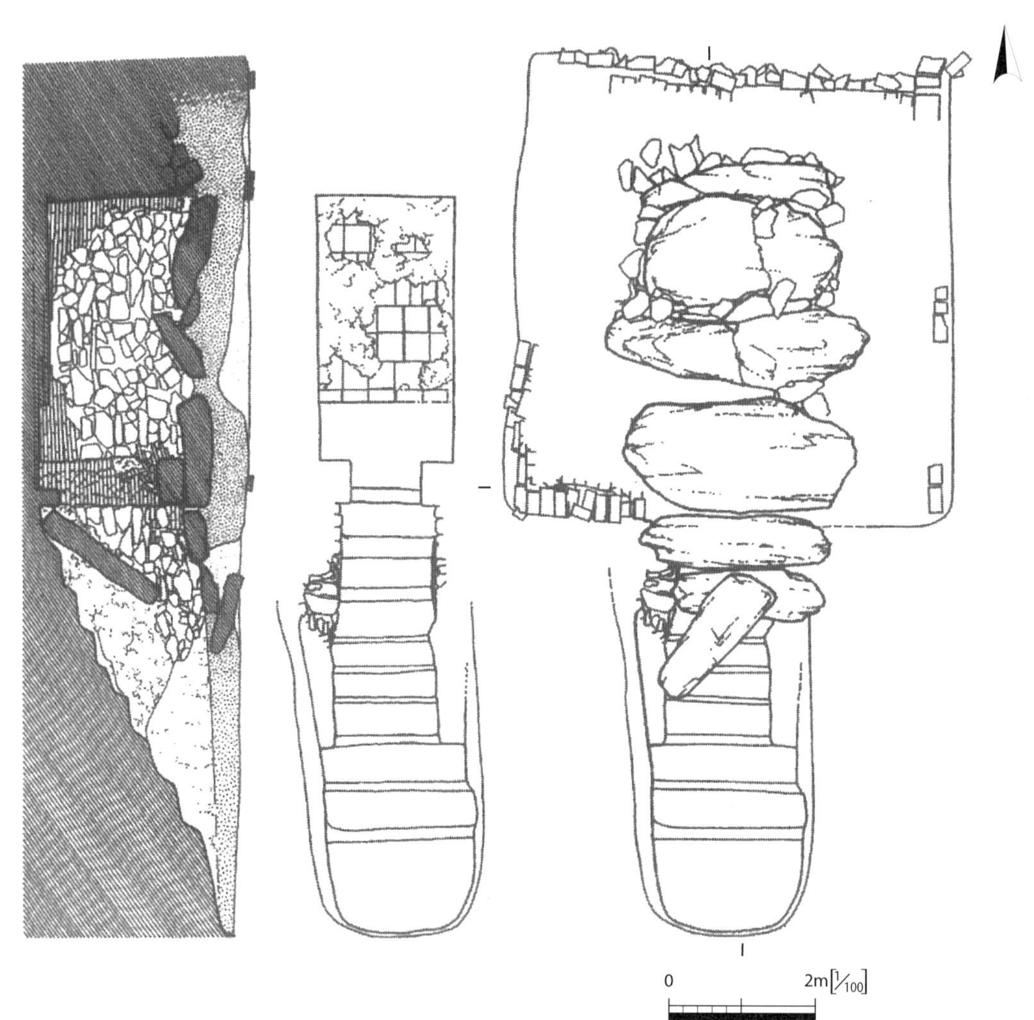

0   2m[1/100]

[북쪽에서 본 모습]

[출토유물]

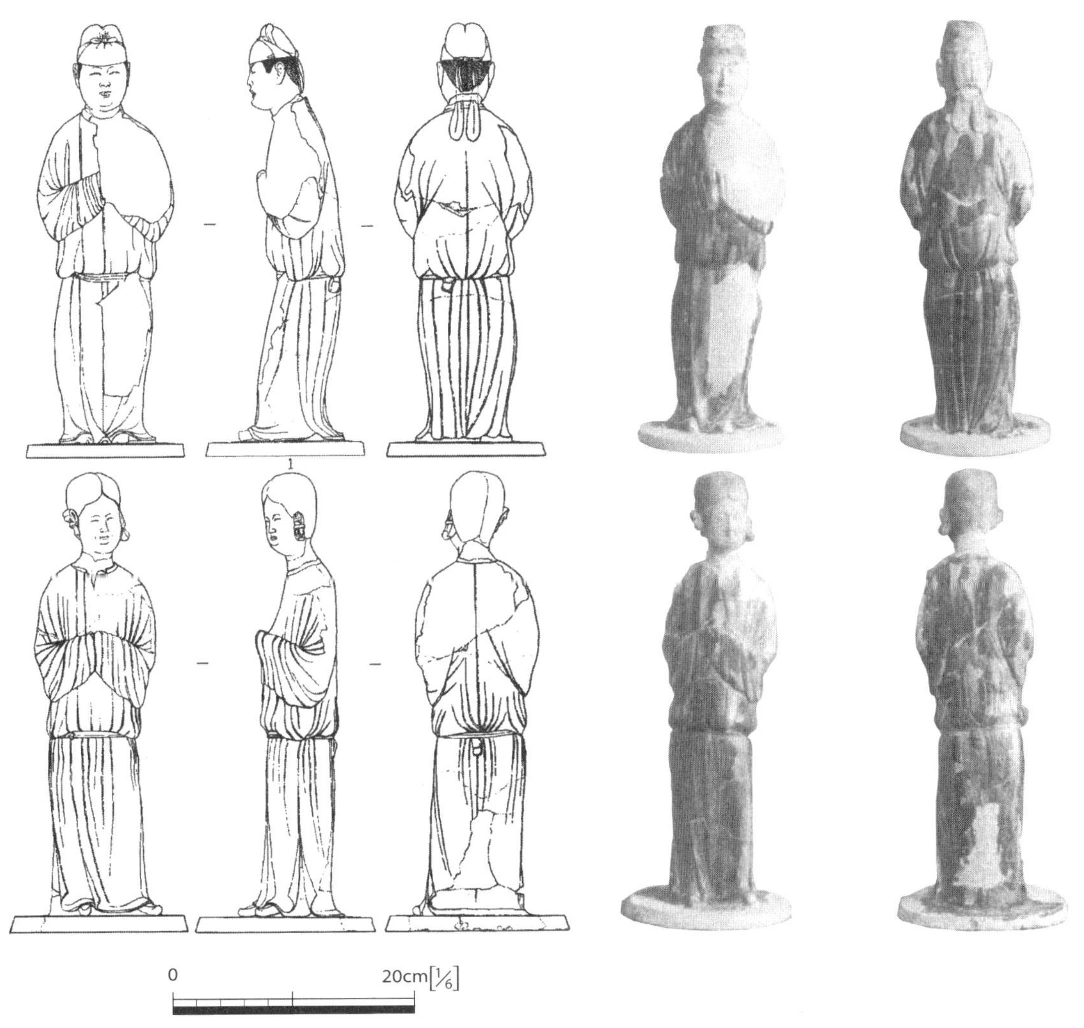

0   20cm[⅙]

용해구역 11호묘(04~05년)

(단위 : cm)

봉토	크 기 (길이×너비×높이)	?	연도	크 기 (길이×너비×높이)	?
	평면형태	?		연도위치	?
현실	장축방향	?		두 향	?
	규 모 (길이×너비×높이)	?		바닥시설	?
	평면형태	?		천장형태	?
	시상/관대 (길이×너비×높이)	?		석재종류	?
유물	토 도 기		?		
	금 속 기		?		
	옥 석 기		?		
	기 타		?		
	특기사항	유구 도면 없음. 효의황후릉으로 비정되는 12호묘와 짝을 이루고 있어 문왕의 무덤일 가능성이 높다.			

용해구역 12호묘(04~05년)

(단위 : cm)

봉토	크 기 (길이×너비×높이)	?	연도	크 기 (길이×너비×높이)	?
	평면형태	?		연도위치	?
현실	장축방향	?		두 향	?
	규 모 (길이×너비×높이)	?		바닥시설	?
	평면형태	?		천장형태	?
	시상/관대 (길이×너비×높이)	?		석재종류	?
유물	토 도 기		?		
	금 속 기		?		
	옥 석 기	효의황후 묘지			
	기 타		?		
	특기사항	유구·유물 도면 없음. 효의황후묘.			

용해구역 13호묘(04~05년)

(단위 : cm)

봉토	크 기 (길이×너비×높이)	–	목관	크 기 (길이×너비×높이)	?
	평면형태	–		장 폭 비	?
묘광	장축방향	178°	전곽	크 기 (길이×너비×높이)	236×80~85×80
	크 기 (길이×너비×깊이)	360×190×(170+)		장 폭 비	2.78:1
	장 폭 비	1.89:1	두 향		?

유물	토 도 기	기름 함(1), 와당, 암키와, 수키와, 착고, 적새기와
	금 속 기	금제 팔찌(1), 금제 비녀(1), 은박 칠 함, 은박 칠 경대, 동경(1), 철제 판, 철제 관정
	옥 석 기	옥제 대금구(금판 부가)
	기 타	인골편, 연분주머니(3)
특기사항		전돌로 축조한 매장시설이 병렬된 부부합장묘(동봉이형전곽목관묘)로 13·14호묘가 병렬배치되어 있다. 묘상에 건물 세웠던 흔적(2150×1750×150+)이 있는데 망자를 위한 추도시설로 추정되며 목탑도 세웠을 가능성이 있다(평면 回字形). 일부 유물의 축척을 알 수 없다.

용해구역 14호묘(04~05년)

(단위 : cm)

봉토	크 기 (길이×너비×높이)	–	목관	크 기 (길이×너비×높이)	200×70×?
	평면형태	–		장 폭 비	2.86:1
묘광	장축방향	?	전곽	크 기 (길이×너비×높이)	230×80~90×80
	크 기 (길이×너비×깊이)	290×140×(160+)		장 폭 비	2.56:1
	장 폭 비	2.07:1	두 향		북향

유물	토 도 기	와당, 암키와, 수키와, 착고, 적새기와
	금 속 기	금제 막대기(2), 금제 관식(1), 금제 비녀(2)
	옥 석 기	금판 옥제 허리띠(1조)
	기 타	인골편
특기사항		전돌로 축조한 매장시설이 병렬된 부부합장묘(동봉이형전곽목관묘)로 13·14호묘가 병렬배치되어 있다. 묘상에 건물 세웠던 흔적(2150×1750×150+)이 있는데 망자를 위한 추도시설로 추정되며 목탑도 세웠을 가능성이 있다(평면 回字形). 앙신직지 상태의 남성이 일차장되어 있다. 일부 유물의 축척을 알 수 없다.

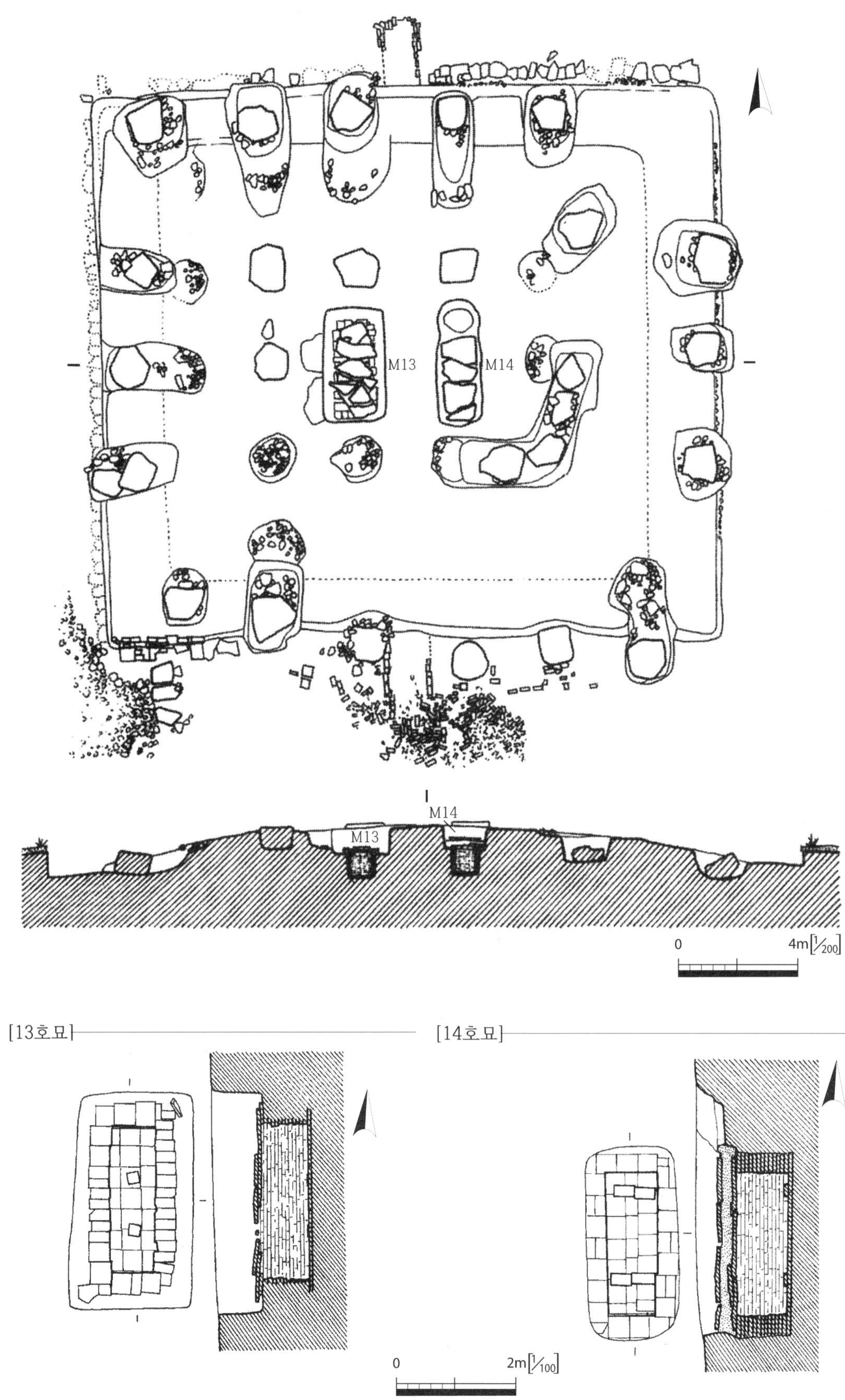

M13
M14
M14
M13
0
4m[1/200]
[13호묘]
[14호묘]
0
2m[1/100]

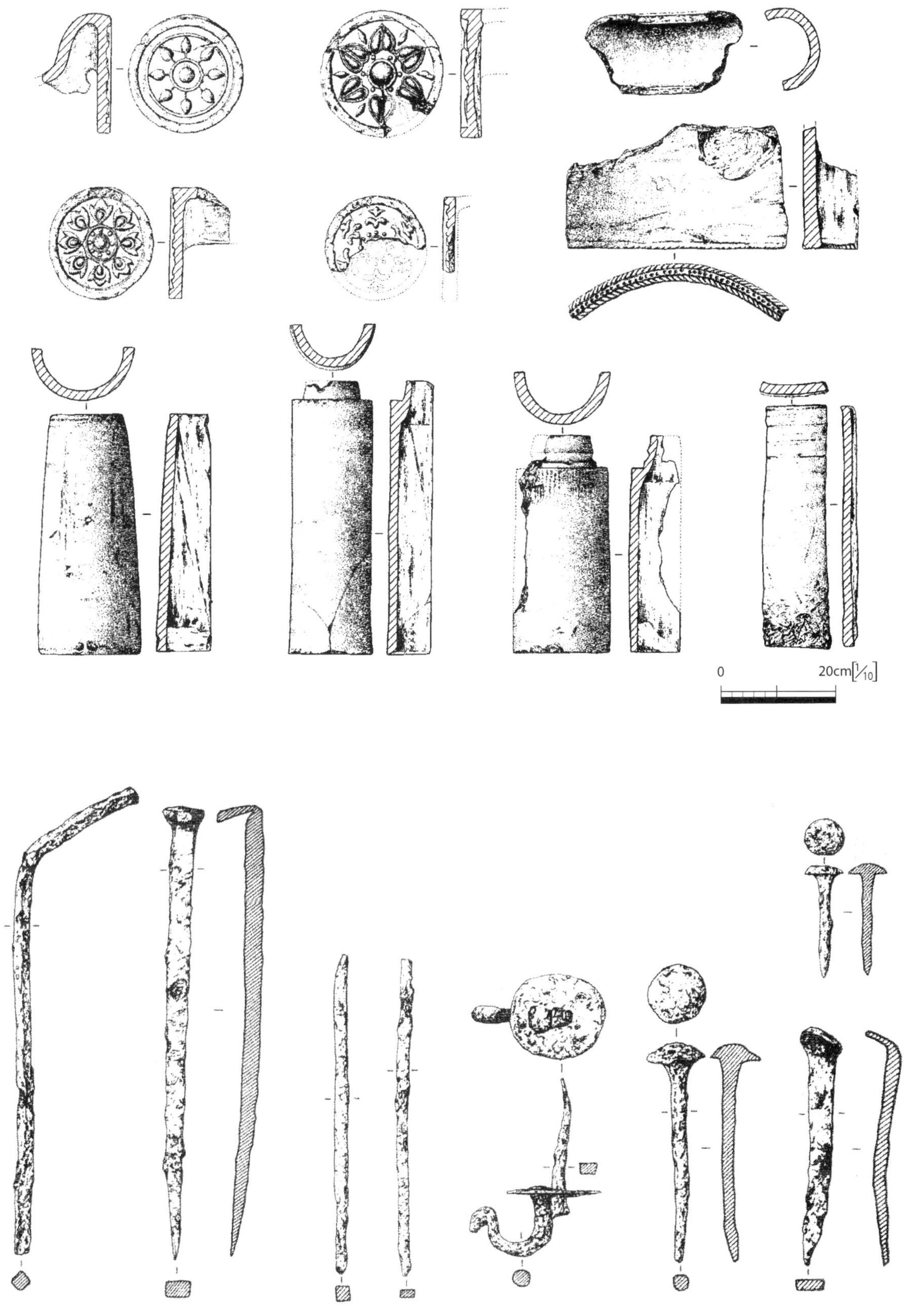

[북쪽에서 본 모습]

[13호묘 출토유물]

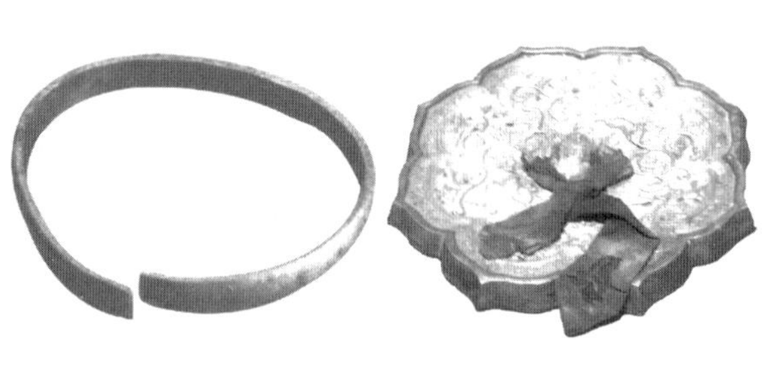

[14호묘 출토유물]

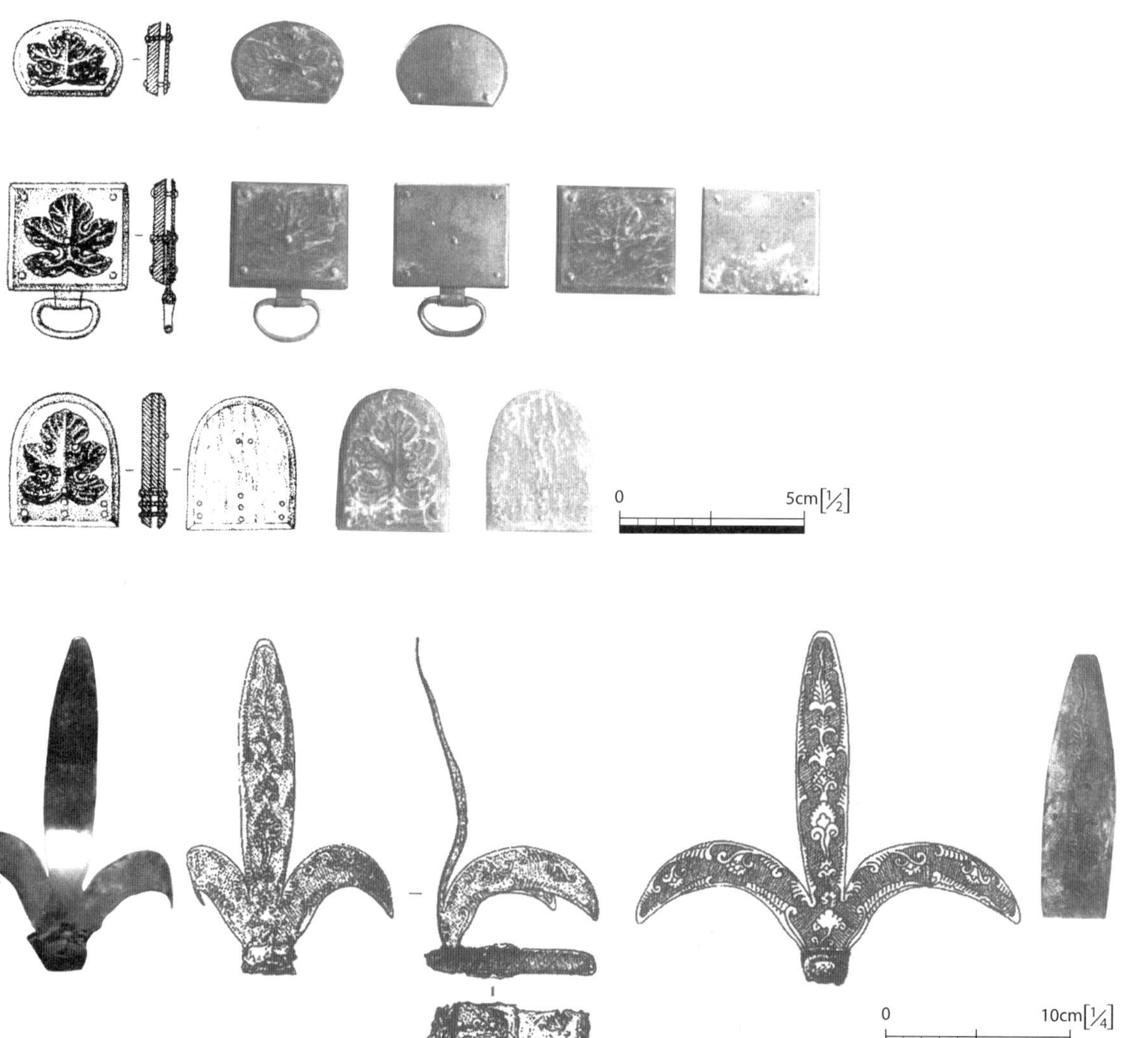

용호구역 1호묘

(단위 : cm)

봉토	크 기 (길이×너비×높이)	?	연도	크 기 (길이×너비×높이)	60×100×125
	평면형태	원형		연도위치	중앙
현실	장축방향	동남향		두 향	남향
	규 모 (길이×너비×높이)	280×185×180		바닥시설	얇은 판석+회
	평면형태	장방형		천장형태	3단 삼각평행고임
	시상/관대 (길이×너비×높이)	220×80×40		석재종류	전돌·판석
유물	토도기	토기편			
	금속기	금제 장식품(1), 은제 장식품(1), 동제 관고리(3), 동제 관정(165), 철제 관정(13), 철제 문고리(2), 철제 자물쇠(1)			
	옥석기	-			
	기 타	마포(麻布) 조각, 인골(1)			
특기사항		지하식. 흙담(3000×300×(50+)). 벽은 화강암으로 축조하였고 벽석 사이에 할석 혹은 토기편을 석회에 버무려 메꾸었고 벽면에 회를 발랐다. 벽체 높이는 145cm. 묘도(520×100~226). 관대는 제형에 가까운 장방형으로 겉면에 전부 회를 발랐다. 인골 1개체분이 발견되었는데 156cm의 중년 여성이다.			

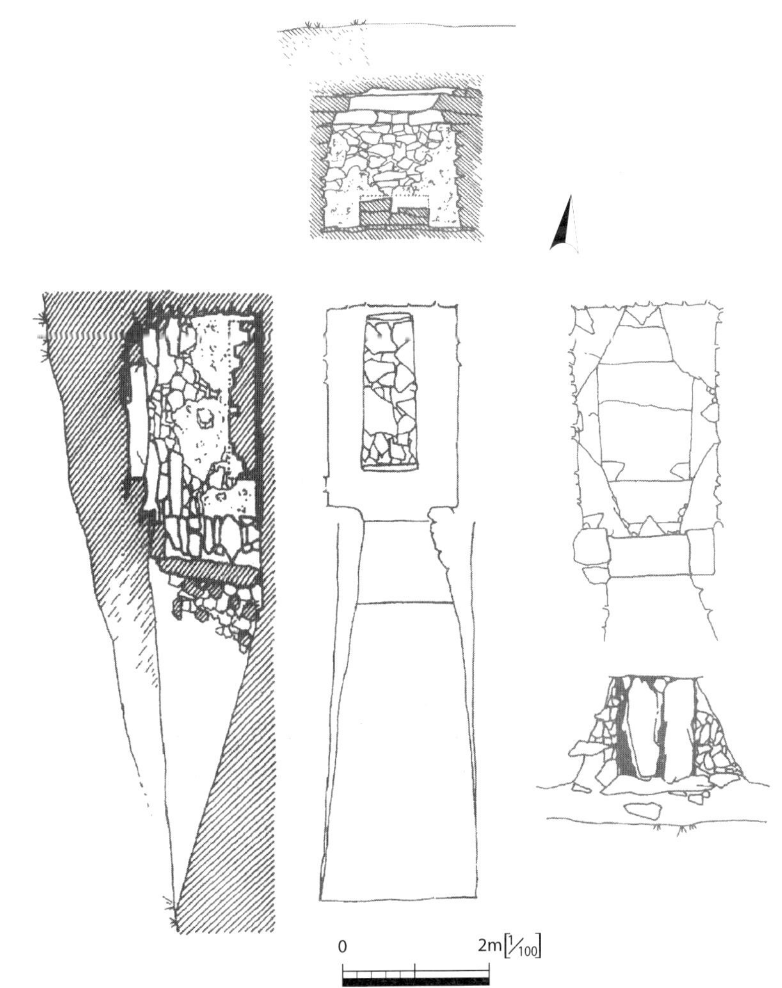

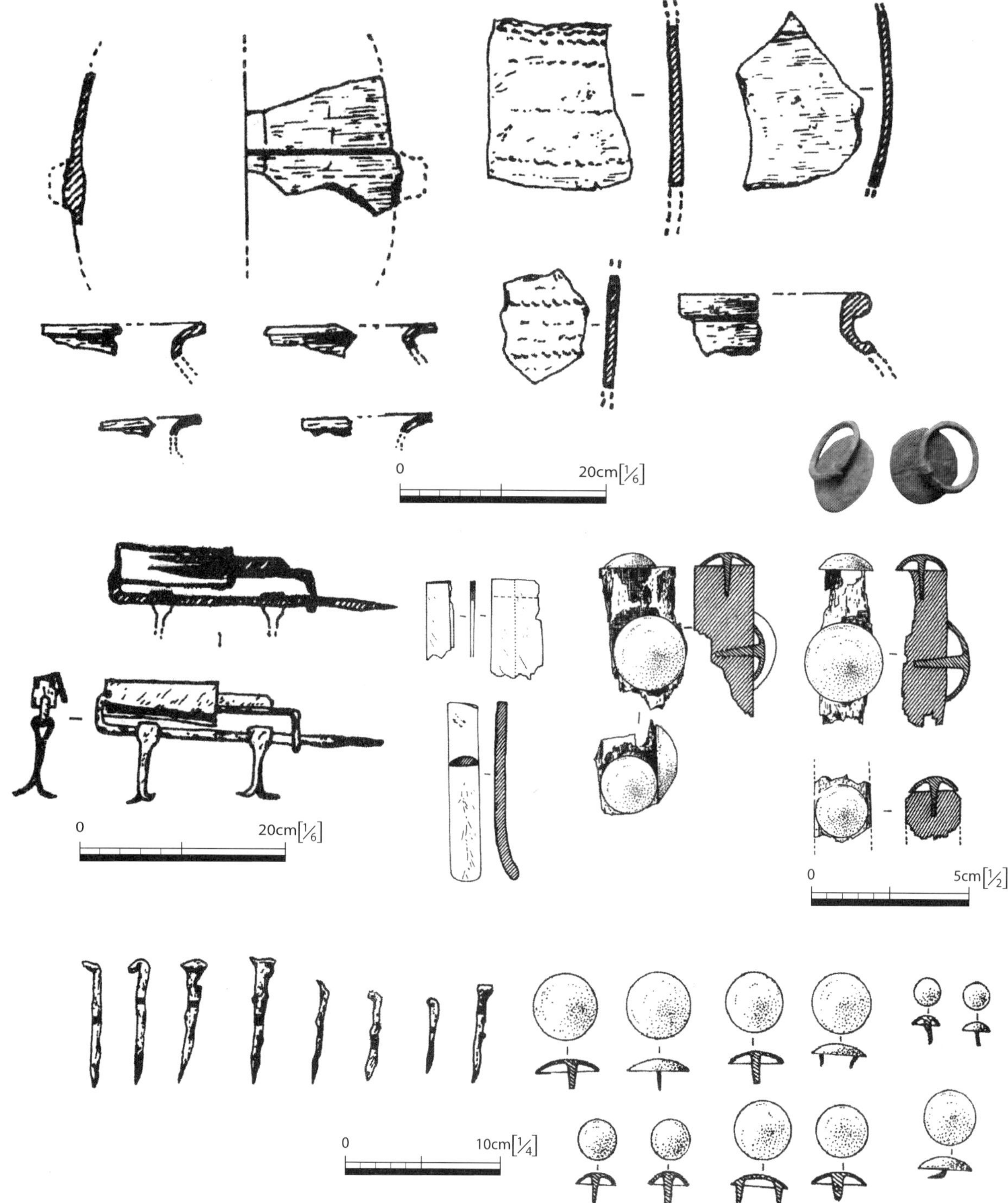

용호구역 2호묘

(단위 : cm)

봉토	크 기 (길이×너비×높이)	?	연도	크 기 (길이×너비×높이)	–
	평면형태	?		연도위치	–
현실	장축방향	남북향		두 향	?
	규 모 (길이×너비×높이)	(100+)×(50+)×?		바닥시설	?
	평면형태	장방형		천장형태	?
	시상/관대 (길이×너비×높이)	–		석재종류	판석·할석
유물	토 도 기	토기편, 기와편			
	금 속 기	–			
	옥 석 기	–			
	기 타	인골편			
	특기사항	유물 도면 없음.			

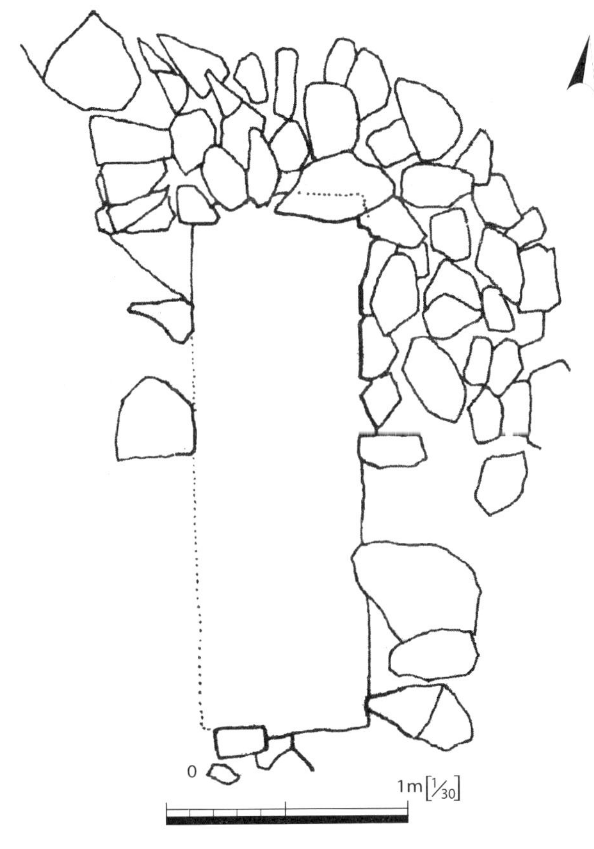

길림성 화룡시 장인 고분군 吉林省 和龍市 長仁 古墳群

조사연혁	1960. 조사(文物普查) 1984. 조사(延边博物馆)
유적위치	길림성 화룡시(和龙市) 용문향(龙门乡) 장인촌(长仁村)에서 서쪽으로 약 500m 떨어진 산 남쪽 기슭에 위치한다.
유적입지	장인촌 동쪽에는 북쪽에서 남쪽으로 장인강이 흐르고, 고분군에서 북쪽으로 1.5㎞ 떨어진 맹산구(猛山沟) 골짜기 입구에는 발해 유적이 위치한다. 고분군은 능선의 동남쪽 기슭에 동서 길이 약 100m, 남북 너비 약 70m 범위에 분포한다. 고분 간의 거리는 가까운 것은 3~5m인데, 일반적으로는 7~8m이다.
조사현황	1호묘를 실측하면서 주변의 고분 20여 기를 발견하였다. 현재 확인할 수 있는 고분은 23기로서 대부분 천장석이 이미 노출되어 있다. 이 가운데 6~7기는 천장이 무너졌으나, 나머지의 보존상태는 비교적 좋다.
내용	모두 봉토석실묘인데 조사된 1호묘는 방형 현실, 중앙 연도, 평행삼각고임 천장을 갖춘 단실묘이다.
주요유물	-
참고사항	장인 고분군의 형식은 돈화 육정산 고분군, 화룡 북대 고분군 등과 유사하다.
참고문헌	吉林省文物志编委会, 1984, 『和龙县文物志』. 양시은, 2009, 「장인 고분군」, 『한국고고학전문사전 – 고분편』, 국립문화재연구소. 김진광, 2012, 『북국 발해 탐험』, 박문사.

[전경]

장인 1호묘

(단위 : cm)

봉토	크 기 (길이×너비×높이)	800×800×350	연도	크 기 (길이×너비×높이)	150×120×?
	평면형태	원형		연도위치	중앙
현실	장축방향	남향		두 향	?
	규 모 (길이×너비×높이)	280×300×275		바닥시설	?
	평면형태	방형		천장형태	평행 삼각고임
	시상/관대 (길이×너비×높이)	–		석재종류	판석·할석
유물	토 도 기	–			
	금 속 기	–			
	옥 석 기	–			
	기 타	–			
	특기사항	현실 모서리의 각을 줄여 쌓아 천장이 팔각형으로 보임.			

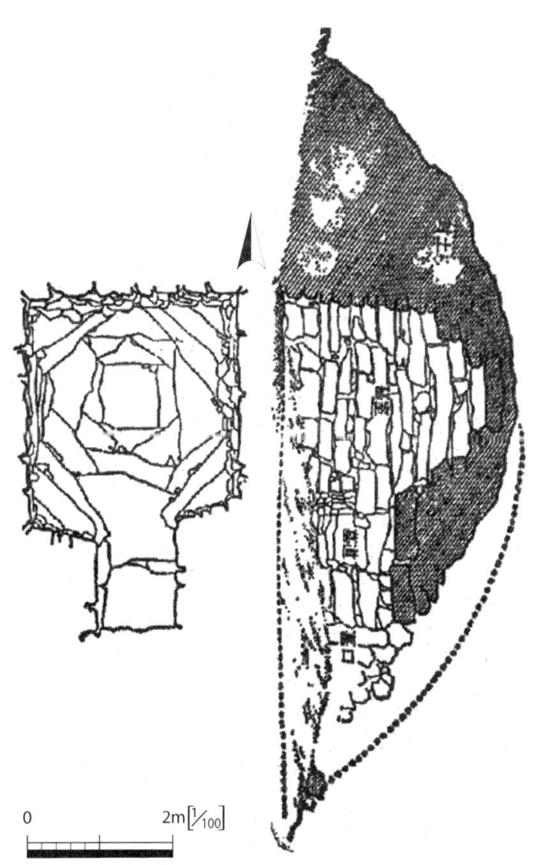

[천장 고임 상태]

[앞에서 본 모습]

[천장]
[현실 남벽]

길림성 화룡시 장항 고분군 吉林省 和龍市 獐項 古墳群

조사연혁	-
유적위치	길림성 화룡시(和龙市) 서성향(西城乡) 장항촌(獐项村)에서 4km 떨어진 석회 채석장 아래에 위치한다.
유적입지	고분군의 뒤는 산으로 막혀 있으며, 남쪽으로 이도하가 흐른다. 고분군과 하류 중간에 있는 하곡분지 안에는 장항고성이 위치한다. 고성 북벽 주변에도 10여 기의 고분이 분포한다.
조사현황	철도 기초 공사 당시 2기의 봉토석실묘가 확인되었다.
내용	1호묘는 장방형 현실과 중앙연도, 고임식 천장을 갖춘 봉토석실묘이다. 2호묘는 1호묘와 구조가 일치하는데 연도가 없는 봉토석실묘이다.
주요유물	청동제품
참고사항	장항 고분군은 형태 및 구조면에서 발해의 대형급 또는 중형급으로 추정된다. 주변에서 고분이 추가로 확인되었다.
참고문헌	吉林省文物志编委会, 1984, 『和龙县文物志』. 양시은, 2009, 「장항 고분군」, 『한국고고학전문사전 - 고분편』, 국립문화재연구소. 김진광, 2012, 『북국 발해 탐험』, 박문사.

[전경]

1호묘

(단위 : cm)

봉토	크 기 (길이×너비×높이)	?	연도	크 기 (길이×너비×높이)	60×150×175
	평면형태	?		연도위치	중앙
현실	장축방향	10°		두 향	?
	규 모 (길이×너비×높이)	400×245×190		바닥시설	?
	평면형태	장방형		천장형태	평행고임
	시상/관대 (길이×너비×높이)	–		석재종류	판석·할석
유물	토 도 기	–			
	금 속 기	–			
	기 타				
	특기사항	방위표시 없음. 벽석에 회를 미장하였다.			

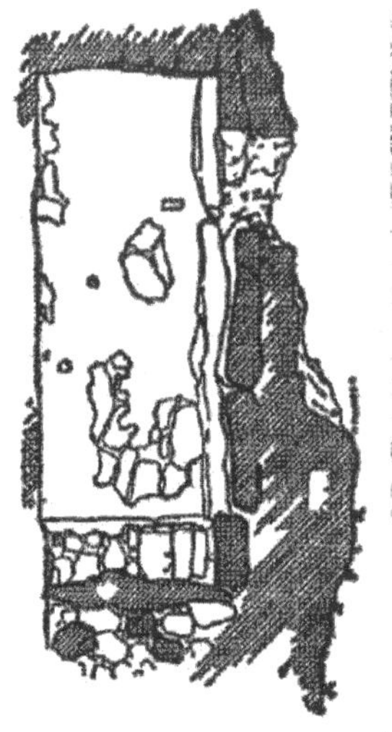

[위에서 본 모습]

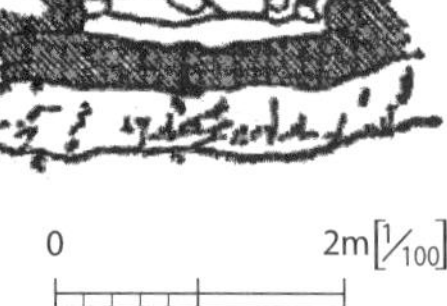

0 　　　 2m[1/100]

[천장 고임상태]

[현실천장]

[현실북벽]

[현실남벽]

[현실남동벽]

2호묘

(단위 : cm)

봉토	크 기 (길이×너비×높이)	?	연도	크 기 (길이×너비×높이)	-
	평면형태	?		연도위치	-
현실	장축방향	?		두 향	?
	규 모 (길이×너비×높이)	?		바닥시설	?
	평면형태	장방형		천장형태	?
	시상/관대 (길이×너비×높이)	-		석재종류	판석·할석
유물	토 도 기	-			
	금 속 기	미상청동기			
	기 타	인골편			
	특기사항	유구·유물 도면 없음. 현실 가운데 석곽이 존재하며 석곽 안에 목관과 인골이 존재한다. 1971년에 청동 제품이 확인되었으나 망실되었다.			

[앞쪽에서 본 모습]

길림성 화룡시 청룡 고분군吉林省 和龍市 靑龍 古墳群

조사연혁	1979. 05. 발굴(吉林省考古训练班)
유적위치	길림성 화룡시(和龙市) 용문향(龙门乡) 청룡촌(靑龙村)에서 서북으로 3.5km 떨어진 산자락에 위치한다.
유적입지	고분군의 북쪽은 야산과 접해 있고, 남쪽으로 200m 떨어진 장인강 좌측에 발해의 유적이 존재한다. 고분군은 용문향에서 장인촌 방향의 도로에 의해 남·북 두 개의 구역으로 나뉜다.
조사현황	북쪽 구역은 고분이 비교적 많고 보존상태가 좋으며, 10여 기가 확인된다. 남쪽 구역에서는 3기가 확인되었는데, 도로와 약 30m 정도 떨어진 경작지 가장자리에 위치한다.
내용	발굴된 고분 1기는 장방형의 봉토석실묘이다.
주요유물	철촉
참고사항	고분의 구조가 장인 고분군과 비슷하다.
참고문헌	吉林省文物志编委会, 1984, 『和龙县文物志』. 김진광, 2012, 『북국 발해 탐험』, 박문사.

청룡 고분

(단위 : cm)

봉토	크 기 (길이×너비×높이)	?	연도	크 기 (길이×너비×높이)	?
	평면형태	?		연도위치	?
현실	장축방향	350°		두 향	?
	규 모 (길이×너비×높이)	240×80~100×60		바닥시설	평평하게 다짐
	평면형태	장방형		천장형태	평
	시상/관대 (길이×너비×높이)	–		석재종류	할석
유물	토 도 기	–			
	금 속 기	철촉(1)			
	옥 석 기	–			
	기 타	–			
특기사항		유구·유물 도면 없음.			

길림성 화룡시 하남둔 고분 吉林省 和龍市 河南屯 古墳

조사연혁	1971. 09. 조사〔吉林省博物館·延边朝鮮族自治州展览館(现 延边博物馆)·和龙县文化馆 등〕
유적위치	길림성 화룡시(和龙市) 하남둔촌(河南屯村)의 하남둔 고성〔현 허례성(虛来城)〕 안에 위치한다.
유적입지	팔가자진(八家子镇)에서 동쪽으로 약 4km 떨어진 하남촌(河南村) 서쪽 가장자리 논 가운데에 있다. 북쪽으로 해란강(海蘭江)과 인접해 있고, 그 나머지 3면은 하남촌고성(河南村古城)이 감싸고 있다. 남쪽으로 1km 떨어진 곳에 조양천(朝阳川)~화룡진(和龙镇) 철로가 동서로 지나간다.
조사현황	1971년 하남촌에 거주하는 농부가 개간하다가 두 기의 고분을 발견하였고, 금제품이 출토되었다. 그 해 9월, 길림성박물관과 연변조선족자치주전람관(현 연변박물관), 그리고 화룡현문화관 등에서 조사하였다.
내용	동서로 2기의 장방형 전실묘가 나란히 놓인 부부합장묘이다. 지하식이며 봉토가 존재했으나 발굴 당시에는 이미 파괴되어 있었다. 고분 주위에 한 변 120m의 방형 담장이 둘러져 있고 담장 남편에 문지가 있는 것을 통해 능원의 존재를 알 수 있다. 2기의 무덤은 서로 4.5m의 간격을 두고 배치되어 있으며 크기는 동일하다.
주요유물	소형 금제 대금구, 금제 팔찌, 금제 귀걸이, 말안장모양 금제 장식, 칼자루모양 금제 장식, 금제 꽃장식, 은제 팔찌, 금동제 칼집장식, 금동제 용무늬장식
참고사항	-
참고문헌	송기호, 1999, 『발해를 다시 본다』, 주류성. 사회과학원 고고학연구소, 2009, 「발해의 무덤」, 『조선고고학전서』 24, 진인진.

[전경]

하남둔 고분

(단위 : cm)

봉토	크 기 (길이×너비×높이)	2000×2800×200	연도	크 기 (길이×너비×높이)	-
	평면형태	?		연도위치	-
현실	장축방향	남쪽	두 향		?
	규 모 (길이×너비×높이)	240×140×47	바닥시설		전돌을 깔았음
	평면형태	장방형	천장형태		-
	시상/관대 (길이×너비×높이)	-	석재종류		전돌
유물	토도기	기와편			
	금속기	여성 : 소형 금제 대금구(2), 금동제 용무늬장식(2), 금제 팔찌(1), 금제 귀걸이(2), 은제 팔찌(1) 남성 : 금제 대금구(1), 금제 고리(14), 소형 금제 대금구(8), 금제 수하식(9), 말안장모양 금제 장식(9), 칼자루모양 금제 장식(4), 금동제 칼집장식(4), 금제 팔찌(2), 금제 꽃장식(26), 철제 도(1)			
	옥석기	숫돌			
	기 타	-			
	특기사항	유구·유물 도면 없음. 부부합장묘. 봉토 위에 30여 개의 대형 초석이 동서방향으로 놓여 있던 것으로 전해진다. 무덤 주위에 담장이 둘러져서 능원을 이루고 있다. 현실은 전돌로 축조되었으며 틈새는 회로 메꾸었다.			

[출토유물]

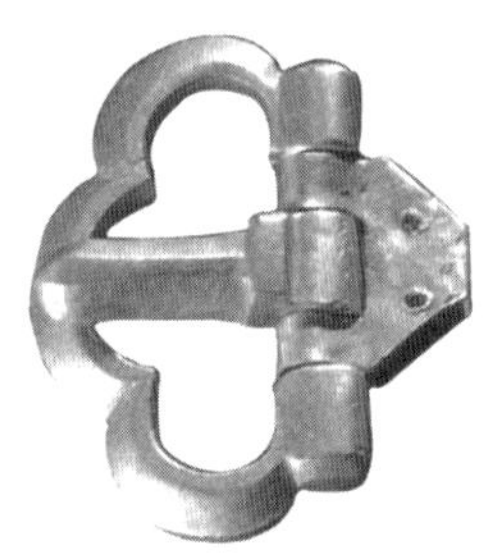
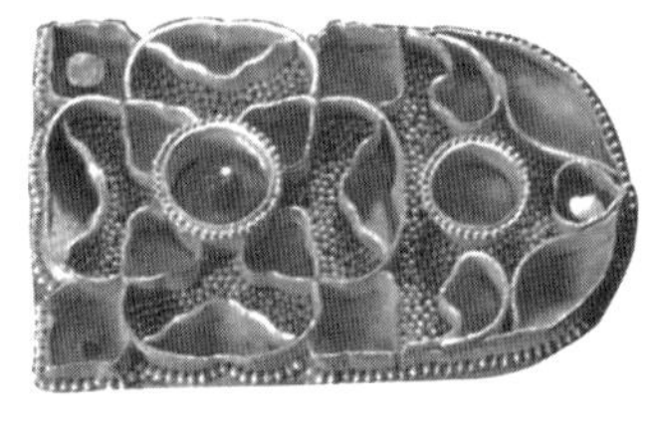

길림성 화룡시 혜장 고분군吉林省 和龍市 惠章 古墳群

조사연혁	?
유적위치	길림성 화룡시(和龙市) 용화향(勇化乡) 혜장3대(惠章3队)에서 서쪽으로 1km 떨어진 도문강(图们江) 지류인 고령하(高岭河) 북안 산자락에 위치한다.
유적입지	고분군의 3면은 산으로 둘러싸여 있고, 남쪽에 용화(勇化)~혜장(惠章) 도로가 있다. 동쪽으로 혜장 발해건축지와 500m 정도 떨어져 있다.
조사현황	고분군 남쪽에는 마을주민들이 흙을 파가면서 형성된 높이 약 1.5m, 길이 약 30m에 이르는 단애면이 생겼으며 여기에 2기의 고분이 드러나 있다. 2기의 고분에서 동쪽으로 약 30m 떨어진 곳에 비교적 잘 보존된 봉토석실묘 1기가 있다. 봉토석실묘 북쪽으로 20m 떨어져서 고분 1기가 위치하는데 현대 무덤에 의해 파괴되었다.
내용	총 4기가 확인되었는데 그 중 1기의 봉토석실묘가 기록되었다. 삼각고임 천장과 현실·연도로 이루어진 단실묘이다. 단애면에서 확인된 2기의 고분은 지표에서 130cm 깊이에 위치하며 목탄, 인골, 토기편 등이 포함되어 있다. 북쪽의 파괴된 고분에서는 인골과 불에 탄 부장품이 흩어져 있었다.
주요유물	동제 누공대식, 동제 조형 대금구, 동제 쌍환연식, 옥환
참고사항	-
참고문헌	吉林省文物志编委会, 1984, 『和龙县文物志』. 김진광, 2012, 『북국 발해 탐험』, 박문사.

혜장 고분

(단위 : cm)

봉토	크 기 (길이×너비×높이)	?	연도	크 기 (길이×너비×높이)	80×100×170
	평면형태	?		연도위치	?
현실	장축방향	350°		두 향	?
	규 모 (길이×너비×높이)	240×245×?		바닥시설	?
	평면형태	방형		천장형태	삼각고임
	시상/관대 (길이×너비×높이)	-		석재종류	판석·할석
유물	토 도 기	토기편(1)			
	금 속 기	동제 누공대식, 동제 조형 대금구, 동제 쌍환연식, 미상 철기(1)			
	옥 석 기	마노제 투공구슬, 옥환(2)			
	기 타	인골편			
특기사항		유구·유물 도면 없음.			

길림성 화전시 마안석 고분군 吉林省 樺甸市 馬鞍石 古墳群

조사연혁	1984. 05. 발굴(吉林省文物考古研究所)
유적위치	길림성 화전시(樺甸市) 홍석진(紅石镇) 고흥촌(高兴村) 하서둔(河西屯) 남쪽 1.5km되는 색락하(色洛河) 우안에 위치한다.
유적입지	북쪽으로 약 50m 지점에는 산이 있고, 남쪽 약 70m 지점에는 색락하가 있다. 그 동쪽 약 1km에는 화전(樺甸)~백산진(白山镇) 도로가 위치하며, 서쪽에는 산곡평지가 펼쳐진다.
조사현황	1984년 5월 길림성문물고고연구소가 최상층에서 석광묘 2기 발굴.
내용	1호묘는 보존상태가 양호하고 2호묘는 심하게 파괴되어 바닥 일부만 남아 있다. 1호묘의 바닥 시설은 없고, 묘광의 규모는 165×100×65cm이다. 단인장이며 무덤 방향은 320~345°이다.
주요유물	철제 도, 철제 관정
참고사항	발해 초~중기의 무덤이다.
참고문헌	吉林省文物志编委会, 1986, 『樺甸县文物志』. 김진광, 2012, 『북국 발해 탐험』, 박문사.

[출토유물]

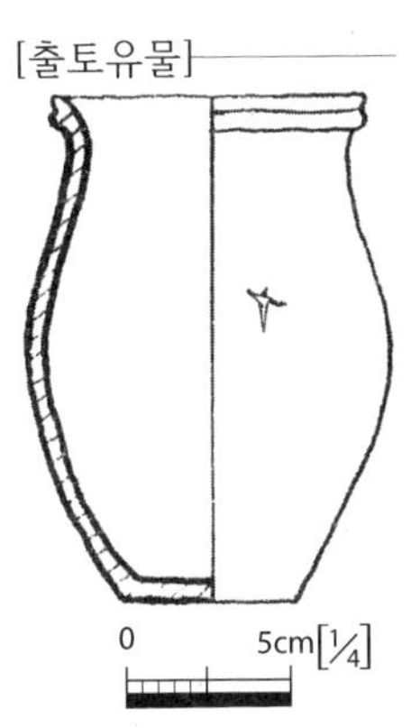

0   5cm[¼]

445

길림성 훈춘시 마적달탑 고분 吉林省 琿春市 馬滴達塔 古墳

조사연혁	1973. 06. 발굴(吉林省博物館 · 延边博物馆 · 琿春縣文化馆)
유적위치	길림성 훈춘시(琿春市) 마적달향(马滴达鄉) 소재지의 동북쪽 산 중턱에 위치한다.
유적입지	고분군은 마적달둔과 약 1km 떨어져 있는데, 이 일대는 좁고 긴 평야이다. 산기슭에 자연적으로 형성된 말발굽 형태의 평평한 대지가 있는데 그 중앙에 탑지가 위치한다.
조사현황	1972년에 발견되었고 1973년 6월 길림성 박물관과 연변박물관, 훈춘현문화관에서 탑지를 조사하였다. 탑은 7층 높이인데 이미 무너져 벽돌무더기 상태였고 조사 당시 탑지는 이미 도굴된 상태였다.
내용	탑, 묘도, 연도, 현실로 구성되어 있다. 묘도는 탑 기단 남쪽 정중앙에 위치하는데 계단형으로 규모는 260×10cm이다. 연도의 천장은 판석이며 바닥에 푸른색 벽돌을 깔았다. 현실은 4층의 벽돌로 쌓았으며 천장은 고임식 천장으로 5층의 판석을 깔았다. 바닥은 생토를 판 후 황토 1층을 깔고 3층의 판석을 쌓고 다시 한 층의 황토를 깔아 구성하였으며 관대의 흔적이 남아 있다.
주요유물	금동제 포정(泡釘), 철제 문비, 철제 문비손잡이, 철제 관정, 옥제 단지편
참고사항	마적달탑의 현실에는 묘비와 벽화는 존재하지 않는다. 중년 남성의 인골이 출토되었는데 발해 왕족일 가능성이 높다. 훈춘 경내의 유일한 발해탑이다.
참고문헌	張錫瑛, 1984, 「琿春馬滴達渤海塔基淸理簡報」, 『博物館硏究』2, 吉林省博物馆. 吉林省文物志编委会, 1984, 『琿春县文物志』.

마적달탑 고분

(단위 : cm)

봉토	크 기 (길이×너비×깊이)	–	연도	크 기 (길이×너비×높이)	150×?×204
	평면형태	–		연도위치	중앙
현실	장축방향	?		두 향	?
	규 모 (길이×너비×높이)	274×180×230		바닥시설	생토+황토+3층 판석+황토
	평면형태	장방형		천장형태	고임식
	시상/관대 (길이×너비×높이)	–		석재종류	전돌
유물	토 도 기	–			
	금 속 기	금동제 泡釘(1), 철제 문비(1), 철제 문비손잡이(1), 철제 관정(1)			
	기 타	옥제 단지편, 인골편			
	특기사항	관대 흔적. 유물의 축척을 알 수 없다.			

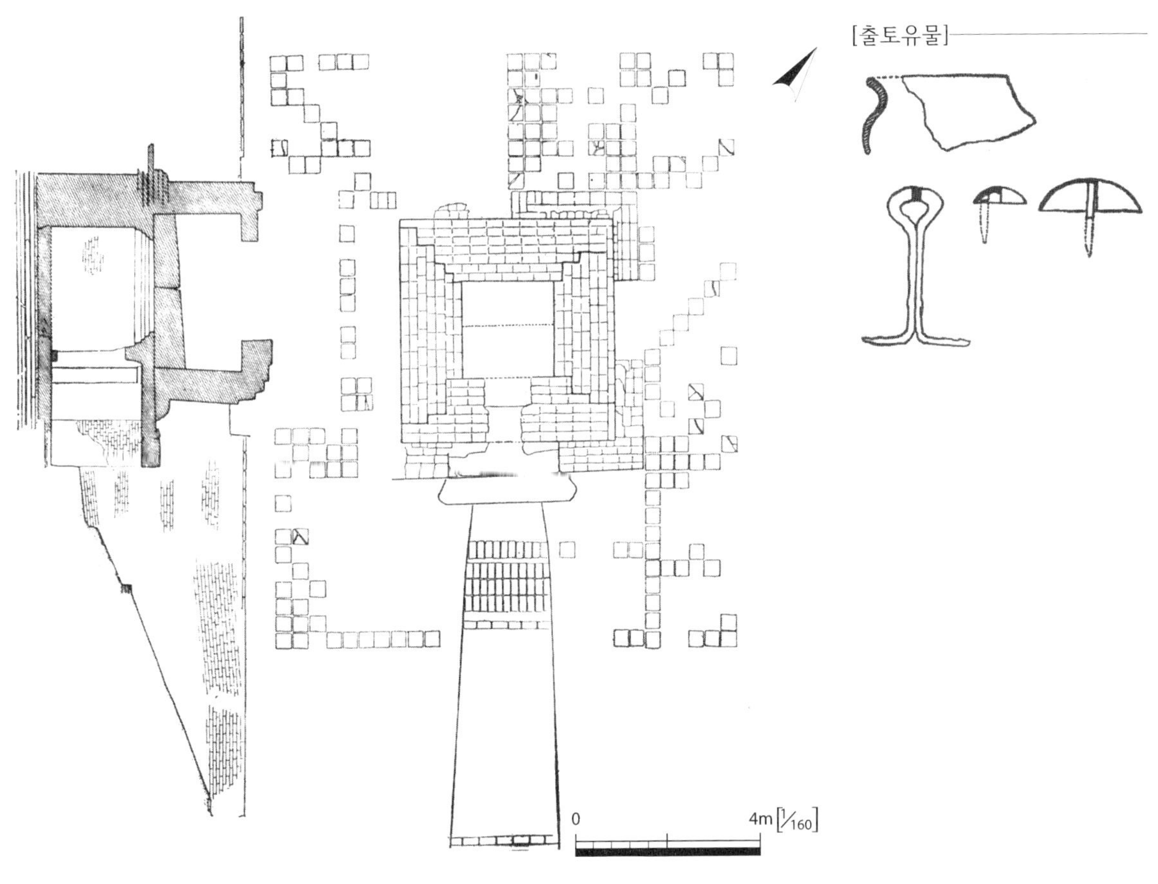

길림성 훈춘시 맹령하구 고분 吉林省 琿春市 孟嶺河口 古墳

조사연혁	?
유적위치	길림성 훈춘시(琿春市) 판석향(板石乡) 맹령촌(孟岭村) 하구둔(河口屯) 안에 위치한다.
유적입지	고분은 2개의 구역으로 구성되어 있는데 서구촌(西沟村) 부근에 있는 서산 동쪽 기슭에 하나, 마을 동쪽 산등성이 동쪽 기슭에 하나가 있다.
조사현황	동서, 남북 50m 범위 안에 고분군이 분포하는데 거의 파괴된 상태이다.
내용	돌로 벽을 만들고 판석으로 천장을 삼은 석관묘이며 인골이 출토되었다.
주요유물	-
참고사항	-
참고문헌	吉林省文物志编委会, 1984, 『琿春县文物志』. 김진광, 2012, 『북국 발해 탐험』, 박문사.

길림성 훈춘시 밀강 고분군吉林省 琿春市 密江 古墳群

조사연혁	1942. 발굴(斎藤甚兵卫)
유적위치	길림성 훈춘시(琿春市) 밀강향(密江乡) 소재지 뒷산 동남쪽 기슭에 위치한 밀강촌 3대 묘목 밭에 위치한다.
유적입지	동쪽으로 밀강하(密江河)와 500m, 남쪽으로 도문강(图们江)과 밀강(密江)이 합류하는 곳과 1.5km 떨어져 있다. 서남쪽으로 1km에 서강자(西岗子) 유적이 위치한다.
조사현황	심각하게 훼손되어 천장석이 이동된 상태이다. 현재는 이미 묘목밭으로 개간되어 약간 융기된 상태만 볼 수 있다.
내용	1942년 석광묘 1기가 발굴조사되었는데 길이 260cm, 너비 160cm, 깊이 120cm 규모이며 인골이 발견되었다.
주요유물	동제 대구, 철제 관고리, 철제 관정
참고사항	북대 고분군과 무덤 구조, 출토유물이 유사하다.
참고문헌	吉林省文物志编委会, 1984, 『琿春县文物志』. 김진광, 2012, 『북국 발해 탐험』, 박문사.

석광묘

(단위 : cm)

봉토	크 기 (길이×너비×높이)	?	연도	크 기 (길이×너비×높이)		–
	평면형태	?		연도위치		–
현실	장축방향	?		두 향		?
	규 모 (길이×너비×높이)	260×160×120		바닥시설		?
	평면형태	장방형		천장형태		?
	시상/관대 (길이×너비×높이)	?		석재종류		할석
유물	토 도 기			–		
	금 속 기	동제 대금구(8), 철제 고리(3), 철제 관정				
	옥 석 기			?		
	기 타	인골편				
특기사항		유구·유물 도면 없음. 조사 당시 이미 도굴된 상태. 관대는 돌을 깔았음.				

길림성 훈춘시 북대 고분군吉林省 琿春市 北大 古墳群

조사연혁	?
유적위치	길림성 훈춘시(琿春市) 양수향(凉水乡) 북대촌(北大村) 소재지에서 서북쪽으로 1.25㎞ 떨어진 산 서남쪽 비탈형 대지에 위치한다.
유적입지	북대고분군이 위치한 대지 아래에는 북대하(北大河)가 남쪽으로 흐르다가 도문강(图们江)으로 합수된다. 북대하 주변에는 하류를 따라 왕청(汪清)으로 통하는 도로가 있는데 무덤 서쪽을 지나 북향의 골짜기 안으로 들어간다. 북대하의 침식으로 골짜기 동편 서남쪽 기슭에 형성된 높이 약 10m에 달하는 침식 단애면에 일부 고분이 드러나 있다.
조사현황	?
내용	1기가 기록되었는데 토광묘이며 목관을 사용하였다. 1973년에 마을 주민들이 추가로 고분 1기를 확인하였는데 길이는 약 2m 정도이며 관곽을 화장하였다고 한다.
주요유물	철기, 청동기, 숫돌
참고사항	연대는 발해 또는 요, 금시기로 추정되며 화장흔적이 발견된다.
참고문헌	김진광, 2012,『북국 발해 탐험』, 박문사.

북대 고분

(단위 : cm)

묘광	크 기 (길이×너비×깊이)	?×70×55	목관	크 기 (길이×너비×높이)	?
	장폭비	?		장폭비	?
	장축방향	?	목곽	크 기 (길이×너비×높이)	-
	두 향	?		장폭비	-
유물	토도기	호(1), 도기편			
	금속기	-			
	옥석기	-			
	기 타	목관, 목탄편			
	특기사항	유구·유물 도면 없음. 화장.			

길림성 훈춘시 양수양종장 고분군吉林省 琿春市 凉水良種場 古墳群

조사연혁	?
유적위치	길림성 훈춘시(琿春市) 양수향(凉水乡) 양종장촌(良种场村) 뒤쪽 대지에 위치한다.
유적입지	고분군이 입지한 대지의 동서 양쪽은 굴룡산(窟窿山)과 고력령(高力岭) 산맥이 서로 대치한다. 북쪽에는 길게 이어진 산지가 있고, 남쪽은 도문강(图们江)을 사이에 두고 북한과 마주한다. 서남쪽으로 750m 떨어진 곳에 경영촌(庆荣村)이 위치한다.
조사현황	동서 길이 약 200m, 남북 너비 약 30m 범위 안에 고분군이 분포하는데 구조적으로는 토광묘와 석관묘로 나뉜다.
내용	석관묘는 평면 장방형으로 천장은 판석으로 덮었고, 인골이 출토되었다.
주요유물	-
참고사항	발해 혹은 요, 금시기의 고분으로 판단된다.
참고문헌	吉林省文物志编委会, 1984, 『琿春县文物志』.

길림성 훈춘시 중평림장 고분군吉林省 琿春市 仲坪林場 古墳群

조사연혁	1989. 08. 발굴(吉林省文物考古研究所·延边博物馆·汪清县文化遺物管理所)
유적위치	길림성 훈춘시(珲春市) 왕청현(汪清县) 중평림산(仲坪林山) 목재검사소 동쪽으로 약 350m 떨어진 산비탈에 위치한다. 지리적 위치는 동경 129°32′, 북위 43°14′이고, 해발고도는 300m이다.
유적입지	고분군에서 남쪽으로 약 400m 떨어진 곳에 소백초구하(小百草沟河)가 서에서 동으로 흐르고, 서남쪽으로 약 1.5km 떨어진 곳에는 발해의 성인 고성고성(高城古城)이 있다.
조사현황	10기가 발굴조사되었다.
내용	고분은 구조적으로 석광봉토분(1·2·3·4·5·6·7·9호)과 석관봉토분(8·10호)으로 나뉜다. 석광봉토분은 높은 곳에, 석관봉토분은 산비탈 아래에 입지한다. 모두 지하식이고 할석이나 판석으로 축조하였다. 천장은 판석을 덮고 봉토를 얹었다. 합장, 화장, 추가장이 확인된다.
주요유물	-
참고사항	-
참고문헌	방학봉 외, 2000, 「중평발해무덤 정리 간략보고」, 『발해사연구 8』, 연변대학.

[전경]

[유적 위치도]

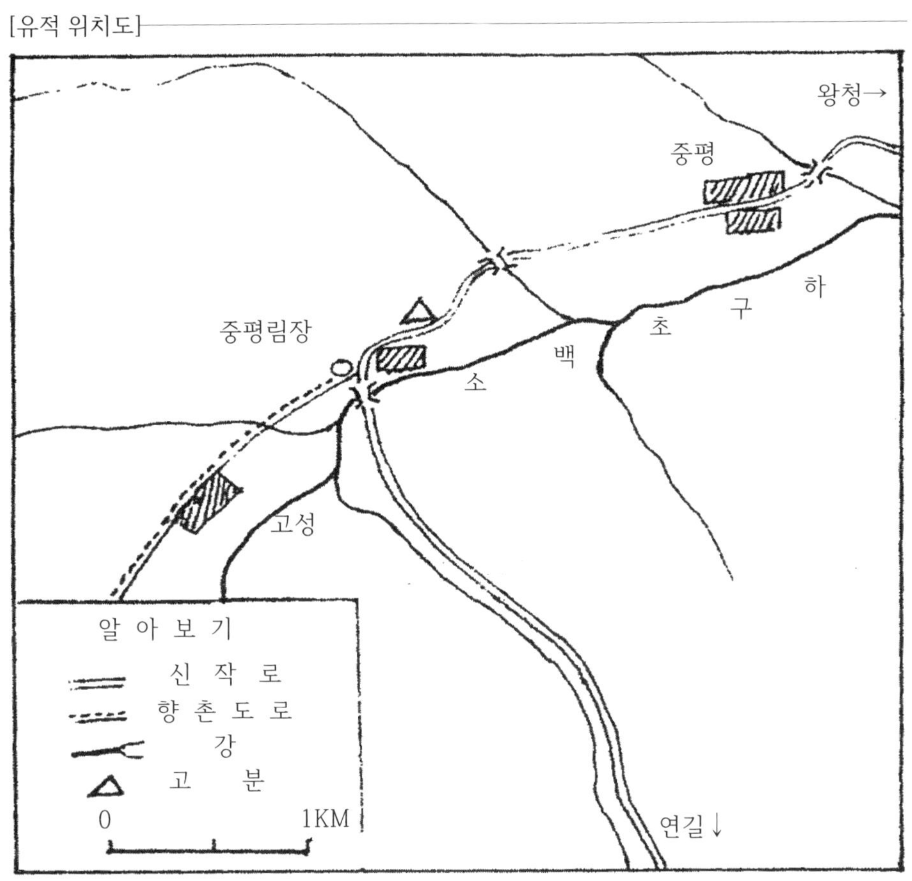
왕청→
중평
중평림장
하
구
초
백
소
고성
알 아 보 기
신 작 로
향 촌 도 로
강
고 분
0
1KM
연길↓

[유구 분포도]

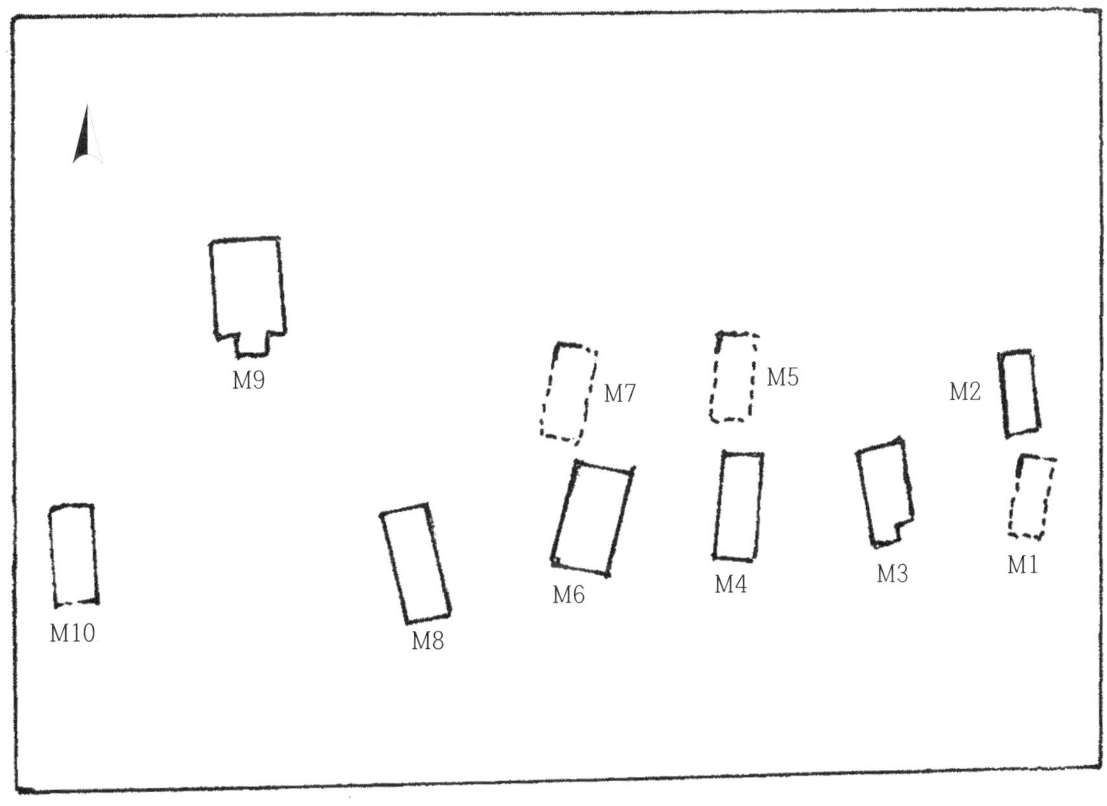
M9
M7
M5
M2
M6
M4
M3
M1
M10
M8

1호묘

(단위 : cm)

봉토	크 기 (길이×너비×높이)	?	연도	크 기 (길이×너비×높이)	-
	평면형태	?		연도위치	-
현실	장축방향	남북향		두 향	?
	규 모 (길이×너비×높이)	(110+)×(40+)×?		바닥시설	?
	평면형태	세장방형		천장형태	?
	시상/관대 (길이×너비×높이)	-		석재종류	?
유물	토 도 기	-			
	금 속 기	-			
	옥 석 기	-			
	기 타	-			
	특기사항	유구 도면 없음. 불에 그을린 인골편과 바닥의 재층을 볼 때 화장한 석광묘로 추정된다.			

2호묘

(단위 : cm)

봉토	크 기 (길이×너비×높이)	?	연도	크 기 (길이×너비×높이)	-
	평면형태	?		연도위치	-
현실	장축방향	170°		두 향	북향
	규 모 (길이×너비×높이)	254×(76~110)×40		바닥시설	두께 3cm의 황색 진흙을 깔았다.
	평면형태	세장방형		천장형태	?
	시상/관대 (길이×너비×높이)	-		석재종류	?
유물	토 도 기	-			
	금 속 기	-			
	옥 석 기	-			
	기 타	인골(2)			
	특기사항	성인 남녀 합장. 남성은 앙신굴지되었고 밑바닥 중간에 위치. 여성은 이차장된 굴지장으로 남성 왼쪽 상부에 위치한다.			

3호묘

(단위 : cm)

봉토	크 기 (길이×너비×높이)	?	연도	크 기 (길이×너비×높이)	68×54×(46~50)
	평면형태	?		연도위치	좌편재
현실	장축방향	170°		두 향	남쪽
	규 모 (길이×너비×높이)	258×136×78		바닥시설	두께 3cm의 황색 진흙을 깔았다.
	평면형태	장방형		천장형태	?
	시상/관대 (길이×너비×높이)	–		석재종류	할석
유물	토 도 기	–			
	금 속 기	–			
	옥 석 기	–			
	기 타	인골(4)			
	특기사항	성인 중년 남녀 4개체분이 2개조로 나뉘어 합장(남좌녀우)됨. 동쪽 1개조는 일차장된 유아이고 서쪽 1개조는 이차장이다.			

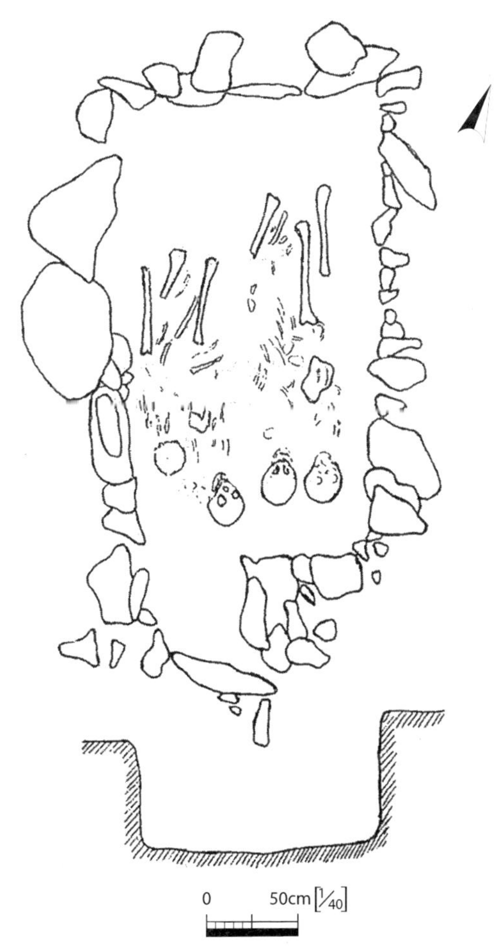

4호묘

(단위 : cm)

봉토	크 기 (길이×너비×높이)	?	연도	크 기 (길이×너비×높이)	-
	평면형태	?		연도위치	-
현실	장축방향	185°		두 향	?
	규 모 (길이×너비×높이)	224×186×68		바닥시설	?
	평면형태	장방형		천장형태	?
	시상/관대 (길이×너비×높이)	-		석재종류	?
유물	토 도 기	-			
	금 속 기	-			
	옥 석 기	-			
	기 타	인골편			
	특기사항	유구 도면 없음. 인골 교란. 화장.			

5호묘

(단위 : cm)

봉토	크 기 (길이×너비×높이)	?	연도	크 기 (길이×너비×높이)	-
	평면형태	?		연도위치	-
현실	장축방향	?		두 향	?
	규 모 (길이×너비×높이)	(38+)×(26+)×?		바닥시설	-
	평면형태	장방형		천장형태	?
	시상/관대 (길이×너비×높이)	-		석재종류	?
유물	토 도 기	-			
	금 속 기	-			
	옥 석 기	-			
	기 타	인골편			
	특기사항	유구 도면 없음. 화장.			

6호묘

(단위 : cm)

봉토	크 기 (길이×너비×높이)	?	연도	크 기 (길이×너비×높이)	-
	평면형태	?		연도위치	-
현실	장축방향	195°		두 향	북향
	규 모 (길이×너비×높이)	280×174×74		바닥시설	-
	평면형태	장방형		천장형태	?
	시상/관대 (길이×너비×높이)	-		석재종류	?
유물	토 도 기	-			
	금 속 기	미상철기(4)			
	옥 석 기	-			
	기 타	인골(8)			
	특기사항	벽석은 돌 사이에 작은 돌이나 진흙을 채움. 동북쪽과 동남쪽 모서리가 호형을 이룸. 인골은 8개체분으로서 가운데 놓인 성인남녀가 무덤 주인(남좌녀우)이며 남성은 일차장, 여성은 이차장이다. 남자 인골 허리부위 오른손 아래에 유아 1명의 두골이 놓여있었다. 5명(남3, 여2)은 이장(두골, 사지뼈가 북벽과 서벽에 위치)한 것인데 1명은 노인이다. 북쪽에서 미상철기 4조각 발견(제일 긴 조각 2.3×0.4).			

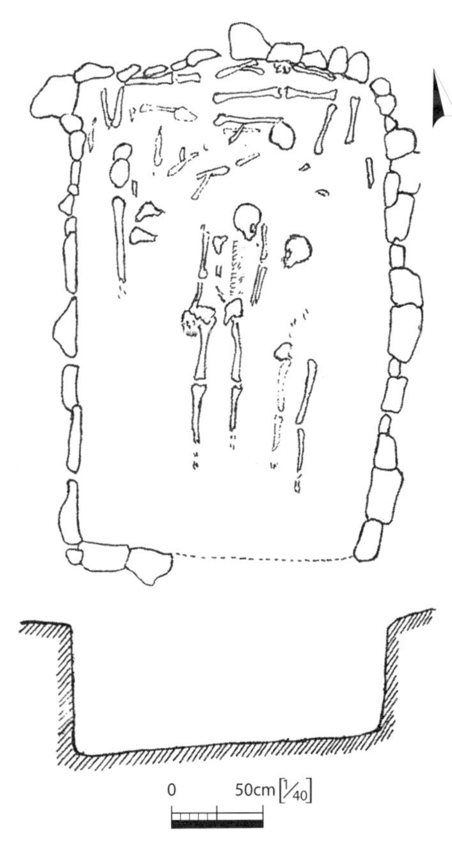

7호묘

(단위 : cm)

봉토	크 기 (길이×너비×높이)	?	연도	크 기 (길이×너비×높이)	–
	평면형태	?		연도위치	–
현실	장축방향	?		두 향	?
	규 모 (길이×너비×높이)	?		바닥시설	–
	평면형태	?		천장형태	?
	시상/관대 (길이×너비×높이)	–		석재종류	?
유물	토 도 기	–			
	금 속 기	–			
	옥 석 기	–			
	기 타	인골(2)			
	특기사항	유구 도면 없음. 불탄 재. 화장.			

8호묘

(단위 : cm)

봉토	크 기 (길이×너비×높이)	?	연도	크 기 (길이×너비×높이)	–
	평면형태	?		연도위치	–
현실	장축방향	170°		두 향	북향(남1), 남향(여1)
	규 모 (길이×너비×높이)	(210+)×(120+)×70		바닥시설	–
	평면형태	장방형		천장형태	?
	시상/관대 (길이×너비×높이)	–		석재종류	?
유물	토 도 기	–			
	금 속 기	–			
	옥 석 기	–			
	기 타	인골(5)			
	특기사항	북쪽에서 성인 3개체분(남1, 여2), 남쪽에서 2개체분의 인골이 발견되었다.			

9호묘

(단위 : cm)

봉토	크 기 (길이×너비×높이)	?×?×(20~30)	연도	크 기 (길이×너비×높이)	94×96×(40~45)
	평면형태	?		연도위치	중앙
현실	장축방향	175°		두 향	북향(남1), 남향(여1)
	규 모 (길이×너비×높이)	262×250×50		바닥시설	-
	평면형태	방형		천장형태	?
	시상/관대 (길이×너비×높이)	-		석재종류	?
유물	토도기		-		
	금속기		-		
	옥석기		-		
	기 타		-		
	특기사항		평면은 사다리꼴 모양. 서쪽에 큰 돌무지(210×160)가 위치한 것으로 보아 빈전일 가능성이 있다. 내부는 모래, 흙, 작은 돌로 가득 채워져 있었고, 연도는 큰 돌로 폐쇄하였다.		

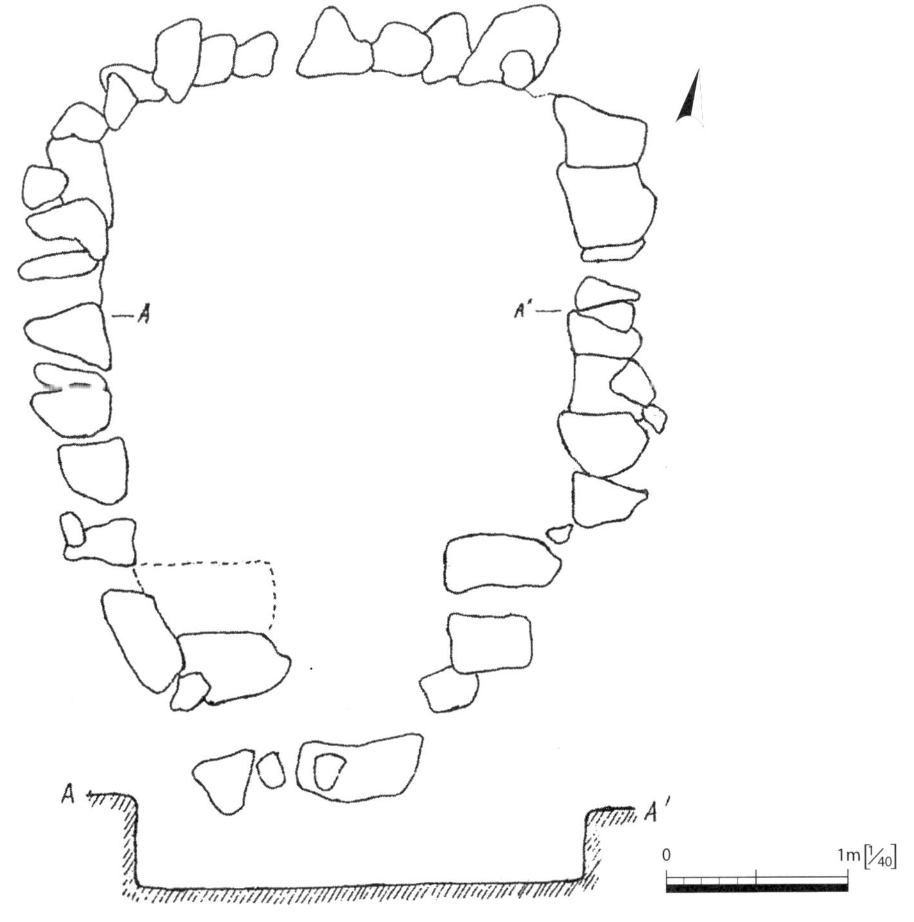

10호묘

(단위 : cm)

봉토	크 기 (길이×너비×높이)	?	연도	크 기 (길이×너비×높이)	-
	평면형태	?		연도위치	-
현실	장축방향	175°		두 향	-
	규 모 (길이×너비×높이)	270×128×75		바닥시설	-
	평면형태	장방형		천장형태	?
	시상/관대 (길이×너비×높이)	-		석재종류	판석
유물	토 도 기	-			
	금 속 기	-			
	옥 석 기	-			
	기 타	인골(2)			
특기사항		유구 도면 없음. 두개골과 소량의 지골편이 발견되었다. 벽석은 판석을 이용하고, 그 사이를 작은 돌로 메꾼 형태이다.			